八股文話

二

龚笃清　龚昊　乌媛　编著

国家出版基金项目
NATIONAL PUBLICATION FOUNDATION
2011—2020年国家
古籍整理出版规划项目

CNS
岳麓書社·长沙

总　目

上编　著述

第一册

第二册

第三册

第四册

下编　杂著

第五册

第六册

万青阁文训

〔清〕赵吉士　撰

导读

此文仅一卷，是专谈八股文的，作者为赵吉士。

赵吉士（1628—1706），字天羽，一字恒夫，安徽休宁人，寄籍杭州。清顺治八年（1651）举人。康熙七年（1668）授山西交城知县。交城在万山丛中，民贫官贪，民变杀贪官后，潜入山中，治安堪忧。赵吉士到任后，采取先抚后剿的方针，治交城五年，百废俱举，以治绩行取为户部主事，监扬州钞关，擢户部给事中。被劾父子异籍，罢黜。寻补国子监学正，年七十九卒于官。能文，有《万青阁文集》。

赵吉士虽只有举人功名，不是所谓两榜出身，但他对理学十分推崇，钻研颇深，于八股文的传道作用认识透彻，对其作法素有心得，故他写作了这一卷本的《万青阁文训》。从风格和对问题阐发的深度来看，这可能是他在国子监任学正时所作，用来教育监生们如何结合八股文写作而读书，指点他们如何认识八股文的特点，在写作时才能自如地把握，使他们能把决定自己前途命运的八股文写好。

该作分总论、作文法、读文法三个部分。

其总论部分分析了当时八股文写作中存在的弊病，如题目到手，本应“先将大意解明，随于大意之中分出每股意思”，然后按步骤将每股作下去，但“今作文者，大抵每股合掌”，“尤可恨者，要紧所在，正要一语道破，却又字句拖沓”。又如在题意解明后，应“随于古文中想结构、议论、机调、字句，则自然无一不佳。至于时文，不过备格式、习法度而已，即其佳者，亦必自古文中得来”，可今人却将古文搁置，“而所取时文，又皆庸恶陋劣者，止求其便，不求其美”。他指出造成这些病端的原因在于苟且门面，不肯用心读书。而想打开门面，其法有二，一讲做法，二讲读法。这就自然地引出了二、三两个部分。

在作文法部分，赵吉士别出心裁，将八股文作法归纳为四纲领、六条目、一归宿三句便于记忆的话，然后再诠释其内蕴。

所谓四纲领，就是指文章之理、气、骨、法。这四个字，其实是自古以来在谈文时被谈滥了的，难以出新，也难以讲清。赵吉士的高明之处，是他用人作比，使这四个定义未能界定且内容带有模糊性的字眼变得通俗易懂了。

他把理比为人之性，但不去纠缠理的确指，而是将其锁定在写作八股文时如何才能追求到理这一要害上。他指出，“理必取于先儒”，“要以朱注为主”，然后详细地阐述如何从经典中获取理的办法：“看书须将白文涵泳数过，粗领其概，然后将朱注细细磨勘，以求白文之解。必使白文之中字字还他着落，节节还他贯通，析之细入秋毫，合之融合成一片，然后放手。如有所疑，不妨参看他书……苟有一说，只与朱注对勘，合者取之，不合者弃之……再时时将白文涵泳，朱注磨勘，则道理越精越熟，一部《四书》竟可熔成汁，泻成锭，触处灵通，头头是道。”他在这里实际上是把读书法当成了八股文理数的作法，但也符合实际。因为在儒家眼中，理就是《四书》，就是程朱传注，“必取于先儒”，从读书中求“真”理，就是八股文求理的唯一方法。

赵吉士把气比之为“人身之元气”，认为道义必靠浩然之气充之，“浩然之气集义所生”。那么，八股文中怎样才充盈浩然之气呢？赵吉士一言以蔽之：“气必取于大家。”说穿了，还是一个读书的问题。

赵吉士把骨比为“人身之骨相”，认为有清浊贵贱之分。“文家之骨须端凝超迈”，即要清贵。要怎样才使八股文骨相清贵呢？他开出的药方是“在古文内沉浸浓郁而得之，详读法中”，看来又是一个读书的问题。

赵吉士把法比作人之行为，必有规矩准绳。八股文动笔即要讲法，但又“不可一律”，“须相其宜而用之”。而八股文之法“亦莫备于古文”，说到底，八股文之法仍是个读书的问题。

赵吉士把局、意、机、调、句、字称为六条目，并把它们“统之为法”。对于它们，赵吉士也不纠缠于高深难懂的理论，而是实话实说，抓住要害，一语点破。如他把立局之法以“天然”二字尽之，意以“题蕴”概之。以“文之势”来释机，以“雅俗”来评价调，句则要“因其自然，加以修饰”，字“不可杜撰、粗俗”。

所谓一归宿，即只要做到文章理足气充，骨格清贵，用法灵活，文即可以通神。

在读文法部分，赵吉士谈了种种读古文的方法。他是信奉以古文为时文的，故说：“文章之体变矣。然体虽变，而法则同。古文者，散八股也；八股者，整古文也。”既然古文、时文体虽变，法则同，八股文产生的时间短，古文产生的时间长，体式完善，作法成熟，故只要认真读通古文，吸其所长，八股文写作的方法问题便可迎刃而解。基于这种认识，他便把古文应如何读详尽地予以介绍，并特别指出，“读时文亦准此法”。

《万青阁文训》讲八股文的理念与作法都是从较高层面上展开的，针对的是有相当基础的监生层级的人。故不具体讲股法、句法、字法及体式，而是升华到理论层面讲作法，但他又做到了不纠缠那些深奥、难以讲清的理论辨析，而用比喻的方式来阐发，便易于为人所接受，这是他的高明之处。

收入本书的《万青阁文训》，据清康熙二十九年刊本《万青阁文集》校点录入。

（龚　昊）

万青阁文训

总　论

行文之病甚多，总其大端则有四，约之则有二，更约之则惟一耳。四者惟何？一曰正意发不出，一曰间文删不清，一曰古文请不来，一曰时调推不去。然正意不足，则间文必多。古文不来，则时调必集。一定之理，所谓约之为二也。要之只一，苟且不肯用心而已。不用心之病，平日在读，临时在做。假如题目到手，须先将大意解明，随于大意之中分出每股意思。既立股头，便要想此一股中如何起，如何承，如何开，如何合，有不妥处，有未尽处，必不轻放，务须求妥、求尽而后止。譬如对敌者，必破坚擒贼，然后旋师，如此何患意思不足？至于用笔，即如对敌时，器械务要便捷爽快，动中窾会，方能刀刀见血，克敌制胜。

今作文者，大抵每股合掌，未必有意，即有意思，只是股头数语，到得要紧处，却又力量不济，竟自歇了，反于没要紧处刺刺不休。尤可恨者，要紧所在，正要一语道破，却又字句拖沓，意思虽好，说来毕竟一场没趣，最败人意。譬如临敌时，一战可破，偏费尽周折，弄得半尴不尬。及力量不济，即便虚掩一刀，抽身而走，倒在无敌处支手舞脚，拖刀弄剑，其有不大败者乎？

经史古文，俱是圣贤先儒阐明事物之理。其理与四子相通，旨趣最深，文字最妙，真是采木于邓林，探珠于合浦，取之不穷，用之不竭。临文时须将题意解明，随于古文中想取结构、议论、机调、字句，则自然无一不佳。至于时文，不过备格式、习法度而已，即其佳者，亦必自古文得来，岂可将古文概置庋阁。而所取时文，又皆庸恶陋劣者，止求其便，不求其美，其亦不思之甚矣。然得力处全在读时用心，譬如用兵者，须于平日训练，或正兵，或奇兵，或水攻，或火攻，或多或寡，或分或合，天时地利、金鼓号令、步伐止齐之法，一一熟习，使千万之耳、目、手、足俱听命于一人之心，如臂使指，投之所向，无不如意。以此众战，谁能御之？若使平日全不训练，不过执簿呼名，临时岂能调发？仓卒无计，只得将打马草、驮帐房、供樵爨一班火头军支应搪塞，然而不败者，未之有也。所以然者，只是苟且门面，不肯用心之故。夫“门面”二字，挪得来固难，打得破尤难。若一被他挪定，则终身堕坑落堑，永无出头之日矣。今特开示小子辈打破门面之法，其法有二：一做法，一读法，列于左。

作文法

作法有四纲领，六条目，一归宿，其要诀则有二。何谓四纲领？一曰理，二曰气，三曰骨，四曰法。

即以人身譬之，所谓理者，如生初之性，天命之以成人者。人而无性，不成为人，文而无理，岂成为文乎？然理有真有伪，其似是而非者，毫厘千里，辨之不可不精。《大全》诸说甚杂，分别最难，今之奉为蓍蔡者，高头说约耳，此书最为可笑。总之，要以朱注为主，今人何尝不云遵注，只是看注不细。吕晚村所谓知其当然，而不知其所以然，往往为似是而非者所误，此高头说约之所以可恶也。看书须将白文涵泳数过，粗领其概，然后将朱注细细磨勘，以求白文之解。必使白文之中字字还他着落，节节还他贯通，析之细入秋毫，合之融成一片，然后放手。如有所疑，不妨参看他书，却不要依样葫芦，随他脚跟便转。苟有一说，只与朱注对勘，合者取之，不合者弃之，必要实实有得于心而后止，决不可含胡放过。再时时将白文涵泳，朱注磨勘，则道理越精越熟，一部《四书》竟可熔成汁，泻成锭，触处灵通，头头是道，岂不快哉？此非旦夕可到，然识见必须一年长一年方妙。

所谓气者，如人身之元气，目视耳听，手持足行，皆有元气运乎其中。人而无气，则尸居木偶，痿痺不仁，文而无气，则嫜婀萎茶，板腐拘晦。虽有道理，亦何取焉？孟子曰："其为气也，配义与道。无是，馁也。"可见虽有道义而无浩然之气以充之，则道义亦有时而馁。人之于文，何独不然？浩然之气集义所生，吾尝云"理足则气充"，此语亦止道得一半行文之法，理必取于先儒，气必取于大家。无大家之气以谈先儒之理，总使明白透快，亦不过绝妙讲章而已。然又有一种俗气似乎堂皇，浮气似乎灏瀚，最是害事，不可不戒。其取气诀详读法中。

所谓骨者，文家之气体、品格，所以分清浊、贵贱者也。如人身之骨相，有神仙，有帝王，有公卿大夫，有山林隐逸，以至农、工、商、贾、僧、道九流，其最下者乃有篾片、乞丐、娼优、隶卒之类，莫不有骨，而清浊贵贱判然不同。骨有本乎天者，有移乎人者。天不可凭，要以人为主。孟子曰："居移气，养移体。"此言移乎人者也。以公卿大夫之子而日与厮养伍，不期而居然厮养矣。以农、工、商、贾之子，日与贵家游，不期而居然贵家矣。盖其耳目之所接，心思之所向，气味之所亲，涵濡浸润，久之而易其形，又久之而易其神，又久之而沦肌浃体，入于骨而不可解。于是清者益清，浊者益浊，贵者益贵，贱者益贱。清者忽浊，浊者忽清，贵者忽贱，贱者忽贵，潜移默夺，而倏不知其所以然，是以君子慎言习也。文品喜清贵，恶浊贱，然可恶者尤在贱相。所谓“贱相”者，卑靡也，柔媚也，佻达也，假阔绰也，要吉言也，诸如此类。竟如一大户家，娼优、狎客献笑一堂，而门外乃有一乞丐，摇长进板唱“莲花落”、“善富进门”诸词，非不句句好话，却是十足贱相，令人欲呕，此文家之最忌者也。文家之骨须端凝超迈，其次则莫如秀。然秀忌甜，甜即媚，不可不审也。夺胎换骨，在古文内沉浸浓郁而得之，详读法中。语云：“近朱者赤，近墨者黑。”可不慎哉？

所谓法者，规矩准绳之谓，而巧即寓乎其中。局有局法，股有股法，句有句法，字有字法，以至正有正法，奇有奇法，浓有浓法，淡有淡法，整有整法，散有散法，长有长法，短有短法，密有密法，疏有疏法，总之要活法，不要死法。法不一法，而实有一定之法，夫是之谓真法。譬人之身，五官百骸其一定者也，至于长短肥瘦，行住坐卧，正侧屈伸之法，不可一律，然又莫不有一定之法，须相其宜而用之，非言可尽。其法亦莫备于古文，详读法中。

此四者，作文之纲领也。

何谓六条目？一曰局，二曰意，三曰机，四曰调，五曰句，六曰字。此六者，只完得一“法”字。盖行文者理为主，气、骨为辅，而行之以法。理与气、骨不易言，所可言者法而已，故统之为法，分之则有此六者。

立局之法，不论奇、正、整、散，只“天然”二字足以尽之。每怪拘腐之徒，执其成见，谓必如题，此乃假先辈，非真先辈也。先辈立局，只是相题要害而布置之，非有一定，而实如一定。正固正，奇亦正，所谓天然是也。而近来好异之徒，不顾题义，专在局上求新，勉强割裂，颠倒支离，如人之一身，目居眉上，足出胸前，奇形异状，直如怪物。自以为奇，而不知此乃文字之妖，尤当亟为剿灭者也。总之，一题到手，必先看题之全旨、节旨以及本句中眼目，来踪去迹，远脉近脉，或正或反，或虚或实，或宾或主，或全或半，一一分明。至于缩脚截搭，更属无定。譬之形家移步换形，移步换势，尤当息心静气，相其分寸而设为布置之，方忽纵忽擒，左摩右荡。及至要害所在，则以全力注之，令其精神溢涌，脱跳而出。直如鹰之攫物，龙之点睛，方其盘旋秋空，布设云气，此时腾那惝恍，千态百状，令人目眩神迷，逮一攫而得，一点而飞，不觉鼓掌快绝。究之平心而观，实有如此则快，不如此则不快者。此天然之极致，所谓无一定而实如一定，正固正，奇亦正，论局之法，尽乎此矣。须知能极天然之妙，则奇固奇，正亦奇，“奇”“正”二字可不设也。故凡立奇正之名，有意为之者，非板腐则怪诞矣。

至于意者，乃题义中所有之条理，谓之“题蕴”。有大意，起讲是也；有题前意，起比是也；有正意，中比是也；有余意及题后意，后比与结处是也。此其大略也，犹有旁意、翻意、借上文意、照下文意。至于枯寂题，无中生有意；截搭题，有自出主张意；议论题，有立说翻案意；典制题，有援证辨驳意。诸如此类，往往有出于题意之外者。要在闻见广，识解高。读书时用心讲究，临文方有手眼。大约没意思题忌其窘而缩，有意思题忌其多而杂。窘而缩，则两比而止一意，名为“合掌”。多而杂，则一比而有两意，名为“双头”。此皆文家之大病也。所以窘者须有生发，多者须有剪裁，总要一比必有一意，一意必须到底，而通篇前后融合贯串。所谓篇如股，股如句，此命意之法也。昔人论文云“意不足则气不充”，又曰“意多则伤气”，正为此二病而言也。

机者，文之势也。如急来缓受，缓来急受，或欲抑而先扬，或欲扬而先抑。或前整矣，惧其板重，作数散行以疏之；或前散矣，惧其慢衍，作数整语以束之。或用正峰，而入有堂皇瑰璘之观；或用侧峰，而入有突兀巃嵸之概。或一气奔放，忽然一语束住；或一路平衍，忽然一语突兴。或忽然掉转，或忽然放开，或旷然而来，或悠然而去，忽起忽伏，忽纵忽擒，皆故作势以达其情。矢激则远，水挥则跃，此之谓也。然发机者迟不得，密不得，少一语不得，多一语不得，静如处女，动如脱兔，屋上建瓴，帆随湘转，妙哉，机也！其文章之大观乎？

文之风韵在乎调。人而无韵，西子不为佳，子都不足姣也。用调处亦只在起句、转句、收句间一露风韵耳。总之，要辨雅俗，捉鼻微吟，颦眉深坐，正是绝世风神。若使高丽起舞，嫫母捧心，又不知是何腔调。

句与调相似而实不同，调偶一见，句则通篇皆是也。有意而句不佳，则意不显；有机而句不佳，则机不灵；有调而句不佳，则调不发。盖句者，铺垫于意与机调之间以增其美。一句未安，则众美削色。可不讲与？文不可有闲句，然古人每于闲处传神，看来似闲，其实不闲，非无要紧没着落之谓也。句法不可太长，然史公一句，每至二三十字，甚至五六十字。盖其长句，乃是一气卷舒，浑灏流转，而非芜冗累坠之谓也。大约要妥当而不平庸，苍老而不枯拙，生新而不杜撰，浓而不痴，隽而不纤，长而不冗，短而不秃，曲折而不晦涩，圆转而不浮油，嵚崎历落而不险怪。因其自然，加以修饰。苟句句雕琢，则又伤气矣。

若夫字法，似乎所关更微，然往往一字佳而全神振耸，一字不佳而通篇减色，一字切而全旨朗然，一字不切而大义俱晦。字之所关，固非细也。宁都魏叔子论文云："行文以识见、气骨、格法为主。然字句之间，亦不可忽。盖论文而至字句，尤工夫细密处，非讲之至精至熟，不能无纤毫之累。"此论甚确，字法须妥贴、精湛、老辣、浑成，又须有分寸，实处宜切，虚处宜含。总之不可杜撰、粗俗。

此六者，作文之条目也。要之，止完得一“法”字。理足、气充、骨格清贵而又备此诸法，其文有不尽善者乎？

归宿者何？神是也。夫神者，贯乎理、气、骨、法之中，而又超乎理、气、骨、法之外。其理也，则为神解；其气也，则为神行；其骨也，则为神来；其法也，则为神化。其始也，凝神而求之，其既也，若有神助。久之，神而明之，不可思议。未始无理、气、骨、法，而又不能名其为理、气、骨、法。所谓炼精归气，炼气归精，出有入无，从心所欲，圣而不可知之，谓神也。神乎，神乎，吾未见此文，然不可谓无是境、无是理也。何以求之？曰：有二诀。二诀者何？一曰炼，一曰灵。二者相须，不可分拆。今人以整齐为炼，变化为灵，分而言之。于是炼者死于绳墨之中，灵者荡之规矩之外，文之病出矣。故“炼”“灵”二字不可分拆。炼也者，如将之炼卒，教之营陈、队伍、进退、击刺之方，久之，而风云变化，臂指如意，则灵矣。如冶之炼金，千锤百炼，去其顽钝，久之而锋锷烂肽，绕指截铁，则灵矣。惟文亦然，炼气也，炼骨也，炼局也，炼意也，炼机也，炼调也，炼句、炼字也。种种炼，时时炼。始炼之有得矣，未已也，更炼之，又有进矣，又炼之，而至于心手相应，左右逢源，则灵矣。且吾之所谓“炼”与世不同。世之所谓炼者，不过整齐格局，修饰字句，使之妥当而已。吾则不然，格局板而不化者，炼之使化，字句旧而不新者，炼之使新，始之无定者，炼之使有定，继之有定者，炼之使无定。其所谓无定者，非破坏规矩、卤莽灭裂之谓也，盖即规矩之中求其神明、变通之意。士衡所云“为体屡迁”，昌黎所云“陈言务去”，是皆心追手摹，悬一灵境而炼之。灵、炼相兼，而文之能事日进矣。炼是工夫，灵是进见，是故灵不一灵，炼亦不一炼。譬如炼步者，未炼步，先炼爬，能爬则灵矣。再炼步，能步则灵矣。进而为趋，为跑，无不皆然。是知未得手则用炼，既得手则为灵。炼无定功，灵亦无尽境，学者不可自足，亦不可躐等。但取前一境而炼之，俟其有得而又进焉。所谓盈科而进，成章而达，日炼日灵，即以几于神不难矣。

读文法

文章之体变矣。然体虽变，而法则同。古文者，散八股也；八股者，整古文也。学八股而不学于古，惟观乎今，是犹取水于潢污，而资明于爝火也。盖读古文者，太上取神，其次取识见、气格，其次取议论、意致、机局，最下者字句而已。读之之法，必先息心静气。心不散乱，意不粗浮，凝其神，调其声，审端而读之。先将通首涉猎数过，观其命意之所存，所谓眼光落处是也，得其概矣。然后逐段细分，观其章法，如起承开合、分总收放、虚实劫解、紧缓详略、凌驾脱卸、跌顿过渡、顺走倒追、来龙结穴之类。得其概矣。然后逐句细分，观其用笔，如提转、点逗、联断、拦卷、罩留、伏应、补握、曲直、明暗、增减、吞吐、错历、铺衬、声东击西、以此形彼、欲取姑予、借端引喻、浅深递进、宾主互换、一笔双关、二意单注，以至琢句措字之类。又得其概矣。然后又统而读之，观其奇正、浓淡、整散、长短、疏密之法，又得其概矣。然后从而熟读之。当其读之也，吾之神与作者游，而吾之口又与神相赴。作者之辞激烈，则读者亦激烈，作者之辞春容，则读者亦春容，推是而堂皇也，骀宕也，隽永也，悲咽也，突兀淋漓也，纡徐委备也，忽起忽落也，若断若联也。

凡古人之文，情有万端，而读者之精神、节奏与之俱应，若身处其地，而手著其辞者，则其神气有以相取。至乎其极，乃不知歌泣之何从矣。然后又平其心，敛其气，或急读，或缓读，或沉吟读，或流连反复读，或掩卷不读，逮其后也，或无字读，或无声读，盖不见一字，不出一声，而澜翻渤潏，常若有无数古文满于胸中，而溢于舌底，此所谓神来之候。以是临文，则自泉涌河决，沛乎其莫御，而浩乎其不穷。气骨则古文之气骨也，法亦古文之法也，局意、机调、字句，一以贯之，而后炼而后灵，即以几于神不难矣。凡此皆从读时得法中来。子曰“兴于诗”，朱子云“抑扬吟咏，感人易入”，此读法也。谚云：“读书有三到：眼到，口到，心到。”此亦读法也。不然，徒举其辞，弗领其趣，犹嚼木耳，浪费光阴耳，虽多亦奚以为？读时文亦准此法。

明史·选举志

〔清〕张廷玉　等撰

导读

八股文是明代统治者为培养、选拔人才而精心创制的一种科举考试文体，故它与整个科举制度有着密不可分的关系。

从八股文在明代科举制中所起的作用来看，可以说它是整个科举制度的驱动器，也可以说它是明、清科举制的灵魂。

为什么这样说呢？因为科举制是用以培养、选拔具有统治阶级思想意识，明当世之务，习先圣之术之优秀人才的，也即是说要培养选拔具有儒家正统伦理价值观，通达治体，并有较强分析综合能力的人。按照设计，培养和选拔这种人才的任务，就落在八股文身上。

首先，规定八股文的题目必须从《四书》《五经》中摘取，对题旨的阐发必须依据程朱理学。这两项基本原则就将八股文与儒家的思想库——《四书》《五经》和程朱传注紧紧地链接起来，形成了要想写好八股文就非得熟读经史和程朱传注并把它们钻深钻透不可的原则。对《四书》《五经》中的每句话甚至每个字，都要在程朱传注的规范下讲得出自己的心得体会。所以，八股文就成了《四书》《五经》的传输器。士子们在从事八股文写作时，儒家的正统思想自然就传输到了他们的头脑中。而且八股文的破题、承题、起讲具有训练写作者高度分析概括的能力，正反以及起、承、转、合思维能力的作用。这样，八股文写作就实现了培养符合统治阶级需要的优秀人才的目标。

由于明、清统治者规定，八股文的好坏是科举考试取录主要的，到明代中叶以后甚至是唯一的标准，于是就形成了考不考得上，全看八股文写得怎么样；八股文写得好不好，就看《四书》《五经》通晓不通晓的社会现实。在明、清两代，贫寒人家子弟要想脱贫致富，光宗耀祖，唯一的通道就是考科举，取功名。所以各级学校及私塾都把教学生攻读《四书》《五经》和学写八股文作为首务。《明史·选举志一》中说明代“无地而不设之学，无人而不纳之教。庠声序音，重规叠矩，无间于下邑荒徼，山陬海涯。此明代学校之盛，唐、宋以来所不及也”。如此繁多的学校教无数为求功名的学生去攻读《四书》《五经》，以求写好八股文，可见明代的学校也是为八股文写作服务的。

由于明代科举制的两个组成部分，考试制和学校制，都是以八股文为核心，所以人们便把科举取士称为八股取士。《明史·选举志》就简要地记叙了明代有关八股取士的历史。

《明史》之修，起于清顺治二年（1645）设明史馆，是新朝统治者为了安抚亡明士人之心而采取的手段。康熙十八年（1679）开始修史，雍正十三年（1735）修成，乾隆四年（1739）《明史》刊行。张玉书、王鸿绪、张廷玉等先后担任总裁，最后由张廷玉在前人稿本的基础上改编定稿。先后参加撰写编辑的学者众多，其中最有名，用力最多的为万斯同。但他未担任明史馆的职名，故《明史》只署张廷玉等撰。

张廷玉（1672—1755），清康熙三十九年（1700）中庚辰科三甲一百五十二名进士。浙江萧山人，一作安徽桐城人。字衡臣，号研斋，一作砚斋。历官翰林院检讨、保和殿大学士、军机大臣，封三等勤宣伯，加太保，以周敏勤慎深受雍正帝赏识，立朝五十年，富贵寿考为清代之最。卒谥“文和”。有《明史》《骈字类编》《传经堂集》等。

《明史》用大量篇幅记载了明朝各项制度建设的情况，其中的《选举志》则专门讲述明代科举制的产生、发展和变化历史。具体而言，它记载了明代以科举制度来培养、选拔、诠选官员的全过程。它将培养人的国子监和府、州、县学及社学这三级学校制（相当于今天的大学、中学和小学）的全部情况，如如何兴建、如何招生、如何学习、如何考核以及学什么和考什么等重要事项，都予以简明而又准确的记叙，将学校制度讲清楚了。

对于考试制度，则分考选有科举资格的生员即秀才的县、府、道三级考试，和科举三级试即乡试、会试、殿试的种种情况都准确地记录下来。如各级考试参试者的身份，考试时间、考官的任命、考试的规则、考试的科目、试卷格式、试卷如何保密，如何阅卷、如何取录，如何任官，以及它们的变化情况都予以记载，使人一读即能了解明代科举考试的全况。

尤其值得重视的是，它对八股文在科举制中的作用与地位有着正确的把握。

在《选举一》中说："诸生应试之文，通谓之举业。四书义一道，二百字以上。经义一道，三百字以上。取书旨明晰而已，不尚华采也。其后标新领导，益离厥初。"从这段话可以看出，《明史》作者是把八股文当成了唯一的"应试之文"，其实，明、清科举考试分三场，八股文只是应试诸文体之一。现在却把四书义和经义也即八股文视为唯一的应试文体，是由于他们准确地把握到八股文在科举考试以及学校制中的核心地位才这么说的。《明史》的撰写者，如万斯同等，都是学贯古今的大学者，绝不会在这个问题上犯低级错误。此后叙述"举业"在明代各朝的变化时，也都是指的八股文而非其他文体，这就更证明《明史》的撰写者是真正认识到了八股文在科举制中的驱动器与灵魂作用的。这也说明明、清科举取士被称为八股取士是名副其实的。

八股文的起源问题，学界一直众说纷纭，莫衷一是。从文体溯源者，有始于唐试律说，宋、元经义说，帖括说等。从题目必从《四书》《五经》摘取而言，有源于宋经义说。从入口气代圣贤立言来考察，则有起于《春秋》的人物想象说，金、元戏曲说。从分股对偶来考察，则有源于先秦《四书》《五经》说，唐代律诗说，五代骈文说等。而《明史》的作者们却指出："科目者，沿唐、宋之旧，而稍变其试士之法，专取四子书及《易》《书》《诗》《春秋》《礼记》五经命题试士。盖太祖与刘基所定。其文略仿宋经义，然代古人语气为之，体用排偶，谓之八股，通谓之制义。"寥寥数语，就将八股文的源头、基本作法、创始人等争论不休的问题作出了权威的结论。

其后，通过对各种考试情况的讲叙，突出了八股文的重要性，从而给八股取士的说法做了最有力的确论。

《选举志三》则专讲经由科举选拔的进士、举人和由学校培养出来的贡生的选官之事、选官之法和考核之法。由此可知，明代的科举制实质就是一套完备的官员培养、选拔制度，而八股文对培养、选拔官员的每个环节都起着决定性的作用。

由于篇幅限制，收入本书时将《选举志三》删去，只留下《选举志一》与《选举志二》两篇与八股文关系更为密切的文字。

本书所收之《选举志一》《选举志二》，依乾隆四年殿本《明史》校点录入。

（乌　媛）

明史卷六十九志第四十五

选举一

选举之法，大略有四：曰学校，曰科目，曰荐举，曰铨选。学校以教育之，科目以登进之，荐举以旁招之，铨选以布列之，天下人才尽于是矣。明制，科目为盛，卿相皆由此出，学校则储才以应科目者也。其径由学校通籍者，亦科目之亚也，外此则杂流矣。然进士、举贡、杂流三途并用，虽有畸重，无偏废也。荐举盛于国初，后因专用科目而罢。铨选则入官之始，舍此蔑由焉。是四者厘然具载其本末，而二百七十年间取士得失之故可睹已。

科举必由学校，而学校起家，可不由科举。学校有二：曰国学，曰府、州、县学。府、州、县学诸生入国学者，乃可得官，不入者不能得也。入国学者，通谓之监生。举人曰举监，生员曰贡监，品官子弟曰荫监，捐赀曰例监。同一贡监也，有岁贡，有选贡，有恩贡，有纳贡。同一荫监也，有官生，有恩生。

国子学之设，自明初乙巳始。洪武元年令品官子弟及民俊秀通文义者，并充学生。选国琦、王璞等十余人，侍太子读书禁中。入对谨身殿，姿状明秀，应对详雅。太祖喜，因厚赐之。天下既定，诏择府、州、县学诸生入国子学。又择年少举人赵惟一等及贡生董昶等入学读书，赐以衣帐，命于诸司先习吏事，谓之历事监生。取其中尤英敏者李扩等入文华、武英堂说书，谓之小秀才。其才学优赡、聪明俊伟之士，使之博极群书，讲明道德经济之学，以期大用，谓之老秀才。

初，改应天府学为国子学，后改建于鸡鸣山下。既而改学为监，设祭酒、司业及监丞、博士、助教、学正、学录、典籍、掌馔、典簿等官。分六堂以馆诸生，曰率性、修道、诚心、正义、崇志、广业。学旁以宿诸生，谓之号房。厚给廪饩，岁时赐布帛文绮、袭衣巾靴。正旦元宵诸令节，俱赏节钱。孝慈皇后积粮监中，置红仓二十余舍，养诸生之妻子。历事生未娶者，赐钱婚聘，及女衣二袭，月米二石。诸生在京师岁久，父母存，或父母亡而大父母、伯叔父母存，皆遣归省，人赐衣一袭，钞五锭，为道里费。其优恤之如此。

而其教之之法，每旦，祭酒、司业坐堂上，属官自监丞以下，首领则典簿，以次序立。诸生揖毕，质问经史，拱立听命。惟朔望给假，余日升堂会馔，乃会讲、复讲、背书，轮课以为常。所习自四子、本经外，兼及刘向《说苑》及律令、书、数、《御制大诰》。每月试经、书义各一道，诏、诰、表、策论、判、内科二道。每日习书二百余字，以二王，智永、欧、虞、颜、柳诸帖为法。

每班选一人充斋长，督诸生工课。衣冠、步履、饮食，必严饬中节。夜必宿监，有故而出必告本班教官，令斋长帅之以白祭酒。监丞置集愆簿，有不遵者书之，再三犯者决责，四犯者至发遣安置。其学规条目，屡次更定，宽严得其中。堂宇宿舍，饮馔澡浴，俱有禁例。省亲、毕姻回籍，限期以道里远近为差。违限者谪选远方典史，有罚充吏者。

司教之官，必选耆宿。宋讷、吴颙等由儒士擢祭酒，讷尤推名师。历科进士多出太学，而戊辰任亨泰廷对第一，太祖召讷褒赏，撰题名记，立石监门。辛未许观，亦如之。进士题名碑由此相继不绝。

每岁天下按察司选生员年二十以上、厚重端秀者，送监考留。会试下第举人，入监卒业。又因谏官关贤奏，设为定例。府、州、县学岁贡生员各一人，翰林考试经、书义各一道，判语一条，中式者一等入国子监，二等送中都，不中者遣还，提调教官罚停廪禄。于是直省诸士子云集辇下。云南、四川皆有土官生，日本、琉球、暹罗诸国亦皆有官生入监读书，辄加厚赐，并给其从人。永、宣间，先后络绎。至成化、正德时，琉球生犹有至者。

中都之置国学也，自洪武八年。至二十六年乃革，以其师生并入京师。永乐元年始设北京国子监。十八年迁都，乃以京师国子监为南京国子监，而太学生有南北监之分矣。

太祖虑武臣子弟但习武事，鲜知问学，命大都督府选入国学，其在凤阳者即肄业于中都。命韩国公李善长等考定教官、生员高下，分列班次，曹国公李文忠领监事以绳核之。嗣后勋臣子弟多入监读书。嘉靖元年令公、侯、伯未经任事、年三十以下者，送监读书，寻令已任者亦送监，而年少勋戚争以入学为荣矣。

六堂诸生有积分之法，司业二员分为左右，各提调三堂。凡通《四书》未通经者，居正义、崇志、广业。一年半以上，文理条畅者，升修道、诚心。又一年半，经史兼通、文理俱优者，乃升率性。升至率性，乃积分。其法，孟月试本经义一道，仲月试论一道，诏、诰、表、内科一道，季月试经史策一道，判语二条。每试，文理俱优者与一分，理优文劣者与半分，纰缪者无分。岁内积八分者为及格，与出身。不及者仍坐堂肄业。如有才学超异者，奏请上裁。

洪武二十六年，尽擢监生刘政、龙镡等六十四人为行省布政、按察两使，及参政、参议、副使、佥事等官。其一旦而重用之，至于如此。其为四方大吏者，盖无算也。李扩等自文华、武英擢御史，扩寻改给事中兼齐相府录事，盖台谏之选亦出于太学。其常调者乃为府、州、县六品以下官。

初，以北方丧乱之余，人鲜知学，遣国子生林伯云等三百六十六人分教各郡。后乃推及他省，择其壮岁能文者为教谕等官。太祖虽间行科举，而监生与荐举人才参用者居多，故其时布列中外者，太学生最盛。一再传之后，进士日益重，荐举遂废，而举贡日益轻。虽积分历事不改初法，南北祭酒陈敬宗、李时勉等加意振饬，已渐不如其始。众情所趋向，专在甲科。宦途升沉，定于谒选之日。监生不获上第，即奋自镞砺，不能有成，积重之势然也。迨开纳粟之例，则流品渐淆，且庶民亦得援生员之例以入监，谓之民生，亦谓之俊秀，而监生益轻。于是同处太学，而举、贡得为府佐贰及州县正官，官、恩生得选部、院、府、卫、司、寺小京职，尚为正途。而援例监生，仅得选州县佐贰及府首领官；其授京职者，乃光禄寺、上林苑之属；其愿就远方者，则以云、贵、广西及各边省军卫有司首领，及卫学、王府教授之缺用，而终身为异途矣。

举人入监，始于永乐中。会试下第，辄令翰林院录其优者，俾入学以俟后科，给以教谕之俸。是时，会试有副榜，大抵署教官，故令入监者亦食其禄也。宣德八年尝命礼部尚书胡濙与大学士杨士奇、杨荣选副榜举人龙文等二十四人，送监进学。翰林院三月一考其文，与庶吉士同，颇示优异。后不复另试，则取副榜年二十五以上者授教职，年未及者，或依亲，或入监读书。既而不拘年齿，依亲、入监者皆听。依亲者，回籍读书，依亲肄业也。又有丁忧、成婚、省亲、送幼子，皆仿依亲例，限年复班。正统中，天下教官多缺，而举人厌其卑冷，多不愿就。十三年，御史万节请敕礼部多取副榜，以就教职。部臣以举人愿依亲入监者十之七，愿就教职者仅十之三，但宜各随所欲，却其请不行。至成化十三年，御史胡璘言："天下教官率多岁贡，言行文章不足为人师范，请多取举人选用，而罢贡生勿选。"部议岁贡如其旧，而举人教官仍许会试。自后就教者亦渐多矣。嘉靖中. 南北国学皆空虚，议尽发下第举人入监，且立限期以趣之。然举人不愿入监者，卒不可力强。于是生员岁贡之外，不得不频举选贡以充国学矣。

贡生入监，初由生员选择，既命各学岁贡一人，故谓之岁贡。其例亦屡更。洪武二十一年，定府、州、县学以一、二、三年为差。二十五年，定府学岁二人，州学二岁三人，县学岁一人。永乐八年，定州县户不及五里者，州岁一人，县间岁一人。十九年，令岁贡照洪武二十一年例。宣德七年，复照洪武二十五年例。正统六年，更定府学岁一人，州学三岁二人，县学间岁一人。弘治、嘉靖间，仍定府学岁二人，州学二岁三人，县学岁一人，遂为永制。后孔、颜、孟三氏，及京学、卫学、都司、土官，川、云、贵诸远省，其按年充贡之法，亦间有增减云。岁贡之始，必考学行端庄、文理优长者以充之。其后但取食廪年深者。

弘治中，南京祭酒章懋言："洪、永间，国子生以数千计，今在监科贡共止六百余人，岁贡挨次而升，衰迟不振者十常八九。举人坐监，又每后时。差拨不敷，教养罕效。近年有增贡之举，而所拔亦挨次之人，资格所拘，英才多滞。乞于常贡外令提学行选贡之法，不分廪膳、增广生员，通行考选，务求学行兼优、年富力强、累试优等者，乃以充贡。通计天下之广，约取五六百人。以后三、五年一行，则人才可渐及往年矣。”乃下部议行之。此选贡所由始也。

选贡多英才，入监课试辄居上等，拨历诸司亦有干局。岁贡颓老，其势日绌，则惟愿就教而不愿入监。嘉靖二十七年，祭酒程文德请将廷试岁贡惟留即选者于部，而其余尽使入监。报可。岁贡诸生合疏言，家贫亲老，不愿入监。礼部复请从其所愿，而尽使举人入监。又从之。举人入监不能如期，南京祭酒潘晟至请设重罚以趣其必赴。于是举人、选贡、岁贡三者迭为盛衰，而国学之盈虚亦靡有定也。万历中，工科郭如心言：“选贡非祖制，其始欲补岁贡之乏，其后遂妨岁贡之途，请停其选。”神宗以为然。至崇祯时，又尝行之。

恩贡者，国家有庆典或登极诏书，以当贡者充之。而其次即为岁贡。纳贡视例监稍优，其实相仿也。

荫子入监，明初因前代任子之制，文官一品至七品，皆得荫一子以世其禄。后乃渐为限制，在京三品以上方得请荫，谓之官生。出自特恩者，不限官品，谓之恩生。或即与职事，或送监读书。官生必三品京官，成化三年从助教李伸言也。时给事中李森不可。帝谕，责其刻薄；第令非历任年久政绩显著者，毋得滥叙而已。既得荫叙，由提学官考送部试，如贡生例，送入监中。时内阁吕原子萱由荫监补中书舍人，七年辛卯乞应顺天乡试。部请从之。给事中芮畿不可。帝允萱所请，不为例。然其后以荫授舍人者，俱得应举矣。嘉、隆以后，宰相之子有初授即为尚宝司丞，径转本司少卿，由光禄、太常以跻九列者，又有以军功荫锦衣者，往往不由太学。其他并入监。

恩生之始，建文元年录吴云子黼为国子生，以云死节云南也。正德十六年定例，凡文武官死于忠谏者，一子入监。其后守土官死节亦皆得荫子矣。又弘治十八年定例，东宫侍从官，讲读年久辅导有功者，殁后，子孙乞恩，礼部奏请上裁。正德元年复定，其祖父年劳已及三年者，一子即授试中书舍人习字；未及三年者，一子送监读书。八年复定，东宫侍班官三年者，一子入监。又万历十二年定例，三品日讲官，虽未考满，一子入监。

例监始于景泰元年，以边事孔棘，令天下纳粟纳马者入监读书，限千人止。行四年而罢。成化二年，南京大饥，守臣建议，欲令官员军民子孙纳粟送监。礼部尚书姚夔言："太学乃育才之地，近者直省起送四十岁生员，及纳草纳马者动以万计，不胜其滥。且使天下以货为贤，士风日陋。"帝以为然，为却守臣之议。然其后或遇岁荒，或因边警，或大兴工作，率援往例行之，讫不能止。此举、贡、荫、例诸色监生，前后始末之大凡也。

监生历事，始于洪武五年。建文时，定考核法上、中、下、三等。上等选用，中、下等仍历一年再考。上等者依上等用，中等者不拘品级，随才任用，下等者回监读书。永乐五年，选监生三十八人隶翰林院，习四夷译书。九年辛卯，钟英等五人成进士，俱改庶吉士。壬辰、乙未以后，译书中会试者甚多，皆改庶吉士，以为常。历事生成名，其蒙恩遇如此。仁宗初政，中军都督府奏监生七人吏事勤慎，请注选授官。帝不许，仍令入学，由科举以进。他历事者，多不愿还监。于是通政司引奏，六科办事监生二十人满日，例应还监，仍愿就科办事。帝复召二十人者，谕令进学。盖是时，六科给事中多缺，诸生觊得之。帝察知其意，故不授官也。宣宗以教官多缺，选用监生三百八十人，而程富等以都御史顾佐之荐，使于各道历政三月，选择任之，所谓试御史也。

监生拨历，初以入监年月为先后，丁忧、省祭，有在家延留七八年者，比至入监，即得取拨。陈敬宗、李时勉先后题请，一以坐监年月为浅深。其后又以存省、京储、依亲、就学、在家年月，亦作坐堂之数。其患病及他事故，始以虚旷论。诸生互争年月资次，各援科条。成化五年，祭酒陈鉴以两词具闻，乞敕礼部酌中定制，为礼科所驳。鉴复奏，互争之。乃下部覆议，请一一精核，仍计地理远近、水程日月以为准。然文移往来，纷错繁揉，上下伸缩，弊端甚多，卒不能画一也。

初令监生由广业升率性，始得积分出身。天顺以前，在监十余年，然后拨历诸司，历事三月，仍留一年，送吏部铨选。其兵部清黄及随御史出巡者，则以三年为率。其后，以监生积滞者多，频减拨历岁月以疏通之。每岁拣选，优者辄与拨历，有未及一年者。

弘治八年，监生在监者少，而吏部听选至万余人，有十余年不得官者。祭酒林瀚以坐班人少，不敷拨历，请开科贡。礼部尚书倪岳覆奏，科举已有定额，不可再增，惟请增岁贡人数，而定诸司历事，必须日月满后，方与更替，使诸生坐监稍久，选人亦无壅滞。及至嘉靖十年，监生在监者不及四百人，诸司历事岁额以千计。礼部尚书李时引岳前议言："岳权宜二法，一增岁额以足坐班生徒，一议差历以久坐班岁月。于是府、州、县学以一岁二贡、二岁三贡、一岁一贡为差，行之四岁而止。其诸司历事，三月考勤之后，仍历一年，其余写本一年，清黄、写诰、清军、清匠三年，以至出巡等项，俱如旧例日月。今国学缺人，视弘治间更甚，请将前件事例，参酌举行。"并从之，独不增贡额。未几，复以祭酒许诰、提学御史胡时善之请，诏增贡额，如岳、时前议。隆、万以后，学校积弛，一切循故事而已。崇祯二年，从司业倪嘉善言，复行积分法。八年，从祭酒倪元璐言，以贡选为正流，援纳为闰流。贡选不限拨期，以积分岁满为率，援纳则依原定拨历为率。而历事不分正杂，惟以考定等第为历期多寡。诸司教之政事，勿与猥杂差遣。满日，校其勤惰，开报吏部。不率者，回监教习。时监规颓废已久，不能振作也。

凡监生历事，吏部四十一名，户部五十三名，礼部十三名，大理寺二十八名，通政司五名，行人司四名，五军都督府五十名，谓之正历。三月上选，满日增减不定。又有诸司写本，户部十名，礼部十八名，兵部二十名，刑部十四名，工部八名，都察院十四名，大理寺、通政司俱四名，随御史出巡四十二名，谓之杂历。一年满日上选。又有诸色办事，清黄一百名，写诰四十名，续黄五十名，清军四十名，天财库十名，初以三年谓之长差，后改一年上选；承运库十五名，司礼监十六名，尚宝司六名，六科四十名，初作短差，后亦定一年上选。又有随御史刷卷一百七十八名，工部清匠六十名，俱事完日上选。又有礼部写民情条例七十二名，光禄寺刷卷四名，修斋八名，参表二十名，报讣二十名，赍俸十二名，锦衣卫四名，兵部查马册三十名，工部大木厂二十名，后府磨算十名，御马监四名，天财库四名，正阳门四名，崇文、宣武、朝阳、东直俱三名，阜城、西直、安定、德胜俱二名，以半年满日回监。

郡县之学，与太学相维，创立自唐始。宋置诸路州学官，元颇因之，其法皆未具。迄明，天下府、州、县、卫、所，皆建儒学，教官四千二百余员，弟子无算，教养之法备矣。洪武二年，太祖初建国学，谕中书省臣曰："学校之教，至元其弊极矣。上下之间，波颓风靡，学校虽设，名存实亡。兵变以来，人习战争，惟知干戈，莫识俎豆。朕惟治国以教化为先，教化以学校为本。京师虽有太学，而天下学校未兴。宜令郡、县皆立学校，延师儒，授生徒，讲论圣道，使人日渐月化，以复先王之旧。"于是大建学校，府设教授，州设学正，县设教谕，各一。俱设训导。府四，州三，县二。生员之数，府学四十人，州、县以次减十。师生月廪食米，人六斗，有司给以鱼肉。学官月俸有差。生员专治一经，以礼、乐、射、御、书、数设科分教，务求实才，顽不率者黜之。十五年，颁学规于国子监，又颁禁例十二条于天下，镌立卧碑，置明伦堂之左。其不遵者，以违制论。盖无地而不设之学，无人而不纳之教。庠声序音，重规叠矩，无间于下邑荒徼，山陬海涯。此明代学校之盛，唐、宋以来所不及也。

生员虽定数于国初，未几即命增广，不拘额数。宣德中，定增广之额：在京府学六十人，在外府学四十人，州、县以次减十。成化中，定卫学之例：四卫以上军生八十人，三卫以上军生六十人，二卫、一卫军生四十人，有司儒学军生二十人；土官子弟，许入附近儒学，无定额。增广既多，于是初设食廪者谓之廪膳生员，增广者谓之增广生员。及其既久，人才愈多，又于额外增取。附于诸生之末，谓之附学生员。凡初入学者，止谓之附学，而廪膳、增广，以岁科两试等第高者补充之。非廪生久次者，不得充岁贡也。士子未入学者，通谓之童生。当大比之年，间收一二异敏，三场并通者，俾与诸生一体入场，谓之充场儒士。中式即为举人，不中式仍候提学官岁试，合格乃准入学。提学官在任三岁，两试诸生。先以六等试诸生优劣，谓之岁考。一等前列者，视廪膳生有缺，依次充补，其次补增广生。一二等皆给赏，三等如常，四等挞责，五等则廪、增递降一等，附生降为青衣，六等黜革。继取一二等为科举生员，俾应乡试，谓之科考。其充补廪、增给赏，悉如岁试。其等第仍分为六，而大抵多置三等。三等不得应乡试，挞黜者仅百一，亦可绝无也。生儒应试，每举人一名，以科举三十名为率。举人屡广额，科举之数亦日增。及求举者益众，又往往于定额之外加取，以收士心。凡督学者类然。嘉靖十年，尝下沙汰生员之令，御史杨宜争之而止。万历时，张居正当国，遂核减天下生员。督学官奉行太过，童生入学，有一州县仅录一人者，其科举减杀可推而知也。

生员入学，初由巡按御史，布、按两司及府州县官。正统元年始特置提学官，专使提督学政，南、北直隶俱御史，各省参用副使、佥事。景泰元年罢提学官。天顺六年复设，各赐敕谕十八条，俾奉行之。直省既设提学，有所辖太广，及地最僻远，岁巡所不能及者，乃酌其宜。口外及各都司、卫所、土官以属分巡道员，直隶庐、凤、淮、扬、滁、徐、和以属江北巡按，湖广衡、永、郴以属湖南道，辰、靖以属辰沅道，广东琼州以属海南道，甘肃卫所以属巡按御史，亦皆专敕行事。万历四十一年，南直隶分上下江，湖广分南北，始各增提学一员。提学之职，专督学校，不理刑名。所受词讼，重者送按察司，轻者发有司，直隶则转送巡按御史。督、抚、巡按及布、按二司，亦不许侵提学职事也。

明初，优礼师儒，教官擢给事、御史，诸生岁贡者易得美官。然钳束亦甚谨。太祖时，教官考满，兼核其岁贡生员之数。后以岁贡为学校常例。二十六年，定学官考课法，专以科举为殿最。九年任满，核其中式举人，府九人、州六人、县三人者为最。其教官又考通经，即与升迁。举人少者为平等，即考通经亦不迁。举人至少及全无者为殿，又考不通经，则黜降。其待教官之严如此。

生员入学十年，学无所成者，及有大过者，俱送部充吏，追夺廪粮，至正统十四年申明其制而稍更之。受赃、奸盗、冒籍、宿娼、居丧娶妻妾所犯事理重者，直隶发充国子监膳夫，各省发充附近儒学膳夫、斋夫，满日为民，俱追廪米。犯轻充吏者，不追廪米。其待诸生之严又如此。然其后教官之黜降，生员之充发，皆废格不行，即卧碑亦具文矣。诸生上者中式，次者廪生，年久充贡，或选拔为贡生。其累试不第、年逾五十、愿告退闲者，给与冠带，仍复其身。其后有纳粟马捐监之例，则诸生又有援例而出学者矣。提学官岁试校文之外，令教官举诸生行优劣者一二人，赏黜之以为劝惩。此其大较也。

诸生应试之文，通谓之举业。四书义一道，二百字以上。经义一道，三百字以上。取书旨明晰而已，不尚华采也。其后标新领异，益漓厥初。万历十五年，礼部言："唐文初尚靡丽而士趋浮薄，宋文初尚钩棘而人习险谲。国初举业有用六经语者，其后引《左传》《国语》矣，又引《史记》《汉书》矣。《史记》穷而用六子，六子穷而用百家，甚至佛经、《道藏》摘而用之，流弊安穷。弘治、正德、嘉靖初年，中式文字纯正典雅。宜选其尤者，刊布学宫，俾知趋向。"因取中式文字一百十余篇，奏请刊布，以为准则。时方崇尚新奇，厌薄先民矩镬，以士子所好为趋，不遵上指也。启、祯之间，文体益变，以出入经史百氏为高，而恣轶者亦多矣。虽数申诡异险僻之禁，势重难返，卒不能从。论者以明举业文字比唐人之诗，国初比初唐，成、弘、正、嘉比盛唐，隆、万比中唐，启、祯比晚唐云。

自儒学外，又有宗学、社学、武学。宗学之设，世子、长子、众子、将军、中尉年未弱冠者俱与焉。其师，于王府长史、纪善、伴读、教授等官择学行优长者除授。万历中，定宗室子十岁以上，俱入宗学。若宗子众多，分置数师，或于宗室中推举一人为宗正，领其事。令学生诵习《皇明祖训》、《孝顺事实》、《为善阴骘》诸书，而《四书》、《五经》、《通鉴》、性理亦相兼诵读。寻复增宗副二人。子弟入学者，每岁就提学官考试，衣冠一如生员。已复令一体乡试，许得中式。其后宗学寖多，颇有致身两榜、起家翰林者。

社学，自洪武八年，延师以教民间子弟，兼读《御制大诰》及本朝律令。正统时，许补儒学生员。弘治十七年，令各府、州、县建立社学，选择明师，民间幼童十五以下者送入读书，讲习冠、婚、丧、祭之礼。然其法久废，寖不举行。

武学之设，自洪武时置大宁等卫儒学，教武官子弟。正统中，成国公朱勇奏选骁勇都指挥等官五十一员，熟娴骑射幼官一百员，始命两京建武学以训诲之。寻命都司、卫所应袭子弟年十岁以上者，提学官选送武学读书，无武学者送卫学或附近儒学。成化中，敕所司岁终考试入学武生。十年以上学无可取者，追廪还官，送营操练。弘治中，从兵部尚书马文升言，刊《武经七书》分散两京武学及应袭舍人。嘉靖中，移京城东武学于皇城西隅废寺，俾大小武官子弟及勋爵新袭者，肄业其中，用文武重臣教习。万历中，兵部言，武库司专设主事一员管理武学，近者裁去，请复专设。教官升堂，都指挥执弟子礼，请遵《会典》例，立为程式。诏皆如议。崇祯十年，令天下府、州、县学皆设武学生员，提学官一体考取。已又申《会典》事例，簿记功能，有不次擢用、黜退、送操、奖罚、激厉之法。时事方棘，无所益也。

明史卷七十志第四十六

选举二

科目者，沿唐、宋之旧，而稍变其试士之法，专取四子书及《易》、《书》、《诗》、《春秋》、《礼记》五经命题试士。盖太祖与刘基所定。其文略仿宋经义，然代古人语气为之，体用排偶，谓之八股，通谓之制义。

三年大比，以诸生试之直省，曰乡试。中式者为举人。次年，以举人试之京师，曰会试。中式者，天子亲策于廷，曰廷试，亦曰殿试。分一、二、三甲以为名第之次。一甲止三人，曰状元、榜眼、探花，赐进士及第。二甲若干人，赐进士出身。三甲若干人，赐同进士出身。状元、榜眼、探花之名，制所定也。而士大夫又通以乡试第一为解元，会试第一为会元，二、三甲第一为传胪云。

子、午、卯、酉年乡试，辰、戌、丑、未年会试。乡试以八月，会试以二月，皆初九日为第一场，又三日为第二场，又三日为第三场。初设科举时，初场试经义二道。《四书》义一道；二场论一道；三场策一道。中式后十日，复以骑、射、书、算、律五事试之。后颁科举定式，初场试《四书》义三道，经义四道。《四书》主朱子《集注》，《易》主程《传》、朱子《本义》，

《书》主蔡氏传及古注疏，《诗》主朱子《集传》，《春秋》主左氏、公羊、穀梁三传及胡安国、张洽传，《礼记》主古注疏。永乐间，颁《四书五经大全》，废注疏不用。其后，《春秋》亦不用张洽传，《礼记》止用陈澔《集说》。二场试论一道，判五道，诏、诰、表内科一道。三场试经史时务策五道。

廷试，以三月朔。乡试，直隶于京府，各省于布政司。会试，于礼部。主考，乡、会试俱二人。同考，乡试四人，会试八人。提调一人，在内京官，在外布政司官。会试，礼部官监试二人，在内御史，在外按察司官。会试，御史供给收掌试卷；弥封、誊录、对读、受卷及巡绰监门，搜检怀挟，俱有定员，各执其事。举子，则国子生及府、州、县学生员之学成者，儒士之未仕者，官之未入流者，皆由有司申举性资敦厚、文行可称者应之。其学校训导专教生徒，及罢闲官吏，倡优之家，与居父母丧者，俱不许入试。

试卷之首，书三代姓名及其籍贯年甲，所习本经，所司印记。试日入场，讲问、代冒者有禁。晚未纳卷，给烛三枝。文字中回避御名、庙号，及不许自序门第。弥封编号作三合字。考试者用墨，谓之墨卷。誊录用朱，谓之朱卷。试士之所，谓之贡院。诸生席舍，谓之号房。人一军守之，谓之号军。试官入院，辄封钥内外门户。在外提调、监试等谓之外帘官，在内主考、同考谓之内帘官。廷试用翰林及朝臣文学之优者，为读卷官。共阅对策，拟定名次，候临轩。或如所拟，或有所更定，传制唱第。

状元授修撰，榜眼、探花授编修，二、三甲考选庶吉士者，皆为翰林官。其他或授给事、御史、主事、中书、行人、评事、太常、国子博士，或授府推官、知州、知县等官。举人、贡生不第、入监而选者，或授小京职，或授府佐及州县正官，或授教职。

此明一代取士之大略也。终明之世，右文左武。然亦尝设武科以收之，可得而附列也。

初，太祖起事，首罗贤才。吴元年设文武二科取士之令，使有司劝谕民间秀士及智勇之人，以时勉学，俟开举之岁，充贡京师。洪武三年，诏曰："汉、唐及宋，取士各有定制，然但贵文学而不求德艺之全。前元待士甚优，而权豪势要，每纳奔竞之人，夤缘阿附，辄窃仕禄。其怀材抱道者，耻与并进，甘隐山林而不出。风俗之弊，一至于此。自今年八月始，特设科举，务取经明行修、博通古今、名实相称者。朕将亲策于廷，第其高下而任之以官。使中外文臣皆由科举而进，非科举者毋得与官。"于是京师行省各举乡试：直隶贡额百人，河南、山东、山西、陕西、北平、福建、江西、浙江、湖广皆四十人，广西、广东皆二十五人，才多或不及者，不拘额数。高丽、安南、占城，诏许其国士子于本国乡试，贡赴京师。明年会试，取中一百二十名。帝亲制策问，试于奉天殿，擢吴伯宗第一。午门外张挂黄榜，奉天殿宣谕，赐宴中书省。授伯宗为礼部员外郎，余以次授官有差。

时以天下初定，令各行省连试三年，且以官多缺员，举人俱免会试，赴京听选。又擢其年少俊异者张唯、王辉等为翰林院编修，萧韶为秘书监直长，令入禁中文华堂肄业，太子赞善大夫宋濂等为之师。帝听政之暇，辄幸堂中，评其文字优劣，日给光禄酒馔。每食，皇太子、亲王迭为之主，赐白金、弓矢、鞍马及冬夏衣，宠遇之甚厚。既而谓所取多后生少年，能以所学措诸行事者寡，乃但令有司察举贤才，而罢科举不用。至十五年，复设。十七年始定科举之式，命礼部颁行各省，后遂以为永制，而荐举渐轻，久且废不用矣。

十八年廷试，擢一甲进士丁显等为翰林院修撰，二甲马京等为编修，吴文为检讨。进士之入翰林，自此始也。使进士观政于诸司，其在翰林、承敕监等衙门者，曰庶吉士。进士之为庶吉士，亦自此始也。其在六部、都察院、通政司、大理寺等衙门者仍称进士，观政进士之名亦自此始也。其后试额有增减，条例有变更，考官有内外轻重，闱事有是非得失。其细者勿论，其有关于国是者不可无述也。

乡试之额，洪武十七年诏不拘额数，从实充贡。洪熙元年始有定额。其后渐增。至正统间，南北直隶定以百名，江西六十五名，他省又自五而杀，至云南二十名为最少。嘉靖间，增至四十，而贵州亦二十名。庆、历、启、祯间，两直隶益增至一百三十余名，他省渐增，无出百名者。交阯初开以十名为额，迨弃其地乃止。会试之额，国初无定，少至三十二人，其多者，若洪武乙丑、永乐丙戌，至四百七十二人。其后或百名，或二百名，或二百五十名，或三百五十名，增损不一，皆临期奏请定夺。至成化乙未而后，率取三百名，有因题请及恩诏而广五十名或百名者，非恒制也。

初制，礼闱取士，不分南北。自洪武丁丑，考官刘三吾、白信蹈所取宋琮等五十二人，皆南士。三月，廷试，擢陈䢿为第一。帝怒所取之偏，命侍读张信等十二人覆阅，䢿亦与焉。帝犹怒不已，悉诛信蹈及信、䢿等，戍三吾于边，亲自阅卷，取任伯安等六十一人。六月复廷试，以韩克忠为第一。皆北士也。然讫永乐间，未尝分地而取。洪熙元年，仁宗命杨士奇等定取士之额，南人十六，北人十四。宣德、正统间，分为南、北、中卷，以百人为率，则南取五十五名，北取三十五名，中取十名。景泰初，诏书遵永乐间例。二年辛未，礼部方奉行，而给事中李侃争之，言：“部臣欲专以文词，多取南人。”刑部侍郎罗绮亦助侃言。事下礼部，覆奏：“臣等奉诏书，非私请也。”景帝命遵诏书，不从侃议。未几，给事中徐廷章复请依正统间例。五年甲戌，会试，礼部奏请裁定，于是复从廷章言，分南、北、中卷：南卷，应天及苏、松诸府，浙江、江西、福建、湖广、广东；北卷，顺天、山东、山西、河南、陕西；中卷，四川、广西、云南、贵州及凤阳、庐州二府，滁、徐、和三州也。成化二十二年，万安当国，周洪谟为礼部尚书，皆四川人，乃因布政使潘稹之请，南北各减二名，以益于中。弘治二年，复从旧制。嗣后相沿不改。惟正德三年，给事中赵铎承刘瑾指，请广河南、陕西、山东、西乡试之额。乃增陕西为百，河南为九十五，山东、西俱九十。而以会试分南、北、中卷为不均，乃增四川额十名，并入南卷，其余并入北卷，南北均取一百五十名。盖瑾陕西人，而阁臣焦芳河南人，票旨相附和，各徇其私。瑾、芳败，旋复其旧。

初制，两京乡试。主考皆用翰林。而各省考官，先期于儒官、儒士内聘明经公正者为之，故有不在朝列累秉文衡者。景泰三年，令布、按二司同巡按御史，推举见任教官年五十以下、三十以上、文学廉谨者，聘充考官。于是教官主试，遂为定例。其后有司徇私，聘取或非其人，监临官又往往侵夺其职掌。成化十五年，御史许进请各省俱视两京例，特命翰林主考。帝谕礼部严饬私弊，而不从其请。屡戒外帘官毋夺主考权，考官不当，则举主连坐。又令提学考定教官等第，以备聘取。然相沿既久，积习难移。弘治十四年，掌国子监谢铎言："考官皆御史方面所辟召，职分即卑，听其指使，以外帘官预定去取，名为防闲，实则关节，而科举之法坏矣。乞敕两京大臣，各举部属等官素有文望者，每省差二员主考，庶几前弊可革。"时未能从。嘉靖七年，用兵部侍郎张璁言，各省主试皆遣京官或进士，每省二人驰往。初，南京房考亦皆取教职，至是命各加科部官一员，阅两科、两京房考，复罢科部勿遣，而各省主考亦不遣京官。至万历十一年，诏定科场事宜。部议复举张璁之说，言："彼时因主考与监临官礼节小嫌，故行止二科而罢，今宜仍遣廷臣。”由是浙江、江西、福建、湖广皆用编修、检讨，他省用科部官，而同考亦多用甲科，教职仅取一二而已。盖自嘉靖二十五年从给事中万虞恺言，各省乡试精聘教官，不足则聘外省推官、知县以益之。四十三年，又从南京御史奏，两京同考用京官进士，《易》《诗》《书》各二人，《春秋》《礼记》各一人，其余乃参用教官。万历四年，复议两京同考、教官衰老者遣回，北京取足于观政进士、候补甲科，南京于附近知县、推官取用。至是教官益绌。

初制，会试同考八人，三人用翰林，五人用教职。景泰五年，从礼部尚书胡濙请，俱用翰林、部曹。其后房考渐增。至正德六年，命用十七人，翰林十一人，科部各三人。分《诗经》房五，《易经》《书经》各四，《春秋》《礼记》各二。嘉靖十一年，礼部尚书夏言论科场三事，其一言会试同考，例用讲读十一人，今讲读止十一人，当尽入场，方足供事。乞于部科再简三四人，以补翰林不足之数。世宗命如所请。然偶一行之，辄如其旧。万历十一年，以《易》卷多，减《书》之一以增于《易》。十四年，《书》卷复多，乃增翰林一人，以补《书》之缺。至四十四年，用给事中余懋孳奏，《诗》《易》各增一房，共为二十房，翰林十二人，科部各四人，至明末不变。

洪武初，赐诸进士宴于中书省。宣德五年，赐宴于中军都督府。八年，赐宴于礼部，自是遂著为令。

庶吉士之选，自洪武乙丑择进士为之，不专属于翰林也。永乐二年，既授一甲三人曾棨、周述、周孟简等官，复命于第二甲择文学优等杨相等五十人，及善书者汤流等十人，俱为翰林院庶吉士，庶吉士遂专属翰林矣。复命学士解缙等选才资英敏者，就学文渊阁。缙等选修撰棨，编修述、孟简，庶吉士相等共二十八人，以应二十八宿之数。庶吉士周忱自陈少年愿学。帝喜而俞之，增忱为二十九人。司礼监月给笔墨纸，光禄给朝暮馔，礼部月给膏烛钞，人三锭，工部择近第宅居之。帝时至馆召试。五日一休沐，必使内臣随行，且给校尉驺从。是年所选王英、王直、段民、周忱、陈敬宗、李时勉等，名传后世者，不下十余人。其后每科所选，多寡无定额。永乐十三年乙未选六十二人，而宣德二年丁未止邢恭一人，以其在翰林院习四夷译书久，他人俱不得与也。弘治四年，给事中涂旦以累科不选庶吉士，请循祖制行之。大学士徐溥言："自永乐二年以来，或间科一选，或连科屡选，或数科不选，或合三科同选，初无定限。或内阁自选，或礼部选送，或会礼部同选，或限年岁，或拘地方，或采誉望，或就廷试卷中查取，或别出题考试，亦无定制。自古帝王储才馆阁以教养之。本朝所以储养之者，自及第进士之外，止有庶吉士一途，而或选或否。且有才者未必皆选，所选者未必皆才，若更拘地方、年岁，则是已成之才又多弃而不用也。请自今以后，立为定制，一次开科，一次选用。令新进士录平日所作论、策、诗、赋、序、记等文字，限十五篇以上，呈之礼部，送翰林考订。少年有新作五篇，亦许投试翰林院。择其词藻文理可取者，按号行取。礼部以糊名试卷，偕阁臣出题考试于东阁，试卷与所投之文相称，即收预选。每科所选不过二十人，每选所留不过三五辈，将来成就必有足赖者。"孝宗从其请，命内阁同吏、礼二部考选以为常。自嘉靖癸未至万历庚辰，中间有九科不选。神宗常命间科一选。礼部侍郎吴道南持不可。崇祯甲戌、丁丑，复不选，余悉遵例。其与选者，谓之馆选。以翰、詹官高资深者一人课之，谓之教习。三年学成，优者留翰林为编修、检讨，次者出为给事、御史，谓之散馆。与常调官待选者，体格殊异。

成祖初年，内阁七人，非翰林者居其半。翰林纂修，亦诸色参用。自天顺二年，李贤奏定纂修专选进士。由是非进士不入翰林，非翰林不入内阁，南、北礼部尚书、侍郎及吏部右侍郎，非翰林不任。而庶吉士始进之时，已群目为储相。通计明一代宰辅一百七十余人，由翰林者十九。盖科举视前代为盛，翰林之盛，则前代所绝无也。

辅臣子弟，国初少登第者。景泰七年，陈循、王文以其子北闱下第，力攻主考刘俨，台省哗然论其失。帝勉徇二人意，命其子一体会试，而心薄之。正德三年，焦芳子黄中会试中式，芳引嫌不读卷。而黄中居二甲之首，芳意犹不慊，至降调诸翰林以泄其忿。六年，杨廷和子慎廷试第一，廷和时亦引嫌不读卷。慎以高才及第，人无訾之者。嘉靖二十三年廷试，翟銮子汝俭、汝孝俱在试中。世宗疑二人滥首甲，抑第一为第三，以第三置三甲。及拆卷，而所拟第三者，果汝孝也，帝大疑之。给事中王交、王尧日因劾会试考官少詹事江汝璧及诸房考朋私通贿，且追论顺天乡试考官秦鸣夏、浦应麒阿附銮罪，乃下汝璧等镇抚司狱。狱具，诏杖汝璧、鸣夏、应麒，并革职闲住，而勒銮父子为民。神宗初，张居正当国。二年甲戌，其子礼闱下第，居正不悦，遂不选庶吉士。至五年，其子嗣修遂以一甲第二人及第。至八年，其子懋修以一甲第一人及第。而次辅吕调阳、张四维、申时行之子，亦皆先后成进士。御史魏允贞疏陈时弊，言辅臣子不宜中式。帝为谪允贞。十六年，右庶子黄洪宪主顺天试，王锡爵子衡为榜首。礼部郎中高桂论劾举人李鸿等，并及衡，言："自故相子一时并进，而大臣之子遂无见信于天下者。今辅臣锡爵子衡，素号多才，青云不难自致，而人犹疑信相半，宜一体覆试，以明大臣之心迹。"锡爵怒甚，具奏申辨，语过激。刑部主事饶伸复抗疏论之。帝为谪桂于外，下伸狱，削其官。覆试所劾举人，仍以衡第一，且无一人黜者。二十年会试，李鸿中式。鸿，大学士申时行婿也。榜将发，房考给事中某持之，以为宰相之婿不当中。主考官张位使十八房考公阅，皆言文字可取，而给事犹持不可。位怒曰："考试不凭文字，将何取衷？我请职其咎。"鸿乃获收。王衡既被论，当锡爵在位，不复试礼闱。二十九年乃以一甲第二人及第。自后辅臣当国，其子亦无登第者矣。

科场弊窦既多，议论频数。自太祖重罪刘三吾等，永、宣间大抵帖服。陈循、王文之龁刘俨也，高穀持之，俨亦无恙。弘治十二年会试，大学士李东阳、少詹事程敏政为考官。给事中华昶劾敏政鬻题与举人唐寅、徐泰，乃命东阳独阅文字。给事中林廷玉复攻敏政可疑者六事。敏政谪官，寅、泰皆斥谴。寅江左才士，戊午南闱第一，论者多惜之。嘉靖十六年，礼部尚书严嵩连摘应天、广东试录语，激世宗怒。应天主考及广东巡按御史俱逮问。二十二年，帝手批山东试录讥讪，逮御史叶经杖死阙下，布政以下皆远谪，亦嵩所中伤也。四十年，应天主考中允无锡吴情取同邑十三人，被劾，与副考胡杰俱谪外。南畿翰林遂不得典应天试矣。万历四年，顺天主考高汝愚中张居正子嗣修、懋修，及居正党吏部侍郎王篆子之衡、之鼎。居正既死，御史丁此吕追论其弊，且言："汝愚以'舜亦以命禹'为试题，殆以禅受阿居正。"当国者恶此吕，谪于外，而议者多不直汝愚。三十八年会试，庶子汤宾尹为同考官，与各房互换闱卷，共十八人。明年，御史孙居相劾宾尹私韩敬，其互换皆以敬故。时吏部方考察，尚书孙丕扬因置宾尹、敬于察典。敬颇有文名，众亦惜敬，而以其宣党，谓其宜斥也。四十四年会试，吴江沈同和第一，同里赵鸣阳第六。同和素不能文，文多出鸣阳手，事发觉，两人并谪戍。天启四年，山东、江西、湖广、福建考官，皆以策问讥刺，降谕切责。初命贬调，既而褫革，江西主考丁乾学至下狱拟罪，盖触魏忠贤怒也。先是二年辛酉，中允钱谦益典试浙江，所取举人钱千秋卷七篇大结，迹涉关节。榜后为人所讦，谦益自检举，千秋谪戍。未几，赦还。崇祯二年会推阁臣，谦益以礼部侍郎与焉，而尚书温体仁不与。体仁摘千秋事，出疏攻谦益。谦益由此罢，遂终明世不复起。其他指摘科场事者，前后非一，往往北闱为甚，他省次之。其贿买钻营、怀挟倩代、割卷传递、顶名冒籍，弊端百出，不可穷究，而关节为甚。事属暧昧，或快恩仇报复，盖亦有之。其他小小得失，无足道也。

历科事迹稍异者：永乐初，兵革仓猝，元年癸未，始令各省乡试。二年甲申会试，以事变不循午未之旧。七年己丑会试，中陈燧等九十五人。成祖方北征，皇太子令送国子监进学，俟车驾还京廷试。九年辛卯，始擢萧时中第一。宣德五年庚戌，帝临轩发策毕，退御武英殿，谓翰林儒臣曰："取士不尚虚文，有若刘蕡、苏辙辈直言抗论，朕当显庸之。"乃赋《策士歌》以示读卷官，顾所擢第一人林震，亦无所表见也。八年癸丑，廷试第一人曹鼐，由江西泰和典史会试中式。正统七年壬戌，刑部吏南昱、公陵驿丞郑温亦皆中式。十年乙丑，会试、廷试第一皆商辂。辂，淳安人，宣宗末年乙卯，浙榜第一人。三试皆第一，士子艳称为三元，明代惟辂一人而已。廷试读卷尽用甲科，而是年兵部尚书徐晞、十三年户部侍郎奈亨乃吏员，天顺元年丁丑读卷左都御史杨善乃译字生，时犹未甚拘流品也。迨后无杂流会试及为读卷官者矣。七年癸未试日，场屋火，死者九十余人，俱赠进士出身，改期八月会试。明年甲申三月，始廷试。时英宗已崩，宪宗以大丧未逾岁，御西角门策之。正德三年戊辰，太监刘瑾录五十人姓名以示主司，因广五十名之额。十五年庚辰，武宗南巡，未及廷试。次年，世宗即位，五月御西角门策之，擢杨维聪第一。而张璁即是榜进士也，六七年间，当国用事，权侔人主矣。嘉靖八年己丑，帝亲阅廷试卷，手批一甲罗洪先、杨名、欧阳德，二甲唐顺之、陈束、任瀚六人对策，各加评奖。大学士杨一清等遂选顺之、柬、瀚及胡经等共二十人为庶吉士，疏其名上，请命官教习。忽降谕云："吉士之选，祖宗旧制诚善。迩来大臣徇私选取，市恩立党，于国无益，自今不必选留。唐顺之等一切除授，吏、礼二部及翰林院会议以闻。"尚书方献夫等遂阿旨谓顺之等不必留，并限翰林之额，侍读、侍讲、修撰各三员，编修、检讨各六员。著为令。盖顺之等出张璁、霍韬门，而心以大礼之议为非，不肯趋附，璁心恶之。璁又方欲中一清，故以立党之说进，而故事由此废。迨十一年壬辰，已罢馆选，至九月复举行之。十四年乙未，帝亲制策问，手自批阅，擢韩应龙第一。降谕论一甲三人及二甲第一名次前后之由。礼部因以圣谕列登科录之首，而十二人对策，俱以次刊刻。二十年辛丑，考选庶吉士题，文曰《原政》，诗曰《读大明律》，皆钦降也。四十四年乙丑廷试，帝始不御殿。神宗时，御殿益稀矣。天启二年壬戌会试，命大学士何宗彦、朱国祚为主考。故事，阁臣典试，翰、詹一人副之。时已推礼部尚书顾秉谦，特旨命国祚。国祚疏辞，帝曰："今岁朕首科，特用二辅臣以光重典，卿不必辞。"嗣后二辅臣典试以为常。是年开宗科，朱慎鍙成进士，从宗彦、国祚请，即授中书舍人。崇祯四年，朱统鉓成进士，初选庶吉士。吏部以统鉓宗室，不宜官禁近，请改中书舍人。统鉓疏争，命仍授庶吉士。七年甲戌，知贡举礼部侍郎林钎言，举人颜茂猷文兼《五经》，作二十三义。帝念其该洽，许送内帘。茂猷中副榜，特赐进士，以其名另为一行，刻于试录第一名之前。《五经》中式者，自此接迹矣。

武科，自吴元年定。洪武二十年俞礼部请，立武学，用武举。武臣子弟于各直省应试。天顺八年，令天下文武官举通晓兵法、谋勇出众者，各省抚、按三司，直隶巡按御史考试。中式者，兵部同总兵官于帅府试策略，教场试弓马。答策二道，骑中四矢、步中二矢以上者为中式。骑、步所中半焉者次之。成化十四年，从太监汪直请，设武科乡、会试，悉视文科例。弘治六年，定武举六岁一行，先策略，后弓马。策不中者不许骑射。十七年，改定三年一试，出榜赐宴。正德十四年定，初场试马上箭，以三十五步为则；二场试步下箭，以八十步为则；三场试策一道。子、午、卯、酉年乡试。嘉靖初，定制，各省应武举者，巡按御史于十月考试，两京武学于兵部选取，俱送兵部。次年四月会试，翰林二员为考试官，给事中、部曹四员为同考。乡、会场期俱于月之初九、十二、十五。起送考验监试张榜，大率仿文闱而减杀之。其后倏罢倏复。又仿文闱南北卷例，分边方、腹里。每十名，边六腹四以为常。万历三十八年，定会试之额，取中进士以百名为率。其后有奉诏增三十名者，非常制也。穆、神二宗时，议者尝言武科当以技勇为重。万历之末，科臣又请特设将材武科，初场试马步箭及枪、刀、剑、戟、拳搏、击刺等法，二场试营阵、地雷、火药、战车等项，三场各就其兵法、天文、地理所熟知者言之。报可而未行也。崇祯四年，武会试榜发，论者大哗。帝命中允方逢年、倪元璐再试，取翁英等百二十人。逢年、元璐以时方需才，奏请殿试传胪，悉如文例。乃赐王来聘等及第、出身有差。武举殿试自此始也。十四年，谕各部臣特开奇谋异勇科。诏下，无应者。

吕晚村先生论文汇钞

〔清〕吕留良　撰

导读

在清代八股文史上，吕留良占有重要地位。他不仅八股文写得好，更重要的是他以“天盖楼”为名选刻销售的八股文流行极广，通过他的评点所阐发的以尊奉理学为核心的八股文观及揭示出的作法，影响极大。有人受其在评点时所宣扬的夷夏之防思想的鼓舞而走上了反清之路，甚至牵连到他死后仍受开棺戮尸之惩，此举却使他在清代文字狱史中占有重要地位。

吕留良（1629—1683），字庄生，一字冀野；原名光轮，字用晦，后改字留侯，号晚村。崇德（今浙江桐乡西南）人。

吕留良出身布衣家庭，生有异禀，颖悟绝人，八岁即善于属文，十三岁与里中人结征书社，与黄宗羲兄弟时相过从，并与顾炎武等人交厚。

十七岁时，清兵南下，吕留良耳闻扬州十日、嘉定三屠之惨，便毁家纾难，散万金以结客，跟随其兄长全家参加抗清斗争，左股中箭，阴雨痛绝，留下终身伤痕。兵败后，家贫几不能举炊，其侄吕宣忠独自引罪，慷慨赴难。吕留良为此呕血“数斗，几绝”。如此惨痛的经历，加上自小读圣贤书，树立了民族节义，并与黄宗羲等反清人士交好，故对清朝统治极为仇视。

吕留良返回故园后，身有反清嫌疑，家中又薄有资产，故受仇家骚扰不已。朋友们劝他，赶快去参加科考，取得功名方可避祸保全家族。不得已，便改名光轮，顺治十年（1653）二十五岁时才出试，当年便考中秀才。

吕留良擅长八股文写作，清雍正帝在其《上谕》中说他“于顺治年间，应试得为诸生。嗣经岁科屡试，以其浮薄之才，每居高等，盗窃虚名，夸荣乡里”（清世宗：《大义觉迷录》卷四，清刻本）

曾国藩自言其不喜八股文，但他同治四年（1865）七月初三日在给儿子曾纪泽、曾纪鸿的信中说：“少年文字总贵气象峥嵘，东坡所谓蓬蓬勃勃如釜上气……时文如黄陶庵、吕晚村、袁简斋、曹寅谷，墨卷如《墨选观止》《乡墨精锐》中所选两排三叠之文，皆最有气势。”（曾国藩：《曾文正公家训》卷下，清光绪刻本）要他们好好学习。可见吕留良选文之好、目光之高，连不喜时文的曾国藩都要儿辈去读其选本。

明末清初著名学者黄周星深厌八股文，但对吕留良的八股文却赞不绝口，他在为吕留良的八股文集《惭书》所作序中说：“仆生平有二恨，其一阿堵，其二帖括……仆自束发读书……独于帖括一途，不能为违心之媚。虽假手幸窃科名，而所忧乃在世道……昨得用晦制义读之，乃不觉惊叹累日。夫仆所恨者，卑腐庸陋之帖括耳。若用晦所作，雄奇瑰丽，诡势瑰声，拔地倚天，云垂海立。读者以为诗赋可，以为制策可，以为经史子集诸大家皆无不可。何物帖括，有此奇观，真咄咄怪事哉！使世间习此技者如用晦，则八股何必不日星丽而岳渎尊也。”（黄周星：《惭书序》，《惭书》卷首，清康熙刻本）

吕留良的八股文竟使一个以文名行世，又极不喜八股文的人一下就改变了看法，并将其与诗赋、制策、经史子集诸大家等同视之，可见吕留良的八股文水平之高，可以上等古文视之。

与吕留良同操八股文选政的同社友陆雯若也在《惭书序》中说：“用晦年十二，即操管与同社角，社中耆宿，皆谨避其锋。其文云奇，无所不尽，忽为《南华》《御寇》，忽为《楞严》

《唯识》，忽为《三传》，忽为《骚》《赋》，忽为蔚宗、昭明，忽为马、班、贾、董，忽为韩、苏。每出必哄然不能测其腾骞所至。”（陆雯若：《惭书序》，《惭书》卷首，清康熙刻本）

陆雯若在吕留良入应征社的第二年即操选政，后与吕留良共同选编多本蜚声海内的八股文集，他对八股文的辨析水平是很高的，在序中把吕留良的文章与《庄子》《离骚》等不朽之作相提并论，将他的文笔与司马迁、贾谊、韩愈、苏轼等大师等价齐观，可知吕留良是以古文为时文，其文学性之高，可与古文等同齐观。

当过教谕，被吕留良称为“不世之才”的陈祖法所作《惭书序》则说：“《惭书》成，客有訾之者曰：‘吕子以天纵之姿，其于诸子百家，及天文、地理、医、算等书，无不搜罗无遗。出其精神以肆力于古文词，迈大家而上之，名山大业，将在是矣。奚沾沾为制艺家言，若嗜之而不知倦也！’嗟嗟！客之所为制艺，予亦能言之矣：循训诂、袭帖括，高者附为神理而得其神似，卑者剿取声华而流于庸陋，揣摩自恃，幸博科名。客徒知夫制艺之靡靡，而未知《惭书》之所为制艺也。吕子深入乎圣贤之阃奥而服习之者有年，故其旨一本乎传注，而其言尽乎六经。特借河海奔腾之气，日星光怪之文，山岛竦峙之致，鱼龙变幻之奇，以一泄理道之深奥，性命之玄微已耳，宁得为周、秦以下之书乎？客之言固未知吕子之制艺，而予谓其实不知所为古文词也。年来兴致疏懒，束制艺不欲寓目，日取所为气河海而文日星，致山岛而势鱼龙者，讽咏其间，终日不知倦。又取是编讽咏之，爽豁更甚。诚不知孰为周、秦以上与孰为《惭书》也。”（陈祖法：《古处斋文集》卷一，上海图书馆藏本）

陈祖法以驳斥有人指责吕留良不该将才华与精力浪费于八股文的说法，而对其八股文做了高度评价，指出吕氏“深入乎圣贤之阃奥而服习之者有年，故其旨一本乎传注，而其言尽乎六经”，是可以与周、秦之文并肩的。

从以上评价，可看出吕留良的确是位高水准、有特色的八股文大家。只是因文字狱将其著作毁尽，极少流传，不为人知而已。

考得诸生科名，虽使他与乡邻的关系有所缓解，但作为仇清人士，参加了科考，内心的痛楚却加深了。挨到三十九岁，他终于不应岁试，弃去青衿，还复布衣之身，不再应试写作八股文，还把其八股文集命名为《惭书》，所谓惭者，盖指其出应清廷之试而有愧也。但他对八股文情有独钟，从二十七岁起，开始了八股文的选评工作，写下了很多精彩的评语。

他十三岁时即参加了征书社。当时的结社与选文相为表里，征书社早在他入社后的次年即有《壬午行书临云》之选。耳濡目染，吕留良也走上了这条道路，虽屡有人劝止，却再未离开，直到康熙十三年（1674）方才停止评选时文。

吕留良参与或独自评选过多种八股文，如《庚子程墨》《五科程墨》《十二科程墨》《大题观略》《小题观略》《江西五家稿》《天盖楼观略》《天盖楼大题偶评》《天盖楼小题偶评》等。其中以“天盖楼”为名的八股文评选本最为畅销，风行全国，深受好评。至去世前，他还想辑三百年制义成《知言集》，因病未果。

吕留良之所以热衷于时文评选，首先是他笃信程朱理学。

他在《答吴晴岩书》中说：“某平生无他识，自初读书即笃信朱子之说，至于今老而病，且将死矣，终不敢有毫发之疑。真所谓宾宾然守一先生之言者也。……夫朱子《章句》《集注》，正所以辨理道是非，阐千圣绝学，原未尝为讲章制艺而设。”（吕留良：《吕晚村先生文集》卷一，清雍正三年刻本。以下凡引用同一书者，均不再一一注明版本）但他认为“非时文不足明道，先师（张履祥）戏曰：我若为相，当废八股，复乡举里选之法。晚村云：先生虽废，我当叩阍复之”（陈梓：《陈一斋先生文集》卷五《诸先生遗言》引姚瑚语，清刻本）。既然终身敬信朱熹理学，又认准“非时文不足明道”，故他以评选时文来阐发其以时文明程朱理学的观点，也是笃信朱子之道的一种表现。

其次是他以之作为宣传反清思想的一种手段。

吕留良一生只活了五十五岁，在清朝统治下过了三十八九年。从十七岁算起，他窜伏林莽，往来山海之间，数日不一食，散家资以结客，有二十五年是全力反清的。他任侠好义，结连海上，寻访遗民，以事结纳，阴有所图。后知事无可为，便以评选八股文作为反清宣传工具。他认为“今欲使斯道复明，舍目前几个识字无可与言者”（吕公忠：《行略》，《吕晚村先生文集》附录），秀才们都要考科举，便非读八股文不可，因考得上考不上，全看八股文写得怎么样。他便在批点八股文的字里行间宣传他的夷夏之防等民族大义与严立出处、去就、交接界限，反对君主私天下、君臣尊卑相去无几等政治主张。他评选批点的八股文造就了无数顶官帽与功名。有的人对他崇拜得五体投地，设位祭祀，如连州知州朱振基即如此。有的人接受了他的政治思想，犯下震惊全国的反清大案，如湖南永兴人曾静等投书策反陕甘总督岳钟琪一事，就受吕留良在评点八股文中所宣传的政治思想影响。

其影响之大，令人咂舌：在雍正皇帝血腥镇压的情况下，仍有一些人愤起抗争，为吕留良鸣冤叫屈，直至砍头处死也毫不改口。如在吕留良被发棺戮尸后，雍正帝谕旨传至天台县学，生员齐周华具《救吕晚村先生悖逆凶悍一案疏》，独抒己见，为吕留良辩护，为训导所阻，他便千里迢迢赴北京投词，被驳回，后被杀。浙江绍兴府会稽县布衣唐孙镐为驳斥诸葛际盛对吕留良的污蔑，作《讨诸葛际盛檄》，据理据实对其大加驳斥，并对吕留良的著作大加称赞，说其《四书讲义》“阐扬圣道，至精且详。海内之人，莫不宗之。圣人复起，不易其言”，“其生平著作，若《讲义》、若《语录》，与夫评选两朝制艺，反复辨论，义理透彻，直能窥圣贤之堂奥，兼可启后世之颛蒙，此其功也”（转引自卞僧慧：《吕留良年谱长编》卷十四，中华书局，2003年，第386、387页）。公然把借评点八股文来宣扬反清思想之事解释为“可启后世之颛蒙”，称为有功，在当时是满门抄斩之罪，唐孙镐的檄文敢作此言，可见吕留良评选的八股文影响之深刻。

最后是通过刊刻评选八股文牟利。

吕留良是个有着多种才能并具有新的观念的士子。他与黄宗羲这类旧的士人不同。黄宗羲这些人不事生产，也轻视生产，只能依附旧的君主专制制度为生。所以黄宗羲纵有新思想，却不能以之立身处世，更不能实践履行，而只能在入清后奔走权门，求告当道才能去讲学谋食；只能向清内阁大学士徐元文求情，为其儿其孙谋点好处。所以，尽管他没有降清为官，但也不能算是一个具有高尚气节、纯粹的人。顾炎武虽然也允许其三个外甥在清朝经由科举为官，但他有经商之道，又能事农业生产，故其与清廷的关系就比黄宗羲清白、高尚得多。而吕留良就比顾炎武更上了一层楼。

吕留良本是农家子弟，家有薄产，他能务农收取地租，又有经营出版业的才能。他有敏锐的市场直觉，知道读书人只有靠八股文才能猎取功名富贵，好的八股文选本是热销书。他又是个八股文高手，具有丰富的八股文写作经验。他读的书多，具有广博的知识，对八股文的理论进行过深入的研讨，对如何写好适合时代需要即能耸动试官眼球的八股文有独到的见解，并能通过评点将这种经验、法门传授给读者。中过状元的张謇在《吕晚村墨迹跋》中说，他十四岁时“读晚村批评之制艺，义本朱子，绳尺极严，不少假贷”（《吕晚村墨迹》，商务印书馆，民国六年影印吴征藏本），这正是八股文的正轨。他以评选刊卖八股文为业，使无数读其书、学其方法的人获取了功名利禄，故其选评的八股文大受欢迎，在广大读书人中大获好评，称得上不胫而走。其弟子周在延曾说：“自吾师之说出，而天下之文始定；自吾师所说之文行，而后《四书》之说始定。盖此数科以来，天下之学者翕然望走南阳，奉其书如拱璧。”（钱陆灿：《天盖楼四书语录序》，清康熙二十三年刻本）他敏锐地捕捉到了这个商机，便专做八股文的选评刊刻。他刻的书，先是在南京书坊寄售，后因书商有“欺蚀之意”，才改为自己经销。建立“天盖楼”作为刻印发行机构，搞起了编、印、发一条龙服务。

他的这些活动，在他与友人的书信中都说过。如在《与徐州来书》中说：“弟经年不至金陵。所发书坊叶姓者，颇萌欺蚀之意，敝友索之不吐。傥终于顽梗，欲大力与雪客兄以法弹压之。”（吕留良：《吕晚村先生文集》卷三）

正因为所刻书寄售受到书商的欺骗，书款“索之不吐”，要诉诸法律，太为麻烦，且获利也少，干脆就自办书店，叫儿子吕公忠这个具有经营才能者经营。他在《答潘美岩书》中说：“某年来乞食无策，卖文金陵，亦止僦寓市家，自鬻所刻。并未立坊，亦未尝贩行他书。所谓天盖楼者，乃旧园屋名，不可以移饷者也。若金陵书坊，则例有二种：其一为门市书坊，零星散卖近处者，在书铺廊下。其一为兑客书坊，与各省书客交易者，则在承恩寺。大约外地书到金陵，必以承恩为主，取各省书客之便也。凡书到承恩，自有坊人周旋可托。其价值亦无定例，第视其书之行否为高下耳。某书旧亦在承恩寺叶姓坊中发兑，后稍流通，迁置今寓，乃不用坊人。其地离承恩尚有二三里，殊不便兑客也。”（吕留良：《吕晚村先生文集》卷二）从这封信中可以看出吕留良对南京书市的零售、批发、定价方法、市场分布都了解得清清楚楚。由此可知吕留良具有一个优秀商人的素质，能了解市场、把握商品的需求状况，再刊刻适销对路的好书，开拓销售市场，以求善价。

可以看出，吕留良是当时社会的一个新型知识分子，他集士农工商“四民”于一身，有学有术，丰衣足食，基本上能做到“正己而不求于人”，反而有余钱剩米去周济他人，从事反清活动。吕留良通过评选八股文、刻书售书活动，把当时中国社会中正在兴起的市场经济的四个环节，士农工商有机地结合起来，与他所仇恨的清朝政府及其制度进行较量，意图经过这些文化、经济的活动，来宣扬并实现其有着初步民主思想的政治理想，把社会推向进步。虽然他势单力薄，以失败而告终，但他为之奋斗的理想与人格，在中国历史上，留下了不可磨灭的一页。

吕留良为学摒黜《风》《骚》，专研理学，达很高水平，其《四书讲义》被视为经典著作。中年以后，自认其文章声气，已独树一帜，于是对陆象山、王阳明之学大加批判，以护卫其高举的程朱理学大旗。他擅文能诗。邓之诚在《清诗纪事初编》中评价他“文似朱熹，翻澜不休，善于说理。唯溪刻处，令人望而生畏。诗学杨万里、陈师道，深情苦语，能令人感怆……以诗文论，诚宗羲劲敌，唯史学不如”。

他首倡编纂《宋诗钞》，对宋人集极力搜求，手抄笔录，行吟坐校，用力至勤。虽未臻全功，系由吴之振、吴自牧完成，但他自写的八十二家诗人小传，有益于后之宋诗研究者多多。

吕留良晚年拒荐鸿儒博学隐逸之举，又削发为僧，僧名耐可。著有《吕晚村先生文集》八卷、《续集》一卷、《东庄诗存》

一卷。比较而言，他的文名系因八股文的写作、选评，特别是对八股文的系统评析和论说而彰。

吕留良的八股文论散见于他评选八股文的评点中，阅找不便。康熙五十三年（1714）三月，其曾侄孙吕程先与友人相商，欲从天盖楼所刻各种八股文中选辑吕留良的各种见识高超之评论文字，刊刻出版。因读吕留良的《四书讲义》，“有志之士皆知尊信折衷”（曹鍴：《吕晚村先生论文汇钞》卷首语，清康熙五十三年刻本），可以“明理”，而“论文之旨趋概未及也”。故二人“翻阅各选，相与商略纂辑，共得三百余条，汇为一帙，附以《八家序文摘抄》一条，《程墨凡例》二则，历科《墨评原序》一首，付之剞劂，与《讲义》并行于世，未必非操觚家一助也”（吕程先：《吕晚村先生论文汇钞》卷尾附识），这就是刊刻于康熙五十三年（1714）年的《吕晚村先生论文汇钞》。该书“语多杂见，不便分类，稍以所论古今、先后、纲领、节目第其次序，令语意相承，首尾贯串。虽未敢谓无遗漏之虞，而于先生论文之要旨，大略备矣。盖昔者《讲义》之集，专以发明书理而设，今者是书之编，只及于行文之法而止。使学者诚能反覆涵泳于其中，而更沉潜体会乎《讲义》之精理，则议论识见，知其必有异于寻常者矣。是书与《讲义》，谓其实相表里焉可也”（曹鍴：《吕晚村先生论文汇钞》卷首语）。

由此可知，吕晚村的《四书讲义》及《吕晚村先生论文汇钞》都是为辅导八股文写作而辑的。吕氏“倡明理学，其微言大义，往往散见于文评。门人清溪陈大始先生纂成《四书讲义》”（曹鍴：《吕晚村先生论文汇钞》卷首语），它与《吕晚村先生论文汇钞》均出自天盖楼所刻各种八股文中的吕氏评点之文。一书指点八股文应如何复制、阐发《四书》《五经》中的微言大义才是正确的，一书讲八股文的作法，两者相辅相成，有益于八股文写作。

吕留良对八股文的功用与价值有深刻的认识。他能从孔孟之道、《四书》《五经》对专制统治的支柱作用来阐发八股文的作用。钱陆灿在为吕留良的门生周在延所编辑的《天盖楼四书语录》作序时记录了吕留良的话："《天盖楼四书语录》者，晚村先生评选历科时艺，其论辨经艺，阐明章句之语也。先生殁，大梁周子龙客纂次，都为一集以行世……龙客述曰：'在延闻之吾师，人主之治天下，未有不以圣人之道治之者也。圣人之道见于经，其治天下，未有不以圣人之经治之者也。今夫六经之道，备于我夫子之一身。夫子者，覆生人之器，夫子之语言，覆六经之器也。夫子之后，曾子、子思、孟子，皆羽翼夫子治六经之书者也……宋兴，诸儒始知推崇四子以冠于诸经之上，盖莫盛于朱夫子之书焉……自朱子之书出，然后人知四子之经，冠于诸经之上，而为圣贤语论之枢机，道德之橐籥焉。'"（钱陆灿：《天盖楼四书语录序》）

吕留良这段话，指明了《四书》《五经》及朱熹的《章句》《集注》等书，由于发明了书中义理，故都成为历代统治者治国的理论依据，统治的法门。而朱子的《集注》与《四书》《五经》合而为一，为统治者所重视，以之为治国的枢要，是从明代创立八股文取士制开始的："以颁于学宫，行于天下，盖又莫盛于胜国洪武取士之制艺，与永乐刊序之《大全》焉。自《大全》之书出，夫然后学者欲治各经，先治四子之经；欲治四子之经，先发明四子之理于八股。蒙以养正，习与性成，义沾肌髓，言本心术。上以此求，下以此报。理之是非，如黑白之入明鉴也；文之轻重，如铁炭之载权衡也。材何不周、邵，俗何不成、康。此我国家所以仍其取士之制而不废。"（钱陆灿：《天盖楼四书语录序》）

吕留良一针见血地指出八股文与统治者维护统治的关系。统治者治天下要靠《四书》《五经》，而要明其理，必“先发明四子之理于八股”。同样的话吕留良在其他地方也说过，且更为直白，陈梓曾引姚瑚的话说：“晚村云：非时文不足明道。”（陈梓：《陈一斋先生文集》卷五《诸先生遗言》）

有了这样深刻的认识，吕留良在其八股文论中便极力主张时文要遵经守注，即遵奉程朱理学。他说：“《朱子集注》字字秤停而下，无毫发之憾。”“朱子教人但涵咏白文，有未得而后看本注，看注未得而后看《或问》，今当依之为法。以本注为主，无论新旧讲章，一切弗泥。即《大全》中，亦但看程朱之言，其余诸儒，合于注者取之，否则阙之。”（均见《吕晚村先生论文汇钞》。以下凡引此文者，均不加注）

依此识见，他对明代八股文的长处进行了表彰：“先民精于理学，每自有发明，不由训诂，却正得传注之妙。”“先辈文见理的当，只是体会注意仔细，不从讲章出身耳。”“先辈作文定靠注，注所有者必不略，所无者必不增，此是古人敬谨、朴实，有法度、有学识处。”

他也依遵经守注与否即经学性的强弱来勾勒明代八股文的发展变化史。他说：“三百年制义之作，坏于万历，极于天启，而特兴于崇祯，说即坏于崇祯。崇祯之兴也由江右，而其坏也由金沙。当其坏也，不在坏时，每伏于极盛之际。于其兴也亦然。由成、弘至于嘉、隆，非无小盛衰也。然理必本之孔孟程朱，而文必摹乎周秦汉唐宋。故虽小衰，皆盛也。及万历之变则不然，初变为村师之讲章，继变而为佛经语录。是二种者，似乎异趣，而其实一家……天启间乃又变而为子书。子书犹古也。如《庄》之奇，《列》之逸，《管》《韩》之雄峭，《荀》《扬》之劲深，彼又不能为也。第剽掇其纤诡险仄之语，以传其鄙俚之思。甚至篇中无贼杀寇盗，即不称名构。呜呼！文章至此，可为大乱之极矣。然究其渊源，实滥觞于弘、正中陈、王之学。故曰坏伏于极盛之际也。江右艾南英千子出万历之季，其与同乡罗万藻文止、陈际泰大士、章世纯大力者，倡正说于天启之间。论题则复禀传注，体法则准诸先民。而又尽破帖括之习，直取周秦汉唐宋之文以行之。即王、唐、归、胡之格调，亦熔释蜕解，而自露精华，天下翕然信之。于是崇祯初年，始知以古文为时文，峰起澜涌，名不一家，则千子之力也……千子尝从讲于东林，为复社者亦傍东林之后。以故千子笃于同学，又笃于论文，不惜与之争。其讥诃切直，固有人所难堪者。一时声气之宗，皆大恶之，不以为爱朋友与文章之道也，而直疾其异己。然以千子故，东林不可斥为邪党，乃嗾四方之附和声气者，环而攻焉。以浮丽为宗，以理学为戒。盖自是而崇祯季年之文，复大乱而不可救矣。自戊辰（1628）而辛未（1631），而甲戌（1634），文气日上，此千子之说行也。至丁丑（1637）而縻，而庚辰（1640），而癸未（1643），遂芜秽不治，则金沙之说行矣。故曰：兴于江右而坏于金沙。夫以天启之极弊，而艾与诸子奋其间。及其与南中争而乱也，则在戊辰（1628）、己巳（1629），正当崇雅黜郑之时，而已音移律变。然则盛衰倚伏之故，不洵可鉴哉？……吾独感崇祯之初，直足越成、弘、嘉、隆，辟宋制以来之所未有，而为诸浮薄党争所败，不特不能兴，且覆灭焉。”（吕留良：《钞本晚村诗文集·刻江西五家稿记言》，清华大学图书馆藏）

吕留良说：“隆、万以后，遂以攻背朱注为事，而祸害有不忍言者。”他以是“守注”还是“背注”，甚至“攻注”为衡量标准，将自弘治、正德以后明代八股文之盛衰变化轨迹勾勒出来，确得其要旨，为真知卓见。

吕留良力主以古文为时文。他论文是将时文与古文、诗歌之评融贯来论。他认为“八股与诗、古文只体格异耳，道理、文法非有异也。”故作时文完全可以，也必须运用古文甚至诗歌之写作方法。他“常语学人曰：今为举业者，必有数十百篇精熟文字于胸中，以为底本。但率取资时文中，则曷若求之于古文乎？夫读书无他奇妙，只在一熟。所云熟者，非仅口耳成诵之谓，必且沉潜体味，反复涵演，使古人之文，若自己出。虽至于梦呓颠倒中，朗朗在念，不复可忘，方谓之熟”（吕葆中：《晚村先生八家古文精选序》，清康熙四十三年刻本）。所以他论时文作法，多取径于古文，并把古文作法当作时文作法。

他主张作八股文必须“靠注”，认为“自嘉、隆以后，邪说浸灌，叛道反攻，若有发明，必悖程朱”的做法是不足为训的，“名为‘遵注’，实不明注义，但声唤几个注中字样，便自谓得法作家，芜秽满纸，此不特为邪说所鄙笑，并训诂老学究，亦概讪其不通矣”。要做到“靠注”，便要使“注中字字实落”，而要做到这点，“非极精细人”不能，“盖其中义理辨析甚赜，粗心者不肯讲究，乃喜为空玄侘侗之说，似乎高妙，若可解不可解，不必有研穷详审之功，而坐据颠顶，谁复反而为其难者？此书理之终不可明，而文日趋于妄也”。

他认为八股文的作法，要围绕如何更好、更准确地阐发义理而使用，“法从理生，即虚神语气，亦从理生，理不足而单论法，此时下之似法而非法也”。“凡文必先有义理，有意思议论，而后以章法、句法、字法达之。”

他主张八股文要从“正面实讲”，为文要“见本位”，不要“只巴揽大话为妙”。要学《论语》，“琐琐屑屑记载细事”，“先辈只平平叙去，而圣人之表里已彻上彻下，是之谓所见者大”。“作《论语》题最难，盖圣人语中至味，浅淡不得，做作不得，轩一分便亢，轻一分便卑。体贴融会，不失分寸”才是办法。

他认为经典是八股文的根本，“学者为文，自当根本六经，融会贯通而杂用之”，“精乎理，熟乎经，驰纵乎古今文字之变化，而后能顺心脱手，快然出之而不疑”，这才是作八股文的根本方法。

他认为“古文时文皆文也”，故将古文作法的神理说、别趣说、笔法说、转束说、间架说、一唱三叹说都移用于时文的作法中，并辩证地从正反两方面对这些作法的特点做出解说，以便读者能正确掌握。他指出，“以古文为时文”不能以文中句式是单行还是对偶来分，“文之古不古，高不高，岂以单行偶对分耶?”“摹古大家文，不在排奡，不在怒张，只于开合关锁处，步骤得法，顿挫得神，自然扼要争奇”，方才是真正的“以古文为时文”。他认为作八股文，“义虽多，局虽碎，而章法首尾有体，股法次第相生，定一气呵成，转转见妙，此皆古文正法，非抄套时文之所有也。又有一种，略去畦町，标举指归，而已得要妙者；有淡点冷逗，疏疏若不经意，而迥不可及者；有直破中坚，树立奇伟，而余地轻置不顾者：此皆古文之变别，又法之最高者矣”。这更是将古文与时文打通融合为一体来论其作法。

他主张八股文要讲“意”，讲“气”，“意足则神思安闲”，要“以意为主，以气为辅，以辞采、章句为兵卫，如鸟随风、鱼随龙、师众随汤武”。还要讲气骨、雅俗、转折、开合，讲“切题入情”、曲折变化、争新出奇。总之，要讲作法，“程、朱之理，若无庄、列之思致也，发越不灵”。但他对时文中“只讲调头，不论义理”“上下互插”“滑调空行之弊”及“恶烂之调，庸鄙之法”大加鞭挞，且认为这都出自只读坊间流行的“高头讲章”及“烂熟时文”，不讲经史，不学八股文大师所致。“今人未尝不遵传注、论先辈。然理则讲章之理，法则学究之法，调则枵乞之调，岂可以此为传注、先辈哉?”

他讲作法，但主张“法在文成之后”。他引用郝伯常的话说：“古之为文，法在文成之后。今则法在文成之前，以理从辞，以辞从文，以文从法。资于人而无我，愈有法而愈无法。”他极赞同此说，说“此言良然”。

八股文依题目内容与形式的不同，分为许多类型，每种题均有不同的要求与作法。他对八股文中的经制题、立局题、比喻题、零乱题、长题、虚缩题、小题、截搭题、俚题等的作法均有阐发。他能抓住每类题目的要害，用简洁的语言、辩证的思维将其作法讲清楚。如他讲虚缩题之作法：“庆、历以前，先辈作虚缩题，只认得本位界限分明，步步倒缩，节节顺生，到恰好处便住，而下句自然接合，此为动下神品。庆、历以后，始开挑逗衬托法门，似巧而实拙，似灵而实死，已犯续尾添足之病，非古法也。今文并不会庆、历之挑逗衬托，而别撰一副丑调，即在圣贤口中自作吆呼，自作商量辨难曰‘我动下矣’。究竟下何曾动？赢得摇头摆尾，做出许多恶状耳。”

又如搭截题（一般名之为“截搭题”），是各种八股文中最难作的，他指出：“题之搭合，本无义理，做作便成牵凿，所谓‘生姜树上生’，只得繇你说耳。然义理精熟人，说来定合自然，其余各就所见发泄。”“搭截题须有自然之巧，不伤正位而得之乃佳。”“庆、历以后，讲提、挽、串、插愈巧，而古法亡矣。旧人作极无理搭截题也，只随路布置，而奇巧自存，不赖提、挽、串、插也。”“后来讲提、挽、钓、渡，费无数小巧伎俩，非稚即凿，不则节外生枝。看古大家作搭截题，只消顺文直行，而未尝无照应拦截之法，此文字以自然大雅为第一流也。”他把“自然”作为衡量搭截题题文好坏的标准，指出用“提、挽、钓、渡”等小巧伎俩是作不好搭截题的，因“题之搭合，本无义理”，只有“义理精熟人”，知道如何“不伤正位”，只“顺文直行”，便可作出好文章来。这种见解精确地指明了搭截题的作法，给人以启悟，比那些连篇累牍介绍搭截题“挽、钓、渡”技巧的人高明多了。

吕留良论文强调要对社会有较深了解，要体验社会。认为“人品高者，烂熟世故之言，尽是看透义理之言。时手开口便露俗肠，直是瞒人不得”，“只是人情事理透明烂熟，下笔作文自然曲尽。世间读书人自谓能识道理，及至一事至前，不觉首尾衡决，手足无措，是读书时于处事接物不去体验，书自书，人自人，不相关涉。作文亦只依样葫芦而已，究竟含糊，鹘突无益也”。这种认识在当时社会是超前的、先进的，有唯物论实践论的色彩。

吕留良还将八股文的好坏与人心风俗的好坏联系起来。他说：“今日文字之坏，不在文字也，其坏在人心风俗。父以是传，师以是授，子复为父，弟复为师，以传授子弟者，无不以躁进躐取为事。躁进躐取，则不得不求捷径，求捷径，则断无出于庸恶陋劣之外者。”写八股文只为求功名而不为求义理，便会去走捷径，背读烂旧时文，猜题剿袭。文章之坏源于人心风俗之坏，吕留良将时文之坏与人心风俗之坏连接，见解是高明的。他认为正确的态度是，不能把八股文视为“叩门之有砖楔也，门启斯掷之耳”，而应视之为“穿窬之有锹锸，盗侠之有斧匕耳。排其闼，发其秘藏，负匮揭箧，担囊而趋，又何砖楔之有?”这种把八股文写作要探得经书微言大义比之为盗贼挖墙入屋之工具、要得珍宝而归的比喻，新奇准确地点明了八股文写作的功用价值。

吕留良生前以极大精力在进行八股文的评选工作，借此以宣传其遵奉的程朱理学及为文的主张。他的见解较之同时代之学者要先进、高明得多，并形成了较为系统的八股文观。同时，他由于读书多、见识深，又是八股文写作高手，懂得八股文写作的真谛，在评点八股文时能说中要害，且又能用简洁、明白、生动的评语将要诀传达出来，使读者易于领悟，可操作性强，故受到士子们的欢迎。许多人读其评语提高了八股文写作的能力与水平，获取了功名，故其天盖楼选评的八股文不胫而走，风行天下。吕留良以遵奉程朱理学为特征的八股文作品和八股文选评、八股文观也便在八股文史上占据了重要地位。康熙时的八股文评点名家俞长城曾说："乙酉（1645）、庚戌（1670）间，自是厥后，负踔厉之气而振文统于上者曰韩慕庐，怀精鉴之识而持文统于下者曰吕晚村，此二君者，疾声大呼，天下从风，二十余年，人无异说，真豪杰之士。"评价很高，却是实言。

（龚笃清）

吕晚村先生论文汇钞凡三百二条

吾乡吕晚村太翁先生倡明理学，其微言大义，往往散见于文评。门人清溪陈大始先生纂成《四书讲义》，有志之士皆知尊信折衷，可谓盛矣。而论文之法，惜无有汇而录之者，识者不无遗憾焉。鍴自束发读先生书，盖尝留心记忆。今年春三月，先生之曾侄孙程先景初过鍴蜗庐，相与商辑论文，以惠后学。夫学者得《讲义》以明理，复得论文以知法，理法兼备，行文无不宜之矣。因汇集天盖楼诸刻，搜罗掇拾，共得三百余条，以为《讲义》外书，语多杂见，不便分类，稍以所论古今、先后、纲领、节目第其次序，令语意相承，首尾贯串。虽未敢谓无遗漏之虞，而于先生论文之要旨，大略备矣。盖昔者《讲义》之集，专以发明书理而设，今者是书之编，只及于行文之法而止。使学者诚能反覆涵泳于其中，而更沉潜体会乎《讲义》之精理，则议论识见，知其必有异于寻常者矣。是书与《讲义》，谓其实相表里焉可也。刻既成，爰记其所以采辑之意于简端。

康熙五十三年岁次甲午夏六月三日，同里姻家后学生曹鍴谨书。

程子曰“今之学有三，而异端不与焉：一训诂，一文章，一儒者。”余按：今不特儒者绝于天下，即文章、训诂，皆不可名学，独存异端耳。昔所谓文章，苏、王之类也，训诂，则郑、孔之类也。今有其人乎？故曰“不可名学也”。而又有自附于训诂者，则讲章是也。儒者正学，自朱子没，勉斋、汉卿仅足自守，不能发皇恢张。再传尽失其旨，如何、王、金、许之徒，皆潜畔师说，不止吴澄一人也。自是讲章之派日繁月盛，而儒者之学遂亡。惟异端与讲章觭互胜负而已，异端之徒，遂指讲章为程朱。而所为儒者，亦自以为吾儒之学，不过如此。语虽夸大，意实疑馁。故讲章诸名宿，其晚年皆归于禅学。然则讲章者，实异端之涉广，为彼驱除难耳，故曰：“独存异端也。”

永乐间纂修《四书大全》，一时学者为靖难杀戮殆尽，仅存胡广、杨荣等苟且庸鄙之夫主其事。故所摭掇，多与传注相谬戾，甚有非朱子语而诬入之者，盖袭《通义》之误，而莫知正也。自余《蒙引》《存疑》《浅说》诸书纷然杂出，拘牵附会，破碎支离，其得者无以逾乎训诂之精，其失者益以滋后世之惑，上无以承程朱之余绪，下适足为异端之所笑非。此余谓讲章之说不息，孔孟之道不著也。腐烂陈陈，人心厌恶，良知家挟异端之术，窥群情之所欲流，起而抉其篱樊。聪明向上之士，喜其立论之高，而自悔其旧说之陋，无不翕然归之。隆、万以后，遂以攻背朱注为事，而祸害有不忍言者。识者归咎于禅学，而不知致禅学者之为讲章也。近来坊间盛行本子，浅陋更甚，又有增改，各刻愈出愈谬。然且家呫户哔，取其简便。秽恶既极，势不得不变，变则必将复出于异端，此有心吾道者之所深忧而疾首也。朱子教人但涵泳白文，有未得而后看本注，看注未得而后看《或问》，今当依之为法。以本注为主，无论新旧讲章，一切弗泥。即《大全》中，亦但看程朱之言，其余诸儒，合于注者取之，否则阙之。如此则进可以求儒者之学，退亦不失为古之训诂，或庶乎其可也。

《朱子集注》字字秤停而下，无毫发之憾。故虽虚字语助，念去似不着紧要者，思之其妙无穷。凭人改换一二字，便弊病百出，乃知其已至圣处也。惟归震川先生行文见得此意，其至平极淡处，都从道理千锤百炼而出，不但人不能为，亦不能知矣。

朱子云："东晋之末，其文一切含糊，是非都没理会。秀才文字如此最可忧，其病止是鹘突不通，而其流至于悖理非圣。"

洪、永之文，质朴简重，气象阔远，有不欲求工之意，此大圭清瑟也。成、弘、正三朝，犹汉之建元、元封，唐之天宝、元和，宋之元祐、元丰，蔑以加矣。嘉靖当盛极之时，瑰奇浩演，气越出而不穷，然识者忧其难继。隆庆辛未，复见弘、正风规，至今称之，文体之坏，其在万历乎？丁丑以前，犹属雅制，庚辰令始限字，而气格萎苶。癸未开软媚之端，变征已见，己丑得陶董中流一砥，而江河已下，不能留也。至于壬辰，格用断制，调用挑翻，凌驾攻劫，意见庞逞，矩矱先去矣。再变而乙未，则杜撰恶俗之调，影响之理，剔弄之法，曰"圆熟"、曰"机锋"，皆自古文章之所无。村竖学究喜其浅陋，不必读书稽古，遂传为时文正宗。自此至天启壬戌，咸以此得元魁，辗转烂恶，势无复之。于是甲乙之间，继以"伪子""伪经"，鬼怪百出，令人作恶。崇祯朝加意振刷，辛未、甲戌、丁丑崇雅黜俗，始以秦汉唐宋文发明经术。理虽未醇，文实近古。庚辰、癸未忽流为浮艳，而变乱不可为矣。此三百年升降之大略也。

先民精于理学，每自有发明，不由训诂，却正得传注之妙。

自嘉、隆以后，邪说浸灌，叛道反攻，若有发明，必悖程朱，又不如墨守之为愈近。时名为"遵注"，实不明注义，但声唤几个注中字样，便自谓得法作家，芜秽满纸，此不特为邪说所鄙笑，并训诂老学究，亦慨讪其不通矣。将来穷则必变，此一群枵腹捷舌之徒，岂能出二氏之手，其必折而入于邪说可知。有心斯道者，其忧畏当何如也？

注中字字实落，非极精细人，不能依注体贴。盖其中义理辨析甚赜，粗心者不肯讲究，乃喜为空玄侊侗之说，似乎高妙，若可解不可解，不必有研穷详审之功，而坐踞颠顶，谁复反而为其难者？此书理之终不可明，而文日趋于妄也。

先辈文见理的当，只是体会注意仔细，不从讲章出身耳。从讲章出身者，老死无通理。

先辈作文定靠注，注所有者必不略，所无者必不增，此是古人敬谨、朴实，有法度、有学识处。

古人文字造极，只是细心靠实，无一句游移活蜕。此后人以为不必然者，古人以为非此不成文字，而后人试拟之，则又力疲神丧，而不能至者也。

先民不可及，只在精细老实处，似乎板近，而其实高远。若后人弄虚头、作稀奇事，乃先民之不屑污齿颊者也。

循章演句，讨取虚神语气，近日村里教书、坊间选手、三等秀才皆云云，何足以论学者之文乎？学者之文，所见高卓，泚笔直达其所见，意尽而止。有所发明于经传，裨益于后学，斯善矣，又何必虚神语气之有乎？或曰："时文自有当然之则，公亦重言法矣，岂学者不当以法求乎？"曰："非谓可以无法也。法从理生，即虚神语气，亦从理生，理不足而单论法，此时下之似法而非法也。理既足而法有未尽，此古人之所轻，而非其所不知、不能也。昔归太仆自谓作文已忽悟，已能脱去数百排比之习，向来亦不自觉，何况欲他人知之，为之輾然。然则古人用力之处，非今人之所知也明矣。”

秀才说道理，做得极高妙，然试令返之胸中，决自以为未必然者也，此便不是道理。故不落油花，即归支离闷塞。若说得出底，即是胸中信得及底，此外更有何奇？先辈所争者，只是此个境界耳。

子曰：“辞达而已矣。言之不文，行之不远。”圣人非欲省文，正为文章家指出自古真诀耳。凡文必先有义理，有意思议论，而后以章法、句法、字法达之。今人不复知本，作古文但讲规模，作诗但讲声调，作时文但讲圆熟、活套，其言不文，先不可谓之辞，即有成辞者，亦不可谓之达，即有能达者，亦止可谓之达辞，不可谓之辞达。辞达有所以达者在也，今所达者何耶？

文章之病，只是不能达与求多于达之外二者。然看来求多于达外，即不知达之妙，即不能为达，其实一病而已。如近日时文，只恨不能达，何尝求多于达外？然偏有许多隔壁闲文，排场鬼话，岂非不能达者，必求多于达外乎？

文章须得大头脑，则下面意理细曲处皆包贯到。从琐碎支节寻凑合之法，虽绷布成局，不能达也。

有德者必有言，八股与诗、古文只体格异耳，道理、文法非有异也。言为心声，书为心画，古人于颦笑举止，足以窥人底里，况经营成章之言乎？故凡弃实而取虚，弃劲而取柔，弃古雅而取熟烂，弃朴直明白而取含糊轻巧，皆病中人心，而事关气运，非细故也。

今人作文，皆不犯手做，依样画葫芦，便谓得法了事，见有不讨便宜，字字实做者反笑，以为走向拙路。呜呼！做人而不肯犯手做者，知其必无好人，做文而不肯犯手做者，知其必无好文。尝语子弟曰：“汝怕题目痛耶？题目螫汝手耶？如何遮东掩西，只讨得一场没理会？”

凡文不肯正面实讲，只是道理不明，讲不出耳，乃生旁敲借击讨便宜法，此不学者无聊之术也。后且反谓不宜正面实讲，岂不断绝读书种子耶？

凡为文欲求深一步者，只为不见本位耳，见本位则不敢求深矣。凡文多闲文做作者，亦为不见正意，胡乱绷布，若知正意之所在，则做作便不是。

文字朴实头，说得出即见思学交至之功。若求仿套于烂册子，与撰新异于白肚皮，未有能工者也。

时手为文，只巴揽大话为妙，不知圣人之大，不靠此大话抬举也。要寻大话，便是不曾见圣人大处。《论语》中琐琐屑屑记载细事，都是圣人全身，所谓动容周旋中礼者，盛德之至也。先辈只平平叙去，而圣人之表里已彻上彻下，是之谓所见者大。

增一分大样闲话，则少一分真实了义。故今人支蔓之词，先民非不能实，是用不着，亦无许多闲工夫也。

大凡说道理，爱张大决不如爱平实，平实之张大，其大乃真也。

凡为大言者，其中无可大，而假于言以大之，吾正薄其不能大也。按之有骨，咀之有味，又何歉乎大言？

凡欲自文阔大强说，入朝廷宫禁，道理便有不足。岂不帖帝王家，文便不阔大耶？正坐眼孔小耳。

作《论语》题最难，盖圣人语中至味，浅淡不得，做作不得，轩一分便亢，轻一分便卑。体贴融会，不失尺寸，端让作家耳。

苏东坡作《昌黎庙碑》久不下笔，忽得二句云：“匹夫而为百世师，一言而为天下法”，以下便顺势疾书而就。其作《温公碑》云：“公之德至于感人心、动天地，巍巍如此，而蔽之以二言，曰‘诚’，曰‘一’”，后叙其略，一时遂以其文为至。古人于此用力，不是练词句、寻议论，正如画像者，必将其人形貌、精神熟视于心目间，所见既的，忽然下笔，乃能神肖。今只于口、鼻、眉、目较分寸，于衣折、着色求工巧，虽模样依稀，毕竟非其人也。

论格者详于排场关目，矜才者尽于机势横流，若于题之要害，无朴实头本事，则两者总成死法。然所谓朴实头本事，非呆填敷演几句词语之谓也，必于理实有所见，信笔直达，无须假捏始得。

作文可想见其人之胸怀体段。韩子谓仁义之人，其言蔼如，有一分仁义，见一分英华。二者有偏胜，则其言有刚柔，不能借，不可掩也。庸人止流露浮伪、圆融，俗肠畸行者又多傲岸、过高之思，惟端人正士，其光明俊伟洋溢纸墨间。虽圭角有未化，精微有未尽，所言不无粗处，则视所见之浅深，所养之厚薄，要非庸流所能望矣。

陈百史评归震川《舜明于庶物》文云："忝用《易》语，为后人借径，作此题宜从《虞书》斟酌论议。"先生曰："用《易》语何害？后人安能借径？《易》语于诸经尤难用，正苦人不肯借耳。学者为文，自当根本六经，融会贯通而杂用之，但问理合与否。熟于心而注于手，汩汩然来，足以发吾意，而不自知其为何经乃佳。若作此题必据此书，便是笨伯死法，必无佳文矣。此种议论最浅鄙，皆不会读书人秘诀，世间《四书备考》《五经类语》等俚鄙不通之书所由来也。"

六经语惟《易》最难用，亦无人敢用，只震川、荆川能纵横驱驾，点金丹铸宝器，自具神仙鼎灶。俗眼诃其卦名，甚谓《易》不可用，六经不可入文，乃反以村谈市诨为妙耶。又云"开后来习套"，吾未见后来更有何人能如是用经者。若以妄填

《易》卦之不通而追论作者，是以暴秦燔书而罪及燧人，白圭壑邻而议连神禹也，总是不知其理而单论字眼，则似两先生与不通者同，其实自己不通耳。

天下极奇极幻文字，正在目前经传中自具，不患手拙，只患腹枵。

用经用古全在自己，开点得妙，则顽铁皆黄金，仅摭词句以为点染者，反使黄金成顽铁也。

尝谓昔日秀才难做，近日忒易。当时极陋劣秀才，巾箱中亦须抄经子古文摘段各一本，史学则王凤洲，再少则苏紫溪《诸理斋鉴》各一部，学者犹鄙笑之，今都不消得矣，可叹也。

精乎理，熟乎经，驰纵乎古今文字之变化，而后能顺心脱手，快然出之而不疑。天下之乐，孰过于是？震川先生文，每用六经成语，如天造地设，而或且讥之。尝自谓己未墨中用“龃龉不合，劳苦不堪”八字，横被“丑诋”，丁未《中庸位育》题文用“山川鬼神莫不乂安，鸟兽鱼鳖莫不咸若”，房考大札批一“粗”字。因叹举子剽窃坊间熟烂语，《五经》《廿一史》不知为何物，岂非屈子所谓“邑犬群吠吠所怪”欤？

大家文引用成语，虽有异流诞词，然自我引用，又别自意义。朱子讲语亦时借二氏之言，却未尝于理有弊病。只看道理如何，此不足为大家病也。

艾千子每以后世事实、语言不宜入四子口中，是也。然议论警快处借用意理，亦别见发明，正得史论之力。圣贤实学，原期贯串古今，但须无谬于题义耳，若必字字要周朝口角，恐当时先无此排偶语气矣。

不穷世故之变，不足以尽事理之变，情形不真，意致便改。文章高下，传与不传，亦在此耳。

熟于史传，见古来之情形；熟于世故，见今人之变态。圣人作《易》、作《诗》之妙，亦只是此心此理透明耳，模写到至处，便是不朽文字。

圣贤之道，不外人情物理，于此道得明快固也。第情理透矣，而不本之圣学，则情理愈透，愈流入百氏之术，亦未为得也。盖三代与后世，不独规制景象不同，其立心与议论迥乎天渊之绝，不可杂和也。

只是人情事理透明烂熟，下笔作文自然曲尽。世间读书人自谓能识道理，及至一事至前，不觉首尾衡决，手足无措，是读书时于处事接物不去体验，书自书，人自人，不相关涉。作文亦只依样葫芦而已，究竟含糊，鹘突无益也。

人品高者，烂熟世故之言，尽是看透义理之言。时手开口便露俗肠，直是瞒人不得。

秀才做时文，亦即可打叠经济，能见其大，自不同经生家言。程子所谓“期月三年，皆当思其作为如何乃有益”。

今人读书作文，何尝有所乐存焉？只为富贵利达，由此不得不然耳。则是初上学时，便已弃绝天爵矣，故先儒教人寻孔、颜乐处。

文之至者，未有不动人者也，其不动，文未至也。文至矣，情卒不动者，其今之文人乎？何故？曰：“其性与人殊。但知文之能决科，而不复有忠孝也。”

读文字至警切处，须有个悚动意，便是时文秀才，也定有些身分。若毫无志气人，里外麻木，便日日讲习圣贤至论，也针扎不入，况时文乎？

前辈论文，谓神理亘古常新，字句脱口成故。今以枯管枵腹袭取套词，若村学童描朱，老弋阳度曲，浅陋雷同，令人呕吐。若能发挥名理，而以古文气骨行之，神奇灭没，莫知端倪，令靡靡者欲袭而不可袭，岂非绝代一快哉？

艾千子评章大力文云："文至东汉，愈排愈疏，愈整愈俚。大力于时文，恨未窥西京以上耳。天下不知有古文，此腐儒之罪也。天下知有古文，而不知辨西京之古、东汉之古，则亦近日名人不读书之罪也。"先生曰："文之古在神理，不在辞句，并不在排整散行间也。自秦汉、晋魏六朝、唐宋来，皆有其美，有其病，岂得举一废百哉？千子之言，似高实过，善学古者，多读书自会耳。"

昔人称梅圣俞诗能写难状之景如在目前。梅集只是清真刻削，不着脂粉耳。不着脂粉而精采秾丽、神气生动，自《左传》《庄子》《史记》而外，其妙不传矣。

即语言之下得见其人，此是文章第一等妙处。司马迁为史家之冠也，只得此妙。吾谓唐荆川从《史》《汉》得力，正为此也。若他人学《史》《汉》，止在段落、笔意、词句间摹拟形似，从何处梦见古人哉？

《史记》之妙，只是摹写情事逼真，口角形神都到。而奇古在其中，法度在其中，非别寻奇古、法度以为摹写也。

太史公妙绝古今，只精于排场耳，排场出色，则件件皆佳。

看《左传》《国语》《公羊》《穀梁》及《史记》《汉书》同叙一事，各见妙笔，此详彼略，东涨西坍，情事不殊，境界各异，此所谓化工手也。

古文中能缩大为小，第一算《公》《穀》。以短节促拍为排场缥渺之势，令人读之不觉其短促，此《公》《穀》之妙也。今人以刻仄、尖纤为《公》《穀》，失之远矣。

学《公》《穀》，须得其用意深细、刻锐与笔法峭冷、变逸处，不徒摹肖其口角已也。文字中自有此种妙境。艾千子以为"蜗径蚓穴，终伤大雅"，则不足以极古今之能事矣。

似稚气而却有别趣，见思致，此种从《公》《穀》得来。

刻入深际，跃出象表，能传言外之言，开境外之境，此种妙处，源于庄叟，而禅家窃之为机锋作用者也。

笔情滉漾蹀躞而不能自止，惟漆园老子有此狡狯耳。

一种慨慷感叹之情淋漓欲绝，此《风》《骚》遗妙也。东汉六朝间颇知踪迹，又为词句所移，降入柔靡，后来一变而此妙失传矣。

《战国策》之刻峭、尖隽，无秦人之雄厉则不大，无汉人之宽闲、浑浩、流转，则气脉不高深。

文之峭崛者，必少雄浩之概，其疏阔者，又必无坚炼之音，此唐以后名家所不能兼也。

“古削”出佛经语录及后世子书讲说，非先秦以上之“古削”，则不贵耳。看周秦文字，乃知“古削”之真妙也。

冷语闲情做作入妙，是《韩诗》《说苑》得趣文字。

子长之文峻，孟坚之文缓，峻故变幻不测，缓故蕴蓄有神。退之从峻出者也，永叔学退之，却以缓得峻，子固学永叔，却纯用其缓。

有转必束，随束即转，界限斩然，而首尾回旋照顾，是曾子固间架法度。

昌黎作文，奇奇怪怪，人莫测其际。独其议论文字特醇古，有三代以上《雅》《颂》气象。

腠理极密，而体势极宽，浑仑看有浑仑之妙，碎拆看有碎拆之妙。古人服倒杜诗、韩文，正争此耳。

一倡三叹，欧、曾古文胜地。

圆浑流逸，曾南丰顿挈处，其气度每如此。

浅浅发挥，而意理开拓，机势沛然，是坡翁乐境。

熟于史学，便多无中生有一法。东坡“杀之三，宥之三”，开想当然一例，是其家传史论习气。然苏氏文章奇横，亦出于此。

昔人学古文，皆变化不令人易见，今人抄套古文，惟恐人不知，此真伪之辨也。如韩、欧记、序、碑志文字，皆极意摹仿《史记》，然不能指其摹仿者何篇，此所谓变化也。韩之变化，节节生奇，固不易踪迹；欧精于法度，似犹可踪迹，然奇藏于拙，巧出于平，令人不知其法度之精，其变化又别。

六朝琢句，效之每落纤靡；三唐长调，学者亦嫌俳冈，文家遂戒不可为，而并薄古人，不知其自少本事耳。金丹入手，虽铁石皆能开点，如陆宣公偏以俳调见奇，永叔、子瞻时为工句，而气体自高，何尝贬损其光芒哉！

艾千子谓文须尔雅，诚然。然古文中自有似朴拙近俗，而实高古者，不可以一格熟眼观也。世间惟假尔雅而实恶俗一种，为最不堪耳。

古文中能用长句者，亦不多数人，朱子用之《集注》，尤见精神。袁黄不通文章之道，而改为佻削。甚矣，小人之无忌惮也！时文中惟归震川先生有此神力，能使数十百字成一句，他人便觉冗漫矣。

笔之不妙，亦坐不读古。古不独经史子集之大者，如《檀弓》《公》《穀》《说苑》《大戴礼》《韩诗外传》之类，若不曾读，亦不能尽用笔之变。

有线索可寻，无踪影可搦，方圆奇偶，随手散结，皆成异观。文至此方许讲古文法度，辨古文家数。时人漫无把柄，略晓得有立柱、作骨、呼应、穿插之样，便侈然以为无难。正如弋阳腔说九宫十三宫牌名板眼，老海盐已掩口嘲之，况真昆腔乎？

摹古大家文，不在排奡，不在怒张，只于开合关锁处，步骤得法，顿挫得神，自然扼要争奇，此大家脑髓处也。

摹古之纵荡易，摹古之坚峭难；班驳易，朴茂难；豪壮易，静穆难。

起手换头处，转拓得开，则超远不测。转关押尾处，停蓄得住，则悠闲有余味。不熟古文间架出落，无从得此筋节。

疏疏浩浩，淡淡悠悠，若无意为古者，乃所为真古也。

有用古文极熟套头语，而能化腐臭为神奇者，所争在气脉，不在皮毛也。不然，李于鳞文字千补百衲，逐句是秦汉，徒见其萎苶龌龊耳。

欲学古人，弗求形似，须先得其气，欲得其气，须先开胆力。胆力何由开？只是看得道理明白、坦然无疑，横冲直撞，无所不可，随他触发议论。不论金、银、铜、锡，皆可开点宝丹，则胆力足而气沛然矣。但区区补衲几句古文，麻布夹纻丝，死口取活气，何处讨此景象来？

自有制义以来，论文者甚多，然吾以为知文者，艾东乡先生一人而已。于古今体格之变，无所不知，故其见处极高，非余子所及，所少者，理境不精耳，其自作也亦然。文品老而益尊，得古人皮毛落尽之妙。自谓一意扫除，觉古人深处，颇有所窥，渐有潦水尽而寒潭清之意，且有诗云："昔友陈与罗，巨刃摩天扬。蛟龙盘大幽，鬼语争割强。凌猎经与史，嘈杂奏笙簧。近者思简淡，净洗十年藏。先民有典型，震泽方垂裳。古货今难售，刲羊亦无忘记衁。"诚确论也。但理境不精，则简澹高老，无有至味出其中，未勉外强中干。时流因谓"江淹才尽"，先生甚不平斯语，盖所争只在外面一着。斯先生之高于俗眼者，虽有古今雅郑之不同，亦尚落皮毛上事耳。

经制题无经学，则议论无本，虽铺设夸词，不过奄寺之颂美，吏胥之谋猷而已。本之经矣，而不熟于史，则于成败得失之故，人情物理机势之变，不能发摅明快。惟黄陶庵兼揽其胜，故能言经生所不能言。

遇经制题，不为新奇惊坐之谈，但按事入情，昌明剀切，令读者如家人妇子商量甘苦，而生民原始与圣人法制，本来无不通达。惟陶庵能之，得力应从陆敬舆奏札中来也。

凡熟于史学者，必重论事而轻说理，好牵引而略本位，务新奇而翻旧案，崇祯间极尊此派，云间尤盛。陶庵闳博渊靖，而综核史家，故亦不免此习，然其文较有体骨，不同浮华捷给者。但学者须辨此弊，正不必舍先生之长，而效其颦也。

崇祯初一变为古文之学，多以驰骋浩衍、雄深苍劲为胜。惟金正希于简严、淡静中自出奇诡，令人一望不易入，久而心为之移，又迷离而不能出，此先生之超越一时者也。

明季之文，莫盛于云间，云间之文，莫著于陈大樽。虽师承《文选》，规摹六朝，然其本质超然，不为体调所汩没，且运用更见遒逸，此杜少陵自许“齐梁后尘”，所谓“转益多师是汝师”也。今人貌为汉魏、盛唐，乃真卑靡矣。

陈大士先生文，人但惊其奇纵，不知其法脉细净处。是为老作家，凡一字入其手，必有两义，文即有八比，或多排小比，亦必每比各有义，不犯合掌、架屋之病。义虽多，局虽碎，而章法首尾有体，股法次第相生，定一气呵成，转转见妙，此皆古文正法，非抄套时文之所有也。又有一种，略去畦町，标举指归，而已得要妙者；有淡点冷逗，疏疏若不经意，而迥不可及者；有直破中坚，树立奇伟，而余地轻置不顾者：此皆古文之变别，又法之最高者矣。特其理求超，而每失之邪异，论求新，而每失之驳杂，入情过快，多俚俗之谈，发抒急尽，伤神蕴之妙，千子讥其“心粗手滑”，此则先生之所不得而辞者耳。

文字首辨雅俗。俗有出于文气者，有出于理体者。墨裁之俗，如乞儿登门喝采，作吉祥富贵语，油腔之俗，如弋阳村剧，场上场下同声，此俗之出于文气者也。至未尝讲究义理，而妄论书旨是非，未尝稍习古人行文之法，而侈谈先辈法度，止靠讲章一本，自以为学问尽于此，此俗之出于理体者也。然文字之俗，不过希世速售，彼亦心知其鄙，故稍有知识，即能改变。若理体之俗，占地高而执说近乎正，更牢不可破，此一种俗，人尤难识辨。故自以讲章为文，不特理体坏，文气亦坏，此不可不首辨也。

出讲义语录之俗，此最难辨，其俗非世间甜熟之俗，乃老辣过也，文人须留意。

俗在识见议论，不在字句也。古人粗枝大叶，每不拣择句字，然识见定正大，议论定精醇。

法脉出落，不可不讲，然无苍秀气骨，而着意于此，以为老练，其老练处，正是恶俗处也。

古人说道理朴实头处，尽粗服乱头，叶大枝疏，不似后人含糊活蜕。然其理既真，愈尽愈浑厚，糟粕煨烬，随手拈来，无非至宝。后人讲究净词，其所吐露，不堪哕呕。故文之精粗，以理为断，不关词也。

理足则语无精粗。《西铭》，理之至精也，颍封人申生、伯奇如何拉杂阑入？

先辈谓文字大段卓越，句字不足介意，如神王者，疥癣岂能为害？若尪削之人，虽五官肌肤无恙，然长桑君望而却走矣。

文章有魔调，似演义非演义，似科白非科白，此自古文人之所无，故曰“魔”。然亦有高下二种：下者出于讲章小说，汤睡庵之类是也；高者出于佛经语录，杨复所之类是也。至启、祯之间，又有以《庄》《列》《史》《汉》大家而运用佛经语录，如金正希、陈大士皆不免于此，其品愈高，其魔愈深，真学古者，于此当更高着眼孔。

自有时文以来，恶烂之调，庸鄙之法，皆作俑于汤霍林。而今人方尊秘，以为宣城之派，亦嗜痂逐臭之见矣。

宣城派行，无识者目之为“浑融”，近以此论元家衣钵矣，而不知其实含糊混帐，亦足以验人心之污下，而日趋于模稜乡愿之路也。文字佳恶，固不尽在此，然凡事必有法度，必有定体，其必欲去之而快者，非异端则俗学。即此细事可见，亦学者之所宜辨也。

有客论近来滑调空行之弊，实始于唐君德亮。曰：“不然。唐之空滑，犹本之古文，后来之空滑，本于讲章，此不可同年而语。出自古文者，犹有思致奇趣，但少实理耳，正如吏部论出身，一为科甲，一为杂流，其高卑贵贱固迥殊也。但讲章之烂恶，粗事古学者即知其非，其以古文为空滑者，到说道理处无可支吾，必借佛经语录之套以自名高老，以为古文之旁通横溢，无所不可，而不知其烂恶与讲章同也。此又如科甲与杂流，到溺职削籍，则一而已矣。”

文字足以观人性，学亦足以卜其平生，故以贵重为难。然所贵重者，初不在奇正浓淡间论也。奇正浓淡，止是服饰，不关骨相。骨相贵重者，缊褐衮舄，其仪一也，惟骨相轻贱，而后讲服饰。试看世间讲服饰者，必市井倡优与不学之纨绔，其轻贱可知矣。乙丙之间，以词华为贵重，而流于秽怪；乙未以后，以讲章为贵重，而流于村鄙；辛丑以后，又以吉祥大话为贵重，而流于乞媚：总皆以服饰讲贵重，而不知其真轻贱也。学者但当求骨相，骨相既好，随时服饰，其贵重自在。

老手作文无他奇，随他装束入时，只是骨性不改耳。

文之贵贱，分于骨气，不可以形模求也。近人辄以夸大之词、重滞之调、粗俗之论充之，此乞儿赞富贵，非当身富贵也。骨气之贱，至此为极，然则何以救之也？无他法，只是多读古，不急求必得之道，如此则心正，心正则骨气亦转矣。

文必以筋骨为主，筋骨之浑脱处，即是气度，其流利处，即是风神。无筋骨而讲风神、气度，皆刍狗之文绣也。筋骨须从古文求之，向熟烂本头中寻取，那可得。

意足则神思安闲，此气度可学，而不可以套取貌为也。

昔人谓文以意为主，以气为辅，以辞采、章句为兵卫，如鸟随凤、鱼随龙、师众随汤武。不则，如荆川所云："贫人借富家之衣，庄农作大贾之饰，竭力装做，丑态尽露矣。"

文以气为主，有气方能曲。曲而晦涩软滑，是无气也，非曲之过也。一往粗直，亦是无气。

文无遒荡迤演之气，囚琐嫴婀，皆行尸坐魄耳，未尝以崛骜驾奇，自然排闼惊群得此气也。

孙若士云："势者，驭文之善物。"可谓知言矣。然取势必先炼气，炼气必先明理。理明则题之髋髀腠理皆以神遇，奏刀騞然，谍然已解，如土委地，所谓目无全牛也。但向文法中求势，那可得。

大江大河，终古奔腾东注，而其象只如新出，人以为气浩大也。不知单是气，便有尽时，气之所以不尽者，须有个本原在。东坡自言如万斛泉泻地，曲折无不如意，他亦止解得气上事耳。

文之一气呵成者，必用逆不用顺。盖用逆势，则一句蹙一句，一层剥一层，澜翻云涌，势不可遏，读至终篇，恰如一句方佳。若用顺势，则数行之后，语气溘然止矣。

凡文之长于骋骤取势者，每不肯实讲正面，此正其不济事处。

作文一落笔即思作转，李营丘、郭恕先画，一尺树必无一寸直枝，此即文家三昧。然有学转而反成轻薄者，此非吾之所谓转也。吾所谓转，转以意，彼所谓转，转以词。转意极难，转词极易，学转者当于转中求难，不可于转中求易。

禅家荐机，只在转语，转不出便堕鬼国，文字妙处，也都在转语，转不出便入死地。然禅家之转，要转却理字令尽，文字之转，要转得理字令不尽，此不尽之转也。

凡文转句之捷，其来必纡，一句将转，数句前必先有布置，其势欲下，其理已足，故一句即转耳。若已至此句，然后索转，只有撞壁住，岂能转？又岂能捷乎？今人不求所以捷转之法，而徒欲其转之捷，其不入于空滑者，鲜矣。

文必有开合。开者，先缩退一步，所以先补其渗漏之处也。

但用本文白战，愈转愈奇幻，旧人往往为之，入近人手，便觉油缠可厌。盖旧人以理为层叠，以意思为变灭，不仅于声调求多，故可贵也。

凡能精于跌法，则题之虚神无所不出，屈曲无所不尽矣。但其为过也，则未免有剜肉成疮之病，是在善学者耳。

行文得大意所在，屈曲间自然灵变。

今人亦好讲婉曲。然心思不灵巧，手笔不奇娇，高脱只成婆子舌头，一味软俗而已。

纵横者欠委婉，委婉者欠纵横。

文章曲折，本乎题理之所有，则千变万化，总能妙合自然，但于语气求肖，于文调求转，便走入断港死路。

凡文之曲转者，其腕力必柔婉，其径路必幽细。若于曲转中，但见其腕力之遒雄，径路之昌达，先辈中惟熙甫，近时惟正希可以语此耳。

松之妙在笔快，笔快之妙在意多而语隽，则无闲文衍调。一句闲衍，便谓之“泛”，谓之“懈”，谓之“肤”，率不可以语松也。

文之典丽者，必须流动之致，矜庄过甚，而无风神行乎其间，如读初唐笺启，使人闷塞。

文之奇横者，以其变化于法度之中，不可捉搦而自合，乃为真奇横耳，非蔑弃绳尺之谓。文之有体，犹人之头目手足也，头未讫而手已生，目下降而足上出，岂复成形貌哉？

古人谓行乎不得不行，止乎不得不止。予谓必行处要止便止，止处要行便行，方是文章之至；不如此，不足以为奇，不足以为横。

文之不能为奇，大概犯粘皮带骨之病。

凡文章争新出奇，只一个切题入情，真是变化不穷之法。

文到极奇快处，止是真耳，昌黎所谓醇而后肆。不醇之肆，诧异也，非肆也，不能肆而曰“醇”，肤陋熟烂也，非醇也。

文贵有真气。真则行文必简朴，用意必刻深，遣词必淡雅，此先辈之所以可贵也。

文人心思，正当在人所不用处，用出奇胜来为妙耳。如何今人论文，都要驱入腐烂无用之死地去。

昔人论作文，只是一个翻案法耳，此说甚浅，然议论文字须用此法，乃有奇境开辟。尽将从前呫哔璅说翻驳一新，拔赵帜而立汉帜，固非辣手不办。

立论文字，不在一味蛮断，须先放他出路，如追穷寇，必宽围使逸，其出路乃是垛截死路也。苏氏父子作论，刻毒正在松处。

凡文要过火求新，每于理上别生病痛。看先辈文，便无此等跷踦。

心不尖不能入，手不快不能出。天下名区奥迹，为钝根封锢者多矣。

文最忌熟，熟则必俗。故士衡“怵他人之我先”，退之“惟陈言之务去”，习之以为“造言之大端”，即书画家亦恶熟，“俗以熟里生”为诀，正谓此也。今人为文，惟恐一字一句不熟到十分，万手雷同，如一父之子，尚得谓之文乎？

老手行文，如书画大家晚年制作，俱从极奇横、秀润、工致中来。故浅浅疏疏数笔，令人玩之有不尽之味，即文家所谓“绚烂之极，乃造平淡”也。

凡刻划奇巧，常患尺断寸续，无浑成之致，犹山之险峭者，每不能高大也。

文字到奇妙处，只是言人之所不能言，却是言人之所必欲言耳，不是别寻跷蹊家当。

凌虚之文，须有奇情，有快腕，有古文间架起伏，乃见胜场。不则，如游丝罥尘煤，愈袅娜飞扬，愈见其芜秽耳。

有力量气魄，则卷舒之际，自生奇伟。凡假外间好议论、藻采以为胜者，皆非自得者也。

凡行文无奇情古色，如村师讲故事，街头说演义，皆有授受援引，言之凿然，只是白肚鄙妄耳。

径贵生，生则变换不穷；笔贵硬，硬则回干入古；气贵横，横则运旋有力；法贵细，细则工巧入神：知此者鲜矣。

古今文章难尽，止是灵气往来日新不息耳。道理只是这道理，不曾有甚诧异也。

文字中灵境极难得，以其必从实地开出也。名山胜境，终古登临，而奇变如一日，以其实也。桃源醉乡，只好纸上恍惚耳，何灵之有？

空灵之文，患理不足耳，理足，则空灵愈佳矣。

程、朱之理，若无庄、列之思致也，发越不灵。

于语言字句之外，别有一种风神缠绵兜裹之，在画家谓之“气韵”，诊脉谓之“胃气”，地理谓之“生气”，皆是物也。文家得之为文情，此不可以迹象求者。

谈言微中，而意思探索不尽，所谓神理也。取神理则品最高矣，然非老手从艰苦中烹炼来，亦不可得。

山无峰峦起伏，即为顽山，水无波澜荡洄，即成死水，文章佳境，亦只在起伏荡洄处得意耳。

文字有学者气，有大人名士气，有和尚气，有村教书气，有市井气。时下最是市井气多，其典型则村教书气而已，惟学者气绝少。

文至简当地真不多些子，后来只是闲套头，尽力添捏具眼者，以为未尝道得一句半句也。

先辈文于谨严洁净中，别具一种风格，非后人之所能为，亦并不使后人知爱。盖其源流甚高、甚远，隆、万后从讲章求之，便相隔万山矣。

文有其貌似拙、其势似宽、其语似粗，却正先辈极精邃大法力处，艾东乡以后，知之者鲜矣。

艾千子善讲拙朴之妙。拙朴者，奇巧之极，近人所不曾梦见也。然有平直之拙朴，有浑浩之拙朴，有幽峭之拙朴。

手写此处，眼注彼处，近人争尚斯巧，然许多动下闲文活套，亦滥觞于此。故机巧作用，终不若古人朴拙真实之难及而无弊，不独时文为然也。

有似整非整、似散非散、似着意非着意、似筋节非筋节、似脱落非脱落者，真得古人疏、拙、瘦、硬之妙。近人见之，如爰居骇钟鼓矣。

千子评归震川《中庸和也者　二句》文云："此篇吾颇病其伤于俊，不类他作朴拙莽直，何也?"先生曰："'俊'字极评得好，人所不易解，惜其论止在语句上耳。后有翻其案，以为正病其'莽'，此《笑府》所谓'周文王似蒸饼'之类是也。"

文之佳者，只是寻常结构，公家道理耳，独觉其幽微深奥者，能不用头一皮思路论头也。凡卒乍见得头一皮便落笔，其文定庸熟肤浅。

凡文求隽巧动人，正是本领不济事处。

渊明“采菊东篱下，悠然见南山”，此亦只是寻常眼前实景。看他说出甚容易，为甚千古诗人刻划不到，摹仿不来？可知语句之妙，不可向语句中踪迹也，见地高，胸次洒落，下笔自有个迥绝处。

文章到极妙，只是得其神情于语句之外，用意都在淡荡间，令人往复不已，而其味愈出。此非近人之所能领也。

文贵有疏、逸、硬、辣之气，然此数字，昔贤之所贵，而时人之相戒，以为不可近者如何如何。

杜子美诗最多拙朴俚碎之句，然其牢笼物态，雕镂人情，正于拙朴俚碎中得古来不传之妙，故昔人称云子美“诗之圣尧”。夫又别传荆川先生自言其诗率意信口，不调不格，以寒山、《击壤》为宗，而其讥当时名家消磨剥裂于月露虫鱼，以景差、唐勒、曹植、萧统为圣人而冀为其后。又自谓闻人诗文，如罗刹国人骤闻华音，不省为何说。其唾骂如此，正有得于少陵宗旨耳。其行文刻画，皆在俗情细事，而天真烂熳，无中生有，空际散花，遂成奇绝，乃知后人之以修饰浮丽为雅者，正古人之所谓俗也。

先辈论文以本色为第一。唐荆川谓具千古只眼人，信手写出，如写家书，便是宇宙间绝好文字。无他，只是入情入理，自然曲折如法。情不真，理不当，即专说好话，讲绳墨，不可谓之有法也。

今人未尝不遵传注、论先辈。然理则讲章之理，法则学究之法，调则枵乞之调，岂可以此为传注、先辈哉？言之不文，行之不远，古文、时文皆文也。今之腔板谓之俗可耳，亦名曰“文”，岂不可耻？故当先辨雅俗，而后问其疏密、美恶。

王、李、钟、谭之论诗，争取舍于浓淡，其不知诗同耳。尝见钱虞山谓台阁诗，近世惟李西涯得体。吾见西涯诗，只是真雅，真雅便自然、庄严、华贵，论文亦当得此意。

先辈论文必高华。高华如庾、鲍、老杜，称其清新、俊逸，故知所争在气骨，不在词句也。但词句高华尚不是，况今日之词句，那得有高华哉？直谓之卑污而已！

如置太白于殿庭，作宫中行乐艳调，而本色高致自在，此之谓“真雅”。若是俗骨，虽理解不谬，格局如法，而俗不可医，即不可以言文。

近文亦讲典制，亦讲机局，亦讲风调之顿荡、词采之韶令，只难逃一“俗”字耳。不食《左》《国》之腴，安能望其雅秀？

画家最贵者，气韵之秀润，而最恶者，曰“甜”。“甜”者，亦自以为秀润，而不知其实俗也。两者相似而极相远。何以辨之？画之秀在神骨，而不在布设、烘染。文之秀在思理、气脉，而不在声调、句字。凡布设、烘染、声调、句字中求秀，即未有不落甜俗者也。

作文初落想时，如向万里外，转出只在眉睫之间耳，此法之善也。然方其初发端时，便已开口见喉，及读之终篇，却又悠然不尽，此又法外之善也。

今人好言“醇雅”，不知二字极难承当。“醇”之反为偏僻所知也，而不知肤鄙之非醇；“雅”之反为粗悍所知也，而不知浅滑之非雅。

文章中“名贵”二字最难为，其不可以貌为也。于体格、法度不细密，则虽高亦为疏脱；若过于细密，则又入卑俗；无光华则为枯涩，着意于光华，则又失之肤：此皆名贵之所反也。必湛深古学，又精于时文之法，陶洗锤炼，皮毛落尽乃见真相耳。

名手行文，多于外边远处得来思议，于对面闲情得来风神，然其刻琢，正在个中。

文以静气为至贵，而时论每以俗文之卑弱无气者当之，不知静出于雅，正与俗反，静文必矜卓，正与卑反，静则骨胜于肉，正与弱反也。

文章着色，不在堆垛队仗，但骨气高贵，虽淡淡烘染，自觉陆离。凡以丰肌缛肉为色者，真秽相也。

词多而理少，则浮语重，而气俗则秽，皆肉胜之害也。若理真，则但觉词之高贵，气雅则但觉语之端凝，又何骨肉之可分乎？

先辈论文必平实。平非庸也，而况可以俗当之乎？实非肥也，而况可以丑当之乎？按脉中理，不少不多，不浮不沉，斯平实之正则耳。

有雄刚之气，而能出以淡远方奇，一着浮嚣、粗莽，便不成气质。

精切中见古雅乃佳，单讲精切，多俚鄙，单讲古雅，多泛轶，此合作之难也。

胸无识趣，则所扬诩皆卑庸，有识趣，而无淹洽之资与烹炼之法，亦浅鄙而无可观。

字不多设，而义蕴弘深，局不开张，而气象闲远，如此乃足当“简炼”二字。

文家惟“炼”之一字最难说，此是积学深思、熔煅而成，须火候到此自得，不可以貌为而捷取也。今人不讲于此，徒就声口、词句求之，其软者流为熟烂，硬者流为俗赖。皆自以为炼，而不知其入于魔道也。

今人最不解“炼”字，但团弄时下词句至软混熟烂处，自以为炼，不知正与作家之炼相反。作家之炼，正要淘汰凡近，独存古人之精英，所谓炼者，炼其出锋，非欲其模棱倒角也。

意炼而得深，气炼而得高，局炼而得脱洒，语炼而得精微。炼之一字，文章之妙诀也，然以语枵腹捷口之人，教他炼个甚么。

予论文最不喜“圆”字，圆者，软熟之美称，文至软熟，其品极下，更无长进之日，亦无救拔之方。成、弘大家，文未尝不圆，然其圆处，纯是颜筋柳骨，何尝有一点软熟气？可知世间所谓圆者，非真圆也。

评文者动曰“浑融”，曰“圆密”，曰“闲静”，曰“韶秀”，此数者，固古人文字中至高至美之品。然观评者之所指，则实未知此数者是如何，而漫以含糊、软熟、不着边际者当之，不知其非数者。而彼固自有主名也，其名维何？曰：“只一‘混’字尽之。”何以为“混”？曰：“只讲调头，不论义理。”

文贵清辣。“清”字人所爱，“辣”则群然噪之矣。然清而不辣，不成作家，其所谓清，乃白肚皮，捞漉不出活计耳。即修饰尽善，亦止是空疏、软媚，非吾所谓清也。

文境明快直达，郭青螺所谓“清空一气如话”者，此本色品骨，最高之文，非摹拟修饰之所及也。

有苍老之骨，而后能为轻快之文。无本领而依口学舌，徒见其浅劣白撰而已。白傅诗老媪能解处，却是作家不到处。他是如何用工来。

清异之文，必精于锻炼，方有神味。但用空缠，便不堪寻玩。须令人上口爽脆，久咀益鲜，而无糟粕之可厌，乃为佳耳。

清空一气如话之文，每失之浅薄，失之直尽，失之俚，失之枯硬，失之放。能以欧曾之顿宕醇愉，行苏氏之明快曲畅方奇。

清真之文欠弘达，弘达之文欠切实。

朴实简老之文，每嫌涩缩。涩缩者，理不足而气不达也。

文无他奇，只要见得分明，则一切蒙混缠绕皆用不着，其文必洁净。洁净则转折出落，皆自由自在，故便利。便利则发必中的，而所择愈简而愈精，斯为老到，老到则高矣。

文有使人一望而知其为老手者，其间架方圆，犹夫人也，语句虚实，亦犹夫人也。但言不妄发，必中要害，庄子所谓犁然有当于人心者，此却大难，须火候到此乃得。

作家到纯熟脱化时，用意越浓，出手越淡；用力越重，出手越轻；用筋节越老辣，出手越秀嫩。此种境界，强迫取之不得也。文到渐老渐熟，只是要言不烦，愈读愈有味而已。

荆川诗有云："文入妙来无过熟，书从疑处更须参。"不参必不能熟也。

有精细处，亦有粗疏处，有奇纵处，亦有紧严处，有老辣处，亦有游戏处，数者不备，不成老手。

凡自命古学者，多失之粗疏，而专精理法者，则又成讲说俚鄙之习。两家分据门户，畸互胜负以为救，而文章之道尽矣。不知其所谓古学与理法，皆从假袭，故各不相通耳。不相通，便非真理、真古也，但真读书人则两者自一。

吾论文之诀，止有一"切"字。切则奇平、朴秀、清华、老嫩皆佳。否则，宽帽头胡叫唤醉汉，喑喃婆子絮聒，丑梨园排场科诨，枉费精神，总于题目无当。朱子所云"不曾抓着痒处，何望掐着痛处"，此时下作者之所以不堪也。

古人谓作文须捉得正身字面着，所谓正身者，只是确切字面，更无他字可替代也。然此语正难，要看得道理熟极，做得文字熟极，方能得之。今人之文，捉得此字眷属者，已为亲切，其次或是邻里知识，其甚者，陌路猩獞亦算数矣。只一字捉得正身着，能使一句精湛，一段精湛，一篇精湛。古人之文所以不可及者，只字字正身耳，更有甚奇特事。

朱子谓李盱江文字皆从大处起议论，苏眉山家皆从小处起议论，此指发端言耳。惟大小具备，斯纵横莫当，若有小无大，则叙次虽极错落，终属小家，有大无小，则平点必忽略无味矣。

震川先生云："为文须有出落。从有出落至无出落方妙。"惟先生真不愧斯言。由其胸中自有炉鞴，取题之精神，烹炼融结，自成法界。外间纷纷止向糟粕煨烬，揣摹形象，何足以论此乎？

唐荆川先生谓首尾节奏，天然之度，自不可差，而得意于蹊径之外，则维神解者可语。予谓神解只在天然之度，若俗人所见之度，即非天然，殆庄子所云不疾不徐，有数存焉于其间者乎？

文字最怕一口囫囵咬煞，以下说过又说，不过如此，亦势所必然，而题中之曲折精义，反无处发泄矣。

旧人行文，大约前以轻浅引入，其力量俱留在中后，令人愈入愈惊其难尽。今人所有，在起手数行，已和盘倾倒，以后不是游演了却，便是说了又说，另生枝节，皆不识养局法也。

先辈必不以上下互插为高。在上为侵凌，在下为添绕，故不为也。庆历之末，此法始盛，然犹以隐然自然争巧，今则竟有不论道理，毫无意思，但取字样互见以为得法，则愈趋愈下矣。

立柱分做，固是古格，然出之须变化生动。古人立柱之法，亦只要每股各有意义，不合掌、不倒乱、不复叠耳。今之论者，但取字样，吆呼道破，即以为得法，而其中毫无意义，乃仍不免于合掌、倒乱、复叠。则立柱适增丑恶，为不读书人开支架捷法矣，故论文总以意理为主，莫坠死套子下。

郝伯常云："古之为文，法在文成之后。今则法在文成之前，以理从辞，以辞从文，以文从法。资于人而无我，愈有法而愈无法。"此言良然。

或偶，或单；或整齐，或零散；或大散行中藏小偶，或对偶中有参差长短；或流水直下，而其实对仗精工，令人不觉；或排比到底，而起伏开合，只似一股：但看人作法如何，岂有一定之法。况文之佳恶，初不在此，若以此论大家古诀，多见其陋也。

艾千子评归震川先生《老吾老　一节》题文云："古笔单行，得韩欧之神。"陈百史评云："中段单行，非数句数节不可。若单句题忽于中段散落，则漫漶不紧严矣。"先生曰："文之古不古，高不高，岂以单行偶对分耶？二评皆低，而陈论尤陋。数句数节，先辈多以短比对副到底，而开合转折、变化出奇无穷。单句题亦有波澜议论，忽于中段用散落，别开生境者，岂可作此死板说法耶？"

先辈作文无他奇，只如题立局，不减不增，不倒不乱，规矩自然，变化万状，便是绝奇处。

一题众拈变格，势所必至。但变而仍当于理法，正是文人弄奇，妙境无穷处，如不当于理法，虽正格无益也。

题有分开处，有合并处，有侧重一边处，惟水泄不漏者为佳。

行文之有整有散，因其理势所至，作者亦有不知其然之趣，郝伯常所云"文成而法立"也。

先辈文降而为陵驾立局，他也有个陵驾之体。如吴因之《知及》之篇全重仁守，他便开口喝破，自始至终，只此一意。若随手乱窜，绝无关目手法，并不可谓陵驾立局也。

凡难立局题，细看注中意义，必有天然生路。若不体注而妄凿，便是黑风吹堕罗刹国。

立局文字，不嫌股法多，不嫌柱子反覆，但欲气贯而义畅耳。

隆庆辛未，《生财有大道　一节》题文，邓、黄两墨皆脱胎于震川先生，然黄得其骨，邓得其皮毛耳。亦见先辈之取法前人，各有脱化融液之妙用。不似今人直抄，无耻且失其本意也。

汪洋渲迤之文，须节节有意思、有实际、有顿挫，方成巨观。不则，一望黄茅白苇而已。

长文易虚浮，短文易枯寂，皆理不足也。理足只是道得着道不着时，千言万句看来只如无有。道得着时，数语只字，自是意味无穷。然须不是偶辏。将数十册理学书，一一在尺田寸宅中打叠过来方得。

短文贵长势，在转换有不穷之气；短文贵长韵，在荡折有言外之神。彼枯索以为短者，非能短者也。

短文贵锻炼。如丹家银母，一圭刀可开点千万乃是耳。又如作画，尺山寸树，须通身缩小，若于中忽作径寸人物，便不成画矣。

短文无变换，则窘于边幅，无意思，则枯索，无老峭之致，则稚子初试笔，仅免曳白耳。

小讲最难。先辈最初不甚有小讲，有亦只二三语，虚冒发端，后来演成长段，反正皆碍，所以为难也。今更可笑，则一小讲已说尽全理，下又有总挈，总挈尽矣，又有提比，重三叠四，不成文字，岂止于屋上屋、头上头乎？此则昔之村教书、初开笔童子皆知之，而今之作家名宿不知，盖求昔日村师蒙童而不可得矣。

或疑小讲不是点上文处，曰："此论亦坐看煞了时论格式。"小讲点上文直起，此法最古。后来用虚笼数语为小讲，而后入题，此为近古法。若小讲说完全题，而入题又从新说起，乃时下俗法也。反执俗法以讥古法，不亦谬乎？若小讲单冒本题，不承上文，还可点清，若小讲承矣，落题又承，不但逐节画断，无此文气，并无此格式，则又以乱窜无法之法，讥最古有法之法，不更谬乎？

近人最不解作小讲之法，大都开口说尽，已是一篇小文字，后边反成赘复。其余或入手太隔远，或别生枝节，亦总无是处。此皆近时村教书、俗选手不识法度，蒙童开笔便错，坏却多少好姿质，可叹也！

说理文字所贵曰“真”，曰“实”，曰“醇”。不真，则虽有如无；真而不实，则浅薄而无味；真实而未醇，则养之未深，有苦心极力之象，而无优柔厌饫之神。

说理的确难矣。的确而出之超越、洒脱、流动则更难，到此方是自得。故凡自以为的确，而驱而纳之村学鄙说之中，而不知出者，其所为“的确”乃大不的确者也。

人只为看得题目艰隐，举手辄成结涩，以其胆怯也。胸中多少石块疑团，眼前多少迷阳郤曲，必无放旷之作。但心际了了，手底了了，原不曾见有甚棘碍处，故理明则胆自大，胆大则文自逍遥纵恣耳。

坚闷之理，能以隽快发之，此是名士风流。然最易搀入晋人阴界去，非精于讲究者，不易为也。

理明则如说话，浅浅淡淡，脱口轻便，而意味深长，是为最上。

说理如数家具，如看螺纹，如泻瓶水，不弄口头禅，亦无头巾气，是本色佳文矣。

道理见得高阔圆足，则落手处不嫌轻，落墨处不嫌淡，自有含咀隽永之妙。但不许白撰家傍口舌作生活耳。

理题有经学气，无讲章气，大是难事。

至艰深者能以至浅易达之，言理家最贵此种。

言当乎理则似乎平浅，而深切至味，乃所谓高也。俗学之平浅，则真平浅矣。此须讲究，有得者于此信得及耳。

凡细实文苦闷啬，高爽文苦疏略，透过此境，方是迥绝。

有讲极粗事物，而其理极精者，亦有为玄微之言，而仍极粗者，其精粗皆以理之切不切为分。

放笔直书，最是理题快事。俗子含含糊糊，怕触着人，敢百口保其不曾梦见也。

能将人情粗浅意写入理致精细中，另有异样神采，此非大家老手不办。诗家不解少陵、长庆善用俚俗，妄生议论，亦只坐无此见识力量耳。

说道理，疆界不分明便不成道理。若不曾融贯通会，则疆界皆生隔碍，此训诂之家终不可与入道也。

理真，则文愈轻而力愈厚，愈淡而味愈永，此可为知者道耳。

文到高妙处，只是理明。理明者，不着妆点色相，亦不用空活机锋，自然神义俱得。

赡丽之文，每不耐久者，中无有也。以实义为体，以古调为用，斯光景常新矣。

经制题，摭实者无当大义，虚弄者不知典章，两者各失其病，同归于不学。盖其摭实者，亦不过从时文中抄掠肤词而已，于源流本末，初未尝习，固与弄虚者之不知典章一也。到此须少不得古学。

典制之文，疏则议略，核则疑滋，皆不求晓畅于大义也。详于古而不窒于古，晁、董之所以为大家，其风轨如是。

典制文贵高华，非藻赡之谓也，必以议论为主，而气魄辅之。使读者但快其所欲言，而忘其纂组之丽，乃为高华。若填缀字句，张皇声调，正如优人盛设帝王将相服饰耳，其寒贱骨度不可易也。

华赡典核，方许作典制文字。白肚儿郎，且将身葬书册中，寻个出头日子，莫学架空捷法，弄得下梢没理会。

揣摩融润文字，最忌题外寻闲话，题内凑浮词，便俗烂不堪入眼。

作长题有二法，略去枝蔓，直取脑髓，发得透彻，而余文亦得此一法也。逐节锤炼，虚实环生，全于关锁结果处着精神，剪裁合度，此亦一法也。若随手敷衍，忙碌碌地只办空点，此是游方扯空拳架子，不足以当一战，名为如题挨讲，其实谓之无法而已。

长题以裁剪高简而映带不漏称妙手矣，然免不得一个“忙”字。如飞骑趱驿，未尝不经历州县，然无一州县入其眼中。作家所以能闲暇者，得题中理要，而以奇伟思议行之，不沾沾以牵联点缀为长，而自然牵联点缀入妙，此用意与调文之不同也。

长题能作短篇，须知是卖弄本领，不是讨便宜法。若不得他锻炼切当、浑身筋节处，而徒赏其递架轻快以为奇，便不识短篇之妙。

零乱题不可在铺衍处寻出色，须在提处、收处用力锤炼之。于此得手，到中幅随意布置，总不费力。

累坠题，后人多用凌驾破碎，或短比轻点，不能如先民实做，正是力量薄。然时眼看惯，反喜变乱，而憎此为板重。不道文字合如此，非板重也。板重之病，在词调，不在意理。

累坠题挨讲，非先辈第一等剪裁法力，不易动笔。试开手数行，便索然无气矣，一用空架，又率滑不堪入目。

题之搭合，本无义理，做作便成牵凿，所谓“生姜树上生”，只得繇你说耳。然义理精熟人，说来定合自然，其余各就所见发泄。

搭截题须有自然之巧，不伤正位而得之乃佳耳。

庆、历以后，讲提、挽、串、插愈巧，而古法亡矣。旧人作极无理搭截题也，只随路布置，而奇巧自存，不赖提、挽、串、插也。然以语时人，反以为无法矣。

后来讲提、挽、钩、渡，费无数小巧伎俩，非稚即凿，不则节外生枝。看古大家作搭截题，只消顺文直行，而未尝无照应拦截之法，此文字以自然大雅为第一流也。

长题不能驾驭，只坐无识。搭题多苦绊絷，只坐欠理。法生于识，巧生于理，其不可方物处，正不可移易处。若离理识而别寻巧法，即走入拙工死路。

长搭题要诀，只是随起随灭，即渡即走。若在各正位挂搭一丝，即成败阙。

长搭题贵省得出，却遗不得；贵插得入，却添不得。善省者在趁势，势逆则逆，势顺则顺，轻重曲折，映带而出。或一笔而得数节，或一语而得数句，随手有无，忽隐忽现，此省得出也。善插者在起波，波平则收束见奇，波起则转换入妙，远近断续，接渡无痕，或频呼而非真，或暗渡而不觉，前断后截，各还天然，此插得入也。

笔势顿跌处不可直，转折处不可停，渡接处不可顺。凡文皆然。而搭题尤甚。

凡文之妙，在无闲话，搭题之妙，尤不可有闲话。凡文之所谓闲话者，空放一句，便是闲话。搭题之所谓闲话者，实讲一句，便是闲话。做上句便有下句在，做下句便有上句在，做中段便有上下在，令读之者应接不暇，目不及瞬，方谓之无闲话也。

凡搭题，因挽挈而生议论者，大拙也，即议论而为挽挈者，大巧也。

搭题有字面之映带，有意理之回顾。字面之映带贵无意，惟无意，故位置不紊。意理之回顾须实发，惟实发，故意态横生。

搭题之串、插、映，作家与俗工同此蹊径耳。只是出手不同，一则费尽气力，不得讨好处，一则若不经意，而共惊其巧。此岂可以死法求之？

割裂题全看他浑成。浑成者，奇巧之至，若出自然也。无奇巧而讲浑成，则肤泛而已矣。枯窘题全看他生发。生发者，博辨之至，确切不移也。无博辨而讲生发，则但鄙而已矣。

引证题夹和正语，是讨好法，亦是惹厌法。不着相便讨好，着相便惹厌，只在用笔雅俗间辨之。

叙事用散体，借几句史赞套话作假古文，第一可憎，以其无意思议论也。意论多，则转折自夭矫，起伏自缥缈矣。

比喻题一说破正义，不但失行文之体，即十分奇畅，亦索索无味矣。读韩文中《应科目与人书》《杂说》《获麟解》《毛颖传》，古人正于此得文章之妙。

欲作小品佳文，亦须从读书大本领处用工夫。不博不雅而徒讲灵巧，则但有俗想，徒讲规则，但成俗法，旷劫无出头日矣。

今之作小题者，大概坐不肯刻划之病。然使今人为刻划之文，必成奇丑。何则？缘不读书，则无根柢，无古脉，无心得，不过鄙俚杜撰而已。不读书人，总无一而可。今人皆讲变风气，吾谓正难，有志之士急多读根本之书，然后议变始得。

小题固以花簇生动为佳，然使无层出意思，则虽欲花簇生动，而有所不能也。时手技穷，辄舍意而求之调，三叠四叠，徒增丑态耳。

凡一句题，俱宜悟折划层次之法。

题有层次，先须段画分明。

小题浑做则死，逐字拆开便活，逐字挨讲则死，伸缩分配便活。故凡文字之拙，俱从浑沌中来。

逐字拆散做，文之生发已无数，于拆散中颠倒回互，生发又无数，于拆散、倒互又分虚实、宾主、正反，则生发更无数。后生得此诀，题目无窘步矣。

凡文至无生发处入作家手，即无生发是生发，得此诀也，变化宇宙，生心在手，总无穷途死地矣。

凡作叠字题，都要从实际做出乃佳。今辄以空腔调弄，或借偏旁、反面、叠字挑剔，此皆无本领人无聊活计也。

两句相似题，以移掇不去为妙。若庸构，则换却词语，彼此可通，套矣。一则无法，一则腹白耳。

人谓俚题不难于堆积，难于空灵。吾谓不难于轻秀，难于质实。惟不以词胜而以意胜，乃真所谓空灵、轻秀也。

治窘以赡，治俗以雅，庸人之所谓难也。作家则又难在刻划精切，运用无痕处耳。

庆、历以前，先辈作虚缩题，只认得本位界限分明，步步倒缩，节节顺生，到恰好处便住，而下句自然接合，此为动下神品。庆、历以后，始开挑逗衬托法门，似巧而实拙，似灵而实死，已犯续尾添足之病，非古法也。今文并不会庆、历之挑逗衬托，而别撰一副丑调，即在圣贤口中自作吆呼，自作商量辨难曰“我动下矣”。究竟下何曾动？赢得摇头摆尾，做出许多恶状耳。

取下文，先辈善用顺逼。庆历后始作反激，极易讨好，然不及先辈处亦在此。

做小题者，未讲动下，先要讲割下，只在看得本题界限清耳。

虚题须看其虚在何处，虚在上较急，虚在下较宽。急则不容停笔，故当以虚养之于前，宽则尚有余情，故当以虚宕之于后。

人亦知虚题苦难支架，于是用文外之文，语外之语，如演义所云“按下不题，且听下回分解”者，可怪可笑，而相习成风，至今奉为虚题秘密藏法。选家浓圈密赞，若非此不可者，毒误后学不小。

虚题能实发，又不攘夺，只是理足而心细耳。

近日坊选好窜改删割人文字，然或施于时下之人犹可，今且污及先辈，不可也。时下之文，学问浅薄，虽有称为古者，其底里不过讲章时文而已，正如方言土俗，尔汝共谙，然犹有高出选家者，不足以服其心也。至于先辈之文，源远流长，虽极粗率之调，触戾之辞，必有来历，一篇之间自成片段，与今之声音笑貌渺不相合。古人谓“身坐堂上，乃足判堂下之是非”，今岂特堂下哉？直坐之门外者耳，乃欲更反门内堂上之言，不亦异乎？盖先辈之纰缪，但当批“乙”，不当删改。批“乙”则古之得失与吾之是非皆可共见，虽摘驳前贤，而其不敢自是之意固在也，删改则诬妄矣。

近日一种议论，谓文字忌入衰乱、忧危、震动之言，而务为谄阿、吉祥，自称冠冕得体，是秦始皇之碑铭胜于三代之谟诰也。看诗书所载，古圣贤告君皆忧危震动之言居多。李文靖为相，日取四方水旱、盗贼、不孝、恶逆之事奏之，真宗惨然变色，同列皆以为不美。刘元城论名相，举此事以为惟李沆得大臣体。夫告君尚以危言为得体，岂行文反以阿谀为得体耶？成、弘以前，未尝有此，即题目亦未尝避忌。自嘉靖中，重符瑞祷祀，始以忌讳为戒。流至末年，习成谐媚之俗，闱中专取吉祥，偶有句字之触，虽手拔必黜。士子从未仕时，即学为谀佞，安得复有品行事功哉？有志于世道人心者，当力破之。

附录《八家序文摘钞》一条

先生尝语学人曰：“今为举业者，必有数十百篇精熟文字于胸中以为底本。但率皆取资时文中，则曷若求之于古文乎？夫读书无他，奇妙只在一熟。所云‘熟’者，非仅口耳成诵之谓，必且沉潜体味，反覆涵演，使古人之文若自己出，虽至于梦呓颠倒中，朗朗在念，不复可忘，方谓之熟。如此之文，诚不在多，只数十百篇可以应用不穷。”又曰：“读书固必熟而后用，亦有用而后熟，此又不可不知也。若必待熟而后用，则遂有虽熟而不用者矣。此其法当先勉强用之，用之既久，亦能成熟。譬之人家有百十僮仆，为主人者，终日不曾呼唤使令，此等亦遂成偃蹇。今但遇有事，辄呼而用之，久久习常，其初犹必俟主人之命而后至，其后主人虽未命之，亦自能窥承意指，趋跄而前矣。”

附录《程墨凡例》二则

先生语学者有思辨之文，有记诵之文，二者功夫皆不可少。今人但解记诵，而不知思辨，此文之所以日下也。不知思辨处得力最多，思辨长见识，记诵长机神。机神所附丽止于腔调句字，若识见长则道理精、法度细、手笔高、议论畅，文品不可限量矣。故思辨之文，不必句句合度可读，但就一篇之中，得其高出在何处，其弊病在何处，研穷剖析，择善而从，择不善而改。故虽不佳之文，皆可以长识见，此即格物之学所必当，引绳批根不可使有毫发之差者也。至于腔调句字，乃所以衬簟其道理、法度、手笔、议论者，固不可不熟，不熟则识见虽高，不能自达。然腔调、句字，因时为变，在一时中，又有高下异同，各从其所主，但取其有当于己之机神者，读之极熟，到行文时，自有奔奏运用之妙。即解有未当，局有未真，皆在所略。故每有平浅无奇之文，而名家反得其用，又不可不知。然此则不可以选限，并不必佳选而后有者，是集止为学人指示思辨之法，为增益识见之助。诚虚衷细心以讲究之，则甲乙皆我师资也。若记诵之文，虽不外此中，而具然听人自取，无一定之论矣。

论程墨者，皆执得失以为招。故卑污者，既有低腔墨裁之丑，而其才情自命者，又皆以粗疏破碎傲之。先生谓此二家，厥罪惟均，盖总不讲义理，而但讲妆束，其无当于题则一也。故先生雅不喜讲“变风气”三字。谓自周、秦、汉以至今日，文字风气无一日不变，何待于人之变之？惟文字所载之道，则天地亏沉，此理不灭，虽风气极变时，必赖学者为之救正，孟子所为反经是已。故先生论文，一以理为断，不讲风气，不讲妆束，亦未尝专取高奇而厌薄平正也。第肤浅板腐之死法，浮夸软俗之恶声，自谓平正，其实似是而非。则辟之甚力，惟恐人堕入魔道鬼趣，斯独有苦心耳。

附录《墨评旧序》一篇

今日文字之坏，不在文字也，其坏在人心风俗。父以是传，师以是授，子复为父，弟复为师，以传授子弟者，无不以躁进躐取为事。躁进躐取，则不得不求捷径，求捷径，则断无出于庸恶陋劣之外者。圣人之言曰：“性相近，习相远。”子弟之初为文，未有无性者也。教之者曰：“此转苦不合，此语苦不熟，此一笔太远，此一解太高，此一字一句未经诸贵人用。”凡室中有光头线装书，一切戒勿观，朝而除，夕而烧薙之，不至于庸恶陋劣焉不止。未几而揣摩成，以取甲乙如拾遗也。

吾闻之先辈，大家研究圣贤之书，浸淫于古文字，不知墨几丸，退笔几簏，败纸残稿几百束，而不敢几一得。今之圈鹿栏牛，胎毛尚湿，调弄之无，抄仿套数，朝涂而夕就矣。群谓“某某已如法，将必售”，则果如若言。其所谓“转不合”“语不熟”“笔太远”“解太高”“句字未经用”及好阅光头线装书者，大约未必售，售亦离离如晓星。辄曰：“其人数偶耳。”呜呼！何其言若符券也？

人之爱其子弟，则期之以圣贤，或为名臣豪杰，最下亦不失为文章之雄，何至突梯滑稽，驱之使与鸡鹜凫等？吾读其文，知其父兄先生之所愿望，不过为拜尘黄门、由窦尚书、吠篱侍郎而已。故其言曰：“制举业之于科目，犹叩门之有砖楔也。门启斯掷之耳。且君之欲入斯门也，何为也哉！为其美官也，为其多得钱也。”然则其视举业也，犹穿窬之有锹锸，盗侠之有斧匕耳。排其闼，发其秘藏，负匮揭箧，担囊而趋，又何砖楔之有？

程子曰：“子弟患其轻俊，当教以经学，念书勿令其作文字。古人以圣贤之学为学，故其视文字也，犹糠粃糟粕，然虑其玩物而溺志也。”今天下之视文字，殆不啻糠粃糟粕矣，岂皆学圣贤之学者与？人未有不恋其妻若子者矣，而游方之外者，吸光景、练精炁，以离坎为媾精，以婴胎为孕育，其视弃妻子直敝屣耳。情生者无不以为难，然而文信侯亦能之。故一妻子也，或敝屣之以度世，或敝屣之以钓奇，其心之善不善，岂直云渊也哉？今天下之轻视夫文字也，亦若是而已矣。惟其视文字也轻，故明知其庸恶陋劣，而不以为耻，曰：“吾以钓声利，弋身家之腴而已。”程子曰：“洒扫应对，可以至圣人，则知举业，亦可以为伊、傅、周、召。”然而闻此说也，则群哑哑而笑矣。魏收引据《汉书》以断宗庙事，诸博士笑曰：“未闻《汉书》得证经术。”今天下岂特以制举业为糠粃糟粕也哉？其视《四书》《五经》，亦犹博士之于《汉书》焉尔。谓其中有吾所当致知而力行者焉，则又群哑哑而笑耳。以故学究之支离，儇薄之荒僻，佛老异端之说浸润陷溺焉，而不知其非。

比年以来，亦复知有传注矣。然非真知传注之有切于己所当致知而力行者也，特以时尚焉耳，科条焉耳。则其视传注，果无异于异端佛老之说也。无异于异端佛老之说，则今日可以为传注者，明之日复可以为异端佛老。何则？其心坏也。以既坏之心，而求明书理，不明书理，而求文学之复古，是锻根株而求华实，塞江河之源而求波涛之奇险也。有是哉，天下明知为庸恶陋劣而不顾者，谓挟其术无不应也。蒲伏新贵人之门，求其平生得力之处，以为枕秘，侥幸苟窃之徒，鼓其空腹，妄为大言，至污极鄙，郑重而受之，如长史右军笔法，戒其子弟，虽千金弗传矣。然三家之村，五都之市，比户听之，其枕秘如一也。虽有才人困踬场屋间不能自振，亦复稍稍为之。故一省糊名之士几及万人，其不能揣摩如法者约二千余人，其不愿如法者数十人而已。余扰扰数千，皆所谓如法者也，而题名者不及百人耳。所谓不愿如法者，榜必有数人焉离立于其间。此数人者，殆天所以扶斯文于不坠乎？然世卒谓如法者获多，故虽屡受铩刖而不悔、不知。夫如法者，以数千人中而得数十人焉，不愿如法者，以数十人中而得数人焉，其于多寡之计，当必有辨矣。且庸恶陋劣一也，而数十人得举，数千人得黜者，何也？曰："数十人幸，而数千人不幸也。"夫所贵乎庸恶陋劣者，谓"挟其术无不应耳"，而亦有幸不幸焉，吾又何乐乎为庸恶陋劣者乎？故曰：文字有尝贤，科目无尝遇。其人当遇，虽转不合，语不熟，笔太远，解太高，句字未经用，及好阅光头线装书，而不能禁其为遇。苟不当遇，虽庸恶陋劣，极揣摩如法，而不能强其为遇。人知文字不与禄命争得失，则其作文字与读文字之心，皆不出于钓声利弋身家之腴，然后视文字也重。重则礼义之悦根于心，而廉耻之道迫于外。虽日挞而求其庸恶陋劣也，不可得矣。虽然，以予腐儒之力，与亿万庸父兄先生争其势，必不胜，又况其躁进躐取之法，更有出于文字外也。

曾叔祖《四书讲义》，清溪陈大始先生所编，海内诵习久矣，当时专取发明《集注》，而论文之旨趋概未及也。今年暮春三月，程与曹子鍴研几肄业于朴韵书屋。翻阅各选，相与商略纂辑，共得三百余条，汇为一帙，附以《八家序文摘钞》一条，《程墨凡例》二则，历科《墨评原序》一首，付之剞劂，与《讲义》并行于世，未必非操觚家一助也。

时康熙五十三年甲午六月之望，曾侄孙程先谨识。

学文定法读本

〔清〕徐元文　撰

导读

徐元文（1634—1691），字公肃，号立斋，江苏昆山（今昆山市）人。为顾炎武之外甥。

徐元文出生书香门第，自小聪颖好学，与长兄徐乾学、三弟徐秉义同以文名驰誉四方，世称“昆山三徐”。清顺治十六年己亥（1659）科，徐元文中进士第一名，即状元，此后其兄徐乾学、弟徐秉义均考中进士第三名，即探花，徐氏三兄弟之名头，一时出于其舅父顾炎武之上。

由于徐元文博学多才，很得顺治帝的赏识，在接见一甲进士时曾得意地说“今岁得一佳状元”，并赐给他冠带、蟒服，乘御马游街，恩宠有加。

因此，徐元文除在康熙初被诬拖欠钱粮而被贬为銮仪卫，但在事情很快澄清后即复原官外，他在官场顺风顺水，历官翰林院修撰、国史院修撰、陕西乡试主考、秘书院侍读。康熙九年（1670），累迁国子监祭酒，充经筵讲官。康熙十三年（1674），升任内阁学士兼礼部侍郎，充任《太宗实录》副总裁。次年改任翰林院掌院学士，充日讲起居注官。丁母忧起复后，历官《明史》监修总裁官，补内阁学士。康熙十九年（1680），擢都察院左都御史，后充经筵讲官，迁刑部尚书，不久调户部。康熙二十八年（1689），拜文华殿大学士，掌翰林院事，兼充修纂《平定三逆方略》《政治典训》《一统志》等书总裁官。后因徐乾学子侄招权竞利牵连受劾，着令休致回籍，一年后病故。

徐元文为政清廉刚正，持身谨严。一生唯嗜书，购藏颇富。其著作有《含经堂集》二十卷、《别集》二卷、《附录》二卷。

徐元文虽不是八股文名家，但能考中状元，说明他的八股文写作必有过人之处。他对八股文有深入研究，著有《学文定法读本》，成为清代流传广泛、影响深远的八股文启蒙著作。

《学文定法读本》之所以能取得这么好的效果，是因为它以浅显的文字，将八股文的基本作法讲得清清楚楚，明明白白，成为初学写作者的不二法门。

各种文体的作法，特别是八股文的作法，要讲得让人一看就懂，一动手就会，是极不容易的。徐陶璋在为该书所作《叙》中就指明了这点："文章一道，盖难言之，而课幼之文尤难。深者易晦，浅者易肤，非斤斤规矩，墨守成法，即纵驰其才，思屑越绳墨。天下聪明子弟，童而习之，白首而迄无就者，比比也。"由于徐元文对八股文有着精深的研究，对其本质有着精到的理解，加上又有着长期写作积累出来的丰富经验，所以他在《学文定法读本》中就较好地破解了这一难题，且字法、句法、股法、篇法无所不备。

在该书的前半部分，徐元文以简练浅显的文字将八股文体的各组成部分，即破题、承题、起讲、领题、提比、点题、腹比、后比、结尾之内蕴及要义剖析得明了简洁，其作法自然就豁然而出了。剖析文体结构而凸显其作法，这是作者的高明之处。

八股文对字句的使用均有特殊的要求。如"曰"字，若题中无孔孟等人"曰"的"曰"字，而其语确为孔孟等人之言者，则须合其口吻，所谓代圣贤立言。要是非孔孟之言，而为其门生弟子所言，或为荷蓧丈人等所言，也须各合其口吻，方为合格。若有"曰"字者，为记载者之口气，也要相合，而不能用其后之人名与史实，只能隐指而已。对此种种之规定，作者分门别类，以简洁的文字，将其用法阐发得明明白白，可收按图索骥之功效。

配置各类最能体现作法要点的经典例子，使各种作法奥秘直陈于眼底，一见便知，是该书又一大特色，也是大受初学者及教授者欢迎的重要原因。

明、清社会对初学者讲授八股文写作，是先从破题作起，继之以承题、起讲、入题、提比、出题、中比、后二小比、后比、结尾，学会了一部分再学下一部分，然后再学写作全篇。蔡元培认为这是学习写作的好办法。在该书的后半部分，徐元文便自作或精选了十七篇最合程式的文章，在关键部分以夹注的方式将其作法解析出来，让初学者在具体的例句或分股中掌握其作法的要义，从而迅速掌握八股文的作法。文后的总评则对其整体结构、如何解题等全篇作法进行评析，使初学者能从整体出发布局谋篇，不至于陷入枝节问题而不能自拔。

该书在清康熙五十六年（1717）即有刻本。道光十二年（1832），灌阳吴晓峰依据传抄本由道生堂刊印，本书即采用这个本子校点而成。

（龚　昊）

学文定法读本

叙　一

文章一道，盖难言之，而课幼之文尤难。深者易晦，浅者易肤，非斤斤规矩，墨守成法，即纵驰其才，思屑越绳墨。天下聪明子弟，童而习之，白首而迄无就者，比比也。

余尝教子弟为文，先道以法，使知文有定法，一方圆于规矩，虽巧者亦莫能违也。文法既明，胸有把握，然后落笔，自具条理。即题寓法，即法寓巧。语云，熟能生巧，未见有熟习于法而不巧者，信乎学文之不可无法也。而法有一定，破有破法，承有承法，起有起法，提有提法，点有点法，腹比、后比以至结尾，前后有法，要皆一定而不易者。

至于积字成文，积文成篇，一字亦不可轻忽，则字法尤宜急讲也。为取文中字法，不惮细为阐明。虽未能尽举无遗，而大概得十之七八。

又于文法指画一二，专为初学解说，亦不暇遍为推详也。附文若干篇，以为引证旁训于下，俾学者了然于目，了然于心，或不无稍裨也。

由此持为稿本而加以贤父兄之训诲，明师友之指点，朝夕摹肖之，钝者可灵，愚者可明，况敏异之姿，天下子弟固不乏乎哉！且成文者循此定法，则九我、稼书先生及今际飞之文法具备参考焉，以补所未逮。神明变化于其间，久之必将树帜文坛，卓尔名家矣，讵徒通举业已耶？此余家训之不欲自私者，遂刊以诸公世。

时康熙五十六年岁次丁酉春王月，昆山徐陶璋题。

叙　二

殿撰徐昆山先生所著《学文定法》，梓行既久，凡字法、句法、股法、篇法无所不备。又复逐艺详谈，视陈太仆《课孙草》简明过之，海内之士奉为枕中秘谈。惜历年既深，板多蠹蚀，予于友人处得抄本一帙，爱不忍释。

因念自有明迄国初诸老精于论文者，各有成法，以资后进，裨益良多。然往往为成学指南，而初学或未能领悟。独是编言浅律细，可为初学一定之规，即成学亦莫逾其范围，以是为时文中金科玉律可也。缘重付剞劂，不敢私为家塾之藏，因畀之坊友，出而公诸同人，庶无负先生诱掖后进之苦心也。

时道光十有二年岁次壬辰孟春之月上浣，灌阳吴峻晓峰氏序。

字　法

破题首句，有用“者”字。二句宜用“也”字，“焉”“矣”“而已”等字。用不得“乎”“哉”字住脚。

承题起用“夫”“盖”“甚”“矣”。点题后住脚煞落“之”“乎”“者”“也”“已”“矣”“焉”“哉”字，随用不拘。

破承□有断讲起，则用“今夫”“且夫”“尝观”等字。顺口气便宜用“若谓”“若曰”“意谓”“意曰”等字。若承中有“曰”字，不必又用“若曰”等犯重。至于“从来”“尝思”，亦可通用。

“夫”字顺来，“盖”字逆甚矣，割开各另说。尝观平步直叙去，从来历历要分明。且字暂相轻轻点，今夫取其现在语。说今正是思古法，言古乃是伤今意。若字甚虚多轻清，传者代将传文情。意谓私意无人同，示乃明明正告之，曰字句句言论辞。

总之，破承题是作者断做语。入口气后，是以作者笔代圣贤立言。即当逼肖其言，如当日面谈一般，到底只是一人声口。结语亦不可断。至于记述体不入口气者，亦不可夹杂语气。然有代字诀，成文后自知。此其大要也。

学者先知破法，为指破字：

夫子破圣人。

颜子、曾子、闵子、子思、孟子，俱破大贤。

有子、子贡、子禽、子路、子张、子夏、宰我、公冶长、南

（答）［容］、子贱、仲弓、漆雕开、冉求、冉伯牛、澹台灭明、子游、申枨、樊迟、巫马期、公西华、子羔、原思、司马牛，俱破贤者。

伯鱼破圣子。

琴张、曾皙、牧皮，俱破狂士。

阳肤、于襄、沈犹行，俱破门人。

圣经中语破用圣经，传中语破传者，《中庸》语破中庸。

乐正子、公孙丑、陈臻、万章、咸丘蒙、充虞、高子、彭更、徐辟、孟仲子、孟季子、陈代、公都子、屋庐子、桃应，俱破门人。

尧破古帝。舜破虞帝。尧舜合破二帝。禹破夏王。舜禹合破帝王。禹、稷合破二圣。汤破商王。文武破周王。禹、汤、文、武合破三王。武王、周公合破圣人，通破圣人亦可。

伯夷、叔齐破清圣，亦破古人。柳下惠破和圣，亦破圣人，又破鲁大夫。

周公、伊尹破元圣。启破圣子。

后稷破农官。契破帝臣。公刘、古公、泰伯、王季，破用古人。

丹朱破傲子。象破傲弟。

高宗、太甲、武丁，俱破商王。

桀、纣破二君。

皋陶破刑官。

傅说、胶鬲、微子、箕子、比干、莱朱，俱破殷臣。太公望、散宜生破周臣。

哀公、定公、缪公、平公，俱破鲁君。桓公、景公破齐君。晋文公破晋君。齐桓、晋文合破二霸。

梁惠王破梁王。梁襄王亦破梁王。齐宣王破齐君。穆公破邹君。滕定公、滕文公，俱破滕君。滕世子破储君。虞公破虞君。费惠公、晋平公，浑破时君亦可。

孟懿子、孟武伯、季康子、季氏、臧文仲、臧武仲、季文子、孟之反、叔孙武叔、子服景伯、孟献子、季桓子、卞庄子、孟敬子、季子然、孟公绰，俱破鲁大夫。公仪子破鲁相。

蘧伯玉、史鱼、颜雠由、孔文子、武子、祝鮀、棘子成、公叔文子、公子荆，俱破卫大夫。王孙贾亦破卫大夫，又破权臣。

晏平仲、陈文子、陈成子，俱破齐大夫。

子产、裨谌、世叔、子羽，俱破郑大夫。

赵简子破晋大夫。

合尹子文、子西，俱破楚大夫。孙叔敖破楚相。

管仲、百里奚、晏子，俱破霸佐。

庄暴、距心、东郭氏、蚳蛙、沈同、景丑氏、时子、华周、杞梁、易牙，俱破齐臣。

薛居州、戴不胜、戴盈之、司城贞子，俱破宋臣。然友、毕战，俱破滕臣。慎子破鲁臣。

子濯孺子破郑将。庾公斯破卫将。

仪封人、叶公、陈司败、太宰，俱破时官。李任、曹交、滕更，俱破介弟。左丘明破时人。

老彭、成瞯、季孙、龙子，俱破古人。

公明仪、亥唐、段干木、泄柳，俱破贤者。周任破良史。

太师挚、师冕、干、缭、缺、方叔、武、阳、襄、师旷，俱破乐官。

林放、微生高、儒悲、子桑伯子、公伯寮，俱破鲁人。公明贾、北宫锜，俱破卫人。周霄破魏人。白圭、尹士、陈仲子、匡章、储子、高子、浩生不害，俱破齐人。

达巷党人、任人、子叔疑、或人，俱浑破时人。

陈良破楚儒。淳于髡破辩士。原壤破故人。微生亩、晨门、荷蒉、楚狂、长沮、桀溺、丈人，俱破隐士。

王于垫破王子。

王良、离娄、公输子、奕秋、王豹、绵驹，俱破艺士。羿、逢蒙，俱破射者。奡破力士。孟贲、北宫黝、孟施舍，俱破勇士。

告子、许行、陈相、墨者、杨子、子莫、乡愿，俱破异端。

公孙衍、张仪、宋牼、宋勾践，俱破游士。

臧仓、王驩、弥子、陈贾、嬖奚、飞廉、痈疽、瘠环，俱破幸臣。阳货破权臣。公山弗扰、佛肸、管叔，俱破畔士。函人、矢人、大匠、巫医、梓、匠、轮、舆，俱破曲艺。山水、日月、星辰、华岳、河海、草木、羊枣、麒麟、凤凰、泰山、丘（垤）［垤］、鸡犬獭、爵、鱼、鹯、麰麦、鹿豕、熊掌、木石、脍炙、琴、弤、牛羊、鸡豚，俱以物字破之。《康诰》破《周书》。《太甲》《伊训》破《商书》。《帝典》破《虞书》。《泰誓》破《周书》，浑破《书》言亦可。引《诗》，俱以《诗》言浑破。

之　字

虚属辞。如“其为仁之本”，“道千乘之国”，“礼之用”，“今之孝者”之类。

指实辞。如“学而时习之”，“小大由之”，“道之以德”之类。

有作“往”字者。如“之一邦”，“之三子告之”之类。

有作“于”字者。如“之其所亲爱而辟焉”，“之其所哀矜而辟焉”之类。

“之”字指实者多。

乎　字

虚落辞。如“不亦君子乎”，“其如示诸斯乎”之类。

疑问辞。如“可谓仁乎”，“如斯而已乎”之类。

决断辞。如“必也正名乎”，“必也使无讼乎”之类。

叹美辞。如“富哉言乎”，“其斯以为舜乎”之类。

反诘辞。如“曾是以为孝乎”，“孰谓鄹人之子知礼乎”之类。

叫起辞。如“必也圣乎”，“君子者乎”之类。

启发辞。如“诲女知之乎”，“王知夫苗乎”之类。

有作“於”字者。如“君子所责乎道者三”，“以吾一日长乎尔”之类。

者　字

顺落辞。如“孝弟也者”，“夫达也者”之类。

实指辞。如“仁者”，“知者”，“好仁者”，“恶不仁者”之类。

起下辞。如“有复我者”，“苟有用我者”之类。

截断辞。如“告诸往而知来者”，“我未见力不足者”之类。

“者”字多落实辞。

也　字

实结辞。如“未之有也”，“患不知人也”之类。

拖下辞。如“夫子之求之也”，“知其说者之于天下也”

之类。

疑问辞。如“子张问十世可知也”，“其从之也”之类。

“也”字结尾词。

已　字

实煞辞。如“可谓好学也已”，“九人而已”之类。

慨叹辞。如“斯害也已”，“其终也已”之类。

有作“止”字者。如“已而已而”，“斯已而已矣”之类。

“已矣”字煞，无回转婉宕之致。

矣　字

实煞辞。如“吾必谓之学矣”，“民德归厚矣”之类。

虚宕辞。如“子谓韶尽美矣”，“由也升堂矣”之类。

煞实字多。

焉　字

虚点辞。如“就有道而正焉”，“必有我师焉”之类。

有作“何”字者。如“焉用佞”，“焉用稼”之类。

有作“安”字者。如“焉知来者之不如今也”，“焉有君子而可以货取乎”之类。

“焉”字飘逸。

哉　字

叫起辞。如“仁远乎哉”，“吾有知乎哉”之类。

慨叹辞。如“其何以行之哉”，“管仲之器小哉”之类。

赞美词。如“君子哉若人”，“郁郁乎文哉”之类。

实煞辞。如“沽之哉，沽之哉”，“吾何慊乎哉”，“是岂由之性也哉”之类。

“哉”字洒落。

与　字

虚落辞。如“其为仁之本与”，“其斯之谓与”之类。

疑问词。如“夫子圣者与”，“唯求则非邦也与”之类。

审量词。如“与其奢也宁俭”，“与其媚于奥”之类。

推许辞。如“吾与女弗如也”，“吾与点也”之类。

合并辞。如“惟我与尔有是夫”，“女与回也”之类。

又推解词。如“以与尔邻里乡党乎”，“一介不以与人”之类。

耶　字

亦同作虚字用。

其　字

实贴辞。如“事父母能竭其力”，“其行己也恭”之类。

虚助词。如“其为人也孝弟”，“其诸异乎人之求之与”之类。

“其”字专指者多。

所　字

实属辞。如“揖所与立”，“所欲与之聚之”，“王之所大欲”，“姑舍女所学而从我”之类。

“所”字多有所贴，虚用者少，较“于”字更切。

于　字

实属辞。如“于从政乎何有”，“于吾言无所不说”，“于不可已而已者”之类。

“于”字必有所属。

“之于”二字当相合用，若用合并词，则止用“与”字，不得用“之与”字。

以　字

虚属辞。如“可以为师矣”，“不可以久处约”之类。

作“用”字者多。如“君使臣以礼”，“虽不吾以”之类。

必　字

决断辞。如“必有邻”，“必有忠信如丘者焉”之类。

为　字

虚落辞。如“亦奚以为”，“何以伐为”之类。

实推辞。如“为力不同科”，“为其可以言也”之类。读去声。

不　字

决断辞。如“君子不器”，“不知其可也”之类。

惟　字

切定辞。如“惟孝友于兄弟”，“惟心之谓与”之类。

与“皆”字反对。

何　字

翻跌辞。如“如正人何”，“其如命何”之类。

疑问辞。如“则如之何”，“然则舜如之何”之类。

若　字

侧落辞。如“若于齐若民”之类。

开承辞。如“若夫润泽之”，“若大为不善”之类。

有同“如”字者。如“若季氏”，“若寡人者”之类。

又“假若”之“若”，虚翻辞。“假令”“假使”义亦同。

则　字

顶抱辞。如“则以学文”，“则民异于仁”之类。

逼紧辞。如“则可矣”，“则吾必在汶上矣”之类。

意甚直捷。

无　字

轻活辞。如“君子食无求饱”，“贫而无谄”之类。

较“不”字虚婉。

如　字

设想词。如“如有用我者”，“如或知尔”之类。

摩拟辞。如“夭夭如也”，“訚訚如也”之类。

转决词。如“如不可求”，“如知为君之难也”之类。

比量词。如“不如丘之好学也”，“如七十子之服孔子也”之类。

毛举词。如“如会同”，“如琴张、曾皙、收皮者”之类。

斯　字

指实辞。如“斯为美”，“斯焉取斯”之类。

紧跟辞。如“斯知仁矣”，“斯远暴慢矣”之类。

较“则”字紧切。

将　字

欲然辞。如“吾将问之”，“将以求吾所大欲也”之类。

“将见”“将使”正同。

且　字

转深辞。如“且尔言过矣”，“且一人之身”，“且天之生物也”之类。

有作“犹”字者。如“且人恶之”，“然则圣人且有过与”之类。

有作“又”字者。如“骍且角”，“使骄且吝”，“富且贵”之类。

夫　字

起语辞。如“夫达也者”，“夫道若大路然”之类。

虚落词。如“惟我与尔有是夫”，“秀而不实者有以夫”之类。

盖　字

疑语辞。如“盖有之矣”，“盖有不知而作之者”之类。

指承词。如“盖以无贫”，“盖《徵招》《角招》是也”之类。

发语辞。如“盖亦反其本矣”，“盖上世尝有不葬其亲者”之类。

既 字

撇脱辞。如“既庶矣”，“既来之”之类。

“固”字义同，“已”字亦同。

又 字

跟对辞。如“又多能也”，“他日又独立”之类。

勘进辞。如“又闻君子之远其子也”， “又尚论古之人”之类。

耳 字

实煞辞。如“贤者能勿丧耳”，“尧舜与人同耳”之类。

“尔”字亦同。

“尔乃”又接转辞。

抑 字

转语辞。如“抑与之与”，“抑为之不厌”之类。

苟 字

设想词。如“苟至于仁矣”，“苟能充之”之类。

“诚”字、“使”字、“倘”字义同。“俾”字、“令”字又与“使”字同。

或　字

虚拟辞。如“或生而知之”,“行或使之”之类。

犹　字

比方辞。如“犹天之不可阶而升也”,“犹运之掌也”之类。

有作“同”字者。如“犹之与人也”,“听讼吾犹人也”之类。

有作“尚”字者。如“二吾犹不足”,“民犹以为小也”之类。

“尤”字较甚辞,视“犹”字深。又“犹”与“由”通。

亦　字

对照辞。如“管氏亦树塞门”,“亦可以为成人矣”之类。

奚　字

怪叹辞。如“奚取于三家之堂”,“奚为后我”之类。

又与“何”字、“胡”字、“焉”字、“安”字、“乌”字同用。

是　字

须跟辞。如“是知也”,“是亦为政”之类。

又“造次必于是”，“何以退于是”之类。
实义为多，全无虚辞。
“此”字、“兹”字亦同。“于是”“由是”字皆同。

盍　字

勉进辞。如“盍彻乎”，“则盍反其本矣”之类。

而　字

接转词。如“学而时习之”，“而耻恶衣恶食者”之类。
承串辞。如“节用而爱人”，“温故而知新”之类。
又“而”与“尔”字通，古文多有。

然　字

转落词。如“然且至”，“然且仁者不为”之类。
虚疑辞。如“木若以美然”，“夫子若有不豫色然”之类。
确指辞。如“雍之言然”，“今也不然”之类。
抱上辞。如“吾何为独不然”，“惟此时为然”之类。
“但”字、“第”字亦转落辞。

况　字

侧重辞。如“况于为之强战”，“况于杀人以求之乎”之类。
轻忽辞。如“而况不为管仲者乎”，“而况受其赐乎”之类。
“矧”字义同。

虽 字

开宕辞。如“虽曰未学”，“虽告之曰”之类。

重举辞。如“虽多”，“虽万镒”之类。

轻举词。如“虽执鞭之士”，“虽小道”之类。

“纵”字虚设辞亦同。

今 夫

领起辞。如“今夫天”，“今夫麰麦”，“今夫奕之为数”之类。

乃 若

发语辞。如“乃若其情”之类。

“顾”字亦同。

岂 不

激宕词。如“岂不诚大丈夫哉”，“岂不欲中道哉”之类。又“岂以仁义为不美”，“岂无仁义之心哉”亦同。

住脚用不得“者”“矣”“焉”“也”等字。

“非不”字又较轻活。

未　有

决断辞。“如未有仁而遗其亲者也”，“未有能生之者也”之类。

住脚用不得“乎”“哉”“耶”“与”字。

不　亦

重许辞。如“不亦君子乎”，“不亦重乎”之类。

轻许辞。如“不亦可乎”，“不亦善乎”之类。

住脚用不得“矣”“焉”“者”“也”字。

岂　若

较量辞。如“岂若从辟世之士哉”，“岂若于吾身亲见之哉”之类。

住脚用不得“焉”“矣”“者”“也”字。

不如字实。

然　则

承接辞。如“然则管仲知礼乎”，“然则夫子既圣矣乎”之类。

“然”字承上，“则”字起下。住脚必用“乎”字、“与”字。“不则”与“然则”字相反，“否”亦是承上，“则”字起下辞。

读断不则非是。

然　而

跌转辞。“然而未仁”，“然而不王者”，“然而文王犹方百里起”之类。

“不然”翻转辞。

然　后

重许辞。如“然后君子”，“然后可以为民父母”之类。

慎重词。如“然后敢入”，“然后驱而之善”之类。

是　故

顶上辞。如“是故君子无所不用其极”，“是故君子有大道”之类。

“故”字亦承顶辞。

是　以

抱上词。如“是以谓之文也”，“是以君子不为也”，“是以君子有絜矩之道也”之类。

住脚用不得“乎”“哉”字。

无　乃

虚激辞。如“无乃为佞乎”，“无乃尔是过与”之类。

住脚用不得“者”“焉”“已”“矣”“乎”字。

“或者”“得无”字亦同。

至　于

单落辞。如“至于治国家”，“至于日至之时”之类。

又作“及”字用。如“至于鲁”，“至于道”之类。

连举词亦有。

所　以

虚推词。如“君子之所以异于人者”，“所以谓人皆有不忍人之心者”之类。

归原辞。如“所以动心忍性”，“所以不愿人之膏粱之味也”之类。

住脚用不得“焉”“乎”“哉”“矣”字。

若　是

接落辞。如“若是则弟子之惑滋甚”，“若是则夫子过孟贲远矣”之类。

“若然”“果尔”字皆同。

及 其

侧落辞。如“及其使人也”，“及其无穷也”，“及其闻一善言”之类。

无 非

统举词。如“无非事者”，“无非取于人者”之类。

“莫非”“皆是”字同。

如 此

据实辞。如“如此则无敌于天下”，“如此而已矣”之类。

“如斯”字亦是。

根据辞。“是则”“此而”字亦同。

今 而

征信辞。如“今而后知君之犬马畜伋”，“今而后知杀人亲之重也”之类。

“然后知”字亦同。

何 以

推究辞。如“何以能鼓乐也”，“何以言之”之类。

呼起词。如“何以异于人哉”，“何以谓之狂也”之类。

怪异词。如“则何以异于教玉人雕琢玉哉”，“子何以其志为哉”之类。

又“何也”亦呼起辞。

且犹 莫不

轻量辞。如“管仲且犹不可召”，“然且仁者不为”之类。

总括辞。如“君仁莫不仁”，“君正莫不正”之类。

住脚用不得“乎”“哉”“与”字。

右文中字法，积字成句，皆有一定，难以枚举，略指一二大概，仍借《四书》证之。学者即文而类推之，自得文从字顺之义，虽惛愚者可以使明，况异敏之姿，举世不乏，一经指授，当必有得之心而应之手者。勿谓予挂一而漏万也。

住脚字法跟上来，照此细审，便不差错。

文 法

翻 法

翻者，谓与题相反也。正题反面为翻，反题正面为翻。凡文都有翻法，以题之正义无多，须反正相关为之。假如“学”以“不学”作翻，“时习”以“不时习”作翻，“有朋”以“无朋”翻，“不知”以“人知”翻是也。刻文中篇篇有反，虽挑剥敲击，反法不同，总是与题翻切不离，批注甚明。

抱 法

抱者，谓顶抱不脱也。承顶上文，处处回抱，宜逆而不宜顺，宜倒而不宜直，恐其粘连上文，题界便致蒙混。起提须截清为上，中后皆宜倒入回抱，即如文中“其为仁之本”不脱“孝弟”，则以“学文不脱余力”倒入回抱，皆定法也。

跟 法

跟者，谓根生有据也。远跟章旨，近跟节旨。亦有明跟暗跟之不同者。如“不亦乐乎”，近跟“朋来”，远跟“时习”，明跟跟“朋来”，暗跟云“所以至于乐者”，诚有故也。文中“传不习乎”跟定“省之久而敬之”，跟定“善交”是也。

撇 法

撇者，谓抛却上文也。题非抱上体，即不宜纠缠。领清便抛脱，即承顶一二语。要是上文之下，本文之上，中缝之义，才是正法。用笔一滞，仍是上句用里，于题虚涉矣。蒙上而不缠上，看文中起语及提语，应自了了。

衬 法

衬者，谓借客相形也。或以有衬无，以古衬今，以圣人衬贤，以多衬寡，皆衬也。即如“有朋自远方来”，有用衬云“千古而上，犹心契之。百世而下，犹思慕之。况其在当时，况其为亲炙”。岂不可悟衬法？学者旁通之可也。

擒 法

擒者，谓咬定不放也。有正擒，有反擒。正擒者，顺题咬定，不肯一着放松。开讲承上来者，犹宜急急擒住。至于文中大约有纵笔即有擒笔，无有纵而不擒之法。亦篇篇皆然，读者细研之。

影 法

影者，谓关照相生也。与月之在水，花之在镜相似，不即不离、有意无意之间，乃为合法。假如“巧言令色”暗照“仁”

字，“贤亲君友”暗照“学”字，手写此处，眼注彼处，不可容一着断语。文中“吾从众”，处处照定“违”字，“民到于今称之”，照定“异”字，只在笔意传出神情。若不从逆处生趣，就本题勒住，便几于侵占相犯，溢于题外矣，岂能合法？

转　法

转者，谓折归本义也。有正转，有反转，有顺转，有逆转。起宕折之势而归及本位，亦是缘上卸下法也。实实落落，从此转出。大抵正起则反转，反起则正转，顺转、逆转法亦然。然必有以激宕之，而后转落之法则然也。其浅深层次，又在随文势为之，方不执着。

呼　法

呼者，谓虚相叫起也。如“呼瘖者而觉之”，如“呼迷者而醒之”，大抵虚喝为多。若一实呼，便掀过题义矣。急切翻转不来，如文中“传不习乎”提落句顺呼云，“厚望夫吾身者伊何人，刻责夫吾身者伊何事”。“久而敬之”提落句逆呼云，“交将何以善其始”，对云“交又何以善其终”是也。

句法中呼应甚多，要使通灵为上。若有呼无应，便非文理。

应　法

应者，谓实相应也，与称名而允诺相似。即如文中“传不习乎”提落句呼法接点云，“言有传焉，所宜习也”。“久而敬之”提呼法接点云，“乃知平仲之交，固久而敬之者也”。“举贤才”

提落云，“何以生社稷之光”。“奚以慰民人之望”接点云，“言有贤才，所以举也”。皆是应法。且四首中“何以谓之文也”是呼法，“是以谓之文也”是应法。“何以谓之狂也，孔子之所谓狂矣”，皆呼应法。孟子云：“王何必曰利，亦有仁义而已矣。”后照应云：“王亦曰仁义已矣，何必曰利。”文法分明之其极。

补　法

补者，谓圆足题义也。题所未有，推原而我足之，则用补法。亦有顺补、倒补之不同者。或补之题前，或补之题后，比如“有朋自远方来”，注云：“近者可知”。“是知也”，注云：“况由此而求之，又有可知之理乎！”题义圆足，可知补法矣。文中“爱人”提言仁有仁之体，亦是推原补出。

缴　法

缴者，谓了结题旨也。即如文中“其为仁之本”归落孝弟之宜务，“传不习乎”归落吾日三省上，“则以学文”归落不负余力，“其行己也恭”归落君子之道，“久而敬之”归落平仲善交，“务民之义”归落知者，“爱人”归落仁者，“禄在其中”归落不谋食上，皆是也。总以缴明题旨，或反或正，务于指点清切而了结之，俾知题要所在为止。

文法多端，亦难遍指，但就初学浅示之法固如此。至于宾主法、流水法、浑括法、点逗法、轻脱法、重扼法、顿挫法、拓宕法、虚击法、跌落法、推原法、归注法、带我法、回顾法、钩勒法、过渡法、透递法、侧卸法，皆可类推。是惟聪明之士，加问学之勤者，罔不心知其意也。

篇法

破题者，分剖题意之谓也。有正破，有反破。正破者如题破也，反破者与题相反也。有倒破，按题句颠翻作破。有顺破，按题句层次为破。有暗破，照题意而不露题字。有明破，照题字而发明题意。有分破，题句上下两分是也。有浑破，上句破题，下句抱旨，或上句抱旨，下句破题。至于跟上句法，须上句破本义，下句挽上文，如开章语，或先题意破，或后题意破，总是一句归题。上句作题，下句作断，无乎不可。切勿明透下文，学含下习气为高。

承题者，跟破点题之意也。有正承，有反承，有顺承，有倒承。或正破反承，或反破正承。亦有正破正承、反破反承者。顺破倒承，倒破顺承，顺破顺承，倒破倒承，法各不一。总之，宜明承而不宜暗承。分承可浑承亦可。跟上与开章语法，其承要视破意而点明之，不使蒙混为主。

开讲者，方才缘起之义也。有蒙上起者，本上文而跟抱之，开口即宜擒题。有截题起者，恐类上文而朦胧之，然亦不可连下。其法或正起翻转，或反起正转，正起正落，反起反落，惟宜及题而上，大约如笼笼之月，初生水际，影切为妙。宜虚不宜实，宜活不宜煞，凡题皆然。至于起局，或用陪衬法，或用对形法、根据法、影射法、重扼法、轻脱法、点逗法、浑涵法，要皆题之半面，未尝一现全身者。初学最宜留心。

领题者，摄起通篇之神也。名为提句，开目最为紧要。其法有跟上文来者，有从本句领者。跟上宜用撇脱法，固也。从本句领者，或逆题下截而入，或顺题上截而入，相开讲之势，而为之接应。始不脱节，故云不路须清。

提股者，方才提起之意也。顶上即撇上，不似讲上句语气始得法，须一二语卸下，蹴题之意，翻剔便于作势。正提多恐无力，而落句最要及题。或开一比，或合一比，乃不犯复。若无上文可跟者，就领句生发。逆领则用逆提，落及题上。顺领则用顺提，落及题间。总之反、正、开、合，亦视领句之势而为之。所要与开讲相反，法亦无所不宜。而断以虚为主，切忌实勘。以浑为上，切忌透露。亦以及题之半，而未及题之全也。故提股谓之题前，有以夫！

点题者，醒出一篇之眼也。须接提股之意而碎点之，有足一句而后点者，有紧顶题意而即点者，总期分明而不含糊乃妙。然亦有点题半面，全题留至后出者。文一篇之机局，布置而成之者也。幼学熟于法，久自知之。

中比者，实发题蕴之义也。须精切而忌虚泛，字字嚼出浆汁，一笔不涉恍惚，才得题核。其法务立梁柱，照柱意洗发。有正起，有反起，正起则反承，反起则正承。转落题中，要爽快勿纠缠。实发稳合，如题而止，甚不可一字溢于题外。恰在个中，无负腹比文法，乃为上乘。至起承转法，俱与题翻而正合，一笔收住，须仗心力为之，幼学恐未及此。亦有中比全反而后比始正者，则中二比应虚且浅，后二比自实且深也，又是一法，不可不知。抱上文题，须以本题起止，中用倒入法，才不连上，不然便不清醒。

后比者，充旷题中之余也。腹比未及发尽，而于此发之，所谓接中坚而表后劲者也。或反或正，或纵或擒，须相间为之。要与前、中不同，移置不得，的是题后语意，方见位置不苟。其陪衬、对形、根据诸法，俱可通用，而切不可学俗下含下法，丑怪百端，难言文雅。盖一题有一题正意、旁意。正意犹恐发挥不尽，未有舍正意而趋旁意者，况抛荒题而不及细寻，而专用意探下，遂称能事乎！无论非语气而侵下，即使应当归注者，自有手写此处，眼射彼处之妙，不宜探头探脑，作怪模样也。法宜透起于前，不知不觉，以题勒住。要得本位之中故有神行之法，而不应归注，亦正不必因论后比附赘于兹，使天下聪明子弟，力为俗下含下法，误矣。

结尾者，归注一篇之意也。前半篇点题，谓之点睛，此处谓之结穴，就本题之义而照应通篇以收煞之。或推原章旨，或归结上文，其有逆趋下句、明出下句者。观后比落句以为之辞，大约以含蕴为上，乃有悠然不尽之意，令人犹有余思。至无上下文者，而归结本题，亦须爽健，勿冗杂也。其或末句点结，必通首文。写题而未点睛，至此结明，又是一法。

凡文到后幅，看人精力，卜人寿夭。此处结穴，犹宜慎思，勿以苟且见讥。若俗下而不但已也，犹不至于此也，多是混话。窃愿后学于此，必于刻文中勉学一二，不轻草率可也。

八比法，不过起、承、转、合四字，而反、正、深、浅之法贯乎其中，能事毕矣。以通篇论之，开讲为起，提股为承，中比即转，后比即合也。以其分而言之，起、提、中、后，各有起、承、转、合法，自不易也。知此大要，而先分反、正、深、浅法，与题相间者为反，与题相合者为正，虚及题意者为浅，实疏题理者为深。反复再四，辨晰既真，然后因题为文，转换清切，一气浑成，久之自臻精妙。幼学勿视为易，而亦勿视为难也。神而明之，存乎其人而已。

其为仁之本与

贤者论为仁，倒破为仁，亦分破法。而归其本于孝弟焉。破本字，抱上孝弟。（以上破题）

夫为仁非易事也，仍是倒承。而其本不外于孝弟。点明本字。孝弟诚当务哉！照有旨法。（以上承题）

有子意曰：天下之人，孰不侈言仁哉？倒起仁字，截题。然而贵审其本也。转明本字。苟矜言利济，而门内之不修，回抱孝弟。则虽曰求仁，而仁益远。反为仁落作。（以上起讲）

务本本立，而孝弟则何如？领题正法。（以上领题）

岂逊顺之德，仅以告无愧于一室乎？则孝弟犹不足重也，将孝弟复何为也。跟上孝弟，翻起为字来。（以上提比之出股）

抑雍睦之风，只以树懿美于家庭乎？则孝弟尚不足称也，将孝弟又何为也。起句暗翻仁字，落句明翻为字。（以上提比之对股）

是盖有仁道焉。明点仁字。我思之其为仁之本与？正出题法。（以上出题）

仁以恩施于民也，从仁正起，以民物分柝。以此而为之，宜必取斯民而广被焉。明承为仁。然而其本不在是也，转出本来。惟以孝子悌弟之心推而致之，实写为字。将仁道虽大，已于此托其始矣。合题而正。（以上中比之出股）

仁以利济于物也，正起。此而为之，宜必合物类而遍及焉。明承。然而其本不于是也，正转。惟以祗父恭兄之谊推而施之，将仁道虽广，已于此立其基矣。正合。（以上中比之对股）

有谓孝弟而不并仁者，非也。翻本字意。裁成诵相为仁，犹烦拼暨之力，开笔。而但言其本，断不能外孝弟以作则。合笔。（以上后比之出股）

有谓为仁不止于孝弟者，亦非也。两头互发。立教明伦为仁，只此爱敬之旨，实一笔。而究推其本，谁能舍孝弟而他骛。住落。(以上后比之对股)

甚矣，孝弟之宜务也。以节旨作结法。(以上收结)

幼学作文，须教他先咬住题，而后开之纵之，则开纵总在题中。先教他认真题面字，逐一分明，而后字字作去，自然无闲句缛语。此题为字，原是着力语，不是可以滑口诵过的。将为仁二字重读，便知孝弟之重。至于每比意思全不合掌，尤是幼学津梁柱法。

传不习乎

大贤省身于传，跟省身是章旨。而深虑其不习焉。正破。（以上破题）

夫传必习而后无负也，正破故反承。曾子而有不习乎？点题。故省之。仍挽章旨。（以上承题）

若谓吾人置身圣贤之途，固在乎训迪之有据也。跟身，正起传字。然使懿训当前，而怠惰承之，反不习。将理之甚切于我者，遂与吾身渺不相属矣，反挽省身。而非语于省身之学也。正挽章旨。（以上起讲）

不忠不信，领脉。犹是以身应世耳。跟上。乃自有吾身，即有厚望夫吾身者伊何人。虚喝传字。（以上提比之出股）

抑犹是以身接物耳。跟上。乃自有吾身，更有刻责夫吾身者伊何事。顺叫习字。（以上提比之对股）

言有传焉，点明传字。所宜习也。跌出习来。以吾自省传不习乎？挽章旨点题。（以上出题）

以知之不易致也，则有传，致知立柱正起。耳提面命，亦曰率是无斁耳。反承。特恐厌斁之忽乘也，转出不习。吾则虑之矣。接到日省。一日之内，虽未必吾知之悉明，开一笔。而传吾以致知者，断不敢视为罔闻也。不敢不习。此不习之所以兢兢也。正还不习，煞乎字得神。（以上中比之出股）

以行之不易力也，则有传，力行作社。朝考夕究，亦曰恪守勿渝耳。承习。特患怠渝之偶至也，不习一层。吾则筹之矣。接出日省。一日之间，虽未必吾行之攸纯，纵一生法。而传吾以力行者，断不得幾微自恃也。擒法。此不习之所由凛凛也。如题。（以上中比之对股）

冒习之名，而实有所不习者，此自欺之学也。以名翻实，指出自欺。吾而自欺，反醒习字。纵督责不及隐微殊难自信矣，回顾省身。而敢置习之名也哉？应上□□。（以上后比之出股）

今日不习，而谓明日必习者，此自恕之心也。以□明日，翻出自恕。吾而自恕，挽到吾日三省之上。即居诸可恃后日之悔已晚矣，仍同翻省。而可有不习之日哉？正收。（以上后比之对股）

吾日三省者如此。激明节旨作结。（以上收结）

传当习，在本题是反面。若只向反面处写，便将正面不习乎三字都抹却了，须将题面剔醒，维省语气。凡题皆如是观。

则以学文

进弟子以学文，一句明破。不敢为余力宽也。抱上余力。（以上破题）

夫文皆古人之行也，分承。于以学之余力，顾可宽乎哉！仍抱上句。（以上承题）

且以冲幼之日，跟弟子起。而遽驰志于文物，擒定学文，是截题法。君子疑之，谓所学之非所急也。反则以字意起。然使大本既立，抱转行字。曾不能广其识以相求，翻不学字。几何不以有用之神明，面悠忽置之乎？跟余力反落。（以上起讲）

乃弟子之行有余力正不然。领上、正转、起提一气。（以上入题）

亦既伦常罔斁矣，承上孝弟。此而稍自宽假。卸到题上。谁则必讥其固陋。反上落题。（以上提比之出股）

亦既身世咸宜矣，承上谨信爱亲来。此而未即博洽，何必遽责其就将。翻起学文。（以上提比之对股）

若是乎，文非弟子之急务也，仍用反接法。乃必以之学文者，何也？点题，亦用叫法起中二比。一曰广见闻也。见闻立柱。诗书多不尽之藏，博以求之，而见闻愈启。明承法。况其为弟子时也，转出弟子。则以之学之，而勿为浅尝，勿为浮慕，实发学字。将文之在古今者，皆见闻之所悉周也。照柱收合。（以上中比之出股）

一曰励才智也。才智立柱。心思虽有尽之数，专以用之，而才智愈生。承明。况其为余力日也，倒转余力。则以之学之，而或则习焉，或则肆焉，实发学字。将女之在事物者，皆才智之所必起已。合法。（以上中比之对股）

礼乐射御，所以责成弟子之于文，其待之乎？反剔则以。待

之而稍长矣，有所学焉而不精，始悔前此之多疏也，不已晚乎？反逼则以作收，得省弟子意。（以上后比之出股）

风流文采，可以相袭取弟子之于文，其俟之乎？更翻上意不但。俟之而强壮矣，使之学焉而难成，彼叹年少之多惧也，庸有及乎？仍是翻收。（以上后比之对股）

则以学文，点清全题。庶无虚此余力耳。仍归余力，此是缴法。弟子勉之。结出教弟子意。（以上收结）

题无论大小，只怕开口不擒定题面，便泛滥无着。即如此题，则以二字是指余力，但从余力作起，便连上句，是两句题文字。截去上文，而又不突不粘，斯为得法。

一言以蔽之

圣人欲明读《诗》之要，擒章旨破。而约之于一言焉。归着本题。(以上破题)

夫《诗》未易蔽也，况一言乎？两层分承。一言以蔽，点题。是殆有其要哉！(以上承题)

意谓：夫人读古人书，苟不得其旨归之所存，反起射下。勿论生平之扬扢者无据也。即篇章之大义，亦泛泛焉而不知所止。翻挨蔽意。岂知不一之数，固有至简之旨存乎？止落一言。(以上起讲)

《诗》而三百，《诗》殆未易蔽哉！反唱蔽字。(以上入题)

《关雎》而下，《殷武》而上，其词亦甚繁矣。借《诗》词反提。繁其词者繁其言，反蹴一言。而何以能蔽？以不能蔽反落。(以上提比之出股)

四始之中，六义之内，其文亦甚殊矣。就《诗》又翻。殊其文者殊其义，翻一言。而何以得蔽？以不得蔽反落。(以上提比之对股)

抑知其不然也，正转一句。一言以蔽之。点题。(以上出题)

天下烦不足以御简，而简足以御烦。顺起。一言则至简矣，顺承。故《诗》之中，顺转到《诗》。有合于一言者，可以一言正之。合不合，同不同，俱照下意。有不合于一言者，亦可以一言推之。发蔽字切。只觉章句之灿著，皆一言为之统同耳。如题合法。(以上中比之出股)

天下博不足以范约，而约足以范博。看对字去。一言则至约矣，明承。故《诗》之中，顺转。有同于一言者，可以一言概之。有不同于一言者，亦可以一言通之。切蔽字意。只觉比赋之纷烦，

皆一言为之贯通耳。实合。(以上中比之对股)

非谓读《诗》者尽置三百而诵此一言也。翻蔽字。三百者一言之寄，一言者三百之归。正归题义。一言与三百，殆并重而无遗也。正落。(以上后比之出股)

非谓删《诗》者尽去三百而存此一言也。又一意翻。无一言则三百之义不著，无三百则一言之用不彰。确切题义。三百与一言，殆兼该而有据也。对法精切。(以上后比之对股)

一言维何，紧呼下文。盖在《鲁颂》之思无邪矣。明出下文作结。(以上收结)

空虚题用不得一笔执着。若说如何蔽，如何一言以蔽，则思无邪句不必赘矣。须从空际盘旋，而又不落油滑，斯可言空虚题之法。

不患莫己知

患又有不必用者，顺破。所重不在己知也。以意含下。（以上破题）

夫莫己知亦何妨乎？逆承。然即以之为患焉，不可也。故不患也。碎点字法。（以上承题）

且从事修途，终无见知之。一日固其诵习之疏也，擒莫己知翻起。然从事修途，而区区知己之感，曾不能淡然置之神明，抑又多误矣。翻转不患，虚虚落及题。（以上起讲）

如患所以立，无位所以不患也。倒装不患，是此类题领法。（以上入题）

乃或谓国家之猷，尚需时以建。顺跟上文。若夫伏处而获嘉名，卸到知己。当亦学士之愿矣。借形患字。（以上提比之出股）

君臣之遇，可无营于心。跟上不患。若夫家修而乏声称，伯莫言知。或又吾儒之忧矣。反逼患字。（以上提比之对股）

然则己知至急也，莫己知甚重也，分点明白。而君子不患则何也。叫点法，起中比。一曰勿纷其心也。立柱起注。心思有尽，纷而用之，则两有所不精。摄下翻承。况流俗之褒讥，原无定衡，己知亦何足重？顿笔。使以之为患，翻转。将始之而市其学，继之而且巧其计，虚声从此始矣。翻起不患。而君子绝不以扰吾淡定之心也，正合。此际殆以刚胜耳。不字确解。（以上中比之出股）

一曰勿驰其力也。又是一柱。才力易弛，不有所弃，必不能以善取。吸下作承。况誉闻之过当，实增吾愧，对法亦变。莫己知亦何足惜？使以之为患，翻转。将始之而多所疑，久之而又生其忌，疚心自此起矣。翻切不患。而君子总不以解王不潜之力也，照

求字意合题。此中殆以忍胜耳。以不字倒。（以上中比之对股）

学至名彰，岂不足以验其修为？故作闲笔。然而验吾学，非以误吾患也。明切。古之人一室潜修而知遍寰区，岂徒以此撄其怀也哉！吸动下意，以题勒住。（以上后比之出股）

德成名立，必不能以掩其纯修。又作一意。然而掩吾学，不得用吾患也。着落。古之人一日静观而知周百世，岂尝以此萦其虑也哉！直起下文，亦是一法。（以上后对之对股）

求为可知，不容已矣。明接下句作结。（以上收结）

幼学读文，最是难事。深则不解，浅则易俗，每见刻文前半幅，俱蹈此弊。故余每每前幅用翻，且一翻而再三用之，使知题无近而法有定。以此学去，自不难通。

君子哉若人

以君子嘉贤者，破本题。若非无所资也。探下意。（以上破题）

夫人孰不欲为君子，合代分承。而子以之嘉子贱。点明。其何以得此？击下意煞。（以上承题）

今夫人从事修途，而不期自成其德焉，固无足论。即切君子作翻。然亦有终日勤修，以求至于纯备，究之不可以自信，且不可为同堂所共信者，仍用翻转。则甚矣成德之难也，煞到君子。而非所论于若人。二句正落领脉。（以上起讲）

若人懋勉无斁，厚自刻责有之矣，就自修顿若人。初何尝诩诩自矜，谓无愧于大雅之誉。及逼君子。（以上提比之出股）

若人进修不怠，深自期许有之矣，意急又变。又何尝嚣嚣自得，谓克底于美善之中。二提俱在题前。（以上提比之对股）

是则不敢信为君子者，惟若人也。足一句。自我思之，君子哉若人！点题。（以上出题）

涵养不纯者，涵养作柱。其品不可以相许，反起。凡以君子有难至也。反承。若人之涵养纯矣，正转。即生平之得力，验一日之醇修。实义在下文，故虚衬二语。允矣，君子洵可当之无愧已。合完题而。（以上中比之出股）

学问不深者，学问作衬。其诣不足以服物，反起。亦以君子未易副也。反承。若人之学问深矣，正转。以夙昔之勤求，考当前之造诣。虚接二句。展矣，君子诚可受之无惭已。合题。（以上中比之对股）

则有谓若人之得天者优也。以得天优，赋性厚泓下取字。夫居今稽古，而天姿庸陋，固不能为君子。开一笔。乃由天事而问人力，转笔快。而若人岂仅恃得天之优？逼下取字。（以上后比之

出股）

有谓若人之赋性者厚也。又一意翻。夫朝考夕究，而性量疏略，固不得为君子。开笔。乃由性情而思功修，而若人又不徒其赋性之厚。直探下意。（以上后比之对股）

盖以鲁多君子，而有以取之云。接后比，出取字作结。（以上收结）

作文不知腾那，非失之实，即失之尽。彼搦管攒眉，竟日不能出一语，即出一语，而题意已尽者，皆不知腾那法也。此文处处腾那，处处宽绰贴切，才是诀中腾那妙谛。

敏而好学

论卫大夫之学，倒破。有不自恃其敏者焉。亦分破法。（以上破题）

夫好学未易得也，而况敏乎？两层分承。文子诚不自恃其敏哉！正住。（以上承题）

若曰：吾尝以逊习之事，即代学字。求诸天下而未易见也。翻好字。况赋质过人，而欲其黾勉从事焉，不更难乎？翻到敏字。（以上起讲）

然非所论于文子，正落。夫文子固所称敏者也。叫起敏字。（以上入题）

敏则天资优矣，顺提敏字。优于天者，谁复加以人力之勤？反拍学字。（以上提比之出股）

敏则资性裕矣，裕于性者，谁复深以奋勉之力？提比亦用反法，却与起讲不同。（以上提比之对股）

若是乎好学之难也，顿跌一句。而文子则敏而好学云。正点。（以上出题）

学有在于诗书者，正起。载籍灿陈，无非益人之具。正承。好焉而思其义，转出好字。虽愚鲁者尚有无穷之美报，反衬起敏字。况以英敏之资而勤求罔懈也。醒出敏字。则文子之于学，可想而知也。贴文子合。（以上中比之出股）

学有在于名象者，正起。数艺所存，何非迪我之助。正承。好焉而尽其功，实传好字。虽蒙昧者且有无端之起悟，借形敏字。况以敏捷之质而向往维殷也。切敏而好。则文子之好学，洵有不诬耳。贴定文子，才是合法。（以上中比之对股）

此非勉而为好也。頁上正起。勉而为好，将其好不能久，而

学亦不纯矣。翻剥。文子乃相与安之者也，夫岂有作辍之端？此句缴住题面。（以上后比之出股）

又非矫而为好也。正起。矫而为好，则其好未必当，而学亦不专矣。翻法。文子固与为深之者也，又安往而废懋勤之力？动下问意有法。（以上后比之对股）

下问不耻，可不谓之文乎？（以上收结）

敏字是不学病根，况以大夫而欲其敏而好学尤难，文子能之，所以谓文。作此题，要处处觑定谓文才是。至于不耻句，正是好学处，不得另立炉灶。此文一一见到。

其行己也恭

恭以行己，一句倒破。道之一端也。挽道字。（以上破题）

夫恭乃君子之道也，倒承，亦分承法。子产之行己有之。点行己，跟有字。其合于君子者，此其一。抱上法如是。（以上承题）

且吾尝以谦逊之谊，开口咬定恭字。求诸天下而未易见也。翻起。况身列浚明而欲其深自损抑焉，不更难乎？反到子产身上。（以上起讲）

然非所论于子产，一句正落。夫子产固有君子之道者也。领脉。（以上入题）

道居其全，顺接道字。无往不形其美备，逼下三句。夫岂仅于立身之文？反及题上。（以上提比之出股）

道有甚备，随在悉致其精详，顺提。而已征诸持躬之节。二提开合法。（以上提比之对股）

若是乎君子之道，有在于行己者，按点行己。以观子产其行己也恭云。合到子产点题。（以上出题）

恭以去其矜也，正起以去矜作柱。才略出众，而矜心行之，反承。其道不能以服物。即挽道字。乃子产之行己也，正转行己。年少而勉诸卿，从无才智先人之意，写恭字义。洵足称谦谦之君子已。收合君子。（以上中比之出股）

恭以化其骄也，以化骄作柱。德业有成，而骄气行之，其道适足招尤。反承以道子产。乃子产之行己也，转出行己。多才而专国政，时存分功让能之思，切定子产写恭。诚无愧温恭之君子已。以君子合。（以上中比之对股）

非曰恪守无为之谓恭也。翻剥。身为大夫，朝野于己经理焉，即不君臣上下。恪守其能济乎！勘恭字紧。惟念念不自假满，则其

己善之，切合行己。而善于己者必善于人。顺起下意。（以上后比之出股）

非曰畏逊不前之谓恭也。翻法。身为执政，恩威于己待施焉，即下敬惠义。畏逊亦何益乎！所以要恭。惟时时能自谦抑，则其己宜矣，而宜于己者自宜于世。叫起下文。（以上后比之对股）

夫是以敬惠义之各得也，明接下文。子产诚君子哉！以君子总结。（以上收结）

恭是君子行己之道。其行己也恭，是子产有君子之道，书理原自分明。但上文有君子之道四，而本题才说一件，易蹈恒蹊，不尽于此，而先见于此等语。故用携裘振倾之法，将下三件俱摄入行己里面。此是相题用意妙着，学者不可不知。

久而敬之

敬而久焉，倒破。其交善矣。挽上善交。（以上破题）

夫交未有不敬，而难于久也。反承。平仲之久敬，正点。交诚善哉！挽去。（以上承题）

若曰：夫人严毅之心，咬住敬字。无在可忽也，宽一步。况当结纳之际乎！挽上交字。独是求诸浚明之列，而欲其曲全始终焉，则往往难之。翻转久敬，贴平仲。然非所论于善与人交之平仲。从善交意，论平仲领脉。（以上起讲）

身秉国钧，其势易即于骄。翻起敬来。骄则慢心生矣，交将何以善其始？反落。（以上提比之出股）

躬操政柄，其情易邻于肆。肆则怠心起矣，交又何以善其终？拍及久意。（以上提比之对股）

乃平仲之交固久而敬之者也。正点题。（以上出题）

订交之初，盛礼貌焉。从始交敬起。久之而言笑忘形，猜嫌所以日滋也。反承不能久敬。仲则曰：用代字诀。嘤鸣谓何，容以玩志乘之乎？转出敬来。谨凛相将，时存下人之意。写敬。推是敬也，历终身如一日已。合到久敬。（以上中比之出股）

交好方新，谨仪度焉。从新交起。久之而比昵日亲，疏略所以招尤也。反承。仲则曰：友道谓何，敢以傲心出之乎？转到敬上。严恪自矢，务深爱慕之思。点明敬之。推是敬也，阅百年若旦暮已。点久敬合。（以上中比之对股）

大臣之交与匹夫异，切平仲交。一不敬而朋党之害贻于君父。推不敬之害。仲惟以敬持之，则寅恭之气足以结天下之贤豪，顿善交。而朝廷因以无权党。从久敬推出。（以上后比之出股）

公卿之交与士庶异，一不敬而嫌疑之弊生于国家。煞有关系。

仲惟以敬出之，正转。则谦光之度足以孚与国之君子。出比就本国交言，对比就邻封交言。(以上后比之对股)

而邻封是以消忧萌，推出久敬之所以然。交而如此，何其善也。缴明善交作结。(以上收结)

久敬正是善交，讲解了然。但平仲之敬与士庶不同，若泛将嘤鸣缛词写成金兰谱，与题何益？文故处处认真，字字不苟，读者须从此着眼，不可轻忽。

务民之义

知者之务，跟知破务。惟知有义而已。破义兼注下意。（以上破题）

夫民义不可不务也，分破合承。知者务之，点题。义之外何求乎？鬼神在义外。（以上承题）

子若曰：天下所以少明哲之儒者，跟知者翻。以其多驰骛之心也。反切务字，对针樊迟。多驰骛之心，则新奇之事引之，反映鬼神。而日用之理遂置为不足尚也。反不务民义。此于心为不纯，于功为不专，而要之皆原于不知。反我知上。（以上起讲）

子以知问。领上法。（以上入题）

得毋谓神明首出，必多高深之事乎？翻起民义。然而知者固有勉以图之者也。正叫民义甚虚。（以上提比之出股）

得毋谓聪明天授，必有奇异之术乎？隐切民义作翻。然而知者固有切以求之者也。顺落及题。（以上提比之对股）

所谓民义非耶？先点民义。以观知者，则务之焉。点务字清。（以上出题）

义自立心之始基之也，以心字作柱。因心作则，此理著于天壤，德之何其不务乎？反承出务字。知者则殚耳目心思之力，正转务字。以与义为持循，推是务也，断不予民义以遗憾已。合到民义。（以上中比之出股）

义自应事之时见之也，以事字作柱。随时制宜，此理亦甚为庸近，若之何其不务乎？反承。知者则竭朝夕懋勉之才，以与义相研究，实讲二句。推是务也，必不贻民义以缺略已。民之义亦清出为合。（以上中比之对股）

于此见所务之正焉，中比以义字起，故后比以务字起。自有斯民以来，不无惑吾民与炫吾民者，讲民字，反映鬼神。义将退听而莫争矣。翻当务。乃有此务，正转。而大义克昭，天下卸至正之学。缴宗本题。(以上后比之出股)

于此见所务之专焉，又变字法。民皆秉义以生，或至沦于奇而趋于异者，义以鄙弃为浅近矣。映起鬼神作反笔。乃有此务，正转。而至义丕著，一人无纷乱之心。击动下意。(以上后比之对股)

至于鬼神敬而远之，直出下文。非知者何能臻此？缴到知上。(以上收结)

向骛高远人说法，自是另一种语意。但鬼神字尚在下文，此处着迹，便犯且务民义本面。原是冠冕正大，纤巧不得，须于前后见针砭中幅写，实理语意两两始得。

吾从众

事有不必异于众者，破意。圣人姑从之焉。对照下文。（以上破题）

夫众不尽可从也，对下反承。而于冕则从之。正点。（以上承题）

夫子曰：此特礼之小者也。对射从下。且斯礼之在天下，跟礼字起。无不当以宪古为心，注下。而何敢安于今人之习尚哉！擒从众意翻。然而事非情理之太伤，亦不得行吾心之独是。注下正落。（以上起讲）

若冕是已。点冕。麻冕之礼，今则易纯而俭也。领法。此而律以先王之法，于礼亦稍变矣。跟上翻入。（以上入题）

返之正俗之心，有所不必从。翻起从来。此而绳以灭古之非，变礼之端开矣。对下意。（以上提比之出股）

质诸表章之责，有所不可从。翻落。然自吾思之犹无庸也，则且从众而已。点题，亦注下法。（以上提比之对股）

维风尚者，必杜其渐，运起。纯非事之渐乎？明承。吾独何心，尚能安之？反承吾字。第揆之麻与纯之间，转入。恐当争者正非此冕也。注拜上意。姑循循然不为过情之举，而安于共习，从字正而。要惟此则与众共习尔。收合题意。（以上中比之出股）

守制度者，必防其微，正起。纯非习之微乎？明承。吾亦有怀，岂能忘之？点明吾字，翻起从来。第衡之麻与纯之外，恐宜辨者不在此冕也。明击拜上意。姑抑抑焉不为独行之概，而率于其趋，正讲从字。亦惟此则与众共趋耳。足上句合。（以上中比之对股）

天下非甚难已之事，矫异则近于鸣高。射下。于众而从焉者，

审于理也。从审于理。不然，反收。而偏端不变，岂即告无罪于先王？射下。（以上后比之出股）

天下非甚难安之事，特立亦难以训世。注下有法。吾而从众焉者，准于情也。情理二字从起讲中生来。不然，反缴。而细行克矜，岂遂昭王制于今日？王制是拜下。（以上后比之对股）

至于拜上，断不可从耳。结出下文。（以上收结）

口中说从众，光直射违字，呆写一笔，便属笨伯。然就中笔法写，有激射，非直钩下为能，当与习俗舍下法大异。又须知此篇自首至尾，句句注射，方不负题义。

爱　人

圣人专言仁，破意。而及其所施焉。逆破。（以上破题）

夫仁施而为爱也，正承。以是言仁而容有不爱之人乎？承明题面。（以上承题）

若曰：今天下群然皆人也，起便咬住人字。而为人所待命者，岂不以仁哉？跌醒仁字。然使矜言恺悌，而慈惠之无闻，吾未见其能仁也。反转爱字，落到仁上。（以上起讲）

吾今与子言仁。蒙问仁领。（以上入题）

仁有仁之体，从本原说。其藏之于中者，人固不得浅而窥之矣。此比开是宾。（以上提比之出股）

而仁有仁之用，才及题意。其著之于外者，人遂皆得弥而被之也。此比合是主。（以上提比之对股）

若此者其爱人乎？点明。（以上出题）

人有亲疏之别也，正起。此比亲疏作柱。亲者爱之，而疏者不之爱焉。其谓仁何，反承。不见仁者乎？正转。本仁之心，发而为爱，亲者疏者，举归之爱中而无别也。写出正面。无乎非人，即无乎不爱焉尔。恰合题。（以上中比之出股）

人又有厚薄之分也，此比厚薄立柱。厚者爱之，而薄者不及爱焉。其如仁何，反承。亦知仁者乎？转出仁来。本仁之德，征而为爱，厚者薄者，胥统于爱中而无分也。实讲。无在不爱，即无在不仁焉尔。挽仁字合。（以上中比之对股）

虽天下不尽可爱之人，干入一层。而但以仁言，则无不爱也。跟定上句。使于人而有不爱焉，天下何以仰仁人之泽？反收有物。（以上后比之出股）

况天下无不可爱之人，趋紧一步。则惟以仁言，宜无不爱也。

苟于人而或不爱焉，天下奚以沾仁人之恩？仍是反收。（以上后比之对股）

言是仁也，而有不爱之人乎哉！结法。（以上收结）

计仁之施，是就其及人者言之，原未逆料其问知也。以爱属人，都无分别。文中爱字，题面甚窄，须从宽处设想，而不脱母，乃为止法。

君子以文会友

著取友之益，含下破。有所借以明道者焉。浑破本句。（以上破题）

夫文所以载道也，明承。君子以之会友，点题。而道不借以明哉！道明字跟注。（以上承题）

若曰：大道之明也，跟注起。得于自治者半焉，先题一层。得于交游者亦半焉。及题义。顾矜言声气，翻转友字。而曾无引而近之之法，翻起会字。吾不知圣贤之典籍，其谁与之为讨论也。反文字收。（以上起讲）

因是而思君子之于友焉。领起友字。（以上入题）

闭户潜修，非不足以云独善。反不友。而志气不孚于当代，矧未免于孤矣。此比以不友翻。（以上提比之出股）

出门求友，亦自可以言结纳。顺友字提。而风雅未集于同堂，疑又涉于泛矣。以不文作翻。（以上提比之对股）

言有友也，必有会也，君子则以文会之。层次点法。（以上出题）

义类之日新也，从文正起。非资同人为稽考，则天地名物，谁复为我告语乎？以会友反承。君子于以会之，正转。十年所读之书，得吾友而共晰其义，切明道意。遂觉象数方名，胥为观摩之助矣。合题。（以上中比之出股）

高朋其在望也，从友正起。非借弦诵为晤对，则晦明风雨，亦甚负我良朋耳。以会文反承。君子于以会之，正转。吾心独得之理，关照仁字。得吾友而共揣其征，遂觉诗书礼乐，皆属参订之资矣。合题而止。（以上中比之对股）

生人之性情，至不相合。点法。惟此文章之交，通四海而无

阻。正转题义。古之君子，班荆道故，不限于山川之遥者，其此道也哉！推广作收。(以上后比之出股)

吾人之爱憎，亦何常乎？又变一法。惟此学问之友，历毕生而弥快。前比以地言，此比以时言。古之君子，握手言欢，不替于岁月之久者，其此意也哉！收合。(以上后比之对股)

以之辅仁，而所会之友，岂徒道明而已耶？明接下文，以收本句作结。(以上收结)

文以载道，以文会友，跟注道明不易之解。君子取友之益，即于会文见得，非同泛泛之交，此文故无一语涉泛。至于以友辅仁，照注平列，不必探取下意尤是。

举贤才

政有在于所举者，浑破。而大体全矣。顾旨。（以上破题）

夫贤才所以辅政也，于以举之，分点。而政体不已全哉！抱旨住。（以上承题）

今夫出宰一方，岂必待人之相助为理哉？翻起贤才。然而一人独为之，不若与人共为之。虚转。则选建之雅正，非异人任矣。正落，笼举字意。（以上起讲）

夫政岂徒先有司赦小过乎？跟领上文。（以上入题）

亦既庶官之无旷矣，跟上即撇。而髦士攸宜，或漠不加意焉，何以增社稷之光？翻指。（以上提出之出股）

亦既用刑之无滥矣，跟次句卸。而任人鲜当，疑于无别识焉，奚以慰民人之望？翻及题上。（以上提比之对股）

言有贤才所宜举也，而政则在于举之。层次点法。（以上出题）

德足以任政者非贤乎？正转。以为贤焉，而莫或举之，则野有遗贤矣，谓府事何？反承。必也举之，而于旌之，畀逮于郊原，正转举上。将在位者，皆硕德之儒已。合题。（以上中比之出股）

能可以辅政者非才乎？贤才分服。以为才焉，而无或举之，则人多弃才矣，如庶事何？反承明白。必也举之，正转。而汲引之，典及于英俊，庶任事者，尽异能之彦已。收合。（以上中比之对股）

其或于不用者而举之乎？就未用说。擢之山林之内，而列之庶职之中，切未用。则任官皆得其人，而可以备宰政之所先。收缴到首句上。（以上后比之出股）

其或于已用者而举之乎？就已用说。拔之下位之中，而加之百僚之士，切已用。则有司益知所劝，而并不至有小过之可赦。挽第二句抱政缴。（以上后比之对股）

政体如是，可不务有以举之哉？结住。（以上收结）

宜浅处浅，宜深处深，层次井井，一丝不乱。

近者说

验政于近，跟政破。有所以说之者也。□题。(以上破题)

夫无所以说之者，而何以说也。明承。验之近者，点法。而政不从可思乎？跟政是旨。(以上承题)

今夫操为政之柄，而无以服民之心，其政可知也。翻起说字。操为政之柄，而有以得民之心，其政亦可知也。一反一正，止就政上擒定说字虚起。(以上起讲)

则盍验之于近者乎？急领近者以起，正反说而未及近者。（以上入题)

近者之望恩甚切，提近者。非慰其所望焉。而感恩无自，应难惬其性情矣。翻说。(以上提比之出股)

近者之被泽最先，又一意对照远者。非大其所被焉。而仰泽无由，奚以入其痌瘝乎？翻拍说意。(以上提比之对股)

若是乎近者之不可不说也，足一句点。有如近者说乎？正点。(以上出题)

莫说于如乎其意中也，意中立柱。以民之所期，而意中失之，其为说也几何矣。反承说。一旦而得之意中焉，而岂有不说者乎？转到说。说之而帝天戴之，皆其神明依之者也，实发说字。而郊圻向化矣。合到近者。(以上中比之出股)

莫说于得之乎意外也，意外立柱。以民之所期，而意外获之，其为说也滋多矣。顺承。是故有出于意外者，而岂有不说矣乎？转出说。说之而媚我君士，皆其亲我父母者也，切说字。而畿甸归心矣。合收近者。(以上中比之对股)

甚勿谓说之之易也，以难易分比。政不足以厌其心，虽强致之而不得。翻说之难。而兹之说也，借非深感于近者，而胡为诚

服如此哉？缴足题意就规成言。（以上后比之出股）

亦勿谓说之之难也，政苟有以得其隐，虽不介焉而亦孚。正发说之之易。则兹之说也，端有惟及于近者，而不觉思服乃尔也。切说之易缴足。（以上后比之对股）

况乎闻风而来，又在远者矣。接下文作结。（以上收结）

只言近说，而所以说者不言，而在其中。故为政之验发说字真切，则政自在文之须知题者此类是也。

器 之

恕以使人，浑破。君子所以易事也。抱上。（以上破题）

夫器使人之道也，明承。而恕心见焉，跟注恕字。非君子之易事哉！抱上是法。（以上承题）

今夫操选建之柄，以延天下士，切君子使人起。岂不欲登之朝右者，尽全才而欲快哉？翻起器字。然而人有专长，不可以或弃也。用有微权，不可以概施也。正转及题。（以上起讲）

则君子使人之道在焉。接领明。（以上入题）

夫人而执艺以前，岂无愿结王知之心？正顶使入。而遴选过严，或至以精明而伤其运厚。翻逼器字。（以上提比之出股）

抑人而抱才以处，类有乐逢知己之思。暗提器字。而登升过峻，或且以刻核而阻其功名。翻起器来。（以上提比之对股）

而君子惟器使之而已。正点题面。（以上出题）

古今之生才有数，从生才起。乐其见功，又忧其见过，其得当于君子者几何也。反承。器之，正转。而水火工虞类有以自见，将薄技微长皆为君子之茹纳已。合题。（以上中比之出股）

国家之需才甚殷，从需才起。置其所短，并没其所长，其见收于君子者又寡矣。反承。器之，正转。而股肱心膂乐得以自效，将片长微能咸属君子之升造已。如题而止。（以上中比之对股）

则有谓君子之滥用车服者，非也。后比用意法。通才难得，殊不欲以苛责者伤天地爱才之心，而翕受于以无私。洗发无遗。（以上后比之出股）

有谓君子之亵我弓旌者，亦非也。全德难期，必不敢以绳刻者伤国家养士之体，而抡选乃以维公。二比照恕字意推广其由。（以上后比之对股）

此恕以使人之道也，而君子何易事欤？缴明恕意作结。（以上收结）

只此二字题从甚窄，若不从宽绰处腾那，便衣破荆棘丛中矣。文故反正分明，虚实兼到，幼学留心失之，遇枯窘题，意自有而措手不难矣。

惠人也

以惠予郑大夫，明破。予其心也。破意。（以上破题）

夫君主之政不皆惠也，反承。子曰惠人，点明。非予其心哉！应破意。（以上承题）

且时至春秋，争斗风盛，而恺悌之意微，暗翻惠字。天下犹思王者哉！用意法。乃无可正书其责，而有得乎王道恤民之意者，正落子产。君子犹取其近于王也而典之。映起意住。（以上起讲）

如子产是已。领出子产。（以上入题）

词命之善，闻于邻封，就子产衬。人皆曰华国之才也。以才翻惠。而略迹而论，有非才之所能尽矣。虚收。（以上提比之出股）

刑书之铸，推于一时，人皆曰武断之威也。刑威翻惠，尤切。而推本以思，又非威之所能及矣。逼起惠来。（以上提比之对股）

以言子产，殆惠人也。点题。（以上出题）

莫惠于宽猛之兼济也，正起。而宽亦见恩、猛亦见恩者，其心原甚恻然也。正承惠字。故子产当日者，接转子产。虽不尽慈爱之施也，开一笔。而寓不忍于火烈之中，确切子产。众毋之称，殊无遗憾矣。恰合。（以上中比之出股）

莫惠于慈忍之并著也，正起。而慈亦为爱、忍亦为爱者，其心则甚蔼然也。正承惠字。故子产当日者，接转子产。虽亦多畏威之治乎！而聆谁嗣于典人之口，遗爱之名，使我寤叹已。收合。（以上中比之对股）

自霸术盛而猛政成，此比以霸术翻作开。惠亦难概见矣。有此惠，一句正转。而杂霸之术不得屡施于生民者，其在斯人欤？败宜如此。（以上后比之出股）

自王道关而酷吏横，此比以王道配作合。惠尤不易得矣。有此

惠，急转不滞。而王道之功不至渐灭于今日者，愿有斯人也。缴足题义。(以上后比之对股)

此子产之所为，其犹近于王之意也夫！应照起落，作结意字。(以上收结)

惠人，予其心也，须切定子产发挥，方会实落。此文处处照子产立义，无一泛语。幼学为文，切忌浮泛之涉，浮泛恐难换笔，而切实又非训幼要着。虚处传神，实处着笔，两得之矣。

读书作文谱

（选卷一至卷九）

〔清〕唐彪　编撰

导读

《读书作文谱》是一部由唐彪编撰的，较为全面系统地讲述如何学习和写作八股文的书。该书共十二卷，本书只录其前九卷，即与八股文直接相关联的部分。第十卷评述《左传》《孟子》《战国策》《庄子》《史记》等书，及董仲舒、韩愈、柳宗元、欧阳修、曾巩、苏洵、苏轼等大家的古文。第十一卷谈论如何读古文、作古文，介绍了乡、会试二、三场的策论、策问、经论等各种文体的作法，还讲述了各种古文文体。第十二卷则谈论各种诗的体裁，诗的作法等。因篇幅所限，加之后三卷与八股文关联不大，故未录入。

唐彪，字翼修，金华（今属浙江）人。生卒年不详，大约出生于明末，是生活在清初的一位有着诸生或举人功名的学者。他长期讲学于浙东、浙西各地，弟子众多，影响甚大。与著名学者毛奇龄、仇兆鳌等有交往，足证他也是一位博学有识之人。其余情况不详。著有《父师善诱法》《身易》等。

《读书作文谱》是清代极具影响力的八股文理论书籍，对如何学习、如何写作八股文有许多精到之见，也是其经验之谈，对学习八股文写作的人来说，具有很强的指导性和可操作性。故该书在当时好评如潮，自刊行后不仅畅销各地，其观点与词句也不断被征引，尤其是书中关于八股文体各组成部分的定义，被一些启蒙著作几乎原句照搬。

该书的写作方式是，每谈一个问题，则广泛征引古今名家博赅之言论予以阐发。当然，主要的还是阐发唐彪自己对这个问题的观点。他所畅发之见，多为临文之经验，显示出对八股文的深刻理解和深入研究。

在所选的九卷书中，每卷都集中阐发一个方面的问题。

卷一为首卷，是谈学习、写作八股文的“根本功夫”。在“学基”一节中，他指出“读书穷理，静字工夫最要”，故广采先贤、今人及自己的精到之言，来阐发为何读书穷理要静，静有什么用处，要如何才能做到静。在“文源”一节中，他又以广采之法从各个方面揭示只有修心正气，才能写好八股文的道理。在“读书总要”一节，他指出要写好八股文就必须读书，必须做到“博学详说”。唐彪还特别指出，“科举之学，除经书外，以时文为先务，次则古文。窃谓所读之时文，贵于极约，不约则不能熟，不熟则作文时神气机调皆不为我用也。阅者必宜博经、史与古文、时文，不多阅则学识浅狭，胸中不富，作文无所取材，文必不能过人。由此推之，科举之学，读者当约，阅者宜博，博、约又可分两件也。”他把出声的读和不出声的阅分开，指出时文“贵于极约”，“阅者必宜博”，以此作为“读书总要”，然后具体谈《五经》《史记》《资治通鉴》等经史应如何阅、读。

卷二则谈阅的途径与方法。特别值得重视的是所引明代八股文大家王鏊的言论：“六经者，圣人以其心之精微示人者也。汉儒始为训诂，止释其字，而不阐其义。宋儒变为传注，专主阐发义理，而孔孟之意，有十不得五者矣。王安石以经义取士，我朝因之，至变传注为讲说，而相违转远。今日应试之文，则又变讲说为词章，其于圣贤立言之旨，有茫然不知其故者矣。”这段话，揭示了八股文将宋儒传注变为讲说，而至弘治之后，又将讲说变为词章。这种从八股文与传注的关系变化来揭示八股文实质的说法，确有见地，值得重视。

卷三谈熟读深思多问，和师友相互切磋的必要及方法。

以上三卷全面阐发了学作八股文应如何读书阅文的问题。

卷四谈书法。因为科举考试对书法有着特别的要求，书法的好或差会影响取录，故这一卷专讲如何学习书法。

卷五则专谈如何读时文，写时文。全卷绝大部分的文字都出自唐彪。卷中分别讲了读与写八股文的方法，如八股文要按题之内容分类读；要选最佳的应世之文来读，并辅以传世之文，但前者要多。因“棘闱中以多篇取士，而可以少应之乎？故惟应世之文相直也，略多读焉可也”。由此可知，唐彪谈八股文的读与作，都是着眼于如何下场可以取中这一目标的。对于作文，唐彪提出“要做”，多改，要专心致志，“须有数月发愤工夫，而后文章始得大进”。脱稿时要推敲，方能出佳文。这些，都是经验之谈，颇能切合士人八股文写作需要，故被人视为囊中秘诀不胫而走。

从卷六至卷九具体谈如何写作八股文。卷六专门谈动笔作文前应当做到或应具备的功力，用今天的话来说就是构思的能力与要求。

唐彪不仅谈自己的经验，还引述古今权威的言论来讲构思须知。其一是要认题。八股文是摘取《四书》《五经》中的字、句、节、章做题目的命题作文，故下笔前必须做到：“凡一题到手，必不可轻易落笔，将通章之书缓缓背过，细想神理，看其总意何在，分意何在，界限节次何在。大为界限，小为节次。某节虚，某节实，某句虚，某句实，某字虚，某字实。虚者题语虽多而文宜略，实者题语虽少而文宜详，此最要诀也。”他还引梁素治之语指出“审题与看书不同”，“作文者当知就题说书，而不当执书解题”。又引杜静台的话说：“文无他诀，惟贵体认。体认者，谓设以身处其地，处其时，而体认其理也。”这些都是经验之总结。其二要布格。唐彪指出：“文章全在布置，格即布置之体段也。”“作文之时，必须先定一格，以为布置之准则，而文乃成片段。”他还引用他人的话指出布格的方法。

在其他小节中，他像讲布格一样，将时文既应自撰，又要善于从他人文中挖取；其词宜修，怎样修词；下笔前要考虑好文章的疏密长短奇正；文中要用经史典故等在下笔作文时须先把握的问题一一讲来，既讲了把握的必要性，又介绍了应怎样去把握，这就把问题讲透了。

值得注意的是他专用两节文字来讲应试的八股文及下场考试的涵养问题，表明他认识到了以之取功名是八股文根本性的作用。

卷七讲叙了八股文的章法、股法、句法、字法等诸要素及各种具体的作法与要求。值得注意的是在讲“代”那一段中介绍了八股文要代言的起因：“唐彪曰：如圣贤论人之贤否，或论事之是非，我作其题，已是代圣贤口吻发论矣。然单代圣贤口气，犹不能描写曲尽，乃更将圣贤口气，代其人自说一番，则神气无不毕露。此代法之所由起也。”将圣贤口气代他自说一番，可使圣贤神气毕露，而作文者精神自在摹拟圣贤口吻与神气中与其融成了一片，受到陶冶，这便较准确地揭示了八股文代言对写作者道德境界提升的作用。

卷八专门写八股文各种题目的作法，包括搭题吊、挽法各一则，长短搭题吊法之分一则，长搭题过渡绾合法一则，长搭题中间详略法一则，长搭题点次题面法一则等，共五十七种作法。

八股文是一种应试命题作文，为解决《四书》《五经》这个命题库资源太少而导致猜题容易、剿袭风行这一破坏科举公平、公正选士的大问题，在不改变题目必须从《四书》《五经》中摘取的这一原则的条件下，以改变摘取方式，即将书中句子截头去尾，任意搭接，形成了无数计的所谓小题和截搭题。这种割裂经文的出题方式，使得原有经文的意义发生改变，而程朱传注也对它失去规范，这对八股文传输儒家正统道德价值观具有很大杀伤力。为找补因割裂经文所出小题中原经文流失的意义，便规定了一种类型题目对应一种作法来达此目的。各类题目视割裂程度的大小而找补的作法有繁简之分，但都很复杂，非分类专门讲述不可。卷之八便提纲挈领地讲解了五十七种题目作法。其分类之细，讲解之透，可操作性之强，都是前无古人的，故受到当时和后来者的欢迎。后出的不少讲解题目分类与作法的书，大都秉承了该卷之界定与规范。

卷九专门讲八股文体裁。前面三卷主要从内容方面谈八股文的作法，这一卷则是从八股文的形式来谈的。唐彪指出，八股文与其他诗文体裁一样，都是在“随代变易”，“苟欲其出于一辙，岂不大误？虽然，其结构之优劣亦有分也。惟言其体之优者，令后之宏才实学知文有真体，能力追而及之固善，即不能，亦使衡文与选文者，遇体裁美善之文，不至反以为未当而绌置之。此文体之所以急宜阐明也”。唐彪指出应以与时俱变的眼光来看待八股文体，必须让其体之优者成为“宏才实学”者追求的目标，也使“衡文与选文者，遇体裁美善之文，不至反以为未当而绌置之”，这是认识并把握好八股文“真体”价值之所在。这种认识是很高明并到位的。

对本卷的安排唐彪是匠心独运。他先务虚，将题前称为顶面，题之正面称为面位，题之所以然称为心位，题之反面称为背位，题之后一层称为足面，题之对面与旁面称为影面，并对八股文六面之含义进行了界定，从而将号称为“前辈制艺之法尽于六位”的重要问题讲明白了。讲完六位后，又对制艺发题面与所以然、拆题分疏法等带有理论色彩的问题进行了阐述，这些都属于务虚的部分。从破题开始即转入了实讲八股文体构成各元素及作法的部分。

正如唐彪所说的，八股文的体式从它创制开始，一直是在发展变化的。唐彪所讲述的是他研究了明代和他所处的清代前期八股文的标准体式与变化体式之后总结出来的、为时人所遵行的体式，其构成元素为破题、承题、起讲、入题、一二股、出题、三四五六股、七八股、过文、束股。由这些按先后顺序排列的（过文除外）构成元素组成的八股文体，与明代晚期的文体大同小异，也与清代中期及其后的体式基本相似，只不过有些元素的名称有所不同而已。如明代晚期八股文的八股称一二股、三四股、五六股、七八股，而且是一生二，二生三，前股与后股是一种递进关系，清代早期也是这么称呼，从唐彪所述即可证明。但从清代中期开始，一二股称为提比，三四股称为中比，五六股称为后比，七八股称为束比。而唐彪所说的束股，明代叫大结，清代中叶以后叫收结。明代承题之后要提出圣贤为何而发此言，谓之原题。至万历时破题只二句，承题只三句，不用原题，清承袭了明万历后的做法，也不用原题。清康熙后废大结，如题无下文，结尾时只用收结，如有下文，则收结改为落下。这就是唐彪对八股文文体的发展变化史所作出的贡献。

综上所述，可以看出《读书作文谱》对八股文研究的价值，可以说它是八股文史上第一部比较有系统性和理论性的八股文作法研究书籍，对今天的研究者来说弥足珍贵。

收入本书的《读书作文谱》前九卷，依清嘉庆十九年重刻本校点录入。

（龚　昊）

读书作文谱目录

卷　一

卷　二

卷　三

卷　四

卷　五

卷　六

卷　七

卷　八

卷　九

读书作文谱卷一

凡书之首卷，不得不将根本工夫言之，正虑初学见之，以为迂阔无当也，然不可因此将全书弃去不阅。后尽有切近易入目者，请随意从后卷阅起可也。

学　基

唐彪曰：涉世处事，敬字工夫居多；读书穷理，静字工夫最要。然涉世处事，亦不可不静；读书穷理，亦不可不敬。二者原未尝可离，故周子言圣人主静，程子喜人静坐，已包敬字在内，朱子恐人流于禅寂，于是单表敬字，曰“动时循理，则静时始能静”，此言最为了彻。大抵执事有恪，动时敬也；戒谨恐惧，静时敬也；时行而行，物来顺应，动时静也；时止而止，私意不生，静时静也。二者本不宜分属，但整齐严肃，于作事上见得力，故曰涉世处事，敬字工夫居多也。澄神静坐，于道理上易融会，故曰读书穷理，静字工夫最要也。今彪先欲人读书穷理，故专阐发静字，因多集古人之言以证之。

周子曰：圣人定之以中正仁义而主静，立人极焉。

程伯子曰：静坐后，见万物皆有春意，学者只要静个心，此上头尽有进步。

程伯子在扶沟时，谢、游诸公侍侧问学。程子曰：“诸公在此，只是学某说话，何不去力行?”诸公云：“某等无可行者。”程子曰：“无可行时，且去静坐。”

尹和靖、孟敦夫、张思叔侍坐。程叔子指面前水盆语曰：“清静中不可着一物，才着物便摇动。”见学者有未解悟处，曰：“且向静坐中求之。”

朱子曰：昔陈烈先生苦无记性，一日读《孟子》“学问之道无他，求其放心而已矣”，忽悟曰：“我心不曾收得，如何记得书。”遂闭门静坐，不读书百余日以收放心，后去读书，遂一览无遗。

杨至之曰：读书全要精力与聪明。朱子曰：虽是如此，然亦须是静，方运得精神。昔李延平说罗仲素解《春秋》，见识亦浅，后来随人入广，在罗浮山住三两年，养得心极静，看书自尔透彻，故注解与前大不同。某初疑解《春秋》于心静有何关涉，后来始知学人惟能习静，则心体虚灵，道理方看得彻。

朱子曰：心于未遇事时能静，至临事方用，便有气力。如当静时不静，心虑散乱，及至临事，已先倦了。伊川解静、专二字云：不专一则不能直遂。闲时须是收敛凝静，做事便有精神。

唐荆川答袁坤仪书云：立身之道，全在收拾真种子。真种子宜细参，不可轻忽看。此种子人人本具，个个圆成，不从闻见而入，不因书史而得。须要将一切知见、一切情识通行抹煞，心心念念，昼夜不舍，如龙之养珠，如鸡之抱卵，绵绵密密，下几个月至虚至静工夫，庶可收拾此物，而顶立于宇宙之间。

吴因之曰：凡欲静坐，须先息心。日常随事练习，游情杂念，尽行抛舍，洁洁净净，常要还此寂然不动之体。才觉昏愦，即奋迅振发；才觉懒散，即专一凝神，大慧从此生矣。

延平李氏答朱子书曰：子曩时从罗先生学问，终日相对静坐，予时未有知识。退入室中，亦只静坐。先生令予静中看喜怒哀乐未发时作何气象，此意最善。

朱子曰：明道教人静坐，李先生亦教人静坐，盖精神不定，则道理无凑泊处。又云：须是静坐，方能收敛。

唐彪曰：心非静不能明，性非静不能养，静之为功大矣哉。灯动则不能照物，水动则不能鉴物，静则万物毕见矣。惟心亦然。动则万理皆昏，静则万理皆彻。古人云“静生明”，《大学》曰：“静而后能安，安而后能虑。”颜子未三十而闻道者，静之至也。伊川见其徒有闭户澄心静坐者，则极口称赞。或问于朱子曰：“程子每喜人静坐，何如?”朱子曰：“静是学者总要路头也。”

唐彪曰：每日间取半日静坐，半日读书，行之数年，不患不长进。然世人有终日读书不辍，竟无片时静坐者，是止知读书之有益，而不知静之为功大也。何不取古人之言细思之?《易》云君子以洗心退藏于密。又曰收敛归藏，乃见性情之实。《诗》云夙夜基命宥密。诸葛武侯曰宁静以致远。司马迁曰内视之谓明，反听之谓聪。诚以静坐不视，则目光内照；不听，则耳灵内彻；不言，则舌华内蕴。故曰三光返照于内，则万化生焉，全才出焉。虽然，非可以徒然从事也，必宜觅致功之法。昔周濂溪欲人寻孔、颜真乐在何处，罗仲素欲人看喜怒哀乐未发时气象如何，紫阳皆两赞其妙。彪亦有一诀，欲人寻认此身本来真面目，三法之中，任用一法，时常寻看，或十年或二十年，寻看得来固属上智，寻看不来，心亦有所专主，自然能静，即此是操存实际功夫也。

唐彪曰：心无累能静。勤省察以驱闲念能静，不疾行大声能静，不见可欲能静。

唐彪曰：人性多喜流动而恶寂静。坐不数刻，心未起而足先行矣。此学人通病也。昔金仁山以带系足于椅，足行而带绊之，乃转复坐。许白云亦于门阈上加横木，每行至门，为木所格，复转静坐。昔之先哲，皆于禁足一事，极其留意也。

唐彪曰：天下至精之理与至佳之文，皆吾性中所固有。孟子曰：万物皆备于我矣。陆象山曰：人苟知本，《六经》皆我注脚。朱子曰：《六经》所以明理。理既得可无事于经，《六经》且然，何况文字。进而上之，孔子亦曰：余非多识也，予一以贯之。大圣大贤，其言同出一辙。然则学者亦必从源本上寻讨实功，以为基地。反求于内，使心定性灵，慧光焕发。此须名师指授，非能自至。故古人云：无师传授枉劳心。外则取精微书卷，简练揣摩，通其世务，精其文章，斯体立而用始随之。若内无根本工夫，虽博极五车，恐于性命之学，终未能有实得也。

文 源

武叔卿曰：石韫玉而山辉，水怀珠而川媚。文字俗浅，皆因蕴藉不深；蕴藉不深，皆因涵养未到。涵养之文，气味自然深厚，丰采自然朗润。理有余趣，神有余闲，词尽而意不穷，音绝而韵未已。所谓渊然之光，苍然之色者是也。程明道谓子长著作，微情妙旨，寄之笔墨蹊径之外。此无他，惟其涵养到，蕴藉深，故其情致疏远若此。

周恭叔曰：昔之君子，无意于为文。盖尝养其文之所自出者，不使好恶忧患、忿懥恐惧动于中以害之，故其心正而气全，气全文自至也。

瞿昆湖曰：举业文字，不患意见不高，理路不彻，只患心粗气扬，不能潜心会悟，以体贴当日圣贤真实意旨，故文不能工也。吾自静养百日以后，始觉夜气清明，良心渐复，然愈不敢不加意收敛。日间虽不能不应酬，而每以无事处之，不敢疾行一步，亦不敢高声说话，即待童仆，亦未尝轻加怒骂，故执笔为文，能言乎人所不能言，发人之所未及发。我之胜于人者以此，人之不及我者亦以此耳。

袁坤仪曰：文章小技也，然精神不聚则不工，识见不高则不工，理路不熟则不工，涵养不到则不工，有一毫俗事入其肺腑则不工。故习之者必远尘冗，屏嗜欲，绵绵焉束心一路，精神全注于文，而不复知其他。既而束心渐熟，妄念渐消，并文字之得失亦不复置之胸中，天君湛然，以此习文章，即以此养性命，二者合而为一。故人得其皮，我得其髓；人功劳而效鲜，我功逸而效多。大抵修业之道，寂寂者常聚，营营者常分；聚则精专，分则荡散；精专则深入，荡散则浅收，此必然之理也。

武叔卿曰：文者心之精也，而神所为也。神有清浊，则文有纯杂；神有静躁，则文有粗细；神有昏明，则文有显晦。有诸内必形诸外，若表影相符，未有或爽者也。故修文之士，先务凝神，神完则精固，精固则气克，气克则志强，天下事无不可为者，况区区文字乎？若凝神从事而文有不工，吾未之信。虽然，凝神亦难言矣。必扫除外好，归并一路，收摄此心，绵绵密密，无丝毫间断，而神始得凝焉，岂营营者能妄希哉！

杜牧之曰：文以气为主，气和文自雍容大雅，气壮文自克实雄健，气清文自澄洁鲜明。凡欲作文，须先养气，毋轻喜，惧气之扬也；毋暴怒，惧气之拂也；毋多言，惧气之躁也；毋妄动，惧气之失也。动静语默，端详闲泰，常使太和元气周流于四体间，发为文章，自然迥出寻常矣。又袁坤仪曰：养气非易易也，须先正心，将万缘放下，使心君泰然，一物不扰，一念不生，则气自然宁定，自然清明，工夫渐渐涵养，内外夹持，勿助勿忘，斯有得也。

袁坤仪曰：作文有三昧，先须扫除胸中鄙秽，不染一尘，静坐三四月，或半年。纵不能，亦须随事遣情，于念中息念，将安心妄见减得一分，便有一分受用。习之久久，自然尘氛渐退，淡泊虚融。然后再取经史大家之文次第读之，口诵心维，优游涵泳，令其渐积汪洋。由是握笔为文，随机应付，自然成一家言矣。

瞿昆湖曰：余幼习举业时，只任意胡做，如是十余年，学既不成，试每不利。一日偶读《庄子》，云“风之积也不厚，则其负大翼也无力；水之积也不厚，则其负大舟也无力”，恍然悟为文之法。遂摒去笔砚，调息凝神，一意涵养性灵以培其基，闭门静坐三月有余。自此试笔为文，便觉轻新流逸，迥然出群矣。既而屡试冠军，联捷乡会，而阅吾文者无不称善。甚矣静之为功大也！

王守溪曰：汝辈做举业，须先打扫心地洁洁净净，不使纤毫挂带，然后执笔为文，不论工拙，定有一段潇洒出尘之趣、若不理会自己，专于时文上窃取唾余，虽能幸取科第，终非上乘举业，而况科第又未必得哉！

读书总要

唐彪曰：有当读之书，有当熟读之书，有当看之书，有当再三细看之书，有必当备以资查考之书。书既有正有闲，而正经之中，有精粗高下，有急需不急需之异，故有五等分别也。学者苟不分别当读者何书，当熟读者何书，当看者何书，当熟看者何书，则工夫缓急、先后俱误矣。至于当备考究之书，苟不备之，则无以查考，学问知识何从而长哉。

唐彪曰：学人博约工夫，有可合成一串者，有可分为两事者。《孟子》“博学详说”，似先博而后约也。《中庸》“博学审问”是博之事，“慎思明辨”是约之事，颜子“博文约礼”，皆似同时兼行，不分先后。外更有先约后博者，志道据德依仁之后，又有游艺工夫也。此三者虽有或先或后或同时之异，然皆可合为一串也。惟科举之学，则宜分而为二，何也？科举之学，除经书外，以时文为先务，次则古文。窃谓所读之时文，贵于极约，不约则不能熟，不熟则作文时神气机调皆不为我用也。阅者必宜博经、史与古文、时文，不多阅则学识浅狭，胸中不富，作文无所取材，文必不能过人。由此推之，科举之学，读者当约，阅者宜博，博、约又可分两件也。

唐彪曰：朱子云：“今人读书，只要去看明日未读的，不曾去细绎前日已读的。”又曰：“今人读书，未看到这里，心已想后面，未曾有所得，便欲舍去了。”朱子为读经史者规戒，非为读时文者可言，然已确中少年读文弊病。但此弊病，其来有由。只因内无家学，外无师傅，虽读过《四书》本经，尚未讲解明析。此外所读者非腐烂不堪之时艺，即粗豪怪诞之假高文，其诸经、《通鉴》、古文全未之见，纵读古文数篇，亦不过是坊间所刻，或寄于坊间所卖十数种古文而已。其中所载佳篇甚少，而文皆删头截脚者也。所读者止于如此，余已指其陋处于选古文条中，更观后诸古文评，而其陋益可见矣。故腹中空疏，全无所有，于是未读了此篇，又想他篇。若曾读得好书佳文，而又得父兄师友指点，则玩索有味，自然不肯舍置，又安肯孜孜驰骛于未读，而反忽略夫现在当务之功哉。

诸虎男曰：人尽知文章多读，不如多做。然每畏而不为者，何哉？学无根底，识不高远，不能置身题上，一题到手，无处非难，安得不畏。其弊在幼时无人指点，未曾多读正经书史及佳美古文耳。若曾多读，而又得父师良友指点，则书中义理与作文法度，了然于心，握笔构思时，自有确然见解，天然议论出于心手，何至苦难畏惮而不愿为哉！

唐彪曰：按程子言，科举之学兴，士人致功，宜取两月读经史，一月读文章。此言经史与文章宜分月致功也。朱子又将经史分工，谓读经难，读史易，宜四十日读经，二十日读史，详观其法，皆取分日致功，岂非以精专则易为力欤？近时读书者，皆以午后及夜间阅鉴，以作兼课，此难以责备下资也。每日有余力兼行固善，苟无余力兼治，则当知程、朱二公之法，分日读之为善。彪文谓：读古文时艺，亦当分先后多寡，如童子幼时急需在于时艺，故当先读时艺，至时艺读二百篇后，则当半月读古文，半月读时艺。此日期多寡，又不可不分也。

唐彪曰：《十三经》除《仪礼》《公羊》《穀梁》《尔雅》外，其余九经，共四十七万八千九百九十五字，欧阳永叔言：以中资计之，每日读三百字，则四年半可以读毕；即或下资，加一半工，亦九年可以读毕，此言诚是也。余备载其言于《善诱法》中。然终难概望之于人也，故余又立删读诸经法于后。

唐彪曰：士人于本经之外，余经皆畏繁难而竟置，此非也。择取大纲与适用者，就简而读，纲领既熟，余自易阅，不功省而获益多乎？近见《五经》删本，凡五六种，有已刻者，有未刻者，然亦各出已裁，不能合一。彪于此亦有陋见，与诸删本不同，欲分当读当阅为二项，为科举之士筹，为下资设法也。《礼记》取《内则》《曲礼》《曾子问》《祭法》《祭义》《祭统》二篇读之，余则阅之。《易》则取《乾》《坤》两卦并《系辞传》《说卦传》读之。而大纲已举，余阅之自易也。《春秋》精义条例，尽见于杜预《春秋左传序》中，熟读其序，更取《左传》佳文多读之，再阅《春秋》本文证之以《左传》，则经与传皆明晰矣。至于《书》之宜读者，二《典》二《谟》与《稷》《益》也，《禹贡》与《仲虺之诰》，《伊训》《说命》与《洪范》《周官》也，余阅之可也。《诗》之宜全读，二《南》也；十五《国风》与二《雅》，则择紧要者读之，《方中》《淇澳》《鸡鸣昧旦》《驷铁》《小戎》《鸤鸠》《七月》宜读也，《棠棣》《伐木》《小弁》《蓼莪》《北山》《楚茨》《甫田》《大田》《宾筵》宜读也，《文王在上》《大明》《瓜瓞》《思齐》《皇矣》《有声》《生民》《公刘》《抑抑》《烝民》《奕奕》《江汉》宜读也；三《颂》可全读，或删三分之一也。盖不读其紧要者，则我与书毫不相习，突然阅之，恐扞格不能相入；读而后阅，有针以引线，必易解易记也。已上诸经，除《四书》已读，《左传》繁多不论外，余《易》《书》《诗》《礼》四经，总计所读之字，不过四万五千余言，以下资计之，每日读百五十字，则三百日可以读毕，中资日读二百字，则不必三百日矣。如此简而易也，人何可不奋励行之哉。宜将经书七八百字，分作五日读之，每日读四十遍，五日之后必能熟背，此妙法也，今指出，与人共之。

唐彪曰：《孝经》系孔圣之书，不但列于《十三经》之内，且列于《九经》之中，读之即可当一经之数。当读一也。其言整齐而有序，由天子以至庶人，以包括行孝之人，其义由近而远，由小而大；且推至于精微详悉，以包括行孝之事；后世言孝之书虽多，总不能出其范围。当读二也。孝为百行之原，为生人之首务，不读其书，不知何以为孝，何以为非孝，虽欲尽孝，不可得矣。当读三也。文辞至简，字止千有八百，不必周旬，满月可以读毕。当读四也。乃竟不得并于《四书》以取士，而人亦多不读也，谓之何哉！

唐彪曰：先儒有言：礼者天理之节文，人事之仪则，人不知礼，与禽兽奚异。诗曰："相鼠有体，人而无礼；人而无礼，胡不遄死。"甚言礼之不可须臾离，则《礼记》比诸经之当急读也。朱子云：须将《礼记》选出其切于日用者，与人读之。毛稚黄曰：《礼记》《曲礼》、《内则》二篇，宜另简出，并于《四书》，命题考试，不必属之学《礼》专家也。至哉言乎！

唐彪曰：《周礼》一书，相传制自周公，有五人信之，即有十人疑之。余亦疑非周公所作也。但其书传世既久，纵非周公所作，亦必是七国与秦时贤士之所为耳，其去古未远，故言有根据，有合于古先圣王之精意，美善之书也。善读书者，于其言之合于《四书》《五经》者从之，其不合者，则从《四书》《五经》，而不必从其说。若经书所不言，而彼言及者，苟可行之今日，即非周公之书，亦宜遵也；苟不可施之今日，即真周公之书，亦当置也。凡读书者，一当论世，次当论地。世之纯浇不同，地之风俗各异，古圣人良法美意，不能行于后世，不可行于殊方远域者甚多，后之人何能拂乎时势风俗，以求合古也。得此意以读书，则无书不获益矣。

唐彪曰：凡书之托名者甚多，苟其书真美善，不必问是其人所著否也。人之有大学识者，其淑世之心，每不能自已，笔之于书，又恐不行于世，故托前世圣贤以名之，无害其善也。后之人辨而赞美之可也，专指其伪，不言其美，令无知者信吾言而鄙弃其书，则辨之者之过矣。惟真庸陋之书，则辟之自不容已也。

唐彪曰：钱懋修问，学者看《史》《鉴》当在何时，余曰：此当因人资力，资胜力优者，年十三四时便可致功，其次则十四五，又其次或十五六必当披阅。但其初必父师讲解一周，然后令彼自阅，始能因文解义，识其成败是非。或父师不能多解，得解一二百张，略知大意，亦庶几焉。不然，《史》《鉴》文义高，叙事古，初学何能自阅也。

唐彪曰：《资治通鉴》固非下资所能阅，然不可不备之以资考核。顾瑞屏《正史约》，虽止二十余本，似乎太简，然条例颇整齐，似胜于诸刻，亦中下资之稻梁也。类书极多，不下万本，非中资之学所能尽备，惟《文献通考》《唐类函》《正字通》《五车韵瑞》，尤系适用之书，稍有余之家，必当置之，以备考核也。

唐彪曰：诸经既读，必期于能解，苟不解其义，读无益也。然贫者欲延师而授，恐力有不能。余再三思维，设为三法：其一，随地就师而听讲，先求得其纲领，如《易》之《乾》《坤》，《诗》之二《南》，《记》之《曲礼》，皆纲领也。纲领既明，则研求之方已得其半，其未聆解之书，可以推类自考索矣。其一，宜娴习古经之句调，盖典、谟、《盘诰》，语皆古隽；次则《左传》之辞，峭健而华；熟习二书之句调，则他经之文从字顺者皆可思索而得其解矣。其一，宜联络邻里之士或姻族之士资胜兼好学者，或十人，或八人，为讲经会，每人本经之外，各再究一经，彼此互为讲解，以己之长，易人之胜，人亲地迩，谅无难于行者，是三法也，能行一二，自足明经。子弟患无志实学耳，苟真有志求益，何患乎有不及解之经书乎？

唐彪曰：《先天图》者，伏羲之所作，久秘于世之方士，康节邵子得于李挺之者也。其图圆之则如圈，长之则如画，方之又如棋盘，纵横反覆，左旋右转，无非宇宙至精至妙之理，无毫厘之勉强者也。包罗天地，囊括万有，邵子作《皇极经世》，发明其所以然者，广转而详尽也。朱子又体邵子之意，作《易学启蒙》，取《皇极》之理，而简约显明言之，诚晚年学识已定之书也。吾于此图，而知天地之所以为始终，为动静、为升降、为进退、为消长也。知日月星辰之所以为阴阳太少，水土金火之所以为刚柔太少也，知四时之所以推迁，识万物之所以为生长、为化、为收藏也，万事之有生有克有制化也。更于图见天地之心即我之心，天地之性即我之性，物物具有一太极也。知人之目能收万物之色，耳能收万物之声，鼻能收万物之气，口能收万物之味也。知人之能以心代天意，口代天言，手代天工，身代天事也。能上识天时，下尽地理，中通人事，洞悉物情，故能弥纶天地，出入造化，进退今古，表里人物也。而皆可于其图悟之也。是以人不可不学《易》也。执中一贯、中和位育之理，不读二书，乌知其理之所以然哉？

唐彪曰：人有言读古文则文章必过高，知者稀少，反不利于功名。此非当论也。夫士之读古文者，十人之中偶有一人如其所言，此一人者功名之不成，是古文害之也，其九人者不读古文，亦不获科第者，岂亦古文害之乎？夫功名之得失，命实主之，不系文章也。且吾未见有不读古文而制艺佳者，亦未有制艺佳而反不获科第者，则古文不当任过也。况人之需乎古文者，非一事也。古文气骨高，笔力健，与经史词句相类，读之则阅经史必能解，不然不能解也。况欲立言垂后，欲著解前人之书，非读古文不能也。居官者有启奏，有文移，有告论，不读古文，不能作也。居家者有往来简牍，有记事文辞，有寿章祭语，不习古文不能为也。是人之需乎古文者甚多也，可不读也乎哉？

唐彪曰：三代、秦、汉之书，全在注解，无注解及注解不确切者，阅读无益也。纂集成书者，贵乎分类得宜。若不分类，及分类不精详者，阅读无益也。今人所著之书，取材不博，谈理不精，文笔不佳者，阅读无益也。校刻虽不必求精，然讹字落句多者，实能令庸人浅学强解错解，为害滋多，乌可阅读？凡书文之陋劣者，能蒙闭我之聪明，卑隘我之学问。吾愿世之购书读者，必请教于高明而后觅也。

孙月峰曰：大都习举子业，读经书、《通鉴》之外，宜选经书文共二百余首，分作二册，论十余首，表三十首，作一册，策五十余首，作一册，又选周、秦、两汉百余首，韩、柳、欧、苏参之，分作二册，总袭以书囊，留置案头，旦暮取而读之，循序至精，周而复始，熟读熟思，则生意勃然，题目到手，纵横开阖，皆得自由矣。

唐彪曰：从古未有止读《四书》一经之贤士，亦未有止读《四书》一经之名臣。故欲知天下之事理，识古今之典故，欲作经世名文，欲为国家建大功业，则诸子中有不可不阅之书，诸语录中有不可不阅之书，典制志记中有不可不阅之书，九流杂技中有不可不阅之书。即如制艺小技耳，唐荆川、归震川、金正希辈，皆读许多书，而后能作此可传之制艺也。虽然，此数项中书甚繁多，其当阅者岂后学所自能知哉？非请教于高明，不能辨也。

读书作文谱卷二

看书总论

唐彪曰：人之看书，先当分可已不可已。其可已之书，虽易解不必披阅；其不可已之书，虽极难解，必宜反复求通。如初看时竟茫然一无所知，不可生畏难心也；逾时再看，或十中晓其一二，不可生怠倦心也；逾时再看，或十中解其五六，更不可萌可已心也；逾时复看，工夫既到，不期解而自明矣。《大学》所谓“用力久而一旦豁然贯通”者，岂虚语欤？人安可一阅，未能领会，即置之也。

吴因之曰：书义有思之而即得者，有思之竟日而后得者，有明日又思之而后得者，有力量未到，累日思之而不可通，俟停搁三月五月之后，识见精进，或重思之，或他书触发而恍然得者。凡理不疑必不生悟，惟疑而后悟也。小疑则小悟，大疑则大悟。故学者非悟之难，而疑之难。其所疑与悟者何物也？是心窍中之生机也。夫心中原有机窍，但非疑而思索，则机不触而理不开，焉能了悟。故学者看书宜追寻圣人语气，要想圣人为何说此一句，为何下此字眼？圣人下字，如画工肖物，决有凿凿不移道理。看一章须讨关键在何处，看一句须讨上文如何，下文如何，通章血脉如何，但将白文从头至尾反复玩味，定自有见。圣贤说话，虽极精深，又极平易，极现成，若稍入艰深，略涉牵合，即邪径也。此非驱除妄想，精专静一，而又不厌精思，不能得也。其传注与白文相合者十有七八，偶有一二可疑，必质之有道，考订是非，方称善学也。

能记由于能解

唐彪曰：读书能记，不尽在记性，在乎能解。何以见之？少时记性胜于壮年，不必言矣。然尽有少时读书，不过十余行，而壮年反能读三四十行，或少时阅书一二张，犹昏然不记，壮年阅书数十张，竟皆能记其大略者。无他，少时不能解，故不能记，壮年能解，所以能记也。横渠子曰："凡人能透彻大原之后，书即易记。"此言先得我心也。惟经历者始知之。

讲书看书当求实际不可徒借讲章

武叔卿曰：看书果能设身处地，章章句句，切己理会，自然透彻了悟，与徒看书解者不同。

朱子曰：学问就自家身上切要处理会，那读书底已是第二义。自家身上道理都具，不假外面添来。圣人将自己经历过者著之于书，欲人于未经历而先知之，体之于身也。

朱子曰：读《六经》时，只知未有《六经》，只就自家身上讨道理，其理便易晓。

葛屺瞻曰：大凡圣贤发挥道理，是随机演法，因人设教，故抑扬开阖，微有不同，而其大旨，初非有异也。今人只为心粗气浮，不善体会，但见字句稍异，便谓义理不同，段析支分，重重割裂，使圣贤直捷意旨，转成千蹊百径，而茫乎不得其端。惟将讲说死记，即自谓看书已了，不知舍了本子，还能自道得一句否？此其病在求解圣人之言，而不求解吾身自具之理。孰知圣人之言，正所以解吾身固有之理也，而理反以注解晦，可不悲乎！今欲求解其理，须要将此等支离尽情放下，单单看其本文，看本文又不要只在言句上计，须将此反之吾心，一一寻个下落，真参实究，思之又思，必得豁然解悟，而无有隔碍，觉书之理，即是吾身之理，而我之心，即是圣贤之心，夫而后句句能解，章章可通，讽咏一过，了然指掌，何等直捷简易。而世人不肯发愤参究一番，甘为庸夫俗子，良可惜也。

朱子曰：凡看文字，熟读精思久久，于正文边自有细字注解露出来，此方是自家得力处。只于外面注解上寻影子话，终不济事。

朱子曰：经之有解，所以通经，经既通，自无事于解。今意思只滞在注解，将何时得脱然会通也。某尝说读书自己看得意思融通后，不见有注解，止见有正文几个字方好。况圣人借经以明乎理耳，理既得，且无事于经，何况注解。

朱子曰：读书须是将本文熟读，字字咀嚼，令有味。理会不得处，且宜深思。思之不得，然后将注脚看，始有益。如人饥而后食，渴而后饮，方有味，不饥不渴，而强饮食之，甚无味也。

唐彪曰：古人传注疏解，竭力发挥经书实义，实义尚有未明彻者。不意今人讲章，将前贤发挥实理处，尽皆删削，仅将作文留虚步，及摹拟闲字虚字与联络衬贴，多方蔓衍。闲说既多，实义安得不略，初学之人，见讲章解说如此，竟以为书之实理已止是也，而书之实理何尝止是。临文举笔时，但识摹拟虚字闲字与夫书之联络衬贴而已，欲正发书中实义，则胸中全无主宰，于是满纸虚衍以应故事，而文章肤庸极矣。故近日不说实理之讲章，害最深也。

唐彪曰：解书看书者，当细推书之实理。如知得上下节实理，则过文联络自在其中；知得上下句实理，则顺文衬贴亦自在其中。能明乎此，自可减省葛藤工夫，而临作之时，联络衬贴未尝不到笔下也。

王守溪曰：六经者，圣人以其心之精微示人者也。汉儒始为训诂，止释其字，而不阐其义。宋儒变为传注，专主阐发义理，而孔孟之意，有十不得五者矣。王安石以经义取士，我朝因之，至变传注为讲说，而相违转远。今日应试之文，则又变讲说为词章，其于圣贤立言之旨，有茫然不知其故者矣。譬如卖乳者，初时真乳也，宋儒之传注则和之以水矣，若讲说则水多乳少。至于时艺，则纯水而已矣。故吾辈为时文，不可翻阅讲章，亦不可专主传注，须澄心静虑，先将经书正文从容讽绎，务要将古圣贤立言之意看得明白，然后以胸中之真见发而为文，则不期精而自精矣。

看史实际并要诀

程子曰：某每读史到一半，便掩卷思量，料其成败，然后再看，有不合处，又当精思。其间多有幸而成，不幸而败者。今人只见成者便以为是，败者便以为非，不知成者却有不是的，败者却有是的。

唐彪曰：凡观书史，须虚心体认。譬如国家之事，单就此一件看，于理亦是，合前后利弊看，内中却有不是存焉。又国家之事，单就此一件看，似乎不是，合前后利弊看，又有大是处存焉。故凡事之是非，必通体观其前后得力，方足据也。

朱子曰：病中信手抽得《通鉴》一两卷看，正值数件难处置事，不觉骨寒毛耸。向来只作文字看过，全不细思，真是枉读了古人书。乃知读书务要设身处地，打算一番，才成一个致知学问。又曰：凡看史至某代，须将其一代数大事立为大纲，以节目疏之于下，是非得失易知，亦且易记。彪谓诸大事者，如大纲常、大机会、大丧祭、大征战、大凶荒、大刑狱、大权奸、大因革、大兴土木之类是也。

看书须熟思又须卓识

唐彪曰：道理难知。初看书时，格格不相入，且不认其粗浅，焉能得其精微。看至三四次，略有入头，然人无不心高气扬，以为实义已得，而不知实义竟未尝得也。惟左思右想，再钻入一层两层，庶几心领意会，知其实义耳。

朱子曰：讲论一篇书，须是理会得透，把这一篇书与自家滚作一片，虽去了本子，其纲领节目次第，都历历在我心中方好。

朱子曰：读书之法，先要熟读，熟读之后，又当正看、背看、左看、右看，看得是了，未可便说是，更须反复玩味。

唐彪曰：凡书有难解处，必是著书者持论原有错误，或下字有未妥贴，或承接有不贯串，不可谓古人之言尽无弊也。故读书贵识。

读书作文当阙所疑

陆象山曰：大抵读书训诂既通之后，但平心读之，不必勉强揣量，作意推求。或有未通晓处，姑阙之无害，且以其明白昭析者日加涵泳，则自然日克月明，后日本源深厚，则向来未晓者，将亦涣然冰释矣。

先儒曰：凡读书处事，当烦乱疑惑之际，正当虚心博采，以求至当。或未有得，且当以阙疑殆之意处之。若遽以己所粗通之一说，尽废己所未究之众论，则非惟事理有得失，而此心之量亦不宏矣。

先儒曰：经书有不可解处，姑且置之，不足为病。若一向从而强解，便有自欺背谬处。

唐彪曰：孔子云“多闻阙疑”，又曰“君子于其所不知，盖阙如也”，又曰“不知为不知，是知也”。然则学者必不能无疑，惟在于有疑而能阙。苟不阙而轻发之于言，或妄笔之于书，既贻有学者之非笑，而又误天下后世无学之人。贻有学者之非笑，犹可言也，误天下后世无学之人，过何如矣。故孔子于阙疑殆者，许其寡尤悔，不知为不知者，许其为知；意甚深也。

柴虎臣曰：邢邵云“思疑书乃是一乐”，谓其能订正也。然疑处但当徐思，慎勿遽改。韩昶妄改金根为银，贻笑千载，岂可孟浪耶。见文中有“道举者”三字，不能解，疑为误字，及查《通考》，乃知唐玄宗时立科，凡习老、庄、列文者，谓之道举。使尔时擅增一字，即为错也。昔人谓“观天下书未遍，不得妄下雌黄”，信然哉。

唐彪曰：凡书中有不可解处，非必尽旨意遥深，亦或有讹字落字为之梗塞，惟在读书者会其全旨及上下文而改正焉。至于会通其旨，与文而究，不能得其意义，此必多有讹字落句者，不当附会穿凿，随文强解，惟当以阙疑之意存之。是之谓善读书，否则误解之害，岂浅鲜哉！

看书进一层法

朱子曰：读书有疑者，须看到无疑，无疑者须看得有疑。有疑者看到无疑，其益犹浅；无疑者看得有疑，其学方进。横渠云

“濯去旧见，以来新意”，此之谓也。

朱子曰：文字虽是旧曾看过，后日再看，亦须仔细。每日可看三两段，不是于那疑处看，正须于那无疑处看。若徒以为晓得便竟住了，大无益。须是晓得后，更思量尚有未尽义理方好。

书文标记圈点评注法

◎◎◎◎◎　书文纲领与归重处用此。

●●●●●●　书文根因处用此。

━　书文大界限大段落用此。

—　书文中大小节次下用此。

0、0、0、0、0、　文章极佳处用此。

○○○○○　文章次佳处用此。

、、、、、　文章平佳处用此。

丨　地名用此。

‖‖‖　官名用此。

▌　帝王名人俱通用此。

□　国名用此。

D D D D D　照应处用此。

▯　年号用此。

唐彪曰：凡书文有圈点，则读者易于领会，而句读无讹。不然，遇古奥之句，不免上字下读，而下字上读矣。又文有奇思妙论，非用密圈，则美境不能显。有界限段落，非画断则章法与命意之妙不易知。有年号、国号、地名、官名，非加标记，则披阅者忙于检点，不能一目了然矣。

唐彪曰：凡书有纲领，有条目，文有根因，有归重。如《春秋》为纲，三传为目；《大学》圣经首节是纲，“明明德”两节是目。文章策对有纲领，有条目，其于书文，可分纲目者少，宜分根因与归重者多。盖根因者，书与文之所由作；归重者，书与文之主意所在是也。今书文纲领条目之分，人皆知之，而根因与归重之故，人多昧之，昧之则不知书文之所以然矣。余特揭“根因归重”四字，分别其标记，庶几阅书阅文有定见，而书文亦易明悉矣。

看书会通法

唐彪曰：《标幽赋》云：“取五穴用一穴而必端，取三经用一经而可正。”言针灸者，合上与下之五穴，而于中取一穴，则上下自无差。合左与右之三经，而于中取一经，则左右必无失。余尝以其理推之于看书，凡书中有疑义，能将上下文理会，更取同类之书参究，当无有不明者。此即取五穴取三经之理也。能推此意以看书，书之不可解者少矣。

朱子曰：凡读书，先看上下文意是如何，不可泥着一字。如扬子言“于仁也柔，于义也刚”，到《易》中又将刚来配仁，柔来配义。如《论语》“学不厌，智也，教不倦，仁也”，到《中庸》又谓“成己仁也，成物智也”，此等处须是各随本文之意看，方不相碍。

朱子曰：看《孟子》与《论语》不同。《论语》逐章逐句，各是一义，故宜仔细静观。《孟子》是大段文章，通篇熟读，文义自见，不必逐句逐字理会也。

程子曰：凡看书各有法度，《诗》《易》《春秋》不可逐句看，《尚书》《论语》可以逐句看。

看书须分界限段落节次

唐彪曰：经书将界限分清，则此段某意、彼段某意，虽极长难解之书，其纲领条目、精微曲折，可以玩索而得。譬如列宿在天，纷纷错错，安能识其名字，惟将界限分清，则斗极之东第一层为某几星，第二层为某几星，次舍井然，无难辨识。南北与西亦如此也。若无分界审视之法，彼纷纷错错者，岂易识乎。观此则知经书之当分界限矣。

唐彪曰：文章之篇幅，较经书倍长，宜将其界限段落分别清白，而后文之精微变化始能显露。苟模糊混过，如何知其全篇大旨、逐段细意及结构剪裁之妙。余观孙月峰批评《史》《汉》，毛稚黄自课古文读本，毛西河所著书，每段之下界画分明，非无谓也，如其可已，诸公何必劳心于此哉？凡书中界限段落处，画最宜长，两旁宜过于字之外。若正用小曲书画于字下之一隅，初学忽而不察，以为可有可无，则徒废分界限段落之苦心矣。制艺既名八比，即宜每比还他界限，用画分开。提拨过渡亦宜画断，庶几童子阅之，易于领会。不然，章法错综之文，童子识浅，多有阅之再四而不知其结构者，况欲即得其精微意义乎？

唐彪曰：文章界限与段落节次，三者有分，不可混也。如意与词皆止于此，下文乃另发道理，更生议论，与上无关，是为界限。文章意虽尽于此，而辞与气不能遽止，骎骎乎已渡于下，若似过文，宜谓之段落。以其段末即落下也，界限段落或统数节，不可以节次言，节次乃其中之小者耳。故曰三者有分，不可混也。

看书分层次法

朱子曰：某自二十时看道理，便要看到那里面精微处。尝看上蔡语录，其初将红笔抹出，后又用蓝笔抹出，复又用黄笔抹出。三番之后，更用黑笔抹出，其精微处，自然瞒我不过，渐渐显露出来。

东坡《与王郎书》云：少年为学者，每一书宜作数次读之，当如入海，百货皆有。人之精力，不能兼收尽取，但得其所欲求者止尔。故愿学者每次作一意求之，如欲求古今兴亡治乱圣贤作用，且只作此意求之，勿生余念。再则求其事迹，至于文物之类，又作一次求之。他皆仿此。若学成时，见识高远，则不必若是拘矣。

看书当查考审问更当虚心体认不可参入偏见

唐彪曰：或问：书中众说纷乱，不能归一，何以处之？余曰：此当先查考诸书，如有未得，则当问习专经者，专经者，专习此经者也。某项事理，众说纷错，不能归一，君专习某经，此一项见于经中者，君必深明其理，愿详析示我。谅彼此不至吝惜不言也。如少有可疑，仍当就最博学者问之，曰某项事理，众说纷错，愿先生详细教我。彼必乐于训诲，不至隐秘也。如是而有不明晰者鲜矣。昔欧阳永叔谓读书作文，最贵与有识者多商量。盖虚心下问，即是多商量之实际也。

先儒曰：大抵观书，先须熟读，使其言若出于吾之口；继以精思，使其意又若出于吾之心，然后可以有得。至于文义有疑，众说纷错，亦且虚心静虑，勿遽取舍于其间。先使一说自为一说，随其辞意以观其通塞，则其尤无义理者，不待观于他说，而先自屈矣。复以众说互相比并，而求其理之所安，以考其是非，则似是而非者亦以相形而见矣。

唐彪曰：看书讲书，须照圣贤口吻虚心体认。才着意见，便失本指。圣人之言，如日月中天，四面八方，皆能毕照，无所遗漏，非如镜悬一壁，止能见一边，不见三面也。后儒资高明者，解圣贤之书或过于深，资朴鲁者，解圣贤之书又失之浅。虽由天分使然，然其不得书之精意则一也。所以然者，亦缘看书不将圣贤口吻虚心体认，先主意见，故有斯病矣。学者不可不知也。

朱子曰：看文字先有意见，多因是私意。如粗厉者观书，必以勇果强毅为主；柔善者观书，必以慈祥宽厚为主。其偏也自己亦不知觉也。

论古人读书同异之故

唐彪曰：朱子云："读书之法，先要熟读，熟读之后，又当正看背看，左看右看，看得是了，未可便说是，更须反复玩味。"乃吴主教吕蒙读书，与诸葛孔明读书，皆止观大意，则又何也？彪尝以意推之，大凡书有必宜熟读者，有止宜看而会其大意者，至于读书之人，亦有不同，或年长而且禄仕，记性既衰，事机繁杂，读书止取记其理，不取记其词，所以有观大意之说也。少壮未仕者，记性既优，事复稀少，读书既欲精其理，又欲习其词，所以有熟读熟看之说也。二者各有所指。学者既知其异，又不可不求其同。盖大意所在，即书之纲领。一篇之中，不过数句，加功记之，乃读书至简捷之法。吴主、孔明致功如此，即朱子于但当看之书，亦何尝不如此也。故曰求其异又不可不知其同。

成人讲书之法及问难之理

诸虎男以讲书宜先说一章大旨，次分开其界限节次，次讲明其何处轻，何处重，何处虚，何处实，次讲明其照应联络，如《大学》《中庸》两书皆有联络照应。次逐句分讲，次逐字分析，如此则不惟书义明白，而作文之理已在其中矣。

唐彪曰：经书皆顺序而讲，至于诚、仁、性、道等难解之书，则宜汇集诸书，一齐合讲，庶几明晰。如欲解“仁”字之书，宜将诸书言“仁”章句开集一单，置于讲案，以防遗漏。盖精微之理，有全体全用，有半体半用，有一节一枝立言者。有正指，有反形，有因病救偏，有尚论节取，有描写高深，有赞扬绝诣。理非一轨，语散各书，甚难融贯矣。即注解讲章，皆属皮毛敷衍，安能注此即通彼根源，注彼即兼此精妙。原属零星破碎，若再分讲，则讲至《论》《孟》，而《学》《庸》茫然；讲至《学》《庸》，而《论》《孟》又茫然矣。凡讲书之法，遇难讲之书，贵于数日间取诸书四面合拢参详，始能窥其实义，此妙诀也。虽然，得诀矣，若讲者欲速贪多，使听者神疲鼾睡，则大无益。故一书可合数日讲之，一日当分二次讲之。盖所讲简少，斯听者易记，易于玩索审问也。必令学生作数日体认，仍令其复解，庶几理从心上过，或能会通，能记忆，未可知矣。此成人讲书之法也。

唐彪曰：学生复讲书时，全要先生驳问，层层辩驳，如剥物相拟，夫尽皮方见肉，去尽肉方见骨，去尽骨方见髓，书理始能透彻。不可略见大意，即谓已是也。虽然，凡书不特弟子复讲时师宜驳难，即先生讲解时，弟子亦宜驳问，先生所讲未彻处，弟子不妨以己见证之；或弟子所问，先生不能答，先生即宜细思，思之不得，当取书考究。学问之相长正在此也。切勿掩饰己短，支离其说，并恶学生辩难。盖天下事理无穷，圣贤尚有不知，何况后学不能解者。不妨明白语学生“我于此犹未曾见到”，如此则见地高旷，弟子必愈加敬之。不如此，反不为弟子所重矣。

唐彪曰：凡读古今人书，有所批评，必宜起草，增减既定，用格誊之。若随意品骘，潦草书写，是谓涂抹简编，非批评也。昔孙月峰读书，凡有所评，必草稿已定，而后用格端整书之，不肯以草率从事。故其所评《国策》《史记》，颇有独见。由此推之，即品骘时艺亦何可轻率也。

读书作文谱卷三

读书作文总期于熟

唐彪曰：凡经史之书，惟熟则能透彻其底蕴。时文、古文熟则听我取材，不熟安能得力也。然熟亦难言矣，但能背未必即熟也。故书文于能背之后，量吾资加读几多遍，可以极熟不忘。则必如其数加之，而遍数尤宜记也。最忌者，书读至半熟而置，久而始温，既已遗忘，虽两倍其遍数，亦不熟矣。

唐彪曰：天下事未经历者，必不如曾经历者之能稍知其理也；经历一周者，必不如经历四五周者之能详悉其理也；经历四五周者，又不如终身练习其事者之熟知其理，而能圆通不滞也。故凡人一切所为，生不如熟，熟不如极熟，极熟则能变化推广，纵横高下无乎不宜。读书作文之更贵于熟，何待言哉！

朱子曰：读书须读到不忍舍处，方是见得真味。若读之数遍，略晓其意即厌之，欲别求书读，则是于此一卷书，犹未得趣也。

唐彪曰：文人妙来无过熟。朴学士尝问欧公为文之法，公曰："于吾侄岂有吝惜，只是要熟耳。变化姿态，皆从熟处出也。"又毛稚黄曰："读书作文，总妙在一熟，熟则无不得力。"或谓文亦有生而佳者，答曰："此必熟后之生也。熟后而生，生必佳；若未熟之生，则生疏而已矣，焉得佳乎？”是“熟”一字，为作文第一法也。

毛稚黄曰：读书有四要：一曰收。将心收在身子里，将身收在书房里是也。二曰简。惟简斯熟，若所治者多，则用力分而奏功少，精神疲岁月耗矣。三曰专。置心一处，无事不办；二三其心，必无成就。四曰恒。虽专心致志于一矣，而苟无恒，时作时辍，有初鲜终，亦无成也。故存恒尤要焉。

课程量力始能永久

朱子曰：读书少作课程，多施功力。如会读得二百字，且只读一百字，却于百字中猛施工夫，读诵极熟，理会仔细，如此记性拙者亦自记得，悟性钝者亦理会得。若徒贪多，大为无益。

唐彪曰：学者用心太紧，工夫无节，则疾病生焉。惟立课程则工夫有节。余亲见读书过劳而夭者五六人。故父师于子弟懒于读书者，当督责之，勿令嬉游；其过于读书者，当阻抑之，勿令穷日继夜。此因才立教之法也。

朱子曰：读书不可贪多，常使自家力量有余。如射箭者有五斗力，且用四斗弓，便可拽之令满，己力胜得他过。今学者不度自己力量去读书，恐自家对敌他不过。

朱子曰：精神长者宜广搜博取，精神短者决不可务多，但以最紧要书涵养性灵可也。又曰：为学须分老少。年少精力有余，书须用多读；若年齿向晚，却宜择要用功，不在务多。读一书当思后来难得工夫再去理会，须沉潜玩索，究到极处，道理既浃洽于心，自然记得不忘矣。

朱子曰：读书不可不先立程限，程限如田之有畔也。今之始学者不知此理，初时甚锐，渐渐懒去，终且因循怠惰，抛弃前功，只缘当初不立程限之故。

唐彪曰：有恒是学人彻始彻终工夫。惟有恒，学业始能成就。然人谁不欲有恒，而每不能实践者，以课程不立，学无定规。初时欠缺，久即废弛。惟立简约课程，易于遵守，不使一日有缺，以致怠惰因循，方能有恒。大概十五以内，每日间宜取四五时读书，余可听其散步。少年之人，血气流动，乐于嬉戏，亦须少适其性，太劳苦拘束之，则厌弃之心生矣。三十以内，或有事或无事，读书之外，静坐最要，散步次之。三十以外，事有繁简，应事读书之外，或静坐，或散步，各随其意。作文之日，专意为文，不在斯例。此昔贤课程常式也。至于读书一项，以资有敏钝，不能为一定之式，故又另设日记课程以为准则则。吕东莱曰："读书最当准立课程，某时读某书，温某书，某时写某字，如家常茶饭，不先不后，应时而供，自然日计不足，月计有余矣。"

唐彪曰：书分月日温读、讲解，则先后有定序，多寡有定规，自然精专深入，用力少而得效多。其法见《父师善诱法》上卷第六（张）［章］，仿而行之，甚有益也。

记课程式，以年为纲领，另记一行，次行记某月初一日至初五日，读某书某章起至某章止，温某书某章起至某章止；读某文，某文已解未解，已复未复；读某判某表，已背未背：此五日一记法也。

此月共读书多少章，温书多少卷，共读文温文多少篇，解某书某章起至某章止。共读几表，共读几判：此一月总记法也。或脱落一旬半月，不补亦可，仍当断续记去，不可竟置。积丝成寸，积寸成尺，自有进益。

为学有优游渐积一法

唐彪曰：读书有计日程功之法，又有优游渐积之法。盖计日程功之法，固为学之准绳。若夫质弱羸病之人，欲计日程功，每日读几行，背几行，此必不得之数，不如将全书每日读一二遍，或二三遍，优游渐积，不求速背，反能记矣。彪十七岁以后羸病，凡十五年，濒死者数四，不可多用心。然心欲读《大宗师》《齐物》二篇，于是将二文分日读之，读《大宗师》一日，读《齐物》每日止读一遍，读至二月余，二书皆探喉能背矣。于此知优游渐积之法之妙。

唐彪曰：一人剧病，十余年不能读书，病愈，题到竟不能成文，一名宿教之曰："当由渐以引之，三日作一篇，当无不成者。"人如其言，日致功不间，至半月后，能二日成一艺；又逾半月，能一日成一艺；又逾半月，能一日成二艺，而文且日进。是法也，不特荒疏者相宜，即钝资推此致功，才思亦渐能开发矣。

学有专功深造之法

唐彪曰：作文有深造之法。如文章一次做不佳，迟数月将此题再为之，必有胜境出矣；再作复不佳，迟数月又将此题为之，必有胜境出矣。盖作文如攻玉然，今日攻去石一层，而玉微见；明日又攻去石一层，而玉更见；再攻不已，石尽而玉全出矣。作文亦然。改窜旧文，重作旧题，始能深造。每月六课文止宜四次换题，其二次必令其改窜旧作之有弊者，重作其旧题之全未得窍者，文必日进也。此与浅尝粗入之功大异也。

深 思

伊川曰：某向来将日间所闻于先生说话，夜间如温书一般，一一仔细思量过，才有疑，明日又问。朱子云：读书须将先生讲过的重复自去体认方可。

张横渠曰：学者精思，多在夜中，或静坐得之。然记不熟则思不起，故书须成诵精熟，乃易于思索也。

朱子曰：凡书有不晓处，用册子记出，时时思索，自然能解也。

唐彪曰：微言精义，古人难以明言，而待人自悟者，可将其书熟读成诵，取而思之，今日不彻，明日更思，今岁不彻，明岁复思，数年之后，或得于他书，或触于他物，或通于他事，忽然心窍顿开，从前疑义透底了彻，有不期解而自解者。故孔子曰："未之思也，夫何远之有?"管子云："思之思之，又重思之，思之不得，鬼神将告之。"余谓鬼神非他，即吾心之灵也。

唐彪曰：或静坐之时，或夜气清明之际，偶尔思维，忽然心窍开通，精思妙理层叠而生。过一二日心窍复闭，前所得者，又不复记忆矣。故须就其心窍开时，即便登记，不可迟也。昔横渠张夫子亦有是言。

薛文清曰：凡读书思索之久，觉有倦意，当闭目静坐，养其神气，少时再从事于思索，则心清而义理自见。

唐彪曰：凡欲了彻难解之书，须将其书读之至熟，一举想间，全书首尾历历如见，然后取其疑者反复研究，自然有得。若读得不熟，记得此段，忘却彼段，脉络不能贯串，纵令强思，乌能得解。惟读之至熟，时时取来思索，始易得力也。

唐彪曰：一人学《曹娥碑》数年，而毫发不能相肖，因欲改学他书。余曰："他书亦未必易学也。凡学艺者，舍手用目，舍目用心，方称善学。今子所用不但非心，且非目也。徒任手耳，安能得字之神乎？子何不通体将诸字之上下左右而深思其结构之何若也？通体将其点钩直画而深思其笔法之何若也？"其人大悟曰："善。吾昔未闻此言也，徒劳苦吾之手矣。"于是反覆思维，半月后而字已肖其七八。噫！学艺且非深思不能得也，而况于读书与处事之大焉者乎！

下　问

唐彪曰：学问原相平重，而问尤紧要。夫子尝称舜好问察迩言矣，孟子称舜舍己从人，无非取于人矣。人之善舍问何从而取也，无非取则知其无所不问矣。禹闻善言则拜，问而得闻善言乃拜，非空闻善言而拜也，则知禹之能下问也，拜则益非人所能及也。周公以圣人之才，又为圣人之子、圣人之孙、圣人之弟，一堂聚首，皆系圣人，有何不明之理、不明之事，乃一饭三吐哺，一沐三握发，惟恐人有善言不及与闻，己有所疑不及问人，其谦虚好问如此也。孔子圣人之尤也，亦尝问礼于老聃，问官于郯子矣，入太庙每事问矣，是孔子亦好问也。曾子称颜子曰："以能问于不能，以多问于寡。"颜子复圣也，其好问又如此。余就数圣人所为推之而得其理，譬于燃灯于一厅之上，灯一二盏则止能照一二席地，必不能照三四席地，若燃数十余灯于一厅之上，则一厅无不照矣。凡一人之聪明才智，止如一二盏之灯，安能照及天下之事理？好问而并十人之聪明才智于我，譬如燃十盏之灯。更好问而并数十人之聪明才智于我，犹如燃数十盏之灯，自然于天下之事理无不明矣。凡圣人生来不过十倍人之聪明才智，必无百倍于人者，及至后而百倍于人者，因其好问能并多人之聪明才智，而聪明才智始大也，此理显然也。无如愚鲁之甚者，腹中一无所有，而自谓才与学已能过人，诩诩然自负而不屑下问。噫！诚可叹可惜也。

唐彪曰：高贤良友之前，我能请问，彼自然将我所问之理阐明开示，若非我之求救，彼安知我所欠缺者是何学问，所疑惑者是何道理，即欲教我，将从何处指授也。故天下无不问而知之理，更无不问而人自教我之理。无如浅学之人，虽有未知未能，恐有学者笑己，甘心不知，不肯下问。不知天下事理无穷，舜、禹、周公、孔子、颜子尚有不知，尚有疑惑，尚且孜孜下问，何况于我？若以问为屈己尊人，则禹之拜何其屈辱矣！若谓恐人笑我所问之浅近，则孔子尝问官、问太庙之祭器品物矣，非浅近者乎！若恐人笑我所问之人之庸俗，则舜尝问陶渔耕稼之人矣，非庸俗者乎！凡一切屈己下问之事，皆圣人所不讳，圣人且不讳己之短，我何必畏人之笑而讳己短乎！况高人贤士必不笑人，其笑人者，必无才无学无识之庸人也。

唐彪曰：凡书中有疑，不当因有师可问，便不登记，偶遇师数日不到馆中，欲问之事，多至遗忘，当记者一也。又精微之理，我所疑者，或亦先生所未晰，苟非请教有学大儒，乌能得解。当记者二也。又古今典故繁多，常人不及考究者，何可计数。若不请问博雅之友，必不知其根据，当记者三也。有此三者当记，苟不专置一册子记之，久而遗忘，不及请问高贤，生平学问因此欠缺者不少矣。

唐彪曰：学人未必皆耻于下问，惟因每日有疑，疏忽不记，过时既久，纵遇有学当前，心虽欲问，而所疑者已多提记不起，因而不及问者多矣。

余资钝且多病，不可过用心，每日限三时读书，诸经史疑义多不能考订明析，于是思一捷法，取平日所疑记于册者，按季录出一单，以邮寄于有道，求其指示，如毛西河、黄梨洲、毛稚黄、吴志伊诸先生，皆余所数数请问而不吝指示者也，故得稍有所知者。以此，因附记之。

请问大儒有法

唐彪曰：学人当问之事理无穷，获遇有大学识者，当前细琐之事不必问及也，最要之大端，莫如问其当读者何书何文，当阅者何书何文，当置备以资考核者何书何文也。尤切要者，在问当读阅备考之书文，何刻为善本。凡诸经、诸子、通鉴，每书刻本不下数十种，而善本不得一二，若古文佳刻尤未见也。吾所读阅之书得善本，自然见识高，才情长；若所读阅之书非善本，自然见识卑，才情劣矣。譬之霜糖作饼，则味自佳，黄糖作之，则味自减，更以砂糖作之，则味益劣而不堪食矣。又譬之以红花染色，其色必妍，苏木染之，其色必丑，无有异也。故请教于英贤，惟此数端为最要。其次宜请问最大之经济。盖国之大事，不出二十余条，家之大事，不出十条。平日将一二十条开列名目，坚记于心，相见之时，取数条质问之，彼必能诉原竟委，历历指出所以然，吾生平所未闻知者皆闻知，误解误传授者皆可改正矣。此皆益之大者也。若仅以己所作之时古文与诗词求其笔削，犹属第三四事也。

良师友切磋之法

唐彪曰：余幼时读制艺四百余篇，所作之文，平庸肤浅，毫无过人者。应嗣寅先生教余阅西山《大学衍义》，王言远先生教余读《皇极经世》《易学启蒙》《予静阳明语录》，文必佳。余皆如其言。当其致功时，似与时艺全无与者，及致功未久，而文较前少进矣。又尝读永叔、子瞻之文，心甚爱之，乃读至三百余篇，学为古文，自以为道在是矣。但执笔为文，艰难殊甚。后以文质之毛稚黄，则曰：“秀逸清真，但少精紧老健气，须参读周、秦、《史》、《汉》。”余乃选《左传》《史记》《国策》《孟子》之文读之，似难攀跻，而无所得，既而以所作之文再质之稚黄，彼以为大胜于前，而己亦觉出笔少易，不似向日艰难矣。乃知书有理浅易入读之味，骤似有益而益少者；有理深难入读之味，徐似无益而益多者。此中至理，殊难理会，非明师良友指点，无从晓也。

毛稚黄曰：禾中一先辈言昔时联十人为读书会，专在背文，每合数十篇连背，期于极熟，句字少有差讹，例皆有罚。如是致功后，十人登进士者八，明经者二。

唐彪曰：联会背文，最为佳法，从事于此而成名者极多。如先达凌子文联十人会而发者大半，张心友亦联十人会而七人中式。其法读文篇数贵少，遍数贵多，背时生涩讹误字句必标记之，使知改正，兼以志罚。昔者江南几社诸公背时艺之外，更背诸经古文，故不惟科甲多，而名士亦多也。按：背书会每月一举，各背书文十首，逐月递加。一字误亦有罚资贮公，所以行善事。遇乡荐之年，背表一篇、策一篇，各出酒肴，背毕聚饮，过奢亦罚。

唐彪曰：余闻三吴之士联会讲书，或十人或二十人，每月一会，人与书皆以签定，得签者讲，亦有驳难，诚盛举也，而恐无大益也。余更有一法，欲其参入行之：凡平常易解之书，即零星分讲，亦能贯彻其理；至于义理极深之书，宜汇集四子同类之书一齐讲解，其法详见前卷讲书条内，参看始明。庶得通体贯彻法。宜于两月之前，预拟其书，惟学问优者一二人以书属之，令其从容玩索，旁参曲证，两月之后，专讲此书，今日不尽者，明日继之，虽极深微之理，何患不晰。联会讲书之法，必参此法行之，始称善也。每会轮一人值会，治理诸务，正讲案，挈讲签，与记所讲之书，敛资备供给，皆值会之事务。宜崇俭以图永久。

唐彪曰：凡少年之人，未离学馆者，既有馆课，或不必另联会会文。若已离学馆，又不联会切磋，群相鼓舞，则必因循过日，懒于作文，欲所学不荒难矣。且文章是非，非友指点，安得知之。其疏远之友，多不乐尽言，惟同会者评论之下，不得不以直告，得其指出是非之故，则改窜自易矣。

唐彪曰：学者少壮之年，宜与品学兼善之友，讲书、背书、课文，不然则记诵不熟，书史不明，文艺不进。然止可与同志者隐隐切磋，必不可群相标榜，夸耀所长。尤忌者雌黄人物，群聚嬉游，使酒漫骂，立社名，刻社稿。苟犯一二，初时启相识者之妒忌，渐且来不相识者之攻击矣。观吴郡同声、慎交二社，及浙之魏里、海昌诸社，水火战斗，至死未休，兄弟翁婿不同社，则相视如寇仇，相见不拱揖，同席不交言，其害如此。然则联会切磋必不可已，而诸招尤之事，乌可不切戒乎！

读书作文谱卷四

书　法

卫夫人云：学书先学执笔，真书去笔头二寸，行书去笔头三寸。虞世南曰：执笔之法，大抵真一寸，行二寸，草三寸，其大概也。

张怀瓘曰：笔在指端则掌虚，运动适意，有腾跃顿跌之势，生意出焉。笔居指半则掌实，如枢不转，笔不自由，乃成棱角，字则死矣。

唐彪曰：握笔有法，笔管在中指无名指之间，则两指在上，两指在下，是谓双包双抵，笔始有力。若以单指包之，单指抵之，笔无力矣。又执笔宜浅，大指宜在上节指面，食指宜在中节之旁，中指宜在指头，无名指宜在首节之侧，庶掌虚指活，转动自由。卢隽云："执笔必使掌中空虚，可以握卵。"此要法也。

唐彪曰：大指下节用力则字健劲，大指下节宽松则字圆秀，食指次节但倚笔不曲抱笔，则笔圆转如游龙，若弯曲紧抱则笔不圆转而滞硬，作字不速，亦且难佳。故五指全重大指二指，而二指尤重在食指也。

羲之云：凡欲书先凝神静思，预想字形之大小偃仰平直振动，令筋脉相连，常令意在笔前，斯善矣。

虞世南曰：收视返听，绝虑凝神，心正气和，则契于妙；心神不正，书则散斜；志气不和，字则颠仆。必资神遇，不可力求也，必须心悟，不可力取也。

《书指》云：善学书者，其初不必多费楮墨，但取古人之书熟观之，闭目而索之于心，若有成字在前，然后举笔而追之，始得其一二。既得其四五，然后多书以极其量，自将去古人不远矣。

孙过庭云：右军之书，末年多妙，缘思虑通达，志气和平，不激不厉，风规自远。子敬而下，莫不竭尽精力，加功深造，卒之工拙不侔，亦缘性情异也。

山谷云：古人学书不尽临摹，张古人书于壁间，观之入神，会悟其意，则下笔时自有佳处。此不但学字，且能养心。凡作字熟观晋、魏人书会之于心，笔法自不由人也。

唐彪曰：执笔乃书法纲领，在童蒙尤为切要。故另见童蒙书法中运腕运指法，欧阳公云，当使指运而腕不知。

祝枝山云：八法者，擫、捺、钩、揭、抵、拒、导、送是也。擫者大指乃下节骨端，用力如提千钧；捺者食指中节倚笔，此二指主力；钩者中指以指尖钩笔；外揭者名指以外瓜肉际顶笔下；抵者名指揭笔，中指抵住；拒者中指钩笔，名指拒定，此二者主运转；导者小指引名指过右；送者小指送名指过左，此二指主往来。枕腕者以左手枕右手腕，提腕者臂着案而虚提手腕，悬腕者悬着空中，最为有力。唐彪曰：观此便知运指多于运腕矣。

唐太宗曰：腕竖则锋正，正则四面锋全。次实，指实则节力均平。次虚，掌虚则运动便易。

张敬元曰：运腕不可太紧，紧则腕不能转，而字体粗细上下不均。不可悬臂，气力有限。若行草须悬腕，大草书须悬臂，悬臂则笔势无限也。韩方明曰：五指撮管，未可大草书。

唐彪曰：小字多运指，大字多运腕。后人不分字之大小，而或单言运指，或专重运腕者，皆偏见也。然运指甚难，必于平日提笔在手，时时操练，令手之五指柔和，婉转屈伸，低昂左右，无不如意，而字始能过人也。

生熟 《书指》曰：书必先生而后熟，亦必熟后而更生。始之生者学力未到，心手相违也；熟而生者，不落蹊径，不随世俗，新意时出，笔底具化工也。

孙过庭曰：作字要手熟，熟则神气完实而有余韵。

笔锋 姜尧章曰：笔正则锋藏，笔偃则锋露。一正一偃，一藏一露，则神奇出焉。

孙过庭曰：或恬淡雍容，内含筋骨；或折挫飘逸，外跃锋铓。

唐彪曰：书法偏重藏锋，亦非正法。必当藏而藏，当露而露，自然入妙也。董内直曰："侧锋取妍，晋人不传之妙。"

唐彪曰：书法有云如印泥画沙者，言用笔贵乎藏锋也；如折钗股者，言屈角贵圆而有力也；如屋漏痕者，言用笔欲其无起止之迹也；如壁折者，或云言用笔贵有波澜，或云言用笔贵无起止。由此言之，语虽隐秘，意则平常也。

筋骨 徐浩云：筋骨不立，脂肉何附？兼而致之，斯妙矣。

张怀瓘云：马以筋多肉少为上，肉多筋少为下，书亦如之。必骨肉相称，斯神貌兼全。若筋骨不在其脂肉，在马为驽骀，在书为墨猪，惟题署及八分肥密可也。

钟繇云：多力多筋者胜，无力无筋者病。

卫夫人曰：点画撇捺屈曲转折，须尽一身之力运之。

方圆 唐彪曰：方中欲有圆，圆中欲有方，方而不圆则乏丰神，圆而不方则无筋骨，融而化之，斯称善矣。

姜尧章曰：方圆者真草之体用，真欲方，草欲圆。方者参之以圆，圆者参之以方，方圆曲直，不可显露，直须浑化，一出自然，斯称佳构。

肥瘦 梁武帝云：肥不露肉，瘦不露骨。纯骨无媚，纯肉无力。少墨淡涩，多墨浊钝。黄鲁直亦云。

虞世南曰：用笔不欲太肥，肥则形浊；不欲太瘦，瘦则形枯。太露锋铓，则体不持重；太藏圭角，则态少丰神。

迟速 《笔势论》曰：意在笔前，未下笔时，胸有成式，字始得佳。又曰：勿以字小易书而忙行笔势，勿以字大难书而缓展毫端。

结构 《书法离钩》云：长短阔狭，字之态度；点画斜面，字之应对；卑者奉，尊者接。审其疏密，取其停匀，空则衬补，孤则扶持；以下承上，以右应左；以大包小，以少附多；皆法度也。

蔡邕云：落笔结字，上皆覆下，下皆承上，使其形势递相映带，无使相悖。

翟伯寿问书法之要诀于米芾，芾曰："有往皆收，无垂不缩。"

东坡云：大字难于结密而无间，小字难于宽绰而有余，真书难于飘扬，草书难于严重。

祝京兆云：大字贵结密，不结密则懒散无精神。匾额须字字相照，应挂起自然停匀，又须带逸气，方不俗。小字贵开阔，忌局促，须令间架明整有体段。长史所谓大促令小，小转令大是也。总以二王及虞东方《画赞》《乐毅论》《洛神赋》《破邪论序》为则，无不佳也。

姜尧章曰：诸点随字异形，有向有背，要得顾盼精神，横直画欲长短合宜，起止有法，结束匀净。撇捺随宜变化，贵伸缩合度，如鱼翅鸟翼，有翩翩自得之状。挑剔贵乎长短适宜。晋人挑剔，或带斜拂，或横引向外，至颜、柳始正锋为之，字虽劲，但少飘逸之气。又转折之理，不离方圆，真多用折，折，微方也。草多用转，转，圆转也。折欲少驻，驻则有力；转欲不滞，滞则不遒。然真以转而得妍，草以折而得劲，不可不知也。

欧阳询云：不可头轻尾重，毋令左短右长，斜正如人，上下须称。

《离钩》曰：字之肉，笔毫是也。疏处捺满，密处轻装，平处捺满，险处轻装。捺满则肥，轻装则瘦。

祝京兆曰：凡边旁不相称者，贵有伸缩虚实之法。空旷者伸点画以实之，窒碍者缩点画以虚之，太繁者减除之，太疏者补续之。然必古人有样，乃可用耳。此专指减补而言。

《书法三昧》曰：如“龍”字则分左右为二停，“衝”字则分左右中为三停，“雲”字则分上下为二停，“素”字则分上中下为三停。凡四方八面点画皆拱中心，左短者齐上，右短者齐下。重画上仰下覆，重捺上敛下放，上下重字宜上小下大，左右重字宜左促右展。

隋僧智果云：“無”字四直，上开下阖，四点上阖下开，当明开阖之法。“立”字二画，“畺”字三画，当知仰覆之法。“懸”字王逸少作“縣”，“毚”字虞世南作“凫”，皆省二点。“盛”字张芝作“盛”，繁宜减除也。“神”字加点，“辛”字加画，疏宜增补也。《书法离钩》云：古人于真行每多用减补之法，然六书之伪从兹始也。一点一画独立者，则大书之，所谓孤单必大也。“吕”“昌”“爻”等字宜上小，“林”“棘”“羽”等字宜左促，所谓重并异势也。

《书法离钩》曰：“黍”“泰”“裘”“率”字，上下之撇点有阴阳之分，不分则不相配。“術”“衝”字三直画，中直画须卓然中立，其左右宜有拱揖之情。“畺”字上中下三横画，中画须截然平正，其上下有仰覆之别。“反”“及”二撇，上长而斜硬，下差短而婉转。“廬”“多”二撇，先婉转而后斜硬。“口”“日”二字，下画宜承直，末不可长。“臣”与“巨”先左直而右旁短画应之。“旬”与“匊”，里面字与钩齐方称。“長”“馬”横短画，不可与直相粘。“衣”“良”之捺比左钩，须略平起。一云钩宜另搭。“莫”“矢”下画宜长，左撇宜直短，与右点高下相齐。“貝”“頁”中短画不可与右长直相粘，左撇贵短，右点要承直末。“還”“遠”里字上大下小方称。“用”“周”左撇首尾稍向外，右钩首尾亦微向外。“行”“作”左短右长。“於”“佳”左长右短。“自”“因”左直要短，右钩微长。“亦”字、“馬”字之点，必分屈伸变换，否则如棋布。“川”字、“册”字之直，必分屈伸向背，否则如布算。“邊”“邇”字太繁者宜减之。“倉”“食”撇捺不可作波。“上”“下”字直宜短，点宜近上。“是”“足”字下撇须横而欲微波。“心”左点向里，中点取高，第三点须与中点相近，不可太下。“風”两边宜曲，名曰“金剪刀”。“柔”下“木”字二点，左右须齐。“者”下“日”字不宜正对“土”字。“十”字横画宜长，直画宜短，画宜右不足，直宜下有余。“七”字画宜长，更宜左卑而右亢。“和”字右边单薄，左边之点画宜舒。“氈”字右边冗碍，左边之撇画宜缩。“棗”字重并，上半点撇宜收敛。“畫”字九横宜疏密停匀照应。

一字有一字之形势，要在结构得宜。此系其大概，其间错综变化，惟会心者自得之，未可执一论也。

点 古名侧。《书法离钩》曰：侧下其锋，有尖秃、斜正、俯仰、横波、雁阵诸法，要在随势用之。

《离钩》曰：点虽微细，然有偃仰、向背等势，或竖如莲瓣，或眠如瓜子，或圆如栗子，或尖如鼠矢。如斯之类，各适其宜。

《离钩》曰：如“清”“江”等字旁三点，上点侧，中点偃，下点仰锋。“冷”“凉”等字旁二点，上侧覆，下仰剔，须相承揖。

姜尧章曰：一点欲与画相应。两点欲自相应。三点者，必一点起，一点带，一点应。四点者，前一点起，中二点带，后一点应。若四点平直，状如算子，便不是书。

姜尧章曰：“燕”“無”等字下四点，左右要成八字，中二点可就上不可就下。若四点匀则俗矣。诀曰：“联飞如雁阵当秋。”

右军曰：字有缓急，如“鳥”“馬”“焉”等字，横直画须迟，下四点宜急。

姜尧章曰：书“宀”音绵头者，上点须长，又不宜与画相著。“曾”字头上开下合，形稍纵。“其”字脚上合下开，形稍横。

长画 古名勒。柳子厚曰：勒不得卧其笔，须笔锋先行。

唐太宗曰：画贵涩而迟。

董内直曰：左贵去吻。

《书法离钩》曰：落笔锋当向左，急回转向右，至末宜驻锋折回。钟、王、虞、永多用篆体，欧阳、褚、薛多用隶体。又云：横画须直入笔锋，竖画须横入笔锋。

唐太宗曰：横画有偃、仰、平三法。如“士”字二画，宜上仰下偃。“三”字三画，上宜仰，中宜平，下宜覆。“春”“生”等字，式亦如之。

短画 古名策。或云：横长画两头下而中高，横短画两头高而中下，如“夫”“天”之类皆短画也。

《书法离钩》曰：仰笔露锋，轻挨而进。

直 古名努。《书法离钩》曰：锋须先发，管逐势行，紧收涩进，如锥画沙。又云：努不宜直其笔，笔直则无力，稍左偃而下，方得势。

《离钩》曰：初横入笔，向上行而少驻，复引锋下行，至末复驻锋向上，此垂露法也。末锋尽而不收，状若垂针，此悬针法也。又曰：欲垂复缩，如垂露然，此垂露法。上下端若引绳，末如针锐，故谓之悬针。

《离钩》曰：右军始用悬针法，张颠始用偏拂法。

《离钩》曰：画多则分俯仰，以别其势，竖多则分向背，以别其形，此书法也。

《离钩》曰：凡二直并落者，宜分向背，向笔贵和，背笔贵峻。

《离钩》曰："常""當""尚"字头上之直，上下俱宜去锋。

钩 古名趯。张敬贯曰：中钩宜直，下笔便挑，不宜停笔。

柳子厚曰：峻快如飞。

一曰："丁""打""寺"字，挑宜疾不宜迟。

唐彪曰：直钩锋贵短。

郭思大曰：钩干贵疾，钩头贵涩。

《离钩》云：直钩分三体，左如"氏""长"字，长其剔以应右；右如"門""丹"字，短其剔以应左；中如"東""乘"字，须朝上也。

转角钩。右军曰：回角不宜峻及有棱是也。张敬立曰：如"固""國"等字，转角之势一切贵圆润，不宜棱角努张，否则体俗。

董内直曰：左欲去吻，右欲去肩。

倒戈钩。《离钩》云：以中指遣至尽处，以名指拒而轻剔之，则锋藏。

右军曰：上欲俯，下欲曲。俯者，稍竖起之意。

弯脚钩。“乙”“也”“九”等字是也。庾肩吾曰：欲挑还置，驻笔而后趯之，则锋短。又云：如壮士屈臂。

展翅钩。“風”“凡”“鳳”等字是也。《离钩》曰：其势如飞，宜直而曲。

《离钩》曰：书法多尚涩，惟钩法皆尚疾。

长撇 古名掠。柳子厚曰：掠左出而锋欲轻。

《离钩》云：长撇须迅其锋，笔势送至转处，左撇贵利又贵微曲。或曰送笔宜至出锋处，则力劲而匀，半途撇出，则无力而瘦弱，如“天”“大”字，须直笔而弯出之，大概左撇须斜硬，右捺须婉转也。

短撇 古名啄。柳子厚曰：如利剑斩犀角象牙。

《离钩》云：啄不宜迟，须疾为胜。

姜尧章曰：旁撇须令狭长，则右有余地立人，如鸟在柱上。

唐太宗曰：“多”字四撇，一缩，二少缩，三亦缩，四出锋。

捺 古名磔。《离钩》云：微斜曰捺，“人”“大”“欠”等字是也。横过曰波，“之”“道”“遠”等字是也。抑而后曳，势不宜缓。

《离钩》云：笔或藏锋，或出锋，皆不必拘，但须飞动不滞。又曰：捺宜不疾不迟，势尽不可便出，须驻笔而后放。

《禁经》云：宜如生蛇渡水。

真行草书 东坡云：真生行，行生草。真如立，行如行，草如走，未有未能立而能行能走者也。

姜尧章曰：楷书以平正为善，此世俗之论也。古今楷书之妙，无过于钟、王。今观二家之书，皆潇洒纵横，何拘平正。且字之长短大小斜正疏密，天然不齐，安得强使之一而归于平正也。

唐彪曰：学楷字成个学，又须拆开学。成个以学其结构，拆开以学其笔法，庶乎能入妙也。

孙过庭曰：初学分布，但求平正，既得平正，务令放纵；既得放纵，复归平正。

《书指》云：楷书贵修短合度，意态完足。字形本有长短、阔狭、大小、繁简之不齐，但能各就本体尽其形势则佳，强使齐之，反不自然矣。

祝京兆曰：行书间架，须要明净，不要乱笔缠扰，贵稳雅秀老为主。下笔疾则失势，缓则骨瘦。以右军为祖，次参晋人诸帖与《怀仁圣教序》。

或曰：自唐以前，草书不过偶尔相连，后世属十数字而不断号，曰游丝，不知古人作草，如今人作真，何尝苟且，其相连处皆是引带，其笔甚轻，非有意也。

唐太宗曰：草书有承接上文者，有牵引下文者；乍疾还徐，忽往复收，缓以仿古，急以出奇。有锋以耀精神，无锋以含气味。横斜曲直，钩环盘纡，皆以势力主。横画不欲太长，长则转换迟滞；直画不欲太多，多则神痴意尽。直用悬针，若欲生笔意；则用垂露，最忌横直分明，画多则如积薪束苇，无潇散之气，时一出为妙。

或曰：草书之体，如人坐卧行立，揖逊忿争，乘舟跃马，歌舞擗踊。擗音弼，踊音勇。拊心为擗，顿足为踊，孝子哀痛之状也。一切变态，非苟焉者。又一字之体，率有多变，有起有应，如此起者当如此应，各有义理。

祝枝山曰：草书墙壁间架，须要分明，一点一画俱有规矩，方合晋人法度。下笔易于急疾，须放令少缓，徐行稳步为佳。然又不可太迟，迟则缓慢无神气。

摹书临书 唐太宗曰：初学者不得不摹，亦以节度其手，易于成就。须是古人名笔，置之几案，悬之座右，朝夕谛观，思其运笔之理，然后可以摹之。

唐太宗曰：吾少时观阵即知强弱。今临古人书，不学其形势，惟求其骨力，及得其骨力，而形势自生耳。吾之所为，皆先作意，是以果能成家。

虞安吉曰：未得意者，一点一画皆求象本，转自取拙耳。

《书法离钩》云：临书易失古人位置，而多得古人笔意，摹书易得古人位置，而多失古人人笔意。临书易进，摹书易忘，经意与不经意也。

唐彪曰：临摹法帖相似之后，再加工临摹百余遍，则反不肖，且不能自辨其工拙，过时写出竟相似矣。若临摹相肖之后，不加工多写，后日再书，便不甚相似。

名人书法不一体 孙过庭曰：右军书《乐毅论》，似情多拂郁，《东方赞》似意涉瑰奇，《黄庭经》似恰怿虚无，《太史箴》则纵横曲折，《兰亭集》则思逸神超，《私门戒誓》则情拘意惨。一书法间，已见阳舒阴惨，肖乎造化之机也。

唐彪曰：古人用笔，皆有意义，虽写真楷，而常出入于篆隶八分，且时兼用飞白章草，故其书法能变化不测也。

利器 右军云：纸刚用软笔，纸柔用硬笔，纯刚如锥画石，纯柔如泥洗埿，既不圆畅，神格亡矣。书石同纸刚例，盖相得也。

姜尧章曰：良弓引之则来，舍之则往；好刀按之则屈，挥之则直。笔锋亦欲其如此。若一引之后，曲而不直，安能如人意而作好字也。

右军曰：书小字用笔着墨止宜三分，不得深浸，深浸则毫弱无力。

欧阳询曰：墨淡则伤神采，太浓又滞锋毫。

姜尧章曰：作楷墨欲干，不可太燥；行草则润燥相得，润以取妍，燥以取险。墨浓则笔滞，墨燥则笔枯。

《书谱》云：水太润则肉散，太燥则肉枯。干研墨，湿点笔；湿研墨，干点笔。

尧章曰：砚池宽面细每夕一洗，则水墨调匀，骨肉得所。端石取细润停水，歙砚惟取发墨，兼之斯美矣。

《离钩》曰：凡作书不得自磨墨，令手战，筋骨不强，是大忌也。磨墨不得用砚中水，令墨滞笔沍，新汲水乃佳。

适志 《翰林禁经》云：书法有九生：一生笔，纯毫为心软而复健。二生纸，新出箧笥，滑润易书，即受其墨；若久露风日，枯燥难用。三生砚，用则贮水，毕则干之。司马云："砚石不可浸润。"四生水，义在新汲，不可久停，停不堪用。五生墨，临用斯砚，凝和墨光为上，多则泥钝。六生手，偶尔过劳，腕弱无准。七生神，凝神静思，不可烦躁。八生目，寝息适寤，光朗分明。九生景，天气晴明，人心舒悦。备此九者，乃可言书。

读书作文谱卷五

文章宜分类读

唐彪曰：余欲学者分类读文，非令学者从事细琐，为所不当为也。欲学者不多读闲杂之文，则工夫简约，方有余力读诸经史古文，有裨实学，他日居官，见识高远，可以建功立业。文分类，可将一类之文聚于一处，其理其法亦聚于一处，则易于探讨，易于明晰。且分类则知每类至要紧者是某题，至难做者是某题，拣择而熟诵之，所读诸题，便可该括他题。此皆分类之益也。若以为无益不足为，亦未尝细思其理矣。

唐彪曰：士人读文，宜分其义类，拣必需之题，各读数篇。不然，将闲杂之题多读，不能割爱，其必需之题，反多遗缺，此其弊最大。何也？譬如吴绫蜀绮，非不甚佳，然有以备服饰之需即足矣。设爱博而多购之，十倍其数，则财力有限，必需之物反致缺少，害可言乎！故余将题分类，欲学者于必需之题，各读数艺，则学充识广，有所取资，重叠之文，自可以不多读也。

唐彪曰：凡人读文，宜分题分部，聚成卷册，如单题、单问答题、长问答题、先答后问题、诘问题、结上三种题、两扇题、逆落两扇题、三扇四扇题，五扇至八九扇题、长题、上纲下目题、上枝下干题、中实题、论列四种题、串题、首尾相应题、两截题、记事题、引证四种题、记言题、递下两种题、虚题、假实题、虚冒题、单割上题、虚字冠首割上题、单截下题、虚字冠首截下题、单割截题、虚字冠首割截题、口气题、半体题、要借上文陪讲题、字眼稀少题、过脉题，原叙题、俚俗题、复述题、暗比题、明喻题、反正两种题、叠句题、搭题、长搭题、无情搭题，割截搭题、上全下偏搭题、上偏下全搭题、上割中全下截搭题、中间重句搭题、代语题。此若干题者，各有作法，宜分部集之，以求其作法之所在也。更有当从义理分类者，如学问也、政事也、君道也、君德也、伦纪也、言行也、道德也、才艺也、德业品诣也、典制也、物类器用也、历境处事也、观人也、教术也、感慨也、记赞孔子及孔子自叙也、记赞古圣道德学问勋业也，皆宜分类者也。其有零余细散难以立名者，则附于其相似之类；一题兼数义者，则从其最重者分类。凡以求义理之所在，而与分题相为表里也。或曰：依前分题，则不能如后分类，依后分类，则不能如前分题，何以能相表里乎？曰：或以作法分类为主，其分义理之法，但书其文之首曰：此为某义理之题也。或以义理分类为主，其分题之法，但书其文之首曰：此某作法之题也。分题不过欲知其作法，既分题则必知其作法之所以然；分类欲知其义理，既分类则必知其义理之所以然。其间义理广博而题繁者，读文从多，义理简约而题寡者，读文从少。此文自然之理，不待言者也。苟能如法分类，集成卷册，深心推究共理与法，则凡题到手，胸中皆有把握，挥洒而出，自无不中规中矩矣。

唐彪曰：学者苟能分类读文，不使此类重叠过多，以致彼类有所欠缺，则三百篇无乎不备矣。然尽美尽善之文，不可多得，非多购传文，广亲有学，集众选而加采择，取数百年精粹之文皆入我腹，则约非真约也。识既不高，法又不悉，吾恐视后来新文无不当读，而穷年没岁，读之犹患其少矣。

读文贵极佳

唐彪曰：蜂以采花，故能酿蜜，蚕以食桑，故能成丝。倘蜂蚕以所采食者非桑与花，则其成就必与凡物无异，乌得丝与蜜乎？乃知士人所读之文精，庶几所作之文美，与此固无异也。

唐彪曰：专读应世之文，其弊也恐思路流于庸浅，笔气流于平弱，操管为文，必不能超越流俗。专读传世之文，其弊也恐刻意求深，而流为暗晦，敷词质朴而失于枯燥，又为功名所深忌。故读文之关系至重也，是必有法焉。于应世文中，选其笔秀神妍者，去其笔庸神浊者；于传世文中，选其机神顺利、辞句鲜润者，弃其机神强拗、辞句粗豪者，即雅俗共赏之文也。虽然，如此佳文，虽名稿中不过数篇，甚难得也。宜多向古今文中选择之，博中取约，庶得乎沙中之金矣。

唐彪曰：应世之文与传世之文，虽当兼读，然又不可不分多寡。盖应世之文易成，可以勉强多艺；传世之文难就，不能假借多篇也。棘闱中以多篇取士，而可以少应之乎？故惟应世之文相直也，略多读焉可也。

唐彪曰：凡以所作之文请教于人，未尝无益，然其为益无多也。一则阅者未必直言；一则我之所学果浅，彼虽直言，吾亦不能因一二文之指点而即变拙为巧，故无甚益也。惟以吾已读之文与欲读之文请问之，求其去取，更问其当读者何文，或得其指点，则获益无尽。何也？所作之文之工拙，必本于所读之文之工拙，用不离乎体也。譬如颜色之美恶由于靛，未有靛残而色能鲜者；茶之高下系乎地，未有地劣而茶能优者。故以所作之文请教于人，必不如以欲读已读与当读之文，请教于人之为愈也。

读文贵极熟

唐彪曰：或问云：先达每言读文篇数欲少，而遍数欲多，亦有说乎？余曰："文章读之极熟，则与我为化，不知是人之文我之文也，作文时吾意所欲言，无不随吾所欲，应笔而出，如泉之涌，滔滔不竭。文成之后，自以为辞意皆己出也，他人视之，则以为句句皆从他文脱胎也。非熟之至能如此乎？是境也，惟亲至者乃知之，能言之也。"

唐彪曰：凡古文时艺，读之至熟，阅之至细，则彼之气机皆我之气机，彼之句调皆我之句调，笔一举而皆趋赴矣。苟读之不熟，阅之不细，气机不与我浃洽，句调不与我熔化，临文时不来笔下为我驱使，虽多读何益乎？

读文不可有弊病

唐彪曰：吾师姜景白先生文章超迈，其制艺读本即门下亦不得见之。余再请其故，曰："吾所读者皆系名文，每有改窜。汝曹年少，不能谨言，传至于人，谓吾多改名文，人必非笑，故不令汝曹见也。然吾所以为此者，盖亦有故。以学人熟读之文，作文时其气机每来笔下而不自觉，佳处来而疵处亦至。如归、金之文，其美处非人可及，故虽有疵而人不以为病。如吾之文，佳处既不及彼，苟又多得其疵，不甚无益乎？故吾于其疵处可改者改之，所以防其来笔下而不自觉也。"

唐彪曰：文章不贯串之弊有二：一如一篇之中有数句先后倒置，或数句辞意少碍理，即不贯矣；承接处字句或虚实失宜，或反正不合，气即不贯矣。二者之弊，虽名文亦多有之。读文者不当以名人之文忽于审察，必细心研究，辨析其毫厘之差，可改则改，不可改宁弃去之，然后己之作文，可免于不贯之弊。

读文不可一例

唐彪曰：学者读文，不可专趋一体。必清浓虚实、长短奇平并取，则虽风气尚此，读文有与之合者；风气尚彼，读文亦有与之合者。取其合者则揣摩之，其不合者且姑停之，更取读新文数篇，以新笔机，则风气已得矣。此至妙之法也。若专读一家，焉能符合乎？且人亦知韩、柳、欧、苏之称古文大家者何谓也，王、唐、归、金之称制艺名家者何谓也，以其集中清浓虚实、长短奇平，无所不有，故称大家名家也。若止有一体，连阅数十篇，了无所异，则陋之至矣，安得称大家、名家乎？彼世之以文出于一律一体为到家者，真庸妄之言也。

风气转移文章新旧

唐彪曰：文章风气，倏忽改移，未有十年不变者，何必竭力趋迎，多读新文也。或问曰："然则文章竟不必合时乎？"曰："略随时尚则可，竭力趋时，必不可。何也？凡效尤之事，人人相祟相尚，欲求胜人，未有不一往过甚者。一至过中，失其正的，止见可疵，不见可美。物极则反，未有不反而倒转者。故清空之至，势必反乎厚实；幽刻之至，势必反乎平浅；必然之理也。即或不反，未有不另变一途者。文之体段多端，任其所趋，乌能禁止。故学人趋时，风气善亦止趋其三分，风气偏止当趋其分许。本色之内，略加时尚，则内体不失乎旧，外用不违乎新，文章既佳，功名亦利。设必逢迎时尚，多读新文，弃去旧文，倏忽之间，风气又改，则既忘其得力之旧文，而力又不能再读其未读之新文，此两败之术也，岂胜算欤？”

唐彪曰：文章尚新，多在小试，棘闱未必尽然也。何以见之？从来名公，其文章杰迈庸众卓然可传者，明则如王、唐，清则如熊、韩，不但其窗下之文与风气异，即其场中墨卷，亦大与风气相反，而其取巍科也如拾芥，则棘闱不拘风气之明验矣。且人亦知场中有主之者乎？非文也，命也。命当其年贵，则平日之文佳，而此日之文更美，文美虽不合风气，亦必售也。命不当其年贵，则平日之文虽美，而此日之文或不佳，文不佳虽合风气，亦无益也。此固有造物司其权也。以造物司权，生来已定之事，而欲以趋迎风气之文，勉强得之，岂不谬妄之甚乎？

文不宜轻读轻弃

毛稚黄曰：时文不可轻易读，必期雅俗共赏，有裨功名，而又可垂永久者方读之。读则宜极熟，不宜轻弃，当如殖产造器，不啻终身受用，且当贻之子孙。轻读轻弃者，如今日殖一产，明日废之，今日造一器，明日毁之，家业必不成矣。今之视时艺为可以随时废弃者，皆自远于功名者也。又曰：论文之言，有不足听者。如吾所读之文，既经有识者再三斟酌，无可议者矣。设有长辈为私而欲吾弃去之，改读其所选之文者，其害最大，慎弗可从也。

读文贵深造不可贪多

唐彪曰：凡读文贪多者，必不能深造，能深造者，必不贪多，此理当深悟也。盖读一篇，能求名人指点，剖悉精微，从而细加审玩，则读十可以当百；若不求名人指点，更不精研细阅，虽平浅之文，尚不能窥其所以，何况精深者，虽读百不如十也。无如浅人不知深造之益，只务贪多，此篇尚读未竟，又欲更读他篇，究之读过之文，窍妙精微，了无所得。噫！吾决其所作之文之必不能胜人也。

文章阅读评注之法

唐彪曰：今人读圣经贤传，亦有细心理会者，至时艺则易视之，止于读时玩味而已，不知口既出声，气即飞扬，心即不能入细矣。文章须静坐细审，岂能以一读了其微妙。朱子云：“文章要有三熟，读时熟，看时熟，玩味时熟。”又曰：“大凡读书，且止宜读，不可只管思，口中读，心中安闲，则义理自出。若阅时当细玩，又不宜读也。”观此，分明读自读，看自看，工夫不能一时并营矣。常人且于读时咀嚼其粗浅，不能默坐沉思，以求其精深，岂能得文中巧妙乎？虽然，又有专看而不读者，文必不能熟，其弊又与读而不看者等也。

唐彪曰：读文宜屏息静坐，先取题中神理，详加体认，体认未明，必当取书考究，然后阅文，方有得也。且读文而无评注，即偶能窥其微妙，日后终至茫然，故评注不可已也。如阐发题前，映带题后，发挥某节，发挥某句，发挥其字，及宾主浅深、开合顺逆之类，凡合法处，皆宜注明，再阅时可以不烦思索而得。其中详悉读文之时实有所得，则作文之时自然有凭借矣。

文章惟多做始能精熟

陈后山曰：永叔有言，为文有三多：多读、多做、多商量也。又尝与孙莘老言曰：文无他术，惟勤读书而多为之自工。世人既懒读书，又苦作文少，每一篇出，即求过人，如此少有至者。又疵病不待人指摘，多作自能见之。多商量，宜与有识者商量。若商之于无识者，则无益而有损矣。

唐彪曰：谚云“读十篇不如做一篇”，盖常做则机关熟，题虽甚难，为之亦易；不常做则理路生，题虽甚易，为之则难。沈虹野云：“文章硬涩，由于不熟，不熟由于不多做。”信哉言乎！

唐彪曰：学人只喜多读文章，不喜多做文章，不知多读乃借人之工夫，多做乃切实求己工夫，其益相去远也。人之不乐多做者，大抵因艰难费力之故，不知艰难费力者，由于手笔不熟也。若荒疏之后，作文艰难，每日即一篇半篇，亦无不可渐演，至熟自然易矣。又不可因不佳而懈其心，懒于做也。文章不能一做便佳，须频改之，方入妙耳。此意学人必不可不知也。

朱子曰：傅安道尝言：“文章有笔力，有笔路，笔力到三十岁许便定了，后来虽进，亦相去不远。笔路常做便开拓，不做便荒废。诗亦然。”

文章全借改窜

武叔卿曰：文章有一笔写成，不加点缀而自工者，此神到之文，尚矣。其次须精思细改，如文章草创已定，便从头至尾，一一检点。气有不顺处，须疏之使顺；机有不圆处，须炼之使圆；血脉有不贯处，须融之使贯；音节有不叶处，须调之使叶。如此仔细推敲，自然疵病稀少。倘一时了草，便尔苟安，微疵不去，终为美玉之玷矣。

唐彪曰：文章最难落笔便佳，如欧阳永叔为文既成，书而糊之于壁，朝夕观览，有改而仅存其半者，有改而复改，与原本无一字存者。《曲洧旧闻》云："读欧阳公文，疑其随意写出，不假斫削工夫。及见其草修饰之后，与始落笔有十不存五六者，乃知文章全借改窜也。"欧公尚然，人可以悟矣。文章誊清之后，或有改窜，倘改而又改，则清本必至模糊难阅，当更录过矣。惟另改于一册，或改于旧草之上，俟斟酌既定，然后誊于清本，则可省更录之劳。

唐彪曰：欧阳永叔自言为文，有改至不存原本一字者，因思古名人未必不多如此，但不能如欧公之真笃不矜，肯自言以教人耳。

唐彪曰：古人虽云文章多做，则疵病不待人指摘而自能知之，然当其甫做就时，疵病亦不能自见，惟过数月，始能知之。若使当时即知，则亦不下笔矣。故当时能确见当改则改之，不然，且置之，俟迟数月，取出一观，妍丑了然于心，改之自易，亦惟斯时改之始确耳。

《曲洧旧闻》云：黄鲁直于相国寺得宋子京《唐史稿》一册，归而熟观之，自是文章日进。此无他，见其窜易句字与初造意时不同，而识其用意之浅深也。又文章清本每有遗失，惟赖草稿以存之。

作文有精研一法

唐彪曰：佳文最难，毕生岂易多得。即如古称大家、名家者，轶群之作不过数十篇，至多不越百篇，外此则多寻常者也。彼其轶群之作，或系一时而就，或系数日锤炼而就，或系他年改窜而就，非拘定一日所作也。人于一日之间，文或不佳，必不可生退怠心，更不可将所作毁弃。迟数月仍以其题再作，有一篇未是之文，反触其机，即有一佳文出焉。此中妙境，惟亲阅历者乃能知也。

作文上乘工夫

唐彪曰：人生作文，须有数月发愤工夫，而后文章始得大进。盖平常作文，非不用力，然未用紧迫工夫从心打透，故其获效自浅。必专一致功，连作文一二月，然后心窍开通，灵明焕发，文机增长，自有不可以常理论者。然须请明人评阅，方知是非。不然，又无益也。昔唐荆川、瞿昆湖、熊次侯三先生致功如是，而袁坤仪、毛稚黄又屡以此法告人，谅非虚语。余更以释氏结制之理思之，似有水乳之合。盖宗门释子于结制之日，断绝妄想，专提一话头，不即不离，日夜在心，一二七之后，多有豁然大悟，触处灵通，一了百当者。作文连绵不断，至一二月心不走漏，则灵明焕发、奇功异效有必然者。然必前此有数月静坐工夫，养此心虚灵湛然，无一毫尘俗系于其心，而后致功方有益也。故当以前卷文源之理参之，始知其详矣。或曰：此工夫宜择时行之，秋冬为主，须预养精神，服药饵，然后得以致功无间。不然，恐又有精神疲惫致病之虞矣。体弱者幸勿轻试焉。

三先生实事：昔唐荆川于戊子年正月读书，一切纷华杂事，总不撄情，终日坐想题目，饭至呼之常不应。阅四月而举业大成矣。瞿昆湖坐五柳堂，终日作文，未及百日，见水流风动，草长花开，恍然见文机发见，是年遂登科，明年及第。熊次侯在西山静坐一年，后连作文百日，文章杰迈，遂大魁天下。

补　遗

唐彪曰：文章初脱稿时，弊病多不自觉，过数月后始能改窜，其故何也？凡人作文，心思一时多不能遍到，过数月后遗漏之义始能见及，故易改也。又当其时执着此意，即不能转改他意，异时心意虚平，无所执着，前日所作有未是处，俱能辨之，所以易改。故欲文之佳者，脱稿时故宜推敲，后此尤不可不修饰润色也。

读书作文谱卷六

临文体认工夫

唐彪曰：凡一题到手，必不可轻易落笔，将通章之书缓缓背过，细想神理，看其总意何在，分意何在，界限节次何在。大为界限，小为节次。某节虚，某节实，某句虚，某句实，某字虚，某字实。虚者题语虽多而文宜略，实者题语虽少而文宜详，此最要诀也。又题中所有意义，宜详该不宜遗漏，正意当实阐，余意可带发，章旨当顾者顾之，下意可吸者吸之，可反形者借以反形，可陪讲者用以陪讲，应补缺者必须补缺，应推广者必须推广。思索已遍，然后定一稳当格局，将所有几层意思，宜前者布之于前，宜中者布之于中，宜后与末者布之于后与末。然后举笔疾书，自然有结构，有剪裁，与他人逐段逐句经营者不同矣。

梁素治曰：审题与看书不同，看书只就白文顺序参详，而题目则有长短分截剪头去尾种种悬殊。予尝谓文理在书中，而文情则在书外，作文者当知就题说书，而不当执书解题也。学者每拈一题，先相其精神结聚处用意写之，有结聚于实字者，有结聚于虚字者，有数句而结聚于一句者，有数字而结聚于一字者，有不结聚于本题而结聚于上下文者。审觑既明，然后闭目静思，此题当如何安顿，如何出落，如何方不粘上，如何方不犯下，题中之肯綮，题外之精神，了然心目，然后下笔，如此则章法结构、位置剪裁无不允协矣。

素治曰：凡代一人说话，即欲肖一人口吻，如圣人、贤人、狂士、隐士、权臣、佞臣，其口吻各有不同，作此题文即欲设身处地，如我身实为此人，由此发为文字，无不入神入化矣。

吴因之曰：作文先以看题透彻为主，题有皮肤，有筋骨，吾舍其皮肤而操其筋骨，自有一段精深议论。且如苏秦游说六国，撮其大旨，不过曰割地事秦如抱薪救火，此自尽之术也。然此亦人人能知之，人人能言之，偏是苏秦为约从长，何也？彼平日能悉各国之形势，揣各国之人心，搜各国之往事，探各国之所重所轻，描各国之所畏所苦，天下机局，如在目前。故到一国，自有一国议论，立谈之间，能令伤心者哽咽，使不平者按剑，何暇计群羊之不敌猛虎，与连鸡之不能俱栖，虽欲不举国以听其道无由。作文亦然。能得苏秦说六国之旨，人焉有不称善者乎？

葛屺瞻曰：作文之时，慎毋迎合于人情之好尚，毋牵系于旧日之见闻。细玩圣贤立言之意何在，界限重轻何在，思前审后，必使胸中具有全局，而后可下笔行文，方得神情毕肖。如此用功，初时极难，甚或终日不成一字，切莫畏阻，久久做去，机窍一通，则题到笔随，直迎刃而下。盖此取给于心，而心之生机原自无量，特当其塞时若难，而当其通时甚易也。虽然，此特作文时事耳。苟平日不细心看书，及多读经史古文，而徒于作文时着力，虽殚精疲神，亦有何用？故又当于源头上用功，始有得也。

杜静台曰：文无他诀，惟贵体认。体认者，谓设以身处其地，处其时，而体认其理也。理之体认既真，则经书非先圣先贤之言，乃吾身真实固有之理。由是发为文章，句句皆真诠实谛，格自然佳，词自然畅，气自然顺矣。

唐彪曰：短题贵分，分则意思多，议论亦多，文未有不优者。长题贵合，合则头绪不纷，说理减省，布置整齐，词彩冠冕，文亦易于见长也。

布　格

唐彪曰：文章全在布置，格即布置之体段也。虽正变高下不同，然作文之时，必须先定一格，以为布置之准则，而文乃成片段。虽然，难言之矣。不知题理题窍，临文时必无决断，一心欲为此，一心又欲为彼也，不知种种运用法，即为此而机神不随，为彼而词华不应，于是任笔所之，听其凑成一格。虽勉强成篇，终至详略失宜，虚实浅深倒置，题理题窍，皆不合也。若能知夫题理题窍与种种运用法，则一题虽有多格，必能辨其孰变孰正、孰下孰高，意欲为此，机亦来随，词亦来应也。夫题之理与窍与法，昔人未有详言，余今尽发于第四至七卷中。细心体认坚记，当有所得，不患格之不能预定矣。

武叔卿曰：文字初时布置虽有定格，至于中间离方就圆，生无化有，全要活法。如弈棋然。每一局各有一格，然其中离合进退与攻击应援，又多有变，不能拘初间一定之局。文格之中变亦犹是也。

唐彪曰：初间定格，至中而变，固亦常事。但既变之后，亦须将反正、浅深照应关锁，再斟酌定，然后为之。若不如此，任笔所之，未有佳者。

郑先生云：文有位置，不可略紊。如想起讲与起股时，有意虽佳而止可入中股、后股，不可于起处用之者，则留此意于中后股，而起股宜别用他意为之。如此则无位置颠倒与前后重复之病矣。

时文有取用自撰两端

唐彪曰：作文原不必剿袭，自己做得熟时，词调自然辐辏，笔底滔滔不知从何处得来，是何以故？盖文章者性之华也，性之精华，取不穷而用不竭，第无以引之，则亦无由发现，惟多做而熟者，能通其路而引出之。如草木之性，无不含花，气未至，则蓄而不发，时至气感，不期然而花开烂漫矣。

顾泾阳曰：文章家数不同，有奇古，有雄杰，有浑厚，有丰润，有雅逸，有清爽，先儒所谓习焉而各得其性之所近者是也。然莫不有极至之地。士子造诣，必须随其质之优为者而各造其极，不必舍自己之长，而强学他人之所长也。

瞿昆湖曰：作文须要从心苗中流出。初时觉难，久之自易，盖熟极自能生巧也。今之后生，专去翻阅腐烂时文，以为得法，抑知吾有至宝，不去寻求，而取给他人口吻，以为活命之资，真可叹矣。更有一题到手，辄取旧文以为式样，初时以为省力，不知耳目增垢，心志转昏，自家本来灵性反被封闭，不得透出，即能成文，亦平庸肤浅，不足观矣。

毛椎黄曰：作时文必期善用，愈用则愈利。不妨用集腋成裘手段。且读而不用，读之何益。倘不用惯，作时必自费苦心，灯窗或得佳篇，风檐必致窘手。制艺以取科第为主，徒自苦而不收其效，是何为也。

毛稚黄曰：戈先生云：昔做工夫，惟以揣摩拟题为主，将好题拟出录为一册，每期拈题，极意揣摩，文成后，取刻文或师友好文观之。我文已工不必言，如不然，则取彼文之佳处改入我文，如集腋成裘，期于定善而后已。既已改就，即熟读频温，数年之间，作文颇众，入棘闱中，其题多有遇者，似觉从容有余力也，遂获联售。吾之致功盖如此。

唐彪曰：人言制艺，直自经营者十之六，言不妨取用于人者亦十之四。彪细思之，二说皆宜存而不必偏废。一为文章起见，一为功名起见也。凡人应试，风檐寸晷，刻期七艺，自做者劳苦，而或有出入，反不如善用者畅满停匀，无参差枯竭之病，足以悦主司之目，而得功名也。功名既得，则有功业传于后，岂不更胜于文章传后者乎？则能作者诚不如能用者，故曰为功名起见也。人生读文，多者不过三百余篇，少者不过二百余篇，保无有或遇一二题，所读之文，竟无可用，仍须自己经营。更或久久倚傍他人，一旦无所依倚，虽竭力构思，终不能出人头地。则能用者，又不如惯作者之有把握也，故曰为文章起见也。如是则二说皆有当，不可偏废。彪有折衷之论焉。文章自出机杼，则文品高而传后亦久。既作一题，必宜竭力经营，不当先思剿袭，以用为辅，遇可用者不妨借用，如兵家之因粮于敌。如此则并行而不相左矣。

修　词

武叔卿曰：词要音响，听之如敲金戛玉；词要色丽，观之如散锦明珠。然有流弊焉，不可不知也。必侈其词以为当，其究也失之冗；必组其词以为丽，其究也失之靡。譬之剪彩为花，非不灿烂可观，而生意索然，殊无真趣。又如美女涂脂，反隐本相矣。故说理之词不可不修，若修之而理反以隐，则宁质无华可也。达意之词不可不修，若修之而意反以蔽，则宁拙毋巧可也。修词者其审之。

武叔卿曰：词不雕刻则不工，然过于雕刻则伤气；词不敷演则不腴，然过于敷演则伤骨。其辨在毫厘而远在千里，故昔人不废修词，而亦不专重修词也。

顾泾阳曰：意与词相为联属者也。意铸矣而词不琢，将并其意而失之。如奇古之意，而发为腐烂冗杂之词，则观者但觉其腐烂冗杂，而不觉其为奇古矣。况意不甚出人，而又无佳句以达之，其为俚鄙可胜言乎？是作文不可有意无词也。然琢词不可无法，短则欲该，如欧阳公“环滁皆山也”一句，省却许多字而意未尝不尽也。长则欲逸，如昌黎公“若驷马驾轻车就熟路而王良造父为之先后也”，字虽多，而逸致动人。余推此类可见。

唐彪曰：词有宜有忌，其宜者曰轻新，曰秀逸，曰明显，曰老健，曰典雅，曰润泽，曰流利，曰长短相间，曰奇偶停匀，曰抑扬合节，曰平仄和调。其忌者，曰板重，曰粗俚，曰暗晦，曰庸熟，曰凿空，曰涩拗，曰重叠。宜者合一二亦佳，忌者必宜全去。锤炼而后精，不锤炼未必能精也。淘洗而后洁，不淘洗，未必能洁也。落笔之时与脱稿之后，俱宜润色之。

吴因之曰：或问词调之于文何如？余应之曰：辞者不得已而用之者也。着一分词，便掩一分意，意思到时，只须直写胸臆，家常说话，都是精光闪烁，何以辞为文。袁了凡曰：文有词有理，而理为之主，故理明则词显，理密则词精，理当则词确。理譬则主人也，词譬则奴仆也，未有主人精明，而奴仆不从令者。人惟不知穷理，而徒求工于词气之间，故用尽苦心，终不能出人头地。

东坡云：孔子曰：“辞达而已矣。”夫言止于达意，宜若不文，是大不然。言理能使是理了然于心者，盖千万人而不一遇也，而况能使了然于口与手者乎？是之谓辞达。辞至于能达，则文不可胜用矣。

唐彪曰：文章修词一事，不过以凡有文词，贵平出之以轻松秀逸，古雅典确，奇偶相参，虚实长短相间，转棹处以高老雄健佐之，段止势尽处以抑扬顿挫参之，使意尽而余韵悠然。更得平仄谐和，句调协适，文采灿然可观矣。古人谓不必修辞者，非欲废如此之词也，但不欲浮靡雕绘也。古人谓必宜修词者，亦止欲词如此也，岂尚浮靡雕绘哉？言虽异而意未尝不一矣。程楷曰："修词无他巧，惟要知换字之法。琐碎字宜以冠冕字换之，庸俗字宜以文雅字换之，务令自然，毋使杜撰，此即修辞之谓也。"若以浮靡之言，反掩文之真意，则可鄙之词也，何以修为？知此可无疑于人言之不一矣。

唐彪曰：文章有修词琢句，反复求工而不能尽善，其故何也？以与平仄不相协也。盖平仄乃天然之音节，苟一违之，虽至美之词，亦不佳矣。作文者苟知其理，凡句调有不顺适者，将上下相连数句，或颠倒其文，或增损其字，以调其平仄，平仄一调，而句调无不工矣。

梁素治曰：文中二句对者，或上平宜下仄，或上仄宜下平，必须参差用之。四句一联者，句末押字必用仄首句、平次句、平三句、仄四句，或平首句、仄次句、仄三句、平四句乃为合法。盖非特句有余音，亦能使文有余情也。起头、煞尾两处，必用一仄一平，或一平一仄，声韵方谐。他处单句亦须平仄间用，方觉音韵铿锵。

论文疏密长短奇正

陈眉公曰：文章只要单刀直入，最忌绵密周致。密则神气拘迫，疏则天真烂漫。《史记》之佳处在疏，《汉书》之不如《史记》在密。书亦然。元书疏，宋书密，气运生死，皆判如此。

毛稚黄《与柴虎臣论文书》云：尊文醇雅饱满，可为典音，微少者超然之趣耳。所以然者，病在详尽与联络也，详尽则无意到笔不到之妙，联络则无入不言出不辞之意。落笔能如此等处留心，则文自入超然之境。

东坡云：作文之法，意尽而言止者，天下之至言也。然而言止而意不尽，尤为极至。如《礼记》《左氏》可见。

唐彪曰：文章长短，不可拘一律。如司马迁《项羽本纪》，长八千八百一十九字，《赵世家》长一万一千一百十三字，《颜渊列传》仅有二百四十字，《仲弓列传》止六十三字，此司马迁文章长短不拘一律也。又如《左传·邲之战》一篇长二千八百七十字，《韩之战》一篇长二千六百六十三字，《郑人侵卫》一篇仅有八十字，《考仲子之宫》一篇仅有六十二字，此《左传》之文长短不拘一律也。故知文章原有不得不长、不得不短之妙，如题无可阐发者，不可强使之长，长则敷衍支蔓矣；题应重阐发者，不可疏率令短，短则意不周详，词不畅遂矣。世人乃曰文贵长短一律，呜呼！二十八宿井木长三十一度，而嘴火止一度，非列宿乎！列宿，天之文章也，天之文章尚不拘如此，人之文章不可推类乎！

沈虹野曰：题有生发者，不害其为长，无可生发者，不害其为短。今欲矫其所短而使之长，非有冗股则有冗句矣；矫其所长而使之短，非意未尽则词不满矣。东坡云："行乎其所当行，止乎其所不得不止。"此文所以贵自然也。

《仕学规范》云：凡作简短文字，必须要转处多，凡一转必有一意思，乃妙。

朱子曰：凡人做文字不可太长，多照管不到，宁可说不尽。韩、欧文皆不欲说尽，东坡虽是一往滚将去，他里面自有法度。今人不理会他里面法度，但只管学他一滚做将去，故无结构。

傅夏器曰：文章不拘奇正，只要英发出色，丰满光亮，始能于万人中夺主司心目。不则庸庸腐腐，未有不遭摈弃者也。

柴虎臣曰：文词有正宗取法乎古，在得其神理，非徒雕镂字句，以貌为奇。李德裕曰："如日月在天，而光景常新。"斯言得之。即以《尚书》论，《商盘》《周诰》称佶曲聱牙，二《典》三《谟》颇极平顺。《周官》中古字，识者谓是刘歆革窜入，其佳处不在此。昌黎之文至矣，而每于碑记好撰为奇字涩句以标新异，正美玉之微瑕也。

作文引用经史典故

唐彪曰：时艺引用经史，宜典雅显明者始无弊。若用隐僻生涩之言，非但不足以增华，反足为吾文之玷。考试之文，尤当细心拣择，不然，语非习见，又不易解，学浅者不知为经史，多致涂抹，安保不绌落乎？何可不加慎也。

《丽泽说文》云：作古文不必多用事，只用意为妙。又曰：不得已用古人言语事实，只宜略点过。

《丽泽说文》云：凡用典故，须要大雅，俚俗则无味；须要镕化，全出则无味。

少年之文要英发畅满

欧阳公《答徐较秘书》云：所寄近著甚佳，议论正宜如此。然著撰苟多，他日更自精择，少去其繁则峻洁矣。然不必勉强，勉强简节之则不流畅，须待自然而至也。又东坡《答李豸书》云：惠示古赋近诗，词气卓越，意趣不凡，甚可喜也。但微伤冗，后当稍收敛之，今则未可也。

东坡《与侄简》云：凡文字，少小时须令气象峥嵘，采色绚烂，渐熟乃造平淡。其实不是平淡，乃绚烂之极也。汝只见爹伯今日文章平淡，便尔专意学为此样。何不取旧日应举时文字观之，看其高下抑扬，如龙蛇捉不住，且当学此，斯得之矣。

论应试文

王缑山曰：举业之文，大抵明润象春，而柔嫩亦象春；畅茂象夏，而秽杂亦象夏；高洁象秋，而萧索亦象秋；老成象冬，而闭塞亦象冬。春主发荣，夏次之，秋又次之，冬则剥矣。得春夏气多者，即初学或速售，得秋冬气多者，即积学或久滞。此常理也。

唐彪曰：学人改读自作经文最为长策。盖士人不患无七篇之才，思患无七篇之精力。场中席舍迫狭，终冬不能成寐，精神必疲。欲七篇尽出场内经营，则力量必减，而所作不能过人矣。故场中止宜专心书艺，其经文必当平日做就读之，入场书写，方得文章充满整齐，前后如一。不然，未有不捉襟露肘者，欲求试官入目难矣。时有一俗师曰："己之文焉可诵读。"余曰："君之见左矣。窗下尽一日之长，但作两艺，又可以今时所作，他时改窜，尚且自谓不佳，不可记诵，则风檐寸晷之下，一日七艺，不及推敲润色者，反谓足以慊于心动主司目，吾不信矣。"其人愧而无言。

临场涵养

王阳明曰：穷达一听于天。举子入场，若期在必得，以自窘辱，则大惑矣。入场之日，切勿以得失横在胸中，令人气馁志分，大无益也。场中作文，先须大开心目，见得题意大概了了，即放胆下笔，始能纵横出没，词气条畅。今人入场，有志气局促不舒展者，是得失之念为之害也。夫心无二用，一念在得，一念在失，一念在文字，是三用矣，所事宁有成耶？将进场十日前，便须练习调养。盖寻常不曾起早得惯，忽然当之，其日必精神恍惚，作文岂有佳思？须于每日鸡初鸣即起盥栉，整衣端坐，抖擞精神，勿使昏惰。日日习之，临期不自觉辛苦矣。今之养生者，多是厚食浓味，剧酣浪谑，或竟日偃卧，如此乃挠气昏神，长傲而召疾也，岂摄养精神之谓哉！须节饮食，薄滋味，则气自清；寡思虑，屏嗜欲，则精自明；定心气，少睡眠，则神自澄。君子未有不如此，而能致力于学问者。兹特以科场一事言之耳。每日或倦甚思休，少偃即起，勿使昏睡。既晚即睡，勿使久坐。进场前两日即不得翻阅书史，杂乱心目。每日止可看文一篇以自娱，若心劳气耗，莫如勿看，务在怡神适趣。含蓄酝酿，令充然滚滚。若有所得，益加含蓄酝酿，勿使气轻意满。每日闲坐时，众方嚣然，我独渊默，中心融融，自有真乐，盖出乎尘垢之外，而与造物者游。吾子喜闻之，故言及此也。

唐彪曰：余闻诸缙绅先生其用工进取有二法：一于大比年之正月始，每日作文一篇，至临场而止；一于大比前一年之八月始，每三、六、九作文二艺，限定其时刻，以香尽文成为节，不令少迟。二者一取其纯熟，一取其速成。然速而至于久，未有不熟者；熟而至于久，未有不速者。是二者用工虽殊，其致一也。如此神精翕聚，文必精工。既具过人之技，焉有不成名者乎！

读书作文谱卷七

文章诸法

卷内所载文章诸法，其古文、时艺合者，或专就古文言，以该时艺；或专就时艺言，以该古文。至于法不相合者，则提出古文、时艺名目，分阐其理。阅者须知书内所以分合之故也。

总论 先辈云：文章大法有四：一曰章法，二曰股法，三曰句法，四曰字法。四法明而文始有规矩矣。四法之中，章法最重，股法次之，句法、字法又次之。重者固宜极意经营，次者亦宜尽心斟酌也。

沈虹野曰：文章之词句，贵长短间行，体裁宜散整互用。

浅深虚实 唐彪曰：文章非实不足以阐发义理，非虚不足以摇曳神情，故虚实常宜相济也。浅以指陈其大概，而深以刻画其精微。故深浅不可相离也。又曰：浅深虚实，虽古今文之大纲，然约略其概，不出四端：有由虚入实，由浅入深，挨序渐进者；有一实一虚，一浅一深，相间成文者；此二者人皆知之。至于变体，则有前幅实义已尽，后幅不得不驾虚行空，或衬贴旁意，或推广余情者；有前半刻意深入，后半无可复深，不得不轻描淡写，或援引古昔，或附带他事者；此二者人少知之。然四者结构虽不同，而当理合宜则一也。能悟斯理，即可以尽浅深虚实之致矣。

开合 唐彪曰：人皆以开合为文之要法，而不知最难知者开合也。诸家所言，多未明悉，今反复细思，乃得其理。盖开合者，乃于对待诸法中而兼抑扬之致，或兼反正之致者是也。如宾主擒纵、虚实浅深诸法皆对待者也。有对待而无抑扬反正之致，则宾主自宾主也，擒纵自擒纵也，虚实自虚实也，不可云开合。惟对待中兼有抑扬反正之致，譬如水之逆风，风之逆水，一往一来，激而成文，而波澜出焉，乃真开合也。而惜乎其理之久晦也。且就时艺论，有本股自为开合者，有二股共为开合者，有四股共为开合者，有通篇大开大合者。得其法者，文多错综变化，有纵横离合之致焉。故开合为时艺要法也。

离合相生 周安士曰：世间文字断无句句着题，句句不着题之理，其法在于离合相生。离合相生者，谓将与题近，忽然飏开，将与题远，又复掉转回顾是也。此文章离合法也。

描写 唐彪曰：文之有描写，犹画者之描写人容也，容貌毫发不肖，不得谓之工；即容貌肖矣，而神气毫发不肖，亦不得谓之工。故文章最重描写，而最难者亦无如描写也。是以描写宜细，不细即粗陋矣；描写宜详，不详即缺略矣；描写宜文，不文即俚俗矣；描写宜正，不正即邪野矣。本位不可描写，宜描写其对面；中间不可描写，宜描写其两旁。能如此而文焉有不工者乎！

对面描写 唐彪曰：凡题有正面，有反面，有旁面，有对面，惟对面人少知之。作文取对面与本位相形，或专描写对面，而神情愈出，此理人益少知之。如"有朋自远方来 一节"题，言"朋得我则疑有与析，惑有与解，切磋勉励，德业日进，朋且甚乐，而况于我乎"，此两面相形法也。又如"谄笑"两字题文，将"贵人因此爱之""贵人因此恶之"作二股，此描写对面一边也。而其所薄者厚题文内，有所薄者将自慰曰："吾本不当望其厚也，彼于所厚者而且然耳，而又何敢妄云其薄。"此又用代法描写对面也。作文能知此理，何患题之枯寂乎？

衬贴 唐彪曰：凡文之有衬，如金玉之用雕镂，绫绮之装花锦，虽无益于日用，而光彩陆离，令人贵重，端在于此。文章固有不必用衬者，若当衬者不衬，则匡廓狭小，意味单薄，无华瞻之致矣。但衬之理不一，或以目之所见衬，或以耳之所闻衬，或以经史衬，或以古人往事衬，或以对面衬，或以旁观衬，或牵引上文衬，或逆取下意衬，皆衬贴也。作文能知衬贴，则文章克满，光彩何待言哉！其他衬贴易知，惟对面衬贴，人知者少，今附见于后。

对面衬贴 汪武曹评许之逊《文王视民如伤》文云："有'如伤'对面，即有'真伤'一层，有'文王之视民'对面，即有'民之自视'与'人视文王之民'两层。"又评李叔元《今吾子以邻国为壑》文云："有'邻国之怨我'对面，即有'吾民之德我'一层，有'吾可以邻国为壑'对面，即有'邻国亦可以吾为壑'一层。"此二文者，对面衬贴之榜样也。

跌宕 唐彪曰：文章既得情理，必兼有跌宕，然后神情摇曳，姿态横生，不期然而阅者心喜矣，如作乐然。乐之能动人者，非以声也，以音也；又非仅以音，以余韵也。乐有声而无音，有音而无余韵，能令人快耳爽心否乎？文章亦然。无余情余韵，使丰神摇曳，则一蠢然死板之文耳，安能令人心喜哉！故跌宕为文章最佳境也。

详略 柴虎臣曰：详略者，要审题之轻重为之。题理轻者宜略，重者宜详。详者宜铺叙，否则伤于浅促；略者宜剪裁，否则伤于浮冗。如吕逢源《周有八士　节》文，开讲后畅发首句是其详，"伯达"四句只用六语虚点是其略。盖题旨重"周有八士”句，而人名可不必铺叙也。陶石篑《孟献子　节》文，“发畜马乘”二句最略，“聚敛之臣”三句亦略，“不以利为利”二句阐发极详，盖题旨重在结末，而前段引语，自当剪裁也。大都全章长题，最宜审其轻重，轻重一审，而行文自中乎肯綮矣。

毛稚黄曰：详略者题，入手裁之以识，洞见巨细，巨详细略，尤细者去之，无烦涉笔。又或略其巨，详其细，琐琐而不厌，恒情熟径，我其舍之，斯神化之境矣。按：后六句乃古文之别境，不可不知。然制艺则不常用。

先后　唐彪曰：文章当先当后，苟得合宜，虽命意措词不甚过人，而大概已佳。若位置失宜，当先反后，当后反先，虽词采绚烂，思路新奇，亦紊乱不成章矣。且位置失宜，则步步皆成窒境，欲成篇且难，而遑问其美恶乎？故先后位置，临文不可不细心斟酌也。

时艺先实字后虚字　周安士曰：凡题之神情口吻，有在实字者，有在虚字者。题理既在虚字，若先从虚字说入，不惟不能透出实义，而题中口气，亦且一说便完，以后必至重复。若先将题中实字逐层挑剔，然后转到虚字以完题意，则结构自然有条理矣。

宾主　唐彪曰：文不以宾形主，多不能醒，且不能畅。如《孟子》“今王鼓乐于此”，必借田猎相形，言“放良心伐夜气”，而必以“牛山之木”设喻，非此法欤？以制艺言之，凡借一理一事一说形出本题正意者，无非宾主也。然有单宾单主，又有主中主，宾中宾，更有宾中主，主中宾之分，其理不可不辩。所谓宾中主、主中宾者，如“百里奚　章”，“百里奚”是主，“宫之奇”是宾；“古之君子仕乎　章”，“仕”是主，“诸侯耕助”等是宾。以“宫之奇谏　句”命题，及“诸侯耕助　四句”命题，则发挥本题是宾中之主，而回顾章旨是主中之宾，其所以然之故出于题也。若题中无宾主，文中亦止有宾主而已，安得有所谓宾中主，主中宾乎？或者莫辨其理，谓凡时艺皆不可无此，取肖汉冲《如有王者必世而后仁》题文妄加评论，谓此是主中宾也，此是宾中主也。噫！南辕北辙矣。又谓时艺不可犯宾中宾，不知许子逊《文王视民如伤》文，其出股以“文王之自视”，此宾也，对股而以“人视文王之民”，岂非宾中宾也乎？李叔元《今吾子以邻国为壑》文，“假令邻国人人师子之智”一股是宾也，“假令神禹师子之智”一股又宾中之宾也，安得谓时艺不可犯宾中宾乎？至于古文中之宾中宾，尤不可胜指。观《左传》“栾盈出奔楚”、《史记》“孟尝”“平原”诸文，即知之，奈何论者之多错误也。

翻论　唐彪曰：文章有不假翻论者，有宜于翻论者。借浅以翻深，借非以翻是，不翻则是者不见，深者不出，故宜于翻也。又有翻古人之成案者，如古人否者我贤之，古人是者我非之，当于理则圣贤之功臣也，后学之耳目也。不然，以偏蔽之辞佐其意见曲说，则人非鬼责，必不免焉。有才者不可不深戒乎此也。

进退　周安士曰：一篇中有一篇之进不得处，一段中有一段之进不得处，遇有此等，须用退法以进之。读者但见其用宽笔，不知愈宽乃愈紧也，但见其用反笔，不知反笔正是佐助顺笔，使辞意不至平实与雷同也。

毛稚黄曰：突然而起，下故不接，中间方叙，忽尔拓开，意犹未尽，故为勒住，皆进退也。

唐彪曰：虚缩题已做到题面，便是进不得处，其用逆接、反接者，则退法之一端也。

转折　唐彪曰：文章说到此理已尽，似难再说，拙笔至此技穷矣。巧人一转弯，便又另是一番境界，可以生出许多议论，理境无穷。若欲更进，未尝不可再转也。凡更进一层，另起一论者，皆转之理也，至于折则微不同。折则有回环反复之致焉，从东而折西，或又从西折东也，其间有数十句中四五折者，有三四句一句一折者。大都四五折后即不可复折，其往复合离抑扬高下之致，较之平叙无波者，自然意味不同也。此折之理也。

推原 唐彪曰：推原者，或从后面而推原其来历，或因行事而推原其用心，或因疑似而推原其所以然，三者皆理有所不容已也，故文中往往用之。且有通篇用此法者，亦有通篇用此法全借代法以行文者，如王季仲《驱虎豹犀象而远之 一句》文，钱樻《出》一字文，通篇皆用代法。人第知其代法也，而岂知其实推原法乎？

推广 唐彪曰：文至后幅，正义已尽，难以发挥，可于题外推广一层。苟说得有关系，有根据，则前半文情得此愈振动也。

反正 董思白曰：反正乃文之大机关，不可不知也。且如《论语》中夫子之论管仲，若正言之，则曰“管氏不知礼”，何等明尽，却又曰“管氏而知礼，孰不知礼”，“子贱尊贤取友”，若正言之，只宜用“鲁多君子，故有所取以成其德”，却曰“鲁无君子，斯焉取斯”。此皆反语，惟反而文斯畅矣。

柴虎臣曰：文家用意遣辞，必反正相因，无正不切实，无反不醒豁，其间或正在前，反在后，或正在后，反在前，则在随题布置，初非可执定者也。大要反正互用，宾主错综，然后文机灵变出矣。

照应 唐彪曰：照应之理，以时艺言之，起讲与一二股俱可用意照后，五六七八与缴股俱可用意应前，即中幅亦可应前照后，无定式可拘也。时艺近体有一二股下，先立数柱，后乃逐段应转者，此亦时艺式也。以古文言之，唐宋古文，亦多前半与后半相为照应。宋策亦有前半立柱，而后逐段应转者，然此等处学之者多，则不免落于蹊径。若周、秦、汉古文，其照应有异，多在闲处点染，不即不离之间超脱变化。虽然，若时艺又不可以周、秦古文之法律之。

关锁 柴虎臣曰：锁者，文势至此极流，须用关锁，如山翔水走，不得一锁，使大气结聚，必不成州县市镇也。文章若无关锁，则随笔所之，难免散漫之患。又有锁上而复起下者，此又锁而兼联络者也。

代 唐彪曰：如圣贤论人之贤否，或论事之是非，我作其题，已是代圣贤口吻发论矣。然单代圣贤口气，犹不能描写曲尽，乃更将圣贤口气，代其人自说一番，则神气无不毕露。此代法之所由起也。古文、制艺皆需之。如记事题评论在下，着议论，即犯下文；虚缩题用我意阐发，多至犯下。二者俱难措手，惟用代法，代其人自言，则俱在题前着笔，允无犯下之病。又凡文中用推原法者，先辈多假代法出之，则事理愈加明晰。此皆代法之妙也。其间有代一二股者，有代三四股者，有一股中代数语者，至于通篇皆用代法者，则熊次侯“辞”一字题文，金式玉“善为我辞焉”题文是也。

汪武曹曰：代法者，时艺之金针。信矣哉！

周安士曰：周公代鸟言以明心事，庄子代莺鸠以笑大鹏。鸟之口气尚有可代，岂有人之心事，不可代为之说者乎？

咏叹 唐彪曰：文章有前半实义已尽，后半再不宜实发理也。然体裁、神韵之间，犹似未可骤止，故用咏叹法以尽其余情，则体裁舒展，而神韵悠扬，文之动人，反不在前半实处，而在此虚处矣。其体裁或长或短，或整或散，则不拘也。

遥接 唐彪曰：有遥接法。如一段文章，意虽发挥未尽，而有不得不暂住之势，若复加阐发，气必懈弛，神必散漫矣，惟将他意插发一段，则神气始振动华赡也；发挥之后，复接前意立论，谓之遥接。又叙事之文，挨年次月者发挥本人之事，或未竟，其时适又有他人相关之事，理宜带叙，则本人未竟之事，不得不接叙于后，此后文遥接法也。

带叙附叙 唐彪曰：附法者，譬有文于此，将可附之人与可附之事附叙于此文之中，而不更立篇章是也。如《史记·季布传》附叙季心，《张释之传》附叙王生，此附法也。带者或中间，或末后，只将数语带及之是也。比附法又简略矣，然亦必有关系。或为他年他事张本者则带之，或理与事可以相通，见于此则可省于彼者则带之，非无谓也。时艺少用。凡著书及作经世大文，用此法最多云。

抑扬 唐彪曰：凡文欲发扬，先以数语束抑，令其气收敛，笔情屈曲，故谓之抑。抑后随以数语振发，乃谓之扬。使文章有气有势，光焰逼人。此法文中用之极多，最为紧要。太史公诸赞，乃抑扬之一端，非全体也。世人不知，竟以为其法止可用之评论人物，何其小视此法也！其先扬后抑，反此而观。

顿挫 唐彪曰：文章无一气直行之理。一气直行，则不但无飞动之致，而且难生发，故必用一二语顿之以作起势，此顿字须作振顿之顿字看。或用一二语挫之以作止势，而后可施开拓转折之意。此文章所以贵乎顿挫也。若以顿作住字解则误矣。按：抑扬者，先抑后扬也。顿挫者，犹先扬后抑之理，以其不可名扬抑而名顿挫，其实无二义也。

虚衍 唐彪曰：文章最忌敷衍，而文章佳处又有在虚衍者，其理何居？曰：应实发处不能实发，谓之敷衍；地位不可实发处，虚虚布置，谓之虚衍。二者原不同也，所以然者，以当虚处不留余地，则实处不免消索与重复。又虚缩题股尾实发，即有犯下之病，故往往用虚衍法以留余，文乃佳也。

顺逆 唐彪曰：制艺代圣贤口吻，发明圣贤道理，宜顺题生发，使先后次序井然，斯佳也。昔嘉靖中年以“可也简”题试士，昆湖云：此题当先讲“可也”，后讲“简”字，不然文势似“简也可”矣。又如“君子胡不慥慥尔”题，却都做成“慥慥胡不君子尔”，失题神矣。余谓此二题题面不可倒，故昆胡言之。世人见其言，便以为凡题必当顺发，不复有当逆者矣，岂知题有宜逆发者在也。何也？凡书后句后段之意，原有藏于首句首节之前者，题前前有则不妨逆发，逆发则有振衣千仞之势，如金正希《唐虞之际　二句》文，讲下逆提“盛”字，陶子师“如有王者必世而后仁”文，逆发“仁”字，盖题前原有“盛”字、“仁”字意也。至于一句题，可以先发下面字，后发上面字者颇多，原不嫌于倒置。凡文之宜顺宜逆，皆因乎题，题当顺发则顺为佳，题当逆发则逆为佳，不可以随吾意见偏至也。

挨讲穿插　唐彪曰：凡作文有挨讲，亦有穿插。挨讲多，穿插少，自有分寸，总贵合宜而用也。但穿插贵于自然，不可勉强。《史记·酷吏传》郅都、宁成、义纵、赵禹、张汤事皆穿插成文，《廉蔺列传》相如、廉颇、赵奢事亦多插叙，因其人其事原有关涉，可以交互，故交互成章耳。惟交互故错综变化，所以其文如蛱蝶穿花，游鱼戏水，令人读之起舞也。《水浒》《西游》《三国》皆祖其法以为蓝本。若夫时艺之宜用插法者，上下两截题、串题、长题、搭题而已。虽然即此数题，亦不可勉强滥施也。

预伏　唐彪曰：有预伏法。如一篇文中所载不止一事与一意，或此一事一意不能于篇首即见，而见于中幅或见于后幅，作者恐后突然而出，嫌于无根，则于篇首预伏一二句以为张本，则中后文章皆有脉络。故《鄢陵之战》篇预伏“姚句耳与往”句，《公出奔次于阳州》篇预伏“叔孙昭子如阚”句是也。汪武曹论时艺上下两截题，作上句必须预伏下句意，则发下句易为力也。其他题应用伏法者可以类推。

补法 唐彪曰：以时艺言之，有补题缺法，有补题前题后法，有补文情不足法。何谓补题？如“如有所誉者 两句”题，“无毁”之意当补出也；“文王我师也 两句”题，必将周公之言补在讲下，后幅阐发下句始有源委。此补题缺法也。何谓补题前后法？其补在题前者，如杨枝起《慎终追远》题，将“有位者生前之尊养不足以尽孝”意，补在一段中；章枫山《从我于陈蔡》题文，将“思念平日讲学”意补在起讲与一二比中是也。其补在题后者，如吴霦《弟子入则孝出则弟》文，言“由是扩充其天良，可以驯致于圣贤之域”意，补在后幅是也。何谓补文情不足法？文章于前半题义已说完，而神未充、气未畅者，后幅皆可用诸法以衬补之，或以引经补，或以推原补，或以往事补，或以咏叹补，或以翻进一层补，一法补之不足者，可用诸法以补之。不特此也，即一股内，其上截已将题义说完，下更无可阐发，宜用诸法补足之。魏允中作者七人矣，五六比文股中未皆用衬补法，观此文而他文可类推矣。若夫古文之补法，又自有体，不可不知。如《左传》《史记》诸传中，凡叙一人，必详悉备至，苟与其人有相关之事，虽事在国家，或事属他人，必补出之以著其是非；又前数年之事与后数年之事，苟与其事有相关，必补出之以著其本末；又凡文中有两意两事不能于一处并写者，则留一意一事于闲处补之。皆补法也。

省笔 唐彪曰：文恐太繁，宜用省笔以行之。有省文省句之不同。如“其他仿此余可类推”之类，乃省文法也。“舜亦以命禹”“河东凶亦然”之类，省句法也。作文知省文、省句两法，则文不至繁冗矣。

分总 唐彪曰：文章有总有分，则神气清而力量胜。故前总发者后必分叙，前分叙者后必总发。又有迭总迭分错综变化者，此又古文中之化境矣。

一意推出三四层　唐彪曰：时艺有从一意中推出第二层，又从二层中推出第三层者，此名一层进一层。如王守溪《有朋自远方来》文，李继贞《又闻君子之远其子》文是也。古文中有一层推出三四层者。苏子瞻之《势论》《王者不治夷狄论》是也。此其法不在能进，而在能留，能一层留一层，斯能一层进一层也。此诀人所不易知，亦能文者所不肯与人言者也。

牵上搭下法类叙法　王虎文曰：唐荆川立此二法者，所以备长题驾御之用也。盖长题之节次繁多，作文者必一段说完，始再说一段，重起炉灶，气势便缓散不收，不能简劲雄峻矣。故欲文章得势，自不得不用牵上搭下法。以我机神，化题阡陌，所以减去接落之痕，而使归一片也。如《庄子·逍遥游》篇，“蜩与莺鸠”为一段，与“朝菌不知”一段语意不同，乃于上段结一句曰“之二虫其何知”，遂接“小知不及大知”句以牵上，接“小年不及大年”句以搭下，则上下两节不必联络前文，情镕成一片矣。此牵上搭下法也。又作长题，挨讲则无势，惟驾御始有起伏波澜。但驾御之文，体裁既逆，不免逸漏题面，故用类叙法以佐之，将零星字眼并叙一处，或总叙于前，或连叙于中，或补叙于后，则虽驾御而无挂漏矣。譬如《牵牛章》题，将泰山折枝、缘木求鱼等，与百钧一羽、秋毫舆薪类叙一处可也；将轻暖、肥甘，采色、便嬖等，与土地、秦楚、中国、四夷类叙一处可也。所谓类叙也，二者皆长题秘密藏，非文章宗匠，乌能言此与？

文中用字法

唐彪曰：文章句调不佳，总由于平仄未协，与虚字用之未当也。余尝作文极意修词，而词终不能顺适。初时亦不知所以，及级推其故，乃知为平仄未协，一转移之，即音韵铿锵矣。又或由虚字用之未当，一更改之，即神情透露矣。乃知古人所谓文笔，作者不过平仄调与虚字用之合法也。故文章虽命意极工，谈理极正，而于二者不求尽善，终不能令人击节，其关系文章之重如此。

唐彪曰：后诸虚字用法，载在梁素治《学文第一传》中者，或出于素治所自撰，或出于古人所撰，未及详考。但其中解释字辞不确切者十居其四，彪反复改正，稍得无误。甚矣著书精确之难也！入门者慎勿将著述者苦心轻视焉。

一曰起语辞。起语辞者，或前此无文，竟以虚字起；或前文已毕，亦以虚字起者，皆起语也。

夫、起手助语辞，乃虚字也。若第二字实者，始为有所指，如“夫道”“夫仁”“夫天”“夫貉”之类。若次字虚者，乃确系虚字，不可云有所指。盖、亦系起手助语辞，虚字也。其用之推原者，乃是接语辞中之义，已见接语辞类中。且、渐次说来之意。今、论近事多用此字起。尝考。考究也，有所究论之辞。余“今夫”“且夫”等字，详起讲一条，凡起语皆可通用。

一曰接语辞。凡接上文顺势讲下，不复作转者，皆用也。分三类：

一类。此、指上之辞。兹、此也，较“此”字略婉。是、指上而顺断之辞。斯、犹此也。“此”字显而直，“斯”字文而轻。故、所以也，推原之辞。则、顺上文而分析之辞。凡上文已明，紧接上文阐发者，皆用之。以字义甚紧，不容宽衍故也。盖、推原之辞，与起语“盖”字有异。起语乃空指，此则实领上文也。乃、是实上文之辞。何必、反折之辞。奚必、义同。安得、有所望而未遂之辞。又折抑之辞亦用之。焉得。义同。

以上十六字，凡“乎”“哉”“也”“矣”等字，随便押之。

又一类。由是、由，从也。跟上文引申之辞。由此、义同。由斯、义同。又“自是”“自兹”“从此”“从兹”等字亦与此同。是故、指上文而推原之辞，犹云“因此”“所以”云云也。是其、跟上文而指点之辞。此其、义同。至于、跟上文而更进之辞。及其、犹“及至”也。迨夫、迨，及也。义同。迨至、由此及彼之辞。及至、义同。甚至、极言所至之辞。何则、顿住上文作问，将欲答之之辞。何也、顺上文作问之辞。“则”字健，“也”字轻。何者、顺上文而有所问之辞。是以、指上推原之辞。所以、顺上推原之辞。盖以、原上而顺推之辞。将以、将然之辞。诚以、确然推断之辞。是知、承上而有所解悟之辞。一似、难直言而为模拟之辞。一若、义同。亦以、承上而指出实理之辞。所谓、所言也。又原其故而进论之辞。所为、与“所谓”无甚异，原其故而进推之辞。盖谓、推原其说之辞，亦可用于起处。以谓、义同。以为、将言其故之辞。是为、指其为此之辞。如此、直指上文将有后说之辞。凡“如是”“若此”“若是”“若然”等字仿此。于此、犹云“即此”“在此”也，但较“即”“在”字略虚。凡“于是”“于斯”等仿此。似乎、想象之辞。恍若、仿佛形容之辞。宛若。义同。

以上诸字，是跟上文顺用者，宜押“也”“矣”“焉”“耳”等字，余“乎”“哉”“耶”“欤”等字，须斟酌文势用之，不可轻用。

又一类。岂、反诘之辞，反跌之辞，又断断不然之辞。讵、与“岂”同，但较“岂”字略婉。宁、义在“安”字、“岂”字之间，但其文甚婉。又别作“宁可”之“宁”，愿辞也。非、不是也。何、亦反辞，又有怪问之意。奚、与“何”同。岂不、折辨之辞，犹言“宁不如此”。“讵不”“宁不”同。岂非、反决其是。“讵非”“宁非”同。岂可、禁止之辞。岂得、亦折抑之辞。“宁得”同。岂有、反言不有也。“宁有”同。岂能、反言不能也。岂必、犹言“岂果如此”。“讵必”同。宁必、较“岂必”略婉，有商量之意。乌得、亦反折辞。畴不、畴，谁也。“谁不”云云，言有同然之辞。凡“畴能”“畴得”等仿此。孰意、意，意料也。"孰"与"谁"同。犹云"谁能意料到此"。凡"岂意""谁意""何意"等仿此。孰谓、犹云"谁说"也。凡"谁谓""岂谓""宁谓"等仿此。孰能、犹"谁能"也。"孰有""孰得""孰非"等仿此。焉能、反言不能也。"何能""安能""乌能""奚能"等仿此。乌足、反言不足如此也。"焉足""安足""奚足""何足"等仿此。此岂、指上文而反折之辞。"兹岂""是岂"仿此。此非、申明其所以如此之辞。"是非""兹非"等仿此。岂其、反折之辞。何其、反诘而令其自思之辞。抑何、转一层反诘之辞。又何、进一步反诘之辞。毋乃、疑而审度之辞。不几。犹言"不将至于此"也。

以上诸字，是跟上文而逆用者，宜与"乎""哉""耶""欤"等字相为呼应。至"也""矣""焉""耳"等字，是顺落文法，不是反落文法，慎勿误填，致有谬乱之弊。

一曰转语辞。文字从无直行者，必用转转相生。或反转，或正转，或深一步转，皆须以一二字领之。

然、反前文而另发之辞，或前反后正，或前正后反。凡文之大转处皆用之。又有将"然"字押于句末者，则作"是"字解，如"雍之言然"是也。又有作形容想象之辞者，如"俨然""油然"之类是也。苟、诚也，果也，亦有作"苟且"用者。或、或者，设问之辞。疑义未决，则为无定之语以商之。倘、与"或""设"字相关。凡反语皆用之。设、假设之辞。未然而为或然之想者则用之。使、与"倘""设"义相类，较"倘""设"字略实。但、前有一说，又别有一说者，用此转之。第、"但"也。虽、不足上文之辞。言"虽是如此，更有"云云也。且、深一步语。盖上有一说，此更有一说也。乃若、前已说明，将发后意则用之。况、况者，更进之辞。正意已足而意外尚有可言则用之。矧、与"况"同。如、假设之辞。若、与"如"同。抑、凡深一层、开一步、反讲一说者皆用之。独、另举一说以开晓之辞。惟、亦"独"也。顾、跟上文而进论之辞。彼、指出他人、他事之辞。奈、无可如何之辞。然而、反上意而圆转之辞。然则、承上意而直转之辞。凡决断上文及反难上文皆用之。否则、否，不然也。犹言“不如此则”云云也。虽然、顿住前文，另转下文之辞。犹言“虽是如此，更有”云云也。不然、反掉前文，将为论断之辞。犹言“若使不如此”也。苟或、解见前。倘使、解见前。假使、义同。借使、义同。借令、义同。设以、义同。彼夫、别有所指之辞。若夫、微转而有别说之辞。必也、反上决断之辞也。独是、解见前。惟是、义同。但以、解见前。第以、义同。况乎、解见前。无如、犹言无奈也。有如、犹言“设有若此”，亦拟度之辞。更有、进一步语。仍有、仍还也。尤有、即“更有”之意。意者、拟度之辞。意必、拟而自决之辞。或者、亦拟度之辞。较“意者”略虚。或且、或更有他端他说之辞。不知、前说未当，转作晓喻之辞。犹云“只知其一，不知其二”也。非然者、前说已是，特作一反以申前说之辞。犹言“若不如此”也。乃何以、怪而问难之辞。不宁惟是、犹言“不止如此”也。盖跟上文而引申之辞。不但此也。义同。

以上诸字，凡文字转折处随便用之。明其意义，虽千转不穷矣。

一曰衬语辞。每一句中必用虚字以为衬贴，或用于句首，或用于句中，皆曰衬语。先辈所谓助语是也。

之、衬托虚字也。本句义理，非此衬托不能透出，故所用极多。外有作实字用者，如“大学之道”“天命之性”作“的”字解，“之其所亲爱”等句作“于”字解，“之三子”“告滕文公将之楚”作“往”字解。其义不一，惟善用者辨之。以、衬贴虚字也，用之最多。外有作“用”字解者，如“为政以德”是也。有作“为”字解者，如“视其所以”是也。又能左右之曰“以”，如《诗经》“不我以”“侯强侯以”是也，与此不同。于、辞句中衬托字也。大概用之于有所指。所、有所指，用此字衬托之，而其理与事乃毕见也。攸、亦“所”也，此字文不常用。其、有所指之辞。凡指事、指人、指物、指理皆用之。乎、本歇语辞，然用于句中与

“于”字同义，而略带虚活。如“不明乎善”及“陷乎罪”等句是也。诸、与“于”字、“之”字义稍同。如《孟子》“则反诸其人与”“取诸宫中而用之”是也。不、言“绝不”也。未、有且然未然意，与“不”字不同。犹、与“如”字、“似”字义同。又有作“还”字、“尚”字用者。如“为之犹贤乎已”“犹可以为善国”是也。尤、更也，甚也。若言“寡尤君”“无尤焉”，则作“罪”字看。由、从也，自也，作“因”字看，又“率循”之谓。亦作“繇”。亦、与“也”字同。既、已然已往之辞。必、决然之辞。莫、与“勿”字、“无”字略相似，但“莫”字虚婉。如“何莫由斯道也”“人莫知其子之恶”“人莫不饮食也”之类。勿、亦禁止之辞。殆、近也。约略评论之辞。如“殆非也”“殆有甚焉”是也。姑、聊且如此之辞。凡、指大概而言。皆、同也，尽也。俱、皆也，偕也。相、彼此交合之辞。如“相契”“相对”是也。即、就也。就、与“即”同。方、将然之辞。又才也。将、未然而将然则用之。又虚拟辞。遽、骤也。忽、突然也。倏、与“忽”同。又不定之意。当、谓宜如此。宜、亦“当”也。又相称之意。与、同也。又作“取与”之“与”。只、惟也。亦有作“但”字用者。仅、略也，少也，才也。盖他无所取之意。庶、冀幸之辞。又庶几近辞。盍、何不也。曷。何也。

以上诸字，凡辞句中当用衬贴成文者，随便用之。

一曰束语辞。凡文字收束处及股头多用之。

总之、总上文而言。要之、亦总上文之辞。大约、约略大概之辞。大抵。义同。

一曰叹语辞。

吁、叹也。噫、亦叹也。呜呼、痛切嗟叹之意。嗟夫、感叹之辞。嗟乎、长叹意。嗟嗟、叹而又叹也。噫嘻、叹恨之辞。悲夫。感伤之辞。此等叹辞，今人不知忌讳，时文率多用之。予以为皆不祥之语，断宜尽数扫除，绝勿复用。即万不得已，或间用“吁”字、“噫”字亦可。至于大场，尤宜忌之。

一曰歇语辞。文字之歇足处也，其虚歇、实歇、顺歇、逆歇，各有不同，须顺其文势押之。

一类。也、平落之辞。凡文势平平落下，高不太扬，低不太卑者，则用之。亦有用之中间作衬者，如《论语》“其为人也，孝弟可也”“简赤也惑”之类。矣、截然紧煞之辞。凡文义欲说煞则用之，有一定不移之意。又抑而复起之辞。凡将申下文，故作一按者，亦用之。焉、亦平落之辞，但较“也”字韵略轻清，意略虚活。耳、此顺势轻落之辞，有至易而无难意。又有不然之意，其意远而韵长，转文中往往用之。已、止也，足也。凡文义已尽者，用此押之。诸、与“之”字义同，然“之”字实，“诸”字虚。夫、乃起手虚字，而亦可押之句尾者。云、犹说也。句末押之，大意谓“如此说话”也。者、句尾衬垫之辞。多指人、指物、指理而言，亦偶有虚而无所指者。者也、顺落而煞住之辞。者矣、顺落而紧煞之辞。者耳、顺上直落之辞。者焉、顺落而轻住之辞。也者、二字连用，必有后句接应而解释之。如“中也者”“和也者”“孝弟也者”是也。也已、顺落上文而明其止此之意。也矣、顺势紧煞之辞。也夫、顺落而带咏叹之辞。矣夫、紧煞而带咏叹之辞。已矣、意足而紧煞之辞，言止此无他也。已耳、文毕而顺落之辞。焉耳、平提而顺落之辞。焉而已、宛转煞住之辞。三字连用，文极摇曳，上只用一二实字为妙。焉耳矣、“耳矣”是顺煞之辞，有止此无余意。如《孟子》“尽心焉耳矣”可例。焉者矣、宛转顺落而兼紧煞之辞。而已矣。收转到此，文与义已尽之辞。

以上诸字，凡文之实写、顺写者，其歇语多用之。

又一类。乎、疑而未定之辞。有商量意，有咏叹意，有辨驳意，俱随上文用之。欤、与“乎”字同义，然“乎”字轻，“欤”字稳，“乎”字疑而未定，“欤”字则有疑而不疑者在。如“君子人欤”“其为人之本欤”“其舜也欤”可以例观。耶、亦疑辞，与“乎”“哉”字相类，但微带婉转诘问之意，较“乎”“哉”字趣味悠长。哉、略与“乎”字近似，然“乎”字多疑，“哉”字却有惊督意、嗟叹意、赞扬意、自得意。凡文欲反之，欲驳之，则用此。者乎、虚歇之带疑问者。者欤、婉转虚歇之辞。者耶、蕴藉虚歇之辞。者哉、虚歇之带抑扬者。也乎、顺势虚落之辞。也欤、与“也哉”略同，但音义更觉蕴藉。也耶、音长而意婉，文之拖漾处用之，情之凄感处亦用之。也哉、摇曳咏叹之辞，其音甚长。已乎、已耶、已哉、皆不止于此之意。其辞气，“乎”字婉转，“耶”字蕴藉，“哉”字扬厉。矣乎、语煞而意不尽者用之。矣哉、语煞而带咏叹之辞。否耶、上文言“是”，接此二字，犹言“是不是”也。“否乎”“否欤”仿此。焉否耶、“焉”字连上文一截，复押“否耶”二字，亦有是与不是两问之辞。焉者乎、婉转虚住之辞。焉尔乎、轻提虚问之辞。其文甚婉，如《论语》“汝得人焉尔乎”是也。而已乎、言不当此于此也，乃婉转语气。乃尔乎、“尔”犹言“这样”也。“乃尔乎”亦有指而问之意。也欤哉、三字连用，极咏叹摇曳之辞。也乎哉。义同。

以上诸字，凡文之虚写、逆写者，其歇语多用之。须知“也”“矣”等字是与上“由此”“是故”等字相为接应者，“乎”“哉”等是与上“岂非”“宁必”等字相为接应者，不可误也。

凡此虚字，学人宜细辨其理。常取读过制义及古文中字与此篇相为参考，则用字皆有准绳，如丝麻之入扣矣。

文章诸要

笔姿 唐彪曰：文章胜人，全借笔姿。笔姿胜者，同此看书命意，与人无异，及其落笔，抑扬顿挫之间，翩跹飞舞，文雅透逸，迥异于人，阅之者自不觉心爽神怡矣。笔姿钝者，看书未尝不透，命意未尝不深，及其落笔，或板滞，或平庸，则理虽透而若不透，意虽深而若不深，即不能令人击节。胡正蒙曰：“文章有格同、意同而高下得失异者，其辨只在毫厘之间。”盖指此也。

又尝论之："学人所读之文，不专在于理胜，理虽至精而笔不隽异，必不宜读也。学人笔钝者，尤当取笔胜之文沉潜体会，涵濡既久，或能少变化之。"此则人定胜天之理矣。

势 唐彪曰：文章得势有二：有得势在驭题者，如遇一题，他人皆阐发题位，我独着意题前。又题义有轻有重，我于其重者详之，轻者略之，则势得矣。有得势在谋篇者，如一篇机局扼要全在起比，或单提，乃文之发源处也。此处若能得势，则后诸比皆有力。至于一股之意，皆从起句领出，一线相承，无容两岐。首句睽则一股皆睽，首句晦则一股皆晦。故临文时虽一股之意已定于心，而起句必须再三选择也，所以求得势也。又以古文言之，虽与制艺微异，而大概相同。通篇之纲领在首，一曰首段得势，则通篇皆佳。每段之筋节在首一句，首句得势，则一段皆佳。文之重在得势，而势之理莫要于是矣。

气 葛屺瞻曰：气者贯于人之一身，四肢百骸皆借运动。手足一处气不到，则其手足痿痹；肤肉一点气不到，则其肤肉溃烂；至于咽喉处一线不接，则百骸俱僵而死矣。又有一字不贯，则为死字；一句不贯，则为死句；一段不贯，则为死局。至于关键紧要处，有一经不贯，则通篇文字皆死。纵使摛词华藻，不过如对木偶人耳，岂能动人心目乎？然气亦非是一直径到底，无有断续、无有曲折者也，其间自有开合。譬如人之鼻息，必有一呼一吸，迭相循环，若只吸而不呼，或只呼而不吸，不下半晌，气必闷绝矣。文气亦然。必使其一开一合，呼吸常通。如人一身之气，上自泥丸，下至涌泉，周流旋转，融洽于百骸四肢而无有痿痹溃烂，是乃气之说也。能知纏与断者，斯可以论文矣。

机 邵芝南曰：夫文有品有机。品譬则圣也，机譬则巧也。机存于手腕之中，行于意想之表，有耆宿不能得而初学得之者，有终日构思不成，而仓卒立就者。机一得则诸妙悉来于笔下，虚灵变化，无所不备矣。昔人云："文入妙来无过熟，熟则气机自然流利，生则未有不涩滞者也。""机"字正义不过如此。其有以开合抑扬呼吸为机者，皆穿凿无稽之论也。

读书作文谱卷八

诸题作法

单题 唐彪曰：单题无法不修，虽千百言有所难尽，故难著作法，止可空存其名也。

虚题假实题虚冒题 唐彪曰：虚题易知，假实题难辨。如“人之过也”题，“或告寡人”等题，人皆知其虚也。若“毋自欺也”“我知言”“我善养吾浩然之气”之类，似乎极实，宜于实做，而不知正义俱在下文，略不照顾，便见侵犯。至于虚冒题，又与前项不同。全章全节之意已于本句冒起，盖必有下文之意在先，而后有此句也。作此等题，贵于虚能映下，实不犯下，方称高手。

凌文起曰：题半面而文过露全神，是失题面也。题半面而文不具全神，是失题意也。以全者运意，以半者运笔，如人之五官百骸，运一体而全神注之，斯极虚题之妙矣。

单割上题 唐彪曰：凡割上题，每患撇上不清。欲如法，须于开讲下即全点题面，或半点题面。一二股亦须截发题中实字，诸股首皆宜先发本题，股中间略带上意，复转出本位收住，此作法也。凡割上题，前幅即实发本位，方能截去上文。

虚字冠首割上题 唐彪曰：题如“而非邦也者”“则吾岂

敢”之类，题既有虚字冠首，虽贵截清上文，而虚字神情又必于承领上意方能夹出。然领上意语不可多，止可数句。多则即是连上文皆来者也。其题首虚字，前半幅中能于反面、侧面、对面借势点出，即点出之，或于助语词中露之。若不能，则竟于后幅中点出，未尝不可。

单截下题 汪武曹曰：截下题，须于题前取势，逆笼下意，一入题之正位，急宜扣住。若顺添一语，即犯下文。不特此也，即题前虚笼下意，亦须用侧面、对面、反笔、衬笔始无弊，若用一顺笔，即犯下矣。又曰：顾有常论截下题：“既说明题之正面，此下若用顺接、正接，则易侵下。须用逆接、反接法乃无弊。”此言最为妙解。

唐彪曰：反接者，如既做到题位，不可用正接，故将题之反面生发，即反接法。逆接者，如既做到题位，不可顺接，故逆转向题之前路推原，或转借上文之意生发，即逆接法也。又顺接、逆接之外，或用古人往事及经史作衬，亦可免侵下之病。

顾有常云：截下题，顺说易溢，惟多从反面入，方无弊也。

虚字冠首截下题 唐彪曰：其题如“虽有善者安见方六七十未有府库财”之类，此种题义，全在下文。篇内逆起下意，即是题首虚字神情。既得题神，则不必于虚字上求肖题貌也。其虚字，但以文中之虚字针锋激射之。若前半能于反面、侧面、对面见其虚字，或助语词中见其虚字，皆谓之借点，更属灵巧。若不能，但于后幅中点出可也。其逆接、反接诸法，已见于“单截下题”中，故不详及。凡题有宜将虚字发于前者，有必不可将虚字发于前者。如“安见方六七十　一句”题，若先发“安见”字于前幅，落笔便窘，纵能成篇，亦是黄茅白苇，毫无可取。惟多发“方六七十”字，而“安见”字但于每股中以虚字激射之，则不须阐发而神气反十分透露。故“虚字冠首截下题”题中之虚字，不必正发。文中之虚字，最宜讲究也。近有人着虚字题作法，谓凡题虚字，皆宜早发于前幅者，非也。今附鲁敬侯《安见方六七十》文中虚字于后（此是零落摘引之句，不是一段）。如云：则求之自许者，宜他及也。今胡为而仍在于此？亦将奔走于躬桓蒲榖之班，而未尝以蕞尔之区，不得与于辑瑞之典。而且世世子孙，夹辅王室，则是不及于六七十里者，犹得称王家之屏蔽，而何况方六七十？推子之问，得毋以蕞尔之区，将不得与于辑瑞之典乎？凡诸虚字，皆宜细思。

单割截题　唐彪曰：题如“未之能行，如之何者”之类，题情逼窄之甚，全在凭虚布置。故宜题前作势，反取下意。又宜急见题中字眼，撇清上文。诸股之首宜以题面起，股尾宜以题面住，承上逆下，或详或略，俱宜在股之中间，而两头必以题面为起止，庶不至侵上侵下也。文凭虚布置之法，与下“虚字冠首题”同，详见下文。凡文中幅多实发，惟“截上截下题”中幅不可实发，故王端士“如之何者”一句题文，中股之首，止用一二语说题，下一用旁观衬贴，一用代法还题。因不可顺题实发，故借诸法虚衍，亦当然之理也。

虚字冠首割截题　唐彪曰：题如“而其所薄者厚岂谓一钩金”之类，此等题，题义极其逼窄，全在凭虚结构。凭虚结构，虽题情逼窄而运用宽舒，文亦必佳。故当以题前反振，逆取下意为君，以描写对面为辅，相以旁衬代说为卿寺，以逆接、反接为簿尉。君为重，臣虽少缺，无害也。至于题之正面，止可于中幅略发。题首之虚字，但以文中之虚字针锋激射之，能于中幅点出更佳，若不能，则留在后幅点出可也。余法已见“单割截题”中。

口气题　何屺瞻曰：口气题，但贵肖题神，不贵肖题貌，拘貌肖题，不免浅露。

王虎文曰：口气题，有挑拨题中虚字使口气活动者，是明取口气法。有不剔题中虚字，而口气浑然在中者，是暗取口气法。明取如锥处囊中，脱颖而出。暗取如宝剑在匣，光气外溢。然明取易而暗取难，明取似不如暗取之高也。又曰：股末不点虚字，如书家之藏锋法。金正希每好用之。

半体题 唐彪曰：半体题者，题止分得上文一半也。题止分得上文一半，故宜止顶一半。如“善必先知之”题，宜单顶“福”字，不可兼顶“祸”字，兼顶即脉络不清。凡半体题作法，皆宜如此。

要借上文陪讲题 唐彪曰：作文最忌牵扯上文。然书有句相连而语相似者，下句之文多可移入上句，惟借上句陪讲方显出本题面目。故王肯堂《人十己千 句》文，赵南星《从流上 句》文，股股皆借上文陪讲，评者皆极赞其得法也。

字眼稀少题 周安士曰：凡遇极逼窄题，文思苦其难入。须将题中应有字面衬补于内，则题气便舒，题情便广。如“舍馆定”三字题，当作“弟子必待舍馆既定”八字看，则口气稍觉宽展，即有隙缝处可措笔矣。

过脉题 陈法子曰：凡过脉题，其字面皆上文说过，故当在题前翻弄以作势，不得复实发正面。正面止可略加描写，其描写处亦当在现成上说，方与上文有别。

唐彪曰：题径逼窄，与“割截题”不甚异。亦须题前作势，反振入手。又须用对描、对描即对面描写也。旁衬诸法佐助之，始得境界宽舒也。近有人以“固国不以山溪之险”等题为过脉题者，误。

原叙题 唐彪曰：原叙题者，因彼事而追及此事也，则彼事是主，此事是宾。作原叙题须口说此事，而意则须注射彼事，方为得法。不然，是认宾为主矣。如“武王末受命”“桓公杀公子纠”等题是也。

俚俗题 周安士曰：题之俚俗处，往往在实字，不在虚字。从实字描摹则俗矣，从虚处摇曳则雅矣。如“食不厌精 二句”文，若从“不厌”二字构思，则笔笔灵动。文能灵动，则俗者皆化雅矣。

覆述题 陈法子曰：前已说过，至此又覆述一番。其意非有所疑，必有所未尽。意有疑而覆述者，宜在题前作势。意未尽而覆述者，宜在题后推衍，总不得呆写正面一笔也。至于上正文而下覆述者，正文轻，覆述重，止宜少发正文，详发覆语。若正文说透，必犯覆语地。故必虚虚叙过，留个不尽，方不失轻重体裁也。

暗比题 唐彪曰：凡题止就事物上讲，而正意隐然寓于其中者，暗比题也。“骥不称其力”“苗而不秀者”之类是也。作此等题，全篇不说出正意可也，或开讲、结尾处说出正意亦可。若将正意夹杂而讲，则失题神矣。

明喻题 唐彪曰：明喻题，如“不见宗庙之美”之类，与比题不同。比者，暗以他物他事比此事此物也，正意竟不必说出，喻者，明以此事此物喻彼事彼物也。原要两者参观，故暗比宜不说出正意，明喻要将正意夹发也。陈法子云：明喻题作法，先说正意，后说喻意者，常也。先提喻意，倒合正意者，变也。若能正喻夹发，合同而化，则更思深力厚矣。

反正两种题 陈法子曰：反题先正，正题先反，此定法也。有一种反题，只当顺题反疏。一种正题，只当顺题正疏。盖本题反说，而正面或在上，或在下。本题正说，而反面或在上，或在下，略一转侧，必至侵碍，且正题以正面为正面，反题即以反面为正面。故反题贪发正面者，无正面矣，必得确肖题面方妙。

叠句题 唐彪曰：叠句题，如“沽之哉 二句”，有当然之意，又有确然不易之意。刻文将两意阐发，文将题句分两层，见于一股之中，以还叠句神情。若“时哉水哉”等题，总是赞美流连之意，无甚分别。刻文但于两股之首分呼题面，以见叠句神情，不复分浅深层次，亦以题情原止于此也。

搭题吊法　唐彪曰：搭题佳处，全在提吊。提吊得法，文自精佳。其法难以执一，贵乎圆通。不可吊其意者，可吊其字。不可吊其字者，可吊其意。意与字不可顺吊者，可以反吊。不可正吊者，可以借吊也。

王虎文曰：搭题有宜承领上文者，于领上文后即生情吊起下文，最为便易。如“不亦乐乎”搭至“不亦君子乎”，便从上文“朋”字带起“君子”。又或以“不亦乐乎”搭至“其为人也”，便从“朋”字带起“为人”，此皆从脉络处生情也。至于虽有上文而必不宜承者，则须起一论生发，莫如从下句之宾位取之。宾位者，下句之同类，或反面、对面亦是也。

搭题挽法　唐彪曰：搭题有难易，故后幅挽带亦有不同。其易者可以正挽、顺挽。若夫“割截搭题”与“无情搭题”，正挽、顺挽多有窒碍，惟用借挽、反挽法点缀生色，愈觉文彩灿然。如“顿也，圣人之于民　二句”题，挽上“类也”，即犯下文“类也”，惟用借挽法，借上文“鳞”“凤”“山”“海”点染，非惟不犯下，而且光彩陆离也。文如张素存有“盛馔”搭至“迅雷”题，将舜之“饭臭茹草”，周公之“一饭三吐”，点缀“盛馔”，又“将雷雨弗迷”“风雷启藏”点缀“迅雷”，借作绾合，便觉光彩色泽异于寻常。故难做搭题，不可不知借挽一法也。其反挽法，文中甚多，不必赘及。

长短搭题吊法之分　唐彪曰：短搭题，吊法有先后之殊。有先吊下截，后发上截者。有先发上截，后吊下截者，此亦因题以生发也。长搭题吊法更不一，有先吊末段，随带中间之字句者。

有多吊中间之字句于前，然后入首段题面者。有止吊末段，竟不及中间字句者。余细思其理，其吊末段随带中间字句者，此常体也。其多吊中间字句于前，然后入首段题面者，必中间之字句与题之首段符合，易于贯串。插入在前，既有以助首段之词彩，中间又可将略笔点过，此亦占便宜法也。其止吊末段而毫不带中间字句者，必是中间之字句与题之首段不相符合，故不勉强插入，无伤于搭题体裁也。如黄士埙“岁寒”搭至“棠棣之华”题文，中间“知者不惑”节及“可与共学”节，绝不提吊于前，但于中幅熔化点过，极合体裁，此长短搭题提吊之法也。

长搭题过渡绾合法　唐彪曰：长搭题，中间之绾合与短搭题之过渡不同。短搭题止有一处过渡，故宜作势以见精神，不然，便欠精力。若长搭题，节次甚多，处处作意，文必冗长无节，非体裁矣。惟随便带上随便串下，作首段便带入次段要紧句，作次段复串入首段要紧句，推之三段、四段、末段，串带无不皆然。此如兵家伏兵，接应得力，皆在于此。知此，则中间布置皆易矣。又曰：随便带上，随便串下，为求简捷也。惟相宜者可以如此，若不相宜者，信手乱拈，则反增繁冗。盖长搭题与长题作法无甚异，总在相题运用之法而已。

长搭题中间详略法　汪武曹曰：作长搭题，固须将首尾两句纽合，至其中间题句，万万不可随题铺叙。或一句一字而反覆提掇，或两节三节而一两笔扫过，不可不知。

长搭题点次题面法　唐彪曰：长搭题有多至数十句者，无论闲句不能尽点，即要紧句，亦不能正点、顺点。如文做到其地，势不能正点者，便须借意点出其句字，谓之借点。又如文做到其地，势不能正点者，便须用反势点出其句字，谓之反点。又或不能见于本位者，则补点于末后，谓之补点，亦不嫌于倒置也。汪武曹曰：“长搭题最忌正点题句。”有味乎其言之也。

无情搭题 唐彪曰：无情搭题，毕竟要寻出一种意思，粘合上下，成一道理。不至凿空，乃为佳构。

割截搭题 唐彪曰：割截搭题与单割截题作法有异。单割上题要在承上意发挥，既承上意，又要撇得上意。单截下题不可置却下意，又不可犯着下意。若割截搭题则又不同，其发上截也，但重在关合下句意，而照顾上文皆在所轻。其发下截也，但重在绾合上句意，而照顿下文亦在所轻，此所以与单割载题有异也。

上全下偏搭题 唐彪曰：上全下偏搭题，其吊法与寻常搭题无异，渡法微不同。渡宜双承而侧落，不双承则遗却上截题神，不侧落则不肖下截题貌。至于挽法，则更不同，下截止半面，上截系全神，多挽全理，即犯下文。故挽上不可过多，并不可实发，只可虚衍数句而已，此理不可不知也。

上偏下全搭题 周安士曰：如"友多闻益矣"题，拈"多闻"亦要不放过"直谅"说，方能为下句作势，发"益矣"句。"直谅"虽宜并发，然又要侧重"多闻"一边，此定法也。

上割中全下截搭题 王虎文曰：上割中全下截搭题，今举二题为式：如"富而无骄"搭至"未若贫而乐"题，上止一脚，下止一头，中间"可也""未若是"两项，做"富而无骄"后，则当倒挽"贫而无谄"，落下"何如可也"方合榫。点"未若"又当总发"无谄""无骄"数句，然后侧落"贫而乐"。又，论书理，"富而无骄"本对"富而好礼"言，在此题又当照"贫而乐"句，不照"贫而乐"则为脚不应头。"贫而乐"本对"贫而无谄"言，在此题又当照"富而无骄"，不照"富而无骄"则为头不应脚。又如"乐多贤友"单搭至"乐骄乐"句题，亦是上止一脚，下止一头，中间"益矣""内是"三项。做"乐多贤友"必须倒挽"节礼乐""道人善"，落"益矣"句，方合榫。然三句中，"乐多贤友"是主，"乐节礼乐，乐道人善"是宾。

因"乐骄乐"句宜从"节礼乐"句落下，故"节礼乐"句亦为宾中之主。又，论书理，则"乐道人善"本对"乐佚游"句，然在此题则暗对"佚游"，而明照"骄乐"，不然，则为脚不应头。论书理，"乐骄乐"本对"乐节礼乐"句，然在此题，则既当照"礼乐"，而仍宜绾合"贤友"，不然，则亦为头不应脚。合观二题，后题更难于前题，以"益矣"句中又多参"乐道人善"一句在内也。大都此种题式，不能枚数，约举二类，其余皆可隅反矣。

中间重句搭题 唐彪曰：长搭题须重两头，将首尾作组合，此不易之法也。然又恐意寡词单，不能紧密绚烂，故每取中间有情字句以联络两头，则结构更美。如李应升《何以伐为至今不取》文，以中间"欲"字绾合两头"伐"字、"取"字。汪武曹谓其如常山之蛇，击中则首尾俱应，然终重两头也。至中间果有纲领重句，则宜将中间意钳合两头。如王廷献"峻命不易"搭至"惟命不于常"文，以中间关节"德"字联络两头"命"字，以两头"命"字夹写中间关节"德"字，通幅织成一片，此又搭题中另一类也。

代语题 陈法子曰：代语题有二：一则其人有此意，而我代为之语也。一则其人不能为此言，而我代为之语也。既为之代语，则一语中有两人口气，而两人中自当以代者作主。若只顺其人口吻做去，则仍是一人说话，不为之代矣。

单问答题 唐彪曰：或云：问答题总宜以答为主，举答而所问者在其中矣，故先辈谓不得顺口气，宜以断做，施其驾御之法，此大概之理也。而有不尽然者。问答题，大概以断做为体，中间或间用代法，代其问答之意，使文情旺相，不至枯寂，亦未尝不妙也。至圣贤问而时人答者，正意在圣贤，则又不当拘定答意为主，轻过问意。观汪武曹论郝敬舆《女弗能救　三句》题文可见。

长问答题　王虎文曰：两问两答，二意平列者，两扇格也。若内有浅深层次者，当分虚实以还其层次，不宜平对。又有第一问答其义已透，不必问而再问，因而再答者，宜详发第一问答，略发再答。如第一问答其义未透，必得第二问答而始明者，宜略发第一问答，详发再答。其再问处须相巧带过，不至着迹方佳。至于三四问答，以及频问频答者，不可随题平衍，当用作长题法，选二一关键语驾御全题，始为能品。大概离不得提挈、照应、类叙、牵搭等法也。盖不提挈则关节不清，不照应则机构不密，不用类叙，则不能使文情整齐，不用牵搭，则不能使文情简捷。故此四法者，长题之要领，亦长问答题之要领也。

先答后问题　《筌蹄》云：凡先问后答者，大都问轻答重，人所易知。至有答了复问者，此其重在问处，须要扯上面答意在内，作宾主相形法始佳。

诘问题　陈法子曰：问，则不知其如此而问也。诘，则明知其如此而诘也。问则其辞委婉，诘则其辞尖利，文当各肖其辞气为之。

结上三种题　唐彪曰：结上题有三种，一是结通章之意，如“夫微之显　节”“造端乎夫妇　节”之类。此种题，若止透发本题，无收拾上文意，固不得题神理，虽能收拾上文，不能镕化其理，归于本题面目，亦非体也。一是结上文数句之意，如“此之谓挈矩之道”“此谓国不以利为利”之类，此等题，疏实理与前项题无异，宜不脱上文，又不粘上文，贵在不即不离之间化出本题一番议论。至于题首虚字，则有顺疏、逆疏、兼顺逆疏三法。如借势将题首虚字点于讲下，又将题首虚字见于股首顺题而发者，此顺疏法也。如前幅止发题之实字，将题首之虚字煞于股之尾者，此逆疏法也。又如通篇皆逆疏，惟讲下借势先见其虚字，题首虚字既顺见于前，即是兼顺逆疏法也。一是反结上文之意，如“君子未有不如此”，此项题，其即离之法，顺疏、逆疏法与前二项题无异。其不同者，要还他反面语气，方不失题之神理也。

两扇题　《筌蹄》曰：扇题作法，亦非一体，有直作两大对者，有各扇中自具小偶者，有分二扇而中用一句过脉者，亦得补缀之妙。

递落两扇题　吴侣白曰：题有似两扇而非真者，极宜细辨。如“惟求则非邦也与”两节题，盖因前节未曾说明，故曾点再问，乃问答层次题。原有隐显虚实，不宜平对，平对多不能肖题神气。又如“始吾于人也　四句”题，“始吾于人也”二句，因“今吾于人也”二句而发，观下文可见。故两对立局者，每不能曲畅神情。截发、串发，则抑扬高下之间，口气宛然出矣。

三扇四扇题　唐彪曰：三扇、四扇题，有通篇直作三股、四股者，有讲下总提，中间如题分股，后又总发应前者，有总提之后，竟如题分股到底，不用总发应前者，皆正格也。或将题拆开，以意分配，错综阐发。或将题团拢，煅炼文情，镕成一片。或自立纲领，偏重一句。苟结构得宜，合之于圣贤口气，不至相违，虽云变格，亦佳文也。倘结构失宜，拆发而过于狂野，合疏而不能明透，偏重而至于勉强，与圣贤口气竟不相符，此则文之不佳者矣。

《筌蹄》曰：三扇题，直作三股者，各股中不可更作小偶，略有偶句，则不妨。

五扇至八九扇题　唐彪曰：扇题不一，自两扇以至九扇，凡八类。两、三、四扇易于剪裁，五至九扇殊难结构。作文者须知题语，虽排题义，必非一类。如“视思明　九句”题，上四句是一类，中二句是一类，后三句是一类，或将上六句为一类亦可。又如“修身也　九句”题，“修身”纲领句是一类，“尊贤”与“体群臣”四句可合一类，可分两类，“子庶民”与“怀诸侯”四句可分两类，可合一类。此截题分讲法，乃常体也。又有如题挨讲，劈头分股，一股一变，以飞舞历落之笔运之，至后幅总发全题者，最上乘也。或前总提，中间如题分股，或一股一变，或两股一变，短股密节，至后幅总发者，亦佳文也。此外又有遥对格，将首句与末句遥作对偶，谓之遥对。中间每以二句作对，而每对变换体裁，亦变体也。此外又有通篇总发，织成一片者，亦变体也。长扇题作法，不过如此而已。

长题　唐彪曰：凡书必有纲领，纲领不必定在前，且不必定在中，更有在后者。善为文者，相题纲领之所在而直击之，始能握全题之胜势，所谓直夺险要也。譬如帝王取天下，必取其要会之处，始能握天下之大势，无二理矣。然既有纲，则必有目，又譬之圣主将兴，必多良臣为之辅理，上下相资，方成盛治。作文亦然，未有空举一纲，不安顿诸条目而可云佳文者。则纲目相成之法，又当讲也。其法维何？曰：有随便插带法，有从类并叙法，有剪裁繁简法。随便插带者，如长章书，起伏转折多，故节次多，倘处处联络，不几繁冗之甚乎？善为文者化其断痕，视此句可以随便插上者，则竟插上，此句可以随便带下者，则竟带下。得此法，能省无穷针线，而自然联络，又且简捷健劲，无软弱之态矣。从类并叙者，将题中闲细之义，类集而并叙于一处，则体格整齐而机神震动，与零星分叙而散漫细琐者异矣。剪裁繁简者，或三四节而一二语驾过，或一二语而频呼叠唤，不厌再三是也。或曰：直夺险要，不几令题位有倒置乎？曰：善为文者，必能预伏机关，埋藏脉络，使文有高屋建瓴之势，而究无题位倒置之嫌，此巧匠之所以不同于拙工也。或曰：题面不几有挂漏乎？曰：既夺险之后，其余当发挥者，或先做后点，或先点后做，则一章书义，已完大半。至于闲散句，或随文顺点，或补点，或借点，或反点，或暗点，有此数法以控制之，题面安得有挂漏乎？或曰：闻此言，今而后长题不能难我矣。

上纲下目题 徐贇溪曰：上纲下目题有二，作法亦异。如"九思三畏"等书，首句是虚纲，实理皆在下条目中。故"九思三畏"句不可空发，只须点过，而做下九句。却不可抛却"九思三畏"意。须段段有"九思三畏"意在焉，方是佳文。至如"邦君之妻"一节，则"邦君之妻"句是实纲，此四字又不可竟略过。讲下须发一段，或发二小股，始为不失题神题面也。至于下五句，须以错综笔，小小分股，其重耦自谦尊君意，宜总发于后幅中，最为上乘。若以长股阐发，则每股中必须分带此三意方佳。

上枝下干题 徐贇溪曰：上文分款说来，末后归结一句，则上是枝，下是干。故曰"上枝下干题"。根本在下，故重末句。发上枝条，须要埋伏下文根子，则发下句有脉络。发下句紧跟上条目讲，始不浮泛，其题如"父在观其志 章""圣人之行不同 节"是也。

中实题 唐彪曰：题之中间有关节重句者，既不宜将首段详叙在前，又不可将中段意凌驾直发于前，惟于开讲或讲下先用略笔，将前段点清，以还题面。然后将关节句重发，而串带首段意于其中，此前半之结构也。中幅既系关节句之位次，自当重发。然止宜发其大半而止，将小半插发后段意，以为联络之针线，方得体裁紧密。至发后段，宜看后段理之虚实。书理实，半发其理于前半，补紧要句作收。书理虚，少发后段意，多补紧要句作收。庶几重者得详，轻者得略。既无挨讲平衍之弊，又无题位倒置之嫌，方是此项题作法也。

论列四种题 唐彪曰：题有四种，其先指事而后论断者，

“臧文仲居蔡　章”之类。发上指事处，即宜透下断意在内。发下论断处，宜抱定上文事实讲，庶章法贯通而义理切实。先论断而后指事者，“孟之反不伐臧文仲窃位　章”之类。此种题，详略轻重宜视断语义理之虚实，断语全因下事而发，则不宜空发上句，详发下事而断意亦在其中。若断语虽为下事而发，而包含义理广大，可以推广言之者，则又不妨在前在后与实事夹杂而讲，愈觉有关系也。至于单指事小题，如“山节藻棁　一句”，有断语在下，切不可妄加议论，以至侵下。若断语在上，如“知柳下惠之贤　一句”，须撇得上文清，语语是本题，而又有上文窃位意在其中，乃佳也。单衡品小题，实事在上者，如“是难能也　一句”，即割上题也。须要承得上文来，又要撇得上文去。其作法已备于“割上题”中，可参其法用之也。其实事在下文者，如“君子哉蘧伯玉　句”，即“虚冒题”也。须虚虚激射下意，方不浮泛。法已见于“虚冒题”中，可取其式考之也。

串题　唐彪曰：串题作法不一，有本股中合做之串法，有前后幅中照应之串法。如本股中发上截即插下截意，发下截，紧跟上截意，此本股中合讲之串法也。或前幅中发上截，即于股内虚埋下截意一二句，后幅中发下截，即紧抱上句意发挥，此前后幅中照应之串法也。

汪武曹云：串题虽宜先透起下意，然又不可合题位有倒置之病。如李腾芳《举直错诸枉》题文，其起股、中股虽皆透下“民服”意，然只在“举错”上讲，绝不直讲“民服”，所以无搀越倒置之病也。

袁了凡论《学如不及　两句》串题文云：诸公之文，皆前有提，后有缴，中间六股。首二股用流水对，一股讲“如不及”，一股讲“恐失之”，中二股用递讲法，上截讲“如不及”，下截讲“恐失之”。然文章股法必须变换，若后二股亦照题递下顺讲，则与前二股体裁重复。是以诸公股首皆两意双起，使股法变换，不至相同。诚妙也。

吴侣白云：《筌蹄》言串题贵在知倒跌法者，谓股中间将下句意插入上句中，股末仍从上句递出下句，以还题面，故谓之倒跌法。如此，则文情虽逆，而题面却不倒置。所谓文章止有逆势，断无逆脉也。

首尾相应题　唐彪曰：发首句宜从略，且须包涵下意，不可泛讲。末句之义已尽于中间实指，发得中间实指透，则末句义已在其中。如“贤哉回也”题，名手于后幅止重发“不改其乐”意，其末句只一二语点过，竟不实讲。由此推之，“禹吾无间”“君子之所以教”亦当如此。

两截题　姚立方曰：两截题首对专发上截，第二对作上截即带下截，第三对专作下截，第四对先发下截带发上截，此常体也。然又不可一律论，或上重下轻，下截只承上意者，当详上而略下。上轻下重，上句因下句而发者，当详下而略上，又当相轻重以行文也。

记事题　张申伯曰：记事题以其事为记者所笔，则谓之记事。记事题有三种。陈法子云：连下文论断来者，记事处宜轻点过，于论断处必宜详发。若记事处说得详，则论断处不得不略，便失轻重体裁矣。截去下文论断者，只可还他案而不断体裁，若照下文意发明，多至侵下，竟于题外别立议论，文属支离。先辈于有论断在下之题，往往以代法代其人自言，与下文相照而不相侵。此真得巧避法门也。

引证四种题　唐彪曰：引证题有数种，有单引证题，有连上下文引证题，有三四节连引证题。总之，引证语多断章取义，其言或不为此理此事而发，我引之则为此理此事之证佐，故不当以彼之原意为主，当以我引之之意为主，此必不可不知者也。言其作法，单引证小题，解释论断俱在下，则不容妄加议论。巧人每用代法，顺口气作之，盖为避侵下文而然也。题先正意而后引语者，自当以正意为重，其引语不过是证佐耳。作文须前路预埋，至后说出，始不突如也。题先引语而后正说者，引语只宜略叙，以下文解释之义为主也。至于二四引证者，宜以前提后缴，略宾详主，相势点题诸法，控制于其间，庶几文有波澜，而无平衍之弊矣。陈法子云：长题内有数引证者，点题最难。若知先点后疏，先疏后点，疏过总点之法，自有变化，不至雷同支蔓矣。

记言题 唐彪曰：此乃一句小题，如“颜渊喟然叹 句”“周公谓鲁公曰 句”是也。此项题宜探入下文生发，以见其发言之所以然。如嘉穀初生，先结虚房，虚房中便包涵全体生意在内。作者须得此意，文情始不至枯寂。若全节之题，连其所言来者，则又不是记言题，当别有作法矣。

递下两种题 唐彪曰：有平列递下题，有提纲递下题。平列递下题，如“形则著至变则化”“意诚而后心正至天下平”等题是也。作文或前提后缴，中间如题分疏。或竟如题劈头分股，总须两股一换体裁。若三四股一辙，便平板矣。此类题，题句既多而平，除总发外，分疏处既欲其变换体裁，不似排枪列戟。又欲其短股密节，飞舞历落，镕化题面于词句之中也，乃佳文也。或欲将题截发，则截开炼局亦可也。至于提纲递下题，如“知至而后有定 节”“物格而后知至 节”二题，首句特重“物格”节，中间体用分界处，亦可截讲“能得”节，末句亦可另讲，同中有小异也。至于股法之胜，实不外平列题中所言，能会通而用之，文未有不佳者矣。

难结构题 凡题分类，必不能启遍及。即遍及亦嫌于琐，故立难结构题三类以统之。难者既有法，则易者亦可以意裁度矣。故此三式者，所以济分类之或有未备也。

唐彪曰：书中难结构之题有三：如题之先后次序不甚顺者，不易结构；长题真实之理与闲散之文错杂说来，难以安顿者，不易结构；长章书，义理多，引证多，而引证之词不一体者，不易结构。此数种题，虽难结构，然未尝无法以驭之也。次序不顺，应在前而后者，可以伏、插两法逆之使前应。在后而前者，可以挽、补两法置之于后。宾主错杂闲散之文多者，详以击其主脑，而闲散者则以类叙法驭之，此题窍也。长题义理多端而引证之词不一体者，则详主略客之法当知，化参差为整齐之法可用也。大抵作文总诀，不外知短题宜分，分则意多而有发挥。长题贵合，合则不为承接、断续所苦，而伏、插、挽、补、类叙五法，又为紧要之条目。得此意以通之，虽遇难结构之题，自有经纬出焉。而分类或有缺略，无碍也。

读书作文谱卷九

制艺体裁

唐彪曰：凡诗文体裁皆随代变易，况云时艺，安得不日新月异乎？苟欲其出于一辙，岂不大误？虽然，其结构之优劣亦有分也。惟言其体之优者，令后之宏才实学知文有真体，能力追而及之固善，即不能，亦使衡文与选文者，遇体裁美善之文，不至反以为未当而绌置之。此文体之所以急宜阐明也。若夫势之所趋不能挽回者，亦付之无可如何已矣。

制艺有六位

唐彪曰：前辈制艺之法尽于六位，六位者，曰顶、曰面、曰心、曰背、曰足、曰影也。顶位者，题前也，题前有一层者，有二层者，有在上文者，有在本题者，知题有顶位，则文有来历，前半不患无生发矣。面位者，题之正面也，知题有正面，故宜还其正面。心位者，题之所以然也，知题有所以然，则当求其所在而搜剔之，斯理境深入，不落肤浮。背位者，题之反面也，从反面挑剔，逆取其势，则正面愈醒。足位者，题之后一层也，知题有后一层，必宜于后幅补之，以完题意。影位者，题之对面与旁面也，影在对面，描写其对面，影在旁面，描写其旁面，知题有影位，则题不患无生发，且有离奇境界矣。凡题不必六位皆全，而四五位则所必有。能于四五位阐发尽神，即有佳境足观矣。

制艺发题面与所以然之分

唐彪曰：论时艺，从无分所以然与题面者，分之自陆稼书先生始。此实作时艺之宝筏，初学必不可不知者也。

陆稼书云：成、弘以前之文，叙题面处多，发所以然处少，而题意已显然于题面之中。成、弘以后之文，发所以然处多，叙题面处少，而题面亦跃然于题意之内。彪更谓长题宜多发题面，不多发题面，则眉目不清。单句题尽力洗发题面，不过十余句，其义已完。惟多发所以然，便有无穷义理、无穷境界也。

唐彪曰：有题前之所以然，有题中题后之所以然，安顿通篇位置，则前者宜发于前，中者宜发于中，后者宜发于后，此先后之不可混乱者也。至于题面与所以然，则不必拘乎先后，先叙题面可也，先发所以然亦可也，即错综相间发挥亦可也。就一股论，上截发所以然，下截发题面可也。发挥所以然处，有从正面说入者，有从反面说入者，有从对面侧面说入者。此至妙之理，人所以不易知，先辈亦不欲与人言者也。

对偶不同之故

唐彪曰：或问云：冯巨区《行己有耻　三节》题，其第二节出股云："盖稽之宗族乡党无间然矣"，第三节对股云："盖义之是非可否不暇计矣"，是反以虚对实也。瞿昆湖《使禹治之一节》文，出股云："观之江淮而江淮此地中行也，观之河汉而河汉此地中行也”，对股云：“以类聚而不争于民之所食也，以群分而不争于民之所居也”，此对既虚而复参差矣，揆诸对偶之法，似乎不合。余曰：凡两句两节题，与一句题不同，题义既异，则对股之词句随题而施，不能尽合前比者，势也，故以虚对实可也，前短后长，前多后寡亦可也。近时名公单题之对偶，多不齐整，何况数节文乎？若以对比字句不能如前，反将前比好意改去，至令文不与题相称，是因小节而失其大端也，可乎哉！

拆题分疏法

唐彪曰：凡作文将题拆开分疏，则文有生发，而前后又不至重复，诚妙法也。然有三义，有拆开逐字分疏者，傅感丁《我善养吾浩然之气》文，一股“气”，一股“浩然”，一股“养”，一股“善养”。秦靖然《不愤不启　二句》题文，先“愤悱”，次“启发”，次“不愤不启，不悱不发”是也。有拆开平列分对者，赵南星《从流上而忘反谓之连》，将“流上”与“忘反”分股到底是也。有拆题错综分疏者，李斯义《朽木不可雕》题文，先点“雕木”，次反发“朽木”，次正发“朽木”，次发“朽木不可雕”，次更挑剔“不可”虚字，以完余意是也。学者欲文有生发，而免于重复，则三法不可不知矣。

周安士曰：短题若能拆碎做，不惟有伦有序，易于措笔，且能使题之实理虚神倍加醒透。如“吾日三省吾身”题，将“身”字、“省”字、“三”字、“日”字、“吾”字逐段发挥，则意义便多，层次亦出矣。又曰：凡题先做实字，后做虚字，亦此法也。

避下文止宜避意不必避字

唐彪曰：文之所以要避下文者，以下文未经圣贤说出，我若先说，便是颠倒圣贤口吻，故谓之犯下。至于下文字眼，有在本题所应用者，见之适所以完题，不用反为欠缺。何谓之犯？近时文人于下文之意，本题并未曾有者，不惮竭力钩致，勉强嵌入文中，反不谓之犯下，且谓之能发挥。于题意中原有之字所当用者，苟在下文，则避之如矢石焉。而阅文者一见文中有下文字，不辨其宜用不宜用，必咎以为犯下，考试竟有置之下等者。噫！习俗之相沿，背理一至此哉！

破　题

梁素治曰：凡作破题，最要扼题之旨，肖题之神，期于浑括清醒，精确不移。其法不可侵上，不可犯下，不可漏题，不可骂题。语涉上文谓之侵上，语犯下文谓之犯下。将本题意思未经破全，或有遗漏，是谓漏题。将本题字眼全然写出，不能浑融，是谓骂题。其两句之中，有明破、暗破，明破者就本题字明明破出，如“孝弟”字即破“孝弟”，“道德”字即破“道德”是也。暗破者将题目字暗暗点换，如“孝弟”类以“伦”字代之，“道德”类以“理”字代之是也。顺破、逆破，顺破者照题面字自上而下，如“学而时习之”，先破“学”字，次破“时习”是也。逆破者，将题面字自下而上，如“其为人也孝弟”，先破“孝弟”，次破“为人”是也。正破、反破。正破者，题之正面以正语破之，或反面或侧面题不便措语，亦以正意破之，俱名正破。反破者，反题意而破之，盖以我解题之法也。又有上句领章旨，下句讲本题者。有上句讲本题，下句承章旨者。有上句讲本题，下句或推开，或吸下，或直断，或虚足者。有两句分破题面者。有两句如门扇对峙者。如“不亦君子乎”搭至“其为人也孝弟”，破云“君子为学之终，孝弟为人之始”是也。有上句即用“也”字、“焉”字者。如“问人于他邦”题，破云：“交之不可疏也，有因间以通其意者焉。”皆常格也。至于用三句者，则变格也。长题之破贵简括，搭题之破贵融贯，大题之破贵冠冕，小题之破贵灵巧。

承　题

梁素冶曰：承题如遇长题，不能逐句承出，则宜择关切重大者笼括之。承题最忌者平头并脚。平头者，领头数字与破题领头数字相同，如破题领头用“圣人”，承题领头亦用“圣人”是也。并脚者，煞尾数字与破题煞尾数字相同，如破题煞尾用“而已”字，承题煞尾亦用“而已”字是也。承题起头用“夫”字者，承上意而指点之辞也。“盖”字者，承上意而推原之辞也。“甚矣”字者，承破意而恳切言之也。破题于圣贤帝王诸人，须用破讲，承题则直言之，如尧舜则直称尧舜，孔子则直称孔子，其余诸人皆因题直称，无复避忌也。

唐彪曰：承题之理，其小节处，梁素冶言之已详，不必赘矣，兹取其大者言之，则莫如原题一款。明初、中叶之文，多于承题之末承领上文，此体最为美善。何也？未顺口气之前，承领上文，则上文在上，本题在下，体裁顺矣。既顺口气而始领上文，则本题在上，上文在下，义理颠倒矣。苟布置得宜，犹或不背于义，布置一失其宜，则体裁乖舛甚矣。故成、弘以前之文，多于承末原题者，为此故矣。今将其式附后。

王鏊《见贤焉然后用之》承题：“甚矣知人之难也！不亲见其贤而遂用之，岂能慎之至哉！昔孟子告齐王进贤如不得已之意及此。”承章旨式。

唐顺之《匹夫而有天下者　二节》承题：“盖圣人之有天下，不独以其德，亦以天子之荐与继世之不贤耳，不然其如德何哉！此孟子历举群圣之事，以证禹之非德衰也。”承章旨式。

又茅坤《何哉君所为轻身至君无见焉》承题：“夫君之欲就见贤者，固其好善而忘势，而鲁臣卒沮之，岂非吾道之将废也与？此臧仓所为谗孟子于鲁平公而为之言也若曰。”承远脉式。

又王守仁《喜怒哀乐至谓之和》承题：“盖情之未发性也，故谓之中；发而不失其性情之正也，故谓之和。中庸明道不可离之意如此，其旨深矣。”承章旨式。

熊伯龙《管氏亦有反坫》承题：“夫反坫何礼，而管氏亦有之也哉？则其比于僭也，又不独一塞门矣。”承上句式。

又李东阳《有德此有人　四句》承题：“盖德者平天下之本也，平天下者而有其德焉，则凡天下之利，有不期而自至者矣。《大学》传治国平天下，而论及君子之先慎乎德。”承近脉式。

又萧凤鸣《唐虞之际　二句》承题：“夫得人之盛自古为难也，非唐虞迭兴之时，岂复有盛于周哉！昔夫子论周室人才之盛而有感于人才之难。”承上句式。

又许道中《畜马乘至聚敛之臣》承题：“夫家虽不同，而食君之禄则同。畜鸡豚牛羊与畜聚敛之臣不一，而以利为利则一。欲尽治平之道者，可不以是为戒哉？昔曾子引孟献子之言如此。”承上句式。

又徐常吉《一戎衣而有天下》承题：“夫天下非小物也，一戎衣而有之，是何其取之之易哉！于此见武王之能缵绪也。”承上句式。

以上皆承末原题式也。

或曰：似此承末原题与今时大不相类，安可施之今日？余曰：前辈起讲过于简短，则不宜学，承题长而条畅，何必不学？况于三四句之下节原题，亦不嫌其过长也。

起 讲

梁素治曰：起讲者，扼一篇之纲领，而发其大旨者也。最宜浑融，不宜刻露。起讲妙处，全在包笼大势，虚而不泛，既能发全题之神，复能养全篇之局，斯为作手。善作起讲者，出手常如春云乍吐，晓日初升，含蓄蕴藉，始为得体也。

唐彪曰：起讲有题前宽说法，王思任《他日其母杀是鹅》题文是也。有题前补衬法，章枫《出从我于陈蔡者》题文是也。有就题虚起法，汪茗文《或谓寡人勿取》题文是也。有虚取题神法，金正希题文多有此。有开合法，有借宾陪主法，有借主陪宾法，有援古证今法，有引经断事法，有推原来历法，有故作疑案法，钱檟《出》一字题文是也。有反题说法，翟季楫《父母其顺矣乎》题文是也。有急擒题字法，有讲首先虚笼下意，后转入本题法，有反挑法，王沛恂《见其二子焉》题文是也。有双起侧落法，有两路顺衬题情法，有两路反衬题情法，许誉卿《如有复我者》题文是也。有两路相商折出题情法，程梦简《如得其情》题文是也。有巧衬法，有暗比题正讲法，有口气题断做法。此皆无上文作法也。其有上文者，有从上文褪入本题法；有即上文别出本题法；俞以除《怀诸侯则天下畏之》题文是也。有将上文粘合本题法；韩元少《狂者进取》题文是也。有将上文陪讲作一家宾主法；张为焕《予无乐乎为君》题文是也。有暗顶上文不露字眼法；熊次侯《四方之政行焉》题文是也。有讲首顶远脉，讲中讲末顶近脉法；许虬《二》一字题文是也。有专顶远脉，或专顶近脉，即借势点出题面，或带出题字法；有单顶上文，竟全不及本题法。周钟《汤执中　三节》题文是也。作起讲者，能知诸体，一则安顿上文有法，不至令书义颠倒；二则能留余地，不至将题意说完，后幅可免重叠之病也。起讲虽列诸法，然必不可过长，以七八句为正，则最长不过九与十句，再长即是一篇小文，非起讲也，既乖体裁，又必与后半重复。

入　题

唐彪曰：凡书有宜领上文者，有必不宜领上文者，如“不亦说乎”“本立而道生”“则以学文”，此等题题理从上文出，自应承领来脉。若夫“恭近于礼”“主忠信”“富而无骄”等题，题理不从上文出，何必强为联络？前辈于此等题，俱不领上文，而今人必领之，实为非理。且先辈于当承上者，其领上亦甚有法，而今人又全失其法。尝取现在之文观之，有领于承题之末者，有领于开讲之首者，有衬以词毕镕化于讲之上截者，有全讲将上文意说到底者，有先做本题随势将上文作妆者，此皆先辈妙法也。今人多联络于提股之中，已多遗失先辈法矣，然犹可也。至于起讲已完，毫无衬贴，硬嵌上文一二句者，以书义言之，是先有本题而后有上句也，以文体言之，俨如一赘瘤也。是体也，吾不知何以群奉为金科玉律也。既已联络于上文提股之中，即是承领上文矣，何故又与股首重嵌上文一句，二股可直接竟直接，不可直接，宜用虚语递下方是。此等失体裁处，操选政者曾无一语谈及，诚缺事也。今将领上文文式附载于后。

讲首领上文文目：唐寅《三以天下让　二句》，林耀初《一家让　二句》，王鏊《何事非君　二句》，俞琬纶《何以报德　句》，郝敬楚《书日　三句》，王锡爵《事君能致其身　句》，王永吉《远之事君　句》，李斯义《朽木不可雕也　句》文皆是。

讲中领上文文目：黄洪宪《惟大人为能格君心之非　句》，

董其昌《有国者不可以不慎　句》，叶绍衣《伯夷叔齐　二句》，章光岳《而未尝有显者来　句》，朱实颖《童子见　句》，湛若水《为汤武驱民者　二句》，顾起元《王无亲臣矣　句》，许竹隐《二》一字句，钱樌《出》一字句，季本《虽覆一篑　句》文皆是。

讲末领上文文目：王鏊《下者为巢　二句》，王鏊《相秦而显其君　三句》，顾锡畴《不知者以为为肉　四句》，张鲁《唯愿为圣人氓　句》，韩霖《吾岂若使是君　二句》，薛应旂《夫有所受之也　句》，王肯堂《人十能之　二句》，金正希《左右皆曰贤未可也》文皆是。

全讲领上文文目：蔡应龙《夫人不言　二句》，薛应旂《君子之至于道也　二句》，陈际泰《邦无道则愚　句》，熊伯龙《帝臣不蔽　二句》，许国荣《乡人长于伯兄一岁则谁敬》，张为焕《予无乐乎为君》，周钟《汤执中　六句》文皆是。

一二股

唐彪曰：一二股者，通篇机势之所聚也，或反振，或顺发，可以随宜用之，总以得机得势为佳。无上文者，多搜索题前之意为之；有上文者，题前之意已在上文，不必牵入者必置之；其或上文与本题交界缝中有意可承者，则带入一二句，必不可多，庶几可免敷衍之陋也。大抵妙处在截取题中一二字，或截取题理之半，以阐发之，开其机，导其势，使实不嫌尽，虚不嫌泛，是佳境也。

出 题

唐彪曰：前辈点题，不拘地位，合宜即点，或在起讲，或在讲下，或在一二股中，或前点一半，后点一半，或零星分点，或竟点于篇末，无所不可也。在讲中讲下一二股中点者，谓之先点后做体，在三四五六股及篇末点者，谓之先做后点体。然先辈不拘先点后点，必拆开题字，层次而出，熔化题面，即有成句出者，亦必上下衬以文词，庶无题自题而文自文之弊，此其所以胜后人也。近时之人，不知点题原无定位，因题而施，又不能拆开题字，层次而出，又不知反点、借点、暗点诸法，坐定于一二比之下，勉强直出，如人项下悬缀一瘤，岂不污人目哉？

汪武曹曰：凡长题每难正点题句，故有反点法、借点法、暗点诸法也。

唐彪曰：所谓反点法者，谓反书词而点之也，如“何以伐为，至今不取”题，李应升以“危可持，颠可扶”反点“危而不持，颠而不扶”是也。借点者，借意衬出题字，题字已见，便可不必再点，如陈大士《当在宋也　二节》文中幅云：“当孟子所处无戒心，齐诡为宋之辞曰：闻戒，孟子将受之乎？当孟子所处无远行，齐诡为薛之辞曰：闻将有远行，孟子将受之乎？计孟子必不受也。”此所谓借点也。

三四五六股

唐彪曰：今人于中股每谓有起承转收之法，则起之后当承，承之后当转，转之后始收。然文往往止有起承无转者，亦有起一二句即转者，更有起承之下不用转而用开法者。如翁宝林《致知在格物》文中股："且夫尽天下之物而穷之，圣人固有所不能也。"此开法也。惟开乃能更出一层议论。若拘于用转，安能更发一层哉？今人股法日长，若不于此处讲求，文未有能工者也。

吴倡白曰：前辈之文，一篇中多有十数股者，其股体短，或四五句，或五六句，本股无起承转收，以通篇为起承转收，所以其体圆，其神隽，有古文意。若今之长比排偶自为起承转收，则四比成四截，神气不贯，全无古文意矣。然则今之专于一股内求四法者，可以不必也。

梁素治曰：分股立柱，每于股首或创一意，或拈一字，或提一事，用为一股之绳，领股中意义，即依此发之。有从题意立柱者，如理学题用"致知力行"分股，仕进题用"致君泽民"分股。有从题面立柱者，如"忠信"题以"忠信"分股，"致中和"题以"中和"分股。有就注语立柱者，如"夫何为哉"题，以"绍尧得人"分股，"至道不凝焉"题，以"聚"字、"成"字分股是也。有承上立柱者，如"奚取于三家之堂"，以"天子辟公"分股是也。先辈为文，尝用此法。总之，实疏题理，虚引题情，此分股立柱之意也。

唐彪曰：汪武曹常言，题情每比可分两意者少，只一意者多。不知以一化两之法，对股必有合掌之病，故有一意分出两层者。黄陶庵《敬事而信》题文，"推此心以敬国家之大事，推此心以敬国家之小事"；吴国华《在下位不援上》题文，"上援我而我援之，上不援我而我援之"之类是也。有一意翻出两层者，如魏光国《孰能一之》题文，以"无论诸侯王实竞且争，无问诸敌国实应且憎"；宋学显《丹之治水也愈于禹》文，以"禹治难而丹治易，禹治远而丹治隘"，分股作翻之类是也。有一层衬出两层者，萧士玮《邹人与楚人战》文后幅"臣见今人之所欲类此，臣见今人之所求似此"，分股衬贴之类是也。学者能知此三法，题到手，自不患文情窘缩矣。

七八股

唐彪曰：七八股或发题中深一层意，或发题中下截意，或发题中未及发之字；又或前用顺阐，后用逆发，前用分疏，后用合讲，前用合讲，后用分疏可也；又或股首用推原推广翻论引古作衬，而下以题面足之可也；又或股之上半截已将题义说完，下无可阐发，乃用推原推广咏叹衬贴与翻进层等法，以补其不足可也；又枯竭题、虚缩题、一字题，题义于前半已说完，无可再发，竟用前五法作二股以完其体裁亦可也。又两句题及三四句题，前四股专发上截者，则后四股宜发下截，中间则用过文；若三四股已发下截，五六股亦发下截者，则庚七八股必宜合讲，此正式也。

唐彪曰：辛卯江南《君子学道则爱人》笪重光墨，后股中衬入子游口气，选文者抹其文曰："下有'小人学道'句，圣人口气未完，不当即入子游口气。"庚子《志于道　三句》墨卷，选文者谓前幅可合发，后幅不当合发，须三股径住，乃能留下句余地，否则"游于艺"句续不上矣。噫！误矣。予观《左传》及《史记》，不惟篇末多断语，如《诸侯会于申》篇中幅，忽于疏解经旨口气中插入"君子谓宋左师善守先代，子产善相小国"二句；《会于宋》篇，忽于疏解经旨中插入"仲尼使举是礼也，以为多文辞"，此皆断语也。《史记·屈原列传》"人君无智愚贤不肖"一段，《孟荀列传》"昔武王以仁义伐纣而王"一段，皆突地插入断语。又尝观经筵进讲书之法，每讲一书毕，必证以三代以后事，或证以当时时事以为实据，令人主知书与事合一之理，庶几不至书自书，事自事也。又宋时王安石经艺体裁后幅必入实事作证，如此为文方显得士人实学。夫制艺为排偶词章，称为帖括也久矣，后幅略入学人口气以为证据，犹能使学人留心实学，考究经史。且前半破承以断语起，后竟不以断语相应，有头无尾，成何体裁。而论文者，且欲文皆顺口气到底，令无学者得以文其空疏浅陋。论文如此，不惟不知古今文之体裁，且将使学人竟不必多读书矣。噫！国家用人，何贵此无实学之士也哉！

过　文

唐彪曰：过文乃文章筋节所在，已发之意赖此收成，未发之意赖此开启。此处联络最宜得法，或作波澜，用数语转折而下；或止用一二语直捷而渡，反正长短，皆所不拘，总要迅疾矫健，有兔起鹘落之势方佳也。不然，虽前后文极精工，亦减色矣。

梁素治曰：平弱无波，过文最忌，须如惊涛骇浪中满拽风帆，截江而渡。

束　股

梁素治曰：束股一名缴股，盖总一篇之局而收束之者也。文义虽短，笔法最要紧严，意思最要周匝，少不经意，未免强弩之末。其体有一反一正者，有一宾一主者，有一股束本题、一股缴章旨者，有一股束本题、一股逗下文者，有应转前幅者。长题则择其紧要而束之，余可略去，巧搭题则一股束上截，一股束下截。又有上下截连环交束者，惟随机运笔可也。正束之外，又有题绪甚长，散行一段收束全题者，有倒卷上文收束者。皆变格也。总之，束股系归宗结穴之处，格虽不同，务以精严紧炼为主。束股在刻艺间有略去者，乃文家偷懒法，非正体也，必有之乃成全璧。

论文四则

〔清〕杨绳武　撰

导读

这是一卷由学者杨绳武撰写的谈论八股文理念与写作的书。

杨绳武，生卒年不详，字文叔，号皋里，忠文公杨廷枢孙、杨无咎子，江苏吴县人。清康熙癸巳（1713）科二甲一名进士，即俗称的传胪。入翰林，官编修，秉志节，通经术，受到大学士王掞的器重，倚之如臂膀，馆阁大著作多出其手。丁忧归里，不再为官，以讲学为业。曾主讲江宁及杭州敷文书院，一时名士皆从其游。他极善评识八股文，选刊书院会课文，“莫不天骨开张，绝尘奔轶”，有盛名于时。能文，有《古柏轩集》《文章鼻祖》。

从杨复吉所写《论文四则跋》中可推测出，该书是杨绳武在书院讲学时为学生释疑解惑而作的，时间大约在乾隆时。因文中所讲的八股文的“清真雅正”四字准则源于乾隆初所颁上谕之中，而杨绳武文开头便点赞说：“皇上圣谕，实为千古论文之极则也。”他在最后一则文之尾又说：“点次之下兼为指白，作者勿遽以是为止境，阅者亦无深没其苦心。”可见这是评点所选刊的书院会课文之结果。

与中国古代所有文论对基本概念均无确切界定，只有模糊意识一样，清、真、雅、正四字也是模糊概念，不同素养的人可从字面中生发出各种解释。杨绳武是以比喻来解释这四个字的，得出的释义为：“淆之不浊，所谓清也”；“有生意贯彻于其中，是之谓真”；“胸有数百卷书，举止吐属自然雅令”；“变化不测，而实出于阴阳、奇偶、天地、自然之数，所谓正也”。这样的界定，其实都属模糊概念。大概杨绳武自己也意识到这一点，又提出醇与洁的概念，指出孟子之文为醇的极致，司马迁之文为洁的标准，强调“知孟子之所以为醇，太史公之所以为洁，可以得清、真、雅、正之所从入矣”。这就告诉人们，只要以《孟子》和《史记》为标准，就会懂得什么是清、真、雅、正了。这种概念仍是模糊，但较前稍为具体了一点。

《论文四则》中最有价值的是他对八股文本质的揭示：“八股者，说经之文也。故义必根经，而取材亦以经为上。此不但习句读、通传注而已，当熟复注疏，旁参经解诸书，会通焉以折其衷，乃为通经。通经而后可以说经也。”八股文即是说经，说经必先通经。杨绳武详细地解说了通经之法，其实也是在讲八股文的根本作法。

他主张子、史在八股文中都可运用，且“史本于经”，而“子长、孟坚，史家开山，实为千古文章大宗。故古人论文，以西汉为最。如此康庄衢路，不可不由者”。所以他是以古文为时文的坚决拥护者，力主为时文者必须精熟古文，尤其是唐宋八大家文。“先秦、《史》、《汉》险峻，或未易攀，八家气味渐近矣，为时文于八家无所得，便是熟烂时文。”

对于明、清两代八股文变化史的描叙，也是杨绳武“之才、之学、之识概可见矣”之处。他说“成、弘之文纯以理胜，而制格、炼局法已具备，实为有明一代风气所由开。后人以朴率当之者，谬也”。这是很有见地的。万千学者论成化、弘治的八股文，都认为八股体式于此定格而开风气，却没有从“纯以理胜”来看其开一代宗风之因。较之他们，杨绳武实可称慧眼独具，说明他对八股文研究之深透。他说正德、嘉靖而下，“巨公林立，皆恪守成、弘之规，扩而张之”；隆庆、万历末年，“稍变革矣。然其格律严整，针线绵密，又皆因题立制，并非率意穿插”；天启、崇祯之际，“才人辈出，各自名家”，都是卓有见识之言。寥寥数语即勾勒出明代不同时期八股文之特征，非高人不能及此。且他还一针见血地揭示出当时八股文坛的不正之风，说隆、万之季，“往年人守其说，近则转相诟厉，皆过也”。

其论清代八股文特点，也显示出非凡功力与识见。他认为，“国初诸公，文皆雄浑深厚，与启、祯相表里而加以廓清摧陷之功。嗣后风气数变，要皆属后劲，盖国家元气萃于是时也。此间文字高者，多得力于启、祯、国初，溯流而上，颇少问津。然其心思才力，宁强无弱，宁坚无脆，宁厚重无轻浮，宁刻深无肤浅。虽为贤智之过，而实不堕于卑靡”。历来的文评家多认为清初八股文是承继了天启、崇祯末年的衰靡之风，只有少数名家是承继了明代盛时之风。杨绳武则认为他们不仅“与启、祯相表里”，还“加以廓清摧陷之功”，这是独具只眼，并对清初八股文有着精准把握才能发现的特点。

《论文四则》文虽短，只有一卷，可是却对几个重要问题发表了非同一般的见解，且又切合实际，这非学识渊深者不能做到。杨绳武不愧为一代名学者。

收入本书的《论文四则》，据清道光《昭代丛书》戊集续编本校点录入。

（龚　昊）

论文四则

清真雅正

皇上圣谕，实为千古论文之极则也。凡学者遵循是旨，深造有得，乃可以登作者之堂。而要其从入之路，必在于多读书。有原本，弸中襮外，笃实光辉，乃能矫陋式靡，以造于清真雅正之域。譬之长江、大河，发源万里，细流不择，鱼龙百怪，出没其中，而其实淆之不浊，所谓清也。若夫沟渠之水，雨集易盈，顷刻便尽，终为藏垢纳污之所而已。天地之气，流而为川，峙而为山，翼者能飞，趾者能走，得其秀者为人。雷雨时至，百卉尽放，皆有生意贯彻于其中，是之谓真。若使刻木为人，剪彩为花，图绘之山川鸟兽，虽穷形极相，生意已尽，焉得为真？有人于此，被服容貌不能动人，而胸有数百卷书，举止吐属自然雅令。一旦执市侩之夫、草野之子与之揖让谈论，虽厚自矜饰，强作解事，亦俗不可耐而已。武侯阵图，阵间容阵，队间容队，风云蛇鸟，变化不测，而实出于阴阳、奇偶、天地、自然之数，所谓正也。若驱率市人，漫无纪律，或拘牵陈辙，不识变化，则如房琯之车战，宋襄之不阻不禽，方败绩覆压是惧，焉得为守正乎？韩退之曰："孟子醇乎其醇。"柳子厚曰："本之太史，以著其洁。"孟子之文，纵横恣肆，不可方物，而谓之醇。太史公之文，怪奇玮噩，无所不有，而谓之洁。知孟子之所以为醇，太史公之所以为洁，可以得清、真、雅、正之所从入矣。

少陵诗："或看翡翠兰苕上，未掣鲸鱼碧海中。"元遗山诗："有情芍药含春泪，无力蔷薇倚晚枝。拈出退之山石句，始知渠是女郎诗。"呜呼！此古人所以必严文章流别也。大抵文章之道，未论妍媸，先别高下。果其根柢盘深，气骨厚重，笔力坚刚，虽间有未醇，无伤大雅。若骨少而肉多，词丰而意弱，力量既薄，根柢亦浮，纵完好可观，不登上乘。然或欲避平钝，转入离奇，牛鬼蛇神，獐头鼠目，则又在所必禁。少陵又云"波澜独老成"，昌黎亦云"妥帖力排奡"。波澜而必于老成，排奡而必于妥帖，则知不老成不足为波澜，不妥帖亦不足为排奡矣。

八股者，说经之文也。故义必根经，而取材亦以经为上。此不但习句读、通传注而已，当熟复注疏，旁参经解诸书，会通焉以折其衷，乃为通经。通经而后可以说经也。诸子之文，是非颇谬于圣人矣。然其鼓铸性灵，雕镂物象，或滉洋奇恣，或奥衍峭刻，亦足以极文章之变。所当别白其纯疵而后用之，勿徒袭其险句怪字以为工。史本于经。子长、孟坚，史家开山，实为千古文章人宗。故古人论文，以西汉为最。此如康庄衢路，不可不由者。班、马而下，蔚宗之博赡，《三国》《五代》之谨严，六朝、《南》、《北》之名隽，《唐书》之炼密，《宋史》之繁富，亦各有所长，独《元史》芜秽耳，然皆足以识治乱、明是非、辨人才、知学术，于文章实有裨益。至于以史证经，程子《易传》、朱子《集注》多有之，何独疑于时文？且几社前辈曾为先道矣。故文章能贯穿史事，与题相赴者，皆极所咨赏。唐宋八家根柢皆从经出，昌黎直法典谟，庐陵善学《春秋》，柳州兼摹子长，南丰酷似更生，临川以《周礼》参管、韩，三苏之文，出于《国策》《孟子》，大苏尤得力于《庄》《骚》。古人文字，各有所从出，时文何独不然？先秦、《史》、《汉》险峻，或未易攀，八家气味渐近矣，为时文于八家无所得，便是熟烂时文。

成、弘之文纯以理胜，而制格、炼局法已具备，实为有明一代风气所由开。后人以朴率当之者，谬也。正、嘉而下，巨公林立，皆恪守成、弘之规，扩而张之。隆、万季年，稍变革矣。然其格律严整，针线绵密，又皆因题立制，并非率意穿插。往年人守其说，近则转相诟厉，皆过也。启、祯之际，才人辈出，各自名家。譬之用兵，隆、万如程不识之刁斗森严，启、祯如李广之士卒乐用，虽卒犯之者，亦莫能禁，然自有国士风。国初诸公，文皆雄浑深厚，与启、祯相表里而加以廓清摧陷之功。嗣后风气数变，要皆属后劲，盖国家元气萃于是时也。此间文字高者，多得力于启、祯、国初，溯流而上，颇少问津。然其心思才力，宁强无弱，宁坚无脆，宁厚重无轻浮，宁刻深无肤浅。虽为贤智之过，而实不堕于卑靡。盖亦足征风气之日上也。点次之下兼为指白，作者勿遽以是为止境，阅者亦无深没其苦心。

论文四则跋

皋里先生掌教敷文书院，一时名士皆从之游。选刊会课文，莫不天骨开张，绝尘奔轶。非具眼如先生，亦安能相赏于牝牡骊黄外若是。读《论文四则》，而先生之才、之学、之识概可见矣。癸卯孟秋震泽杨复吉识。

菜根堂论文

〔清〕夏力恕　撰

导读

这本论述八股文之作为清代夏力恕所撰。

夏力恕，生卒年不详，字观川，湖北孝感人。晚年名所居村为上农，自比农学者，遂称澴农先生。清康熙辛丑（1721）科中二甲二十九名进士。授翰林院编修。历任顺天府乡试同考官、山西乡试正考官。雍正初，加日讲官、起居注。曾参修《湖广通志》。主讲江汉书院数年，楚中风气为之一变。后引疾辞归，不复出，六十五岁卒于乡。

夏力恕自幼聪颖，有过目不忘之能，且好学不倦，弱冠时读宋五子书，日以继夜攻读不已，从不感觉疲累。故博通经史，精研宋学，颇有心得，常出新见。能诗文，著有《四书札记》《证疑备览》《杜诗笔记》《菜根精舍诗》《易论》《澴农遗书》。

《菜根堂论文》可能是夏力恕在主讲江汉书院时，指导学生进行八股文写作时所作。全文可分成两个部分。前面七则专论明、清八股文大师名家，后面部分则杂论八股文的文风，以古文为时文的作法，八股文之弊端，学者之文及学文须有变化等。

前七则分论八位八股文大师名家，每位仅用寥寥数语，即勾勒出其时文特点。

第一位唐荆川（顺之）是明代八股文四大家之一，又是以古文为时文的主要倡导者，在八股文坛可谓名重位高。夏力恕以“规矩方圆之至”来概括其八股文特色，真是精准到位。具体而言，其文特色是“每篇中正面、反面、侧面及追原者、补者、衬者、推广者，皆微示端倪而未尝穷极以尽其致。稍炼经、子作偶语，使读书人有所措手，视成、弘则加渲染矣”。这种抓准唐顺之八股文写作特点而加以点破的做法，让学生们一看就懂，拿笔便能学，是很见功力的。

第二位归熙甫（有光）也是明代八股文四大家之一，亦为以古文为时文的开创者。以古文为时文“至归先生始变化而无其迹”，即归有光将以古文为时文产生的两者不兼容的弊端都磨合掉了，从而使以古文为时文成为八股文最基本的作法而沿用至清末。这是归有光对八股文发展所做的一大贡献。夏力恕评价归有光“为时文中君子儒”，因为他“沉酣闽、洛，荡涤汉、秦，下不邀誉于末流，上不炫奇于当路，浩然自得，若将老焉，跻科名之业于圣贤之奥”，是“文品之最上者，无矜气而有灏气，无溢理而有全理”。评价够高的。

对第三位金声，夏力恕借用杜甫诗中的“瘦硬通神”四字来概括其八股文特点，并批评天启、崇祯后学金声者都不能握其要，故都只似其眉目而不能袭其精神。

其他各位如陈大士（际泰）、钟陵先生（熊伯龙）、稚川先生（刘子壮）、江西五家、章云李等，夏力恕都能抓住其时文特点，结合其人在八股文史上的作用与地位来剖析，故无不言简而精确，很见功力，对认识八股文史上这些大家与其文俱有帮助。

第二部分有希望士人从小即养成以剿袭为耻的士风之内容，有阐发清、真、雅、正，有提倡为八股文宜存“敬”心，有为文者宜有气节等则文字。

其与胡牧亭夜坐论文一则中，提出“穷经以植其根，读史以通其变，寡取以致其洁，多闻以沃其膏，追琢以善其形，清虚以养其气，强立以坚其骨，萧散以荡其神”八大时文写作理念，都是切中要害的经验之谈。

其谈前辈论文一则，以前辈之做法与今人之做法相对比，指出今天八股文坛之种种弊端所在，并提出要想革除弊端，“穷理论文，殊途而同归，非能变化不可也，非能变化而仍不失为学者之言不可也”。这种既要进行变革，又要守住八股文遵经守注底线的认识，既具独到性，又有可行性，说明作者对八股文有精深研究。

谈八股文与诗、古文一样，都要讲音节，用文中的话说，是“即以文章，其准绳法度，礼也；其音节则乐也。礼胜而乐不足以济之，即无以自发其性情”。他详细地阐发了八股文为什么要讲音节，应如何讲音节的问题。音节和对偶是八股文的重要特征之一，虽然古文也讲音节，有的也讲对偶，但不如八股文要求的那么严格，并有普遍性，故作者对其作了多方阐述。

在最后一则，讲了学习古文大家应有的态度，即“凡有志之士，未有不求入古人之门者也”，但“与古人并生及后起之徒，岂乏摹仿力效而得其近似者？今皆烟消草腐不复传，所传者仍此杰出者而已。盖自古迄今，从未有齐名并业，与后先跻美，以两高士而如出一手者。学者生古人后，不幸不得入古人之门。入古人之门矣，又不幸不能变化故纸，穷年绳趋于秦字汉语之间，而终老于旧窟陈窠之域。当其矻矻终日，钻研缀缉，已豫为其烟消草腐之具，则虽高古淡泊、朴老沉雄、蕴藉缥缈，直若古人之洁冠履，具謦欬，复游于后世，顾其筋骨宛然而精神敝矣”。也就是说，学习古文大家，不是要“摹仿力效而得其近似”，而是要根据自己的条件，有选择性地“变化故纸”，方能得其精神，将古人的东西化为己有。所以夏力恕在最后发出大声疾呼：“屏去苟且科名之习，而能入古人之门者也，未有不入古人之门而能有成者也，未有不能变化古人而可以自为一家者也，未有不沉潜反复于六经、四子之书，脱然有得，而能变化古人者也。夫不能变化古人，则固未尝入古人之门也，世有杰出者当自知之矣。”这种振聋发聩的呼喊，只有智者、勇者、博学有识者才能发。《菜根堂论文》篇幅虽短，蕴蓄量却很大，有许多思想值得开发、吸取。

收入本书之文，系依据国家图书馆所藏清刻本《澴农遗书》第十校点录入。

（乌　媛）

菜根堂论文

蚤岁读荆川时文，未能深悉其底蕴。私窃以先生负重名，既博且醇，所作古文辞皆特出，其制艺宜与之称。覆阅者屡矣，终莫能自信。后因溽暑，绝人事，独取先生文纵观之，乃恍然悟，殆所谓规矩方圆之至也。每篇中正面、反面、侧面及追原者、补者、衬者、推广者，皆微示端倪而未尝穷极以尽其致。稍炼经、子作偶语，使读书人有所措手，视成、弘则加渲染矣。然严整精密，所以澄源而防其泛滥者，后人之蔓衍怪诞实无所借口。规矩既具，扩而充之，神而明之，则又各随其才力之所至与气运之所乘。盖至归先生始变化而无其迹。宜乎二公之俎豆千秋也。大抵阅前辈文字，勿骤入而强信之，亦勿以其不合于己而轻议之。虽踵前人之武，必若疏凿而引原泉方为自得，否则弱者不免株守，强者不免凌轹而已。

文品之最上者，无矜气而有灏气，无溢理而有全理，使读者从二千年后反复低回，不枉其分量，其气象若亲炙焉，方可代圣贤立言。有明一代，独熙甫氏沉酣闽、洛，荡涤汉、秦，下不邀誉于末流，上不炫奇于当路，浩然自得，若将老焉，跻科名之业于圣贤之奥，其诸为时文中君子儒乎？后人慕而学者千之，一按其骨脉，愈似而愈失其真，将使人益厌薄之。凡学古人，必有去取。既取法乎上，而所取者又有去取，乃能变化，自成一家。归太仆学西汉而尽去其渣滓，惟识者能信为真汉文。后人学归太仆乃至尽去其底蕴，遂有以淡淡语为真太仆者，人言长安好则出门西向笑耳。果真得其底蕴，虽离奇奥衍中又何尝无归太仆耶？谭诗家论学唐者，凡所引用典故及字面皆须在唐以前方用之，直抛却自家心性、自家世界，脱化出一唐人面孔，岂且不可笑！必以淡淡语为真太仆者正类此。

“瘦硬通神”四字见杜诗，盖状书法之妙也，在时文中惟正希先生有此。末俗之弊，一“肥”字尽之。然不善学嘉鱼者，又如枯木倚寒岩，三冬无暖气，其最下则乃窃取其一二转折生姿之笔法以为秘笈，犹之学杜工部者仅貌取其间架，无真情，无实见，自以为朴而不知其俚俗，自以为沉雄老健，实则譬之十年腐腊，不止断筋绝脉已也。嘉鱼之文如绝粒仙人，腻理漫肤，分寸无可粘着处，而神采焕发，精气盎然。此直以一缕心思游历古人门庭，然后乃自得其所长，郁曲肫恳，皆自率其真。其沉酣于佛老而肆然以为圣贤之道亦尔也，亦自率其真而无复骑墙之见，故其胆其识其才其学皆相随而至乎其域。故凡古人文字之传者，必不自掩其病。其病也，兹其所以传也，兹其所以真也。龙门之怨，柳州之忧愤，眉山之矜气，时时流溢于文字，其病处即其长处，其长处即其病处。后之为文者，知佛老之非，依傍圣贤，而究无一语自得，虽若见古人长处之病，实无由见古人病处之长，是以无复古人之病，因亦无复古人之长。幸而有稍得其长者，势且相随而病，然亦鲜矣。学者沉酣于圣贤之道，一若正希先生之沉酣于佛老，则其所长当更有进焉者，吾将拭目俟之。

峙义之深稳，断章之的确，取径之高骞，所可师法者莫如大士先生。不从此过来，则学太仆或失之平漫，学嘉鱼亦不免蹈空矣。文苦不能入，遂致渲染卷轴以恢廓其意。古人岂必读人间未见书？而入之深深，虽泛音助语皆有卷轴之光华。就其入路，或宽或窄，或奇或正，无不飘飘独往，又复绰绰有余。以此求之，大士乃其文之最精粹者也。但先生文不皆全璧，往往数行杰出，不可磨灭。古人之文字所以必传于后，亦不自掩其真而已。杜子美诗“前辈飞腾入”，此亦古人得手之一路。博取而杂，虽大士之古文、时文均未免此，然此其所以为大士也。稍涉模棱，不根于中心之所笃嗜，无复透脱诣境矣。学者择之精而守之约，功在平时，坦然落笔，岂复尚存首鼠之见耶！

时文不到嘉、隆，无以一学者之趋。钟陵先生摆脱其运调，使之旁行乎唐宋八家，故其文苍浑无敌。时文不到天、崇，亦无以尽才人之变。稚川先生濯磨其精液，使之上趋乎先秦两汉，故其文高古绝伦。二公为明代规模之殿，开本朝风气之先，后有作者，亦几难与颉颃。而钟陵语及事功，不免蹈永康之陋习；稚川语及性命，犹未脱庄老之藩篱。文至则有之，理至则未也。学二公者能兼得其所长而尽去其所短，正使归、唐复生，犹不能无后来居上之叹。然而难矣。虽其气大能浮，空万卷而废千人者，其趋一轨而入路不同，各有独得之妙。貌取固往往失之，即深求亦不可以偏嗜。学者倘有所轩轾，其间纵不至颟检皮毛，全遗骨脉，恐终不足以窥二公之堂奥也。

好腴，好瘦，好巧，好怪，好冷隽，好峭刻，好枯淡，种种偏好，虽无当于圣贤，而皆可以擅长不朽者。中于其心之所笃嗜，故曰言者心之声，观其文而人可知矣。末俗之弊，趋时苟得，本非其心之所笃嗜。务奇险者或出于阘冗，尚刚劲者适文其软软，乐艰深者益彰其肤浅，方诸无病而呻吟，殆有甚已！江西五家文字，雄洁幽奥，曲尽其长，然大都皆以意胜，岂复种种偏好之比？后人或徒以辞拟之，又益之以佶屈生涩之数十字，父兄师友至秘授以为终南佳处，转相慕效。每题入手，更不问理法气脉之何以相因，含蓄销熔之何以入化，分量气象，圣贤之何以曲肖，因人因事，立言之何以殊途，大都不谋篇而谋调，不铸调而铸句，不琢句而琢字，以字张句，以句张调，以调张篇。望其势若剌手螯牙，叩其藏则腐肠败肚。习俗移人，且辍且作，良由赏鉴者厌旧习而又无心得，不屑依样葫芦，亟图所以胜之者，不幸为其所欺。此无足怪，独怪风气所趋，誉之者曰此江西五家派，攻之者亦曰江西五家派。此则真五家之恒河沙劫矣。

古人用破一生心，亦只成就得各人好处。后人合而取之，便当有百川归海之势，然犹不免得其性之所近。若拘拘守一家言，未得其长处，已先得其短处，易成而难高，又况非所当守者乎！国朝初年文字，奇至章云李止矣，然细按皆精理名言，朗诵之作金石声。幽思逸气，鬼胆仙才，又困于遇，郁曲而为文。闻其闭门被发，枯木槁灰，腹稿既就，振笔疾书，短发犹蓬松眉际，啸歌哭泣以吟之。如是者叠出，经数十过而未已。遇不过卑邑，年不及中寿，言者心之声也，如此人不可无一，不可有二。余最赏其文，摇笔神飞，顾不愿效其一字，所学所遇所感万万不同，岂可无病呻吟？且数年前习俗偶变，装点字面，诡其貌而涩其辞，牛鬼蛇神，不可逼视。按之无实，诵之无音，不但文字之病，且为风化之忧。顷者唇焦舌敝，亦将力涤其陋矣。况即欲学云李之奇，亦须从理窟中求之，得其精而遗其迹，尚可成一家言。若止镌声镂字，碎金屑玉，经不成经，子不成子，其病不小也。

古今来挽颓风振士气者，骤闻其说，必群以为怪。天下事，中道而更之，莫若慎始。慎始者，自开笔为文时，即无令其剿袭，使习而安焉。夫穿窬之徒，三尺童子犹耻之，盖谓取非其有，贪而畏人也。至于文章，或有盗袭他人之意者，尚从未减，若乃盗袭其腔调而填以自铸之词，则既无异于取非其有而畏人者，其甚者遂并其词而有之，吾直为此羞恶之心悼惜也。夫穿窬之所得者，布帛、菽粟、金钱、牛马而已。其为利甚微，又罹于法，而且正其名曰盗。语言文字之窃取者，其利视布帛、菽粟、金钱、牛马奚啻倍蓰焉，顾其为名乃独甚美，夫何怪陷溺之深也！学者读书立品，作为文章，大则代圣贤立言，次亦进身之贽，而所为若此，苟清夜思之，未有不通身汗下者。习而不察，酿为风俗，父诏其子，兄勉其弟，牢不可破，此其病中于心膂。今将欲培养人材，必自正其心始。文即未佳，且自道其性灵，慎勿为三尺童子所耻笑也。

为文之的，雅、正、清、真，包括无余矣。今试思与此相反者，其妍媸可以立鉴。雅之反为俗，油滑之调、靡曼之音、骈偶之格及一切不雅驯者是也。正之反为邪，或背注而为奇邪之论，或反常而为茁轧之辞，若向来所传数十字面，群奉为金丹者，皆茁轧之类也。言者心之声，雅俗者其声，邪正则其心也。清之反为浊，即经、史、子诸书横填直塞，不惟其意义，而但袭其言辞，犹之乎浊也，韩子所谓陈言者也。真之反为伪，言非心得，虽赝古且不免焉，乃至沿袭末流而犹有赝者，又无论矣。雅正以立其本，清真以致其精，未有不雅正而能清真者，则又有虽雅正而犹未必清真者，故必交相为用，其义始全。学者但谨守此四字，以从事于《五经》、四子之书，朝夕讽咏，即文章之窔奥皆不出此；其次乃求之《史》《汉》诸大家以观其运用变化；又其次乃求之归、唐、金、陈诸家以观其规模次第。归、唐、金、陈诸家之言则又择其尤精者，然后知其规模次第即《史》《汉》之运用变化，即《五经》、四子之窔奥，初非取诸时文而得之也。但其功以穷理为要，而文章之设施翦刈、磨砻浸润，宁终身未至，勿一日苟安。一义不精如击仇雠，一字未妥如除稂莠，无古无今，皆取长而去其短，熔其液而消其滓。其始也，穷理与论文交致其功；及其久也，合而一之，理至而文随之矣。

昌黎云："其皆醇也，然后肆焉。"所谓肆者，言其波澜壮阔，纵之而无所不之也。所谓"韩文如海"者，即其肆也，非横逆而无所忌惮之谓也。故昌黎又云："行之乎《诗》《书》之途，游之乎仁义之源，无迷其途，无绝其源，终吾身而已。"凡为文字，未有不敬而可以登圣贤之堂者。人生少壮时，有父兄师友之规，其为敬也易。若他日年益高，官益尊，名益重，万一轻发一言，后生小子相视为拱璧而莫敢谁何，其为敬也难。此一字终身以之，而养之必有其渐。凡淫哇之辞，尖秾佻巧之作及一切寓言之非礼者，勿寓目，勿犯手。且凡为文字，不拘衰壮，皆当自视其力，苟精神之不足以运用，宁不为可也。力不足而强为，是其心为名所动而以身徇之，此又与于不敬之甚者也。

古圣贤旋乾转坤如家常事，从未有自矜气节者。矜气节乃才人之陋习也。惟其气节足以钳天下之口，是以放言高论，非毁前哲，末俗跻弛。苟且之士无其气节，亦不惮狂吠以从之，此固吾道之荆榛，抑亦文章之痼疾也。夫道体无穷，列圣群贤若皆有所留余以俟后之君子。至于下学上达，则孔子之所以一贯者，亘万世弗可易已。离下学而趋上达，侈上达而陋下学，以此立言，勿问可知其非矣，又况嘲弄六经、混视流品、恣驰骋于仙释妓侠之场者乎！且后人果有心得，即前贤亦当首肯，然未有躁妄决裂、讥侮讪笑而可以自列于儒门者。故古今不乏真气节，即矜气节者亦不乏真人品。其在当时犹功过相参，及乎流弊则气节且为侥幸之阶，而其文章固可无论也。是皆不敬之所致也。

尝与胡牧亭夜坐论文，枕上得数语，纪之，云：穷经以植其根，读史以通其变，寡取以致其洁，多闻以沃其膏，追琢以善其形，清虚以养其气，强立以坚其骨，萧散以荡其神。推极于造化阴阳，反求之身心性命，旁察夫飞潜动植，近取诸妇子农桑。守勿拘，纵勿放，奇勿巧，博勿贪。言皆有物之言，道则无穷之道。深情逸响，寄远凌空，举一隅以会其全，随百体而为之铸。如此则稽诸往古，传之其人，可以不愧矣。

前辈论文，大率以补苴气运为心。当平浅淡漠之时，有精劲新颖者赏心矣。及乎人争好异，渐以背注为高，有能遵注者，不必其文之高古，极力表章之矣。此皆一时之药，初不为本无是病者概作针砭也，初不以是为止境为定式也。今天下宗程朱者，如六尺之轨达乎九州，就此遵注之文，择其精劲新颖者递而上之，以求无失乎圣贤之意，则攻补温凉，一切适中，小可却疾，大可还丹，宜其永远无弊。而犹未免于弊者，腔板之墨裁一变而为骈偶之赞颂，再变而为茁轧之诡辞，姑勿论。即一二有才识者登高而呼，然旧疾未除，新疾已生，则矫枉之害也。向来逞腹笥者为肥皮厚肉之言，拘成法者堕笺疏注解之气。有志者起而正之，水潦缩而源泉见，爽籁发而清风生，摧陷之功不小矣。及乎矫枉过正，而其成于作家之手者，精则摹取虚神，盘旋左右，如脱诸口。其次则于罅隙之地、转捩之所，灵机独运，若偏师之由间道，旗鼓声章，俨自天降。二者成就不同，而其于圣贤书旨之正面，则毫不置喙，一置喙即落尘障腐朽，而无复瘦硬英多之妙。于是理题之正法眼藏遂尔熄灭，即不必理题，而或则峭刻孤撑，或则新声绝艳，非复学者之言，其于圣贤浑穆冲和之气象，杳不可追，熙甫一瓣香虽欲不绝，不可得矣。虽然，今之有志于熙甫者，岂必斤斤然葫芦其面貌，依样曲肖之哉？诚如是，则且立见其病，姜桂大黄之剂扼擘踵至，既不能深造自得，入圣贤之堂奥，而尘障腐朽，实亦不足以厌作家之手之心。然则如之何而可也？穷理论文，殊途而同归，非能变化不可也，非能变化而仍不失为学者之言不可也。

前辈为诗与文皆有音节。后人或仅效其辞，辞之古或过于前人，而无音节，体具而意不相属，意属而气不相贯，气贯矣而其体又能合而不能离，意能显而不能藏。试取而诵之，或格格乎不相入，或滔滔者无所底，如粗粝然，舂而未融者也。夫礼乐不可斯须去身，以其无事无之也。即以文章，其准绳法度，礼也；其音节则乐也。礼胜而乐不足以济之，即无以自发其性情，无以自发故亦不足感人，颠倒挫抑，愈古而愈失其真，又况雕镂于尖秾佻巧者乎！夫所谓音节者，非以悦口耳为也，将以宕其神，使有远致；留其味，使有余变；幻其数度，使之郁而益通，愈朴而愈华。凡文字之佳者未有不响，而有今响，有古响，有杂奏之响，有孤鸣之响，有有声之响，有无声之响。所谓“言之短长与声之高下皆宜”，精乎响者也，非养气不足以语此，故言文字而知音节者鲜矣。继屈《骚》而为赋者如林，韩昌黎不甚作赋，《祭田横墓文》一首虽非骚体，实得骚经之音节者也，视《二鸟》诸作笔力又过之，《柳州罗池庙》迎享、送神歌辞，《武侍御妻哀辞》则纯乎骚矣。得其意，虽时文亦有之，不必效其体也。

宋六大家惟欧、曾二公气象从容，文品更高。欧文犹略见才人风调，曾文则蔼然一出于学者之言，而《史》《汉》以来之法度究无不浑脱其中。自宋以来，圣学昌明，至于文字之门户，则南丰实开其先矣。南渡后朱子有取焉。迄乎先明，熙甫氏乃寝食而浸润之。自古圣贤之所谓经、子者，大率皆学者之言也。操学者之分量以融液百家，则其器满而不溢，神明变化而不怪，正襟危坐而不腐，朝北海，暮苍梧，而终不越乎圣贤之门墙。推是以往，如诗如赋，以及群言，体制虽不同，而皆有学者之分量焉；为隐为仕，为里选科名，为方略为制诰，为河渠、戎马、农桑、礼乐，其事不可概举，而皆有学者之分量焉。充其分量可以为圣贤，窃其似，毁其真，即不免于小人之归。学者之事，视其才之所堪与其遇之所值，不可必者也。学者之言则操之自己，莫之御而自外于圣贤之门墙，自贼者也。明窗净几，笔砚精良，其稿于腹而烬于灰者，毋亦非学者之言乎？质诸师友，锓于木而传于世者，其果无愧于学者之言乎？

自古一切文字之杰出者，大率高古淡泊、朴老沉雄、蕴藉缥缈，视末俗尖秾骈丽、苗轧怪诞、剽剥赝古，奚啻霄壤！盖凡有志之士，未有不求入古人之门者也。由汉以来，迁、贾最杰出，至六朝大敝矣，唐昌黎韩氏起而正之，人知其扫除六朝矣，浩乎游迁、贾之门矣，不知其并迁、贾亦变化之也。庐陵距昌黎未远，最先学之，然亦变化而自成为庐陵之文。以苏氏父子一家授受，而岸然三手，其他各峻门墙者可知矣。当其时，与古人并生及后起之徒，岂乏摹仿力效而得其近似者？今皆烟消草腐不复传，所传者仍此杰出者而已。盖自古迄今，从未有齐名并业，与后先跻美，以两高士而如出一手者。学者生古人后，不幸不得入古人之门。入古人之门矣，又不幸不能变化故纸，穷年绳趋于秦字汉语之间，而终老于旧窟陈窠之域。当其矻矻终日，钻研缀缉，已豫为其烟消草腐之具，则虽高古淡泊、朴老沉雄、蕴藉缥缈，直若古人之洁冠履，具謦欬，复游于后世，顾其筋骨宛然而精神敝矣。其高者至于精神亦复宛然，而其性情乃愈灭矣。若是者何也？去圣日远，师道不立。六经、四子之文章，其根柢于天人性命而流露于规矩神明者，明昭乎日月而幽藏乎江海，日诵习焉而莫喻其精微也。学者不此之求，而仅求诸迁、贾、韩、欧，抑亦末矣，又况并迁、贾、韩、欧而不学者乎！伊川之言曰："道不行，百世无善治；学不传，千载无真儒。"文章者，学之枝叶也，而根本寓焉。然则学不传亦千载无真文矣。学者而不自托于儒门则已，如其俨然儒也，未有不砥砺廉耻，屏去苟且科名之习，而能入古人之门者也，未有不入古人之门而能有成者也，未有不能变化古人而可以自为一家者也，未有不沉潜反复于六经、四子之书，脱然有得，而能变化古人者也。夫不能变化古人，则固未尝入古人之门也，世有杰出者当自知之矣。

四书题镜总论二十则

〔清〕汪灵川　撰

导读

汪灵川生卒年及生平事迹无考，只能从其撰述的《四书题镜》中推知他为苕上人，约生于清康熙中晚期，卒于乾隆年间。他终生蹭蹬科场，顶多考中过秀才，大概是以教馆授徒为生，对《四书》《五经》颇有研究，这从他撰述的《四书题镜》便可知端倪。

《四书题镜》是一部逐章逐句解析《大学》《中庸》《论语》《孟子》的句式特点、句子内容精要及与朱熹传注关系的书。目的是让作八股文的人能正确把握大题，即联章题、全章题、数节题、一节题、单句题的题蕴，从而掌握其作法。

例如《论语·学而》是这样的：

学而章

此见学贵“时习”，而历指学之所得以示天下也。全章以“学”字贯，而工夫在“时习”。“朋来”“不愠”，固从“时习”本领来，即“说”“乐”“君子”，虽说效验而仍不离工夫，亦当蒙“时习”说，则“学”字重而“时习”尤重。注两“不已”字，最是要紧教入处。饶氏谓首句之外但说效验，当善会之。

学之始，学之中，学之终，说本朱子。始成己，中成物，终成德，说本《蒙引》。提起“学”字，下还三平，先辈正格。总起总收，又近科稳格。亦有首节另讲，中、末节平对，为一头两脚格者，有镕为一片，通体散行者皆可。若万历间文侧重“君子”，因而倒提逆挈者非。

每节下三句都从上三句实际想象出来，自重各上句。而各上句有两层，尤重“时习”“远来”“不愠”上，作者须就各上截透出下截所以然之故，不可单靠“始”“中”“终”等字来包括也。

圣贤学问，“时习”照注，明善复初，须在穷理尽性、治心修身上说得精切，方不是俗学章句，而“说”字亦真。“朋来”照注，以善及人，须在传道立教、继往开来上说得广大，方不是泛交声气，而“乐”字亦真。“不愠”照注，学在己，须在潜德暗修、乐天知命上说得纯粹，方不是孤高隐逸，而“君子”字亦真。

三“不亦”字、“乎”字，正令人当境而思，神气在此。

学而节

时时“习”则时时“说”，愈“习”愈“说”，愈“说”愈“习”。非有心于“说”也，人但将“说”字看作“时习”效验，遂致倒提逆挈者，非第机势，则亦可取耳。

此等题或截或滚，各有体裁。但截发亦须神气融贯，滚做则尤警妙，余可类推。

学而句

学不外知行，即所谓明诚也。注“明善”贴“知”边，

“复初”贴“行”边。自确明善即格致，曰复初即诚正。修时文以稽古弦诵等了却者，非若但讲“学”字，不抉摘“时习”，便失题之真种子。须将“学”字略顿，便折入“时习”，以醒“而”字，“习”字连“时”字，不必将“时”与“习”又分两层，《或问》勿泥。

不习之弊，时习之功，俱宜发得精警，勿染语录陈腐气。

从上述抄文，便可知《四书题镜》内容之大概，书名“题镜”也是符合实际的。书中根据写作八股文对题目的要求，把《四书》可摘为题目的每章、每节、每句都博采名家笃论，汇集前贤讲义，条分缕析，指明该题重点在何处，应怎样做才是正确的，让读者一目了然，对初学八股文的写作者确有帮助。这也切合作者在《四书题镜序》中所说的“科举之学必本于圣贤之学，圣贤之学即验于科举之学”的本旨，更贴合他在《序》中所主张的“作文不发挥书理，圣贤之义理终未透，讲书不贴合作文，圣贤之口气终未肖。前人谓作文为讲书表章，讲书为作文根本，源流原自一贯。惟体认各题理行文，即以行文各旨法说书，则书之曲折精微与题之神脉口吻，无呼不出，而道理口气，两无遗憾”之高论。

因《四书题镜》中所拟的大题太多，恐初学者难以掌握，作者又总结了作八股文时对题目应掌握的要点，以《四书题镜总论二十则》的方式推出来，并配以实例加以阐述，从而使读者能更精准地掌握作题之法。

这二十则总论，都从一个特定的角度来阐发八股文题目的内蕴，以及在写作中应如何操作才能达到预期的效果。如在《一标题旨》一则中，首先提纲挈领地指出：“作文先一着功夫，在看书时体认题旨。章有章旨，节有节旨，提纲挈领，最是紧要。”然后再举《四书》中的实例来告诉读者如何体认题旨。

在《一阐题理》一则中，作者先讲述阐题理的重要性及从明代万历以来在这一问题上的不同观点，指出应本朱熹传注去阐题理的必要性，最后举实例加以剖析，以求读者掌握其要义。

总之，《四书题镜总论二十则》是汪灵川对《四书》中所有的大题进行剖析以后总结出的八股文题目作法要义，在当时可指导八股文写作者提高写作水平，在今天仍可从中体会到那时经学家的思维方式、经解水平，有助于我们今天对经典的研究。

《四书题镜》今已不多见，只得据清乾隆九年宝翰楼梓行本将《四书题镜总论二十则》校点录入。

（龚　昊）

四书题镜总论二十则

一标题旨

作文先一着工夫，在看书时体认题旨。章有章旨，节有节旨，提纲挈领，最是紧要。向如《中庸》“衣锦”章拈“暗然”，《孟子》“存之”章拈“几希”，业经明眼正其述谬外，如“吾十有五”章、“志于道”章之误拈“心学”，“巧笑倩兮”章、“先进礼乐”章之误拈“尚质”等类，与夫牵强费辞，见偏语滞，并意旨宽泛近似不切者，概不可曲徇旧解。

兹集所标色涵而融贯，简切而明确，务使开卷跃如。

一阐题理

文之可以传久者，皆其说理者也。圣贤道理，实实在在，不堕空虚。自万历时争趋禅学，天启后复杂子书，好异谈空，含糊混过。如以良知为致知，以格物为诚意。论知止则如坐禅入定，论是知则云本体一明。大事了毕，抹却朱子，由此而求一转。

又如“颜渊喟然”章，不说明“道”字。“仲弓问仁”章，不提破“敬恕”字。“先进后进”不照注出议论，“政刑德礼”

不上下分低昂，毫不靠实发挥。

兹集务求阐明程朱之理，以窥孔孟之蕴，使题理得着地头。

一正题解

题解之蒙混也，在时艺之沿袭而不解者。如“使民以时”为农隙之时，文多作至冬乃役之时。“质胜文”为外着之质，文多作“忠信之质”。“文武之道”为谟训功烈，“礼乐文章”之道，文混作道统之道等类。

其正意余意之不分轻重者，如“骥不称其力”之反重人称，“岁寒”章之反重后知，“与百工居肆”“学优则仕”章之反重后注等类。殊不知《大全》诸儒之说固多异同，当以朱子之解为正。朱子《或问》《语类》之说亦间与本注不合，当以章句内注之解为正。

兹集解题悉遵朱子，或注无明文而两说互见者，必择其尤醇者取之，间或并存，以便行文参用，并非骑墙之见。

一肖题吻

凡代一人说话，即欲肖一人口吻。而口吻种种不一，策励如“入孝出弟”“不重不威”等题，设戒如“巧言令色”“攻乎异端”等题，悬空称羡如“贤贤易色”等题，直指赞叹如“平仲”“子产”等题，慨叹如“古之道也”“吾不欲观”等题，感悟如“其斯之谓礼后乎”等题，明贬如“管仲器小”等题；冷刺如“何如其知”等题，姑许如“可也简”“不亦善乎”等题，决断如“君子人与”二句等题。其余指点、诘问不可枚举。

兹集每章每句必提明是何语气，拈题自肖口吻。

一清题界

宋儒之书专主说理，其时不为帖括取用，故每以后意明讲在前，如“举直错［诸］枉”二句注之“仁”字，“养吾浩然之气”句注之配“道义”字，“生亦吾所欲”三节注之“良之”字等类。

今作文以口气为主，则上节断不得预透下节，前问断不得即侵后问，界在故也。故一题自有一题之界，如“而非邦也者”“则吾岂敢”等题之截上安界，“方六七十”“未有府库财”等题之截下，“未之能行”“如之何者”等题之截上截下。推之偏全、反正题与数节长题段落，各有一定界限。拖粘固连前界，凌躐又侵后界。

兹集分界极明，凡题入手，定知如题位置。

一辨题类

题句虽同而题意迥别，八股家那移混杂，贻害不浅。不知书中论天、论命、论性、论诚、论道德、论仁义礼智、论政、论学等类，逐章各有归宿，不可假借抄袭通用。今约略言之，如同一天也，而“上不怨天”“富贵在天”等句，则以气言。若“不可不知”“天知”“天也”等句，则以理言。同一命也，而“畏天命”“所以立命”等句，则以理言。若“不知命”“居易俟命”

等句，则以数言。“有命焉”句又兼气与理言。同一性也，而“性相近”句则兼气质。《孟子》“道性善”句则单言理，“生之谓性”则单言气。同一道也，而“君子之道费而隐”句则为专言之道，“君子之道”四句则为偏言之道。同一德也，而“明德”“达德”“天德”“懿德”等，则为得于天之德，“盛德”“大德”“崇德”“执德”等则为得于心之德。同一诚也，而“诚者自成”“诚者物之终始”则言实理，“不诚无物”“诚之者”则言实心。同一仁，而“孝弟为仁之本”则言爱之理，下章“鲜矣仁”则言心之德。同一义，而“比义”“好义”“集义”则言事之宜。“不仕无义”“行其义也”则止言君臣之义。同一礼，而如“其礼何”则言其理，“是礼也”则言其意，“礼后乎”则言其文，“不议礼”则言其制。同一知，而“舜其大知”则言其德，“知者过之”则言其质，“人皆曰予知”则言其用，“术智”“反其智”则言其事。至如“政有本末”“为政以德”之注与“道之以政”之注不同。学分知行，“学而时习”之学与“学而不思”之学不同。

兹集因同别异，庶彼此不混，行文自然真切。

一别题体

题各有体，如“道千乘”章之顺细，与“无求饱”章之倒纲不同，如“美玉”“岁寒”等章之比体，与“夺朱”“乱雅”之兴体不同。如“三省”章“不忠不信”句之反言，与“贤贤”章“言而有信”，“重威”章“主忠信”句之正言不同。如《论语》“人焉廋哉”之叠句，与《孟子》“观眸子”章之单句不同。如“修己以安百姓”，与“能尽其性”等句之覆说，与上文“修己以安百姓则能尽其性”句之实说不同。如“公冶长”章之合传，与“白圭”章之单举不同。如“桓公杀公子纠”“武王未受命”“管叔以殷畔”等之为原叙题，不是正叙其人也，与他处正叙其人者不同。如“子钓而不纲”“子之燕居”，与“乡党”所载之为记事题，是下无论断者也，与他处下有论断者不同。如《中庸》“衣锦”章先引《诗》之为引述体，与《孟子》“仁则荣”“师文王”等章后引《诗》之为引证体不同。他如或整或散，或截或全，或影喻，或歌咏，或诰诫，或训诂，种种不一。

兹集各还其体，庶几分别不混。

一论题格

文无定局，所谓八股者，原为两截题言也。上截两虚两实，下截两虚两实，故谓八股。今通谓之八股矣，但其格亦不可拘。如两扇题“冠者五六人”二句、“舟车所至”二句等类，可以加首尾，并可以总做。如“唯求则非邦”二节、“今吾于人”二段、“道之以政”二句、“博学于文”二句、“依于仁”二句等类，似乎平对，而亦可以递落截串。又如九扇题“九思”章上二句为一类，中四句为一类，后三句为一类，而或将上六句为一类亦可。如“修身也”九句，首句为一类，“尊敬”四句可合可分，“子来”四句可合可分。又如串题“敬事而信”句，可以分对，可以串讲，可以上下截发，可用一股中合做之串法，亦可用前后幅中照应拖抱之串法。

推诸他题，或分或总，或平或串，或整或散，务宜相题立格，奇不离乎正，变不入乎诡，神而明之，存乎其人。

兹集备列正变，以便审局。

一认题脉

溯来龙，切脉理，此堪舆方术要诀，而认题亦然。但脉有近有远，有急有缓。如参赞之跟尽人物，逢原之跟资深，为近脉而总跟尽性，自得为远脉等类。如“则可谓云尔”句之接上“为诲”为急脉，“耕也馁在”句之接上“君子”为缓脉等类。近脉不可离，远脉不可脱。急脉当缓受，缓脉当急受。又如“赤也为之小”之跟“愿为小相”，“岂得暴彼民”之跟“有库之民奚非”，“禹恶旨酒”数章之跟“君子存之”等类，虽隔节隔章，自应遥承。

兹集处处清出来踪，庶领脉逼真。若搭题无口气者，系作者自为联络，文多危侧险斜之脉，不及备载。

一摹题神

脉则有形，神则无迹。神在目中之虚字固重，而在目外之虚字尤重，如“足则吾能征”句注之“若”字，“论笃是与”句注之“但”字。

神在本题之内固重，而在本题之上下文尤重，如“知之为知之”“一则以喜”题之关动下句，“抑与之与”“未入于室”题之反重上句等类。

又有句虽分而神当合者，如“深则厉”二句，“事济乎”二句等类。

有句虽同而神自异者，如“在邦必闻”二句之别于“子张曰”，“昔者”句之别于“乐正子”等类。

兹集一一指出，作者善会其神，便有灵活而无呆滞。

一抉题髓

文之当然，题之貌也，文之所以然，题之髓也。题貌有字句而题髓无字句。写貌者尚铺排，其词易竭，其义易完。抉髓者尚意义，其源不涸，其境无尽。如先辈于“如用之”节只就所以当从处写得十分精神，更为从来程式之冠。凡题皆然，唯所以然在下者不可预透外，此或注之所有，或注之所无，或从反面说，或从正面、侧面说，俱是发挥所以然妙诀。

兹集多抉出言之，可知题目有体，不但写其当然而已也。

一提题线

长章、全节题之精神，或结聚于实字，或结聚于虚字，或在题首，或在题中，或在题外。先辈每取一字为线索，从此逐句逐段穿去，自得一片。如“诚意”章之“独”，“樊迟问仁”章之“知”，“瞻彼淇澳”节之“至”，“九经”数节之“身”，“民为贵”章之“民”。

又有取之题外者，如“颜渊季路侍”章之“仁”等类。

兹集提明线索，并可悟搭题、串插、映带诸法。

一审题势

作文全要得势，宜逆宜顺，皆因乎题有可顺而不可逆者，如昆湖论“可也简”句，与“君子胡不慥慥尔”句是也。

有宜逆而不宜顺者，如萧会元“必世而后仁”句之逆发“仁”字，金正希“唐虞之际”二句之逆提“盛”字是也。

推之“兴于诗”等句之当顺呼下截，不当逆提下截，“据于德”等句之当先出下截，不当先出上截皆是。宜顺而逆，宜逆而顺，岂善审势者哉！

兹集必审顺逆之势，以示布置之法。

一扼题柱

题中有现成柱子，此文之骨也，所忌者，庸旧陈腐字眼耳。故作者每用意思转换，有股开股合、一意翻作两层之法。但注意之不可易者，如“《诗》三百”章之感发惩创，“吾十有五”章之不躐等、不失途，“颜渊问仁”章之明健，“无为而治”章之绍尧得人，“不动心”章之疑惧等类，先辈每实拈。

兹集俱照朱注贴说，作者自当扼定发挥，方有咀嚼，不当反略。

一联题峡

从前生后，从上卸下，全在过落。纵有难接处，亦要融洽一片。如“滕文龙子”节下特接“世禄”，“世禄”节下忽接诗词，“怨慕”章“公明高”节下接说帝使，“德衰”章“丹朱”节下接说匹夫，“易其田畴”二节下承以水火，“自范之齐”章“广居”节（小）［下］承以鲁君等类，接头稍不自然，便成鹘突。

兹集于此等过峡处联络贯串，看书自无脱节之患。

一补题缝

题面不必有而题意不可无，须用金针补绽。有欠斯完，无亏不满。有补题缺法，有补题前题后法，如“九经”章“思知人”句，必补入“亲亲”。“直道”章如“有所誉者”二句，必补出“无毁”。“交际”章“而后受之”句，上必补合义意。“以是为不恭”，上必补不合义意等类。

又如“好勇疾贫”章必补出“弭乱之方来”，“唯女子小人”章必补出“养之之道”来，皆是补法之不可不讲者。

兹集处处补所当补，以见（干）［斡］旋之法。

一溯题源

从功推到效，从始推到终，此意义之不容已者。若题本效验，必有工夫。题本□前，必有夙昔。外本乎内，用本乎体，须于本题之上追溯一层，才见本领。如“视其所以”章注之“穷理知言”，“举直错枉”章注之“居敬穷理”，“温良恭俭让”节注之“盛德存神”等类。

兹集必勘透本领，亦先辈探原之法。

一醒题字

题字有实有虚，先出实字，后出虚字，此层次折做之常也。若题中字面烦多各异者，必一总提破在前，则眉目清而入后滚发处亦不费力，又非逐字挨出者可比，如“因不失其亲”二句、“久要不忘平生之言”句是也。

其前路当平提者，如“贞谅”“矜群”“争党”“骄泰”“和同”等类。

其当逐字分点明还而不可浑发大意者，如“宽裕温柔”八句，“子温而厉”一节等类。

兹集所论出落之法，或先或后，或分或合，或平或侧，要求其醒而已。至如本题应用字眼，而或在下文，如《大学》“静安”之必贴“身心”，《论语》“高坚”前后之必贴“夫子”，《中庸》“庸德庸言”之必贴“君子”，又不与犯下例同，亦宜醒透为正。

一广题证

引《诗》《书》，据经典实证，如“九经”章，又每援文武事实是也。借证如“道千乘”章，或从天子照合侯国是也。

因题为证，如“本立而道生”“乐则生矣”之证以本，“君子不器”“管仲器小”之证以器。跟上为证，如“成功文章”“立道绥动”之证以天。

或借客形主，或借粗明精，或虚题点实，或实题更牵别见之事，俱是正法。

兹集存此一法，以见学问贯串，贵有书卷之气，死事活用，贵有触发之机。

一备题考

典故题不可杜撰，虽填砌亦文家所忌。然空拳白战，贻诮空疏。如天象则北辰、日月星辰等类，如水土则九河、济、漯、江、淮、河、汉等类，如官制则公、侯、伯、子、男、卿大夫、士等类，如经学则《易》《诗》《书》《礼》《春秋》等类，如礼乐则昭穆、郊社、禘祫、会同、朝聘、耕助、蚕缫、六律、五音等类。如人品则正谲若桓文，尽道若子产，愚若宁武子，伯显若管晏，大丈夫若仪衍，见知若禹、皋、伊、莱、望、散等类。如器用则冕辂、輗軏、干(弋)[戈]、戚扬、麻缕、丝絮等类。如物类则鼋、鼍、鱼、鳖、蛟、龙、虎、豹、麟、凤等类都是。苟非渊博，安能洞悉原委。

兹集略采其要，以备参用，行文庶有根据，亦荒年谷而丰年玉也。

文法要诀

〔清〕张声有　撰

导读

八股文是一种命题作文，题目都必须从《四书》《五经》中摘取。在明代中期以前，所摘取为题的经文均为形式与内容完整，用以阐发大道理、大制度，关系人伦和治国之道的句、节、章，题皆明白正大。

但作为试题库的《四书》《五经》容量过小，而全国用以考生员的各县、府、道试（清代叫院试）等所谓小试和各省的乡试、礼部的会试又层出不穷，到明代中期以后，所谓明白正大的整句、整节、整章的题目无不出过，有的甚至重复出过无数次，且随着印刷术的进步，各个题目的优秀之作都会因选刊而风行天下，于是就引发了猜题剿袭之风。善于揣摩出题规律的人只要猜上一些题目，再背诵这些题目的优秀之作，到考场上要是遇上猜中的题目，只须将背熟的文章誊抄上卷，往往能取中。因为这些文章要比在巨大精神压力之下、在匆促的时间里临时写出的文章质量高得多，也因此破坏了公正、公平取士的科举考试原则。于是，防止猜题剿袭就成了科举考试必须解决的问题。

由于从《四书》《五经》中摘取试题的原则是不能改变的，于是，考官便摸索出了改变经文摘取方式的出题之路，即改变经文的组合与截取方式，避熟就生，避易趋难，变明白正大为晦涩难懂，不惜将经文割裂变化，将形式和内容均完整的经文截上截下，掐头去尾，于是，一批截头缩脚、意义割裂、晦涩难解的偏题、怪题便出现了，人们称之为小题，以与光明正大的，形式与意义均完整的整句、整节、整章题即所谓的大题相区别。

这种出题方式的变革可加大出题的数量，减少重复出题的几率，大大降低了猜题的命中率，有相当的扼制猜题剿袭弊端的作用。且因作这种题文的难度大大增加，必须使用巧思巧法才能完篇，故又有强化思维训练的作用。

然而小题的出现又催生了新的弊端，即割裂经文来制题，必然会改变孔、孟等圣贤言论的真情实意，失却《四书》《五经》的奥旨精义，致使歧意纷陈，程、朱为构造完整的儒家思想体系而精心撰构的注释也会被毁弃。这种因割裂圣语、剪断经文所出之小题所造成的曲解孔、孟言论的后果是十分严重的，因为它必然会瓦解以儒家正统思想治国的理念。

在小题不得不出的无奈情况下，考官们又研究出各种能补足因割裂经文而出现的原旨改变甚至缺失的方法。于是，各种讲授小题作法的著作纷纷出炉，它们各自从不同角度来阐发小题的作法。这些作法各有千秋，也各有利弊，张声有分拆题字的小题作法是其中较好的一种。

张声有生卒年代、籍贯及生平事迹均无考，只知曾为刊刻于康熙年间的《分法小题拆字》写过评析，并在书首写下了这篇《文法要诀》。

这篇文章分为两大部分：前半部分专讲小题之拆字作法，后半部分则讲小题，重点是小题之一的单题的作法、技巧。

小题因其从经文中摘取的方式复杂，为保持其所在原经文的微言大义，就有着相应的特殊作法，拆字法即为其中一种，且为其中较为简便易行的一种。其要义在于抓住题中能彰显题义、题情、题神的字眼来阐析发挥，作时可将题中数字各为一义，一字自为数义。

在前半部分，作者阐述了拆字法对作小题的重要性，对如何施行拆字法，有着透辟精到的解说。即有似于反，如题说不能如此，文先说如此，次说可如此，后说不可如此。其说如此及可如此处，即似反，其实就是拆字。

作者首先介绍了拆字的几种基本方法，然后在第二条结合八股文体的构成部分来讲述拆字法，特别在第三条中对拆字题之股法做了详尽介绍。

所谓拆字，当然是拆题目中关键的字，故作者又在第四条阐述了题字的虚实以及如何抓住虚字作文的方法。

第五条则专讲拆字法的要义是什么，如何在入脉处作文章。

在后半部分，作者专讲小题中之单题的重要性、单题的一般作法和专门作法以及对单题文的要求等。总之，将单题的作法从各种角度加以详尽的解析，让人能切实地把握其要义并能付诸实施。

《分法小题拆字》早在康熙年间即有刻本传世。因其有用，故后世有多种版本流行，或增补，或注释，但各种版本上均有张声友撰写的《文法要诀》。本书所收之《文法要诀》，载于清乾隆芸生堂刻本陈衡斋增选的《注释分法小题拆字》。

（龚　昊）

文法要诀

小题窄狭，最忌囫囵，必字字咬破，层层挑剔，如花开蕊放，如水流云起，方得灵醒之妙。故自古迄今，善制小品，令人一见了然，神清气爽，莫过于拆字一法。

拆字之法，有逆入倒卷者，有顺叙挨讲者，有顺逆相间者，有先入中间而后挑动两头者，有双提两头而复夹写中间者，有自起讲拆入者，有自提比拆入者，有起讲下点出全题以下逐层拆写者，有提比虚浑自点题以下逐字拆去者。此篇法大势之不同也。

拆字题之股法亦不同。有逐字二比者，有二字流水写者，有上一言详而下从略者，有上从略而下一字详者，有详于中间字而（暑自）［略首］尾者，有略中间字而详于首尾者，有一字详拆至七八比者，有数字连出略点而止者。总之详略得宜，视题字之轻重以为准。

题字原有虚实，实字为题之骨干，虚字为题之神吻。故诠实不可细空，传神不宜呆疏。而又有有字无字之分，有字则为实面，须直写题坚，无字则为虚缝，贵曲以作势。且其相生相济，亦非虚自虚而实自实，此辨之不可不细辨者也。

拆字之要，先在入脉。或领上文来，或探下文入，或直出本题字，或明喝或暗喝，或在句缝脱卸，或在字缝敲击，法虽非一，务在擒题要意，动题全神，笔未到而气已吞，以下便可迎刃而解。又在点法，轻字随笔带点，重字着意点逗，实字先点作提，而后发（好）［抒］得力。虚字必先做透，而后点睛欲飞，眉清目楚，未尝不丝联而绳贯也。

时义最难于单题。单题贵前不突，后不竭。如溪壑之水渐入江淮，江淮之水渐入河海。其中（漱艳）［潋滟］滔腾，叠见叠出，始称奇观。若突然起，蹶然涸，便不佳矣。正意只可讲六比，起处须用客意为讲。若实讲入比，则前突后竭之病势所必至。

幼学欲穷变化，须从单题下手。盖单题有提有反，有小讲，有大讲，有缴有束，而其中操纵合辟，抑扬起伏与错综顿挫之法，挑剔转折之势，无不备具，能尽单题之变，其余则举而措之耳。大抵单题体面入比，势难一直到底，须会叠其意，反复其词，驰骋其步骤，纡题其波澜。如登层台，上一层更有一层，而委曲周旋，有无限转折。如泛江河行一弯更有一弯，而荡漾潆洄，有无穷波浪，斯为尽制。

题常则意欲新，意常则语欲新。

文章有一字诀，曰紧。紧非缩文为尺、蹙尺为寸之谓也，谓文之接（锋）［缝］斗笋处也。古人布局宽结构紧，今人布局紧结构宽。巧者如骏马（蓦）［跃］涧，拙者如驽牛登山。

股中立柱，第一忌陈腐。如穷达常变之类，一见令人可憎。

文章最要相生次序。如先虚后实，先略后详，此其常也。亦有先实后虚、先详后略者，则其变也。知此布置，则文有起伏，有首尾、轻重、疾徐，各得其所。

一篇中自有开合，一股中自有开合。如欲抑先扬，欲扬先抑，正题先反，反题先正也。

文要照应，则文字谨严，不至汗漫而不可收拾。然有起缴照应者，有前后照应者，有一股中自照应［者］，首在人善用之耳。

文要错综，用股长短相间，用句偶散相生，则错综矣。

文要清新，要得人弃我取、人取我与之意。韩退之所谓惟陈言之务去，正此意也。

文要无中生有。古文如欧公《朋党论》、东坡《范增论》，皆得无中生有（去）［趣］。时文则荆川尤众。

文要尔我相形。如本当说东，然单说东，则或意不明气不扬，则当以西形之。如本说己欲如此，然单说己欲如此，则或意不明气不扬，则当以人亦欲如此形之。孟子“今王鼓乐”“先生以仁义”，二意皆此法也。

文要（叶）［放］瞻。东坡与侄书曰：凡文字，少小时须令气象峥嵘，彩光绚烂。渐老渐熟，乃造平淡。其实不是平淡，乃绚烂之极也。汝只见我而今平淡，一向只学此样，何不把旧时应举文字看，高下抑扬，如龙蛇捉不住，但当学此。

咏叹文法，多施于先实先详之文。以意尽而若未尽，故再申数句以咏叹之，则文有余波，不至索然无味。有一二句冷语咏叹者，有五六句雄语咏叹者，有流水联咏叹者，有两实股咏叹者，随题而用，不可执。

文要摸写。作文须设以身处其地，目击其事，体贴一段精神出来。如告君父须写出忠剀意思，如论事势须写出利害意思，如论小人须写出巧媚隐伏意思，论君子须写出平易坦实意思。人能摸写得出，即为好文矣。

文章只要圆熟，硬涩只是不熟，不熟由于不多做。做多则其间利病不待人指摘，旬能见之。东坡云，新诗如弹丸，盖言圆熟也。

文题论

〔清〕张江　撰

导读

八股文是为培养、选拔具有儒家正统伦理道德观，运用于科举考试的一种命题作文。题目承载了要向写作者传输的孔孟之道，故题目就成为八股文的灵魂所在，在八股文中处于最重要的位置。

为确保顺利实现运用题目的解析、阐发来达到以传道去改造写作者思想之目的，八股文的创制者们特别重视题目的作法。他们将题目分成许多类型，并规定了每种题型与之对应的作法。因为只有通过这些作法，才能确保儒家正统思想的顺利传输。所以自明代中期以后，特别是在清代，八股文界研究八股文题目类型与作法的风气越来越盛。这首先是出于功利的目的，因为八股文已逐渐成为科举考试能否取中的主要甚至是唯一的衡量标准，而能否准确把握题旨，并把它全面深入地阐发出来，就成为决定八股文好坏的首要因素。故写作者非重视题目的作法不可。

在明、清层出不穷的探讨八股文题目分类与作法的著述中，张江的《文题论》是较为优秀的一种，从乾隆年间问世以后，流布很广。

张江（？—1726），字百川，号晓楼，江西南城人。清雍正元年癸卯（1723）科进士，改庶吉士，散馆授编修。

张江是清代著名的八股文评选家，又是一位八股文高手，著有《张太史时文》三集。其评选的八股文旁注总评，都切中肯綮。解析不惜语长，只求为学者标示正法眼藏，以期使他们能登古人之堂奥。

张江的八股文学章世纯、罗万藻，均以古文之法为之。其文义理开掘得深，骨力雄坚，文风峻洁，亦有清微淡远、平正明晰之作。从《张太史时文》初、二、三集来分析，其作文境与年俱进。初集穷力追深，雄放多姿，学章、罗而得其精粹。二集之文沉浸浓郁，醇而益肆。三集文尤苍坚典确，用词造句如朱熹自谓其注字字从戥子上称过来一样，无不准确不移。张江的家乡文士说他家藏有未刻八股文稿三千多篇。盖其天分高，致力于此事者深且久，理应冠绝八股文坛。

正是因为他在八股文理论与写作上都有精深造诣，故他精心撰写的《文题论》便具有精到及可操作性很强的特点。就其对八股文两大题型之一的小题的独到把握，以及各种题型作法奥秘的揭示来说，《文题论》均要超过同类之作多得多。

《文题论》对小题题型的分类简明扼要，而且各种题型的精要都包含于其中。

《文题论》只将小题题型分为八类，却将小题的所有作法囊括其中，而其他阐述小题作法的人，无不将小题类型分得细碎不堪，对其作法的阐述也无法握其要义，以致难学难用。

如单句题是横跨大题与小题两大类的一种题型，凡句式及语义完整的单句题属大题类，凡句式或语义不完整的属小题类。一般人讲题目作法会将两者分论，张江的《单句题论》却将两类题合讲。因为他准确把握到了两种题虽所属类别不同，却因同为单句题，故有明显的共性。于是他便从股法的开合来阐述其作法，并指出："单题解开合法，方能前不突，后不竭，向背往来，旋转如意。"张江对各种题型的源流变化深有研究，他便从八股文分股的变化入手，即明代天启以前只有一股、二股、三股……之分，且"一生二，二生三，三生四，五、六、七、八以次为生”，而不闻有提比、中比、后比、结比之说，来说明分股之法应遵循明代隆庆、万历名家的“单题雅善蹉对法，从出比生对比，即从对比又生后之出比。比比相生，丝联绳贯，一线不断”。他还针对入清后八股文界的种种弊端提出了批评。

又如截下题是小题中经常使用的一种题型，张江以“截下题即半句题之谓”，简单明了地指出截下题的特征。然后又指出其作法：“凡半句题必须倒影下句在前，乃能迸神理，所谓手挥目送是也。”一句话即将截下题作法要义尽行解出。此后又从历史的角度入手，分析了截下题在明代成化、弘治、正德、嘉靖时的名家手中是如何处置，在隆庆、万历、天启、崇祯年间是被诸高手如何对待的，从而将其作法精华扼要地予以介绍，使人一见便知，利于仿效。

其《口气题论》则将《四书》《五经》中有关各类人物说话时的神态、心理予以生动地描画介绍，然后指出作这种题的要义在于“解事者要须设以身，揣其事，想见当时心目间神情光景，代为曲曲描出，总不走却些子题气方称酷肖”。几句话即将口气题的作法精义醒出，读者过目即能领会并付诸实施。由此可见张江对题目作法研究之深透，已到炉火纯青的地步。

所谓的单字题即只有一个字的题目，在小题中，也属作法难度极高者之一，而且其作法也极少有人能讲得清楚明白。因为单字题内容极狭，“窘逼已极”，所以无论怎样设法，终难展开笔墨。对于“熟于隆、万蹉对法门者，遇单句题即从本句数字中巧为借换，便自圆转不穷。至单字题，而此法无所用矣”，作者举出几个单字题例，具体指明该用什么方法才能使题义拓得开、兜得住。此外还介绍了几种作法，也是简便易行而又能使题义拓得开、兜得住的良方，从而将极难作的单句题的难点化解掉了。

张江是在其自作八股文选本《张太史塾课》的卷首部分，

刊载其《文题论》的。该书将选载的自作八股文依题型分为八类,《文题论》中的八论即是从八类作文中总结出来的经验。加上张江对明、清八股文研究的心得体会,他又总结了明代名家八股文题目作法之精要,以《文题论》刊于卷首,自然可起到指导儒生们的八股文写作,提高其写作技巧和水平的作用。此外,凭张江在八股文界的名气,书中又有这种让人一读即会的文题方法论,故此书便不胫而走,而扩大其发行量,也可让作者得到丰厚酬金带来的物质好处。作为有经验的八股文选家,张江的这一目的是达到了的。正因为此书发行量大,才躲过了时代变迁的焚书之厄,保留至今,让我们能借此以窥清代八股文题目作法之一斑,也是一件功德之事。

收入本书的《文题论》,载于清乾隆三十年刊行于南京之刻本,今据以校点录入。

（龚　昊）

单句题论

昔有谓荆川文无他奇，只一开一合法者，荆川绝叹为知言。所谓开合者，非徒如今人两比一反一正之谓，要即思翁所云宾主法门耳。一题必有一题之先后、详略、浅深、虚实。其先者、略者、浅者、虚者为宾，此即开也。其后者、详者、深者、实者为主，此即合也。是故每比中自为开合，两比又共为开合。合通篇首尾又一大开合，凡文皆然，而单题尤其较著者。

单题解开合法，方能前不突，后不竭，向背往来，旋转如意。

尝读启、祯以前诸先生论文只有一二比、三四比、五六比、七八比之说，未闻所谓提比、中比、后比、结比者。夫在一生二，二生三，三生四，五、六、七、八以次为生，此天地自然之文章也。庆历诸公，于单题雅善蹉对法。从出比生对比，即从对比又生后之出比。比比相生，丝联绳贯，一线不断。章程既立，而笔随之，自圆转活脱，如珠走盘而不出于盘。毋论万无合掌之弊，即硬分柱意、不相联属者，亦先辈所不出也。

今则不然。夫文之首尾如人一身，起讲其首也，前人谓之发凡。今乃习反正、开收烂套，将题义和盘托出，譬头脑上便生满手足腹背，岂不怕人？领题，题之咽喉也，出入吞吐皆在乎是。今都只硬装一语，与起讲、提比绝不关生。出题如点睛也，睛必活然后四照。今则索莫无神气，如人昏昏欲瞌睡者。然中比则又照起讲例自为反正、开收，是腹间又自生一头目手足也。中比既说尽，后不得不另生枝节，画蛇添足不顾人笑来。甚者大翻大正，自喜余勇可贾，不知适类巨人之病腿而已。凡此皆先辈章程所绝无者。

集中所载，不必悉依仿前人面目。然颇不犯此，又虑初学不即讲明法律，恐堕落习气中，更莫能超脱。因备举一法一戒，以质诸世之有志斯道者焉。

目次卷之一

截上题论

题既截去上句，自不应粘连。然按其脉理，又须步步从上文讨出，此万不可脱却也。见近来讲者亦竞晓不粘不脱四字究竟，只解开首擒本题说入，即转合上句顺下。彼自喜合律，不知早已粘着矣，病坐不晓从股末倒抱。倒抱之法，只一语而神理已透，二者之患亡矣。

又有于领脉下即靠着本题发挥，绝不粘带，乃细按其神景，则字字从上文影出，至煞尾始点明上句字样，此上乘也。不然，若每比尾后俱倒缴上句，又属叠床架屋，非前辈通篇只一个起、承、转、合之谓矣。村学究都不讲于此，执所谓比比倒煞者谓是密致。尝试举先辈法门，稍稍开讽，乃大为揶揄，谓其来脉都不照管。悖者之患，固以不悖者为悖，金针拨不转瞳人，辜负却老僧一片婆心也。

目次卷之二

截下题论

截下题即半句题之谓。凡半句题必须倒影下句在前，乃能迸神理，所谓手挥目送是也。“采菊东篱下，悠然见南山”二语，乃半句题三昧。

成、弘、正、嘉诸老，拈此种题者绝少。间有一二，首尾将本句靠实发挥，绝不吆喝下句，然本句之量既满，则下句自来。此法今久不讲，亦万不能有此力量矣。

降及隆、万、启、祯诸公，则备极巧妙。有倒摄者，有旁渲者，有反逼者，三者中唯反逼之法尤便于初学。如“三仕为令尹”题须说得极热闹，“三已之”题须说得极凄凉。又如“齐景公有马千驷”，及“伯夷、叔齐饿于首阳之下”，二题亦类是。要须极力翻衬，步步与下文反照，于本题既有情景，有波澜，而下意亦不击自动集中。如“吾尝终日不食终夜不寝以思”，及“夺伯氏骈邑三百”文，最是与鄙趣相发明也。

予九岁时初学拈笔为文，即窥破此秘。后来亦辄喜举此指授学徒，私谓开发后生聪明无逾此种。其他倒摄、旁渲二法，则所谓匣剑帷灯，若隐若现者，自非手腕灵敏，易至俯侵。

集中亦各采题首，俾学者由浅入深，庶几于半句题之能事，神而明之也。

目次卷之三

齐景公有马　一句
人之有技
爵禄可辞也
一勺之多
君为来见也
圣人之忧民　一句
子何尊梓匠　一句
物交物
夫人岂以不　一句
古之贤士何　一句
性也

赐之墙也及肩
虽有善者
斯昭昭之多
君如彼何哉
矢人岂不仁　人哉
御者且羞与　一句
水信无分于　一句
方寸之木
禹以四海为壑
能与人规
命也

截搭题论

前辈论相题行文之法，要求如题位置，所谓移步换形也。此法在截搭题尤亟。夫题既割裂上下，自为起讫，在命题者此时心相间必有一段巧合处。操觚家要须依题位置，另寻出一番见解来，方能大开生面。或以首为主，或以尾为主，甚或以中为主。主立而客从之，千转万变，不离乎宗，使人读去若定应作如是解者，乃称稳惬。今只办寻常吊、挽、过渡死法，无论生吞活割，了无生气也。即将前幅改作上截单句文，后幅改作下截单句文，亦无不可。其解事者或于上下处互嵌字面，自喜不能移掇，究竟换却数语，仍属通套，此大可哂也。

最爱义门先生跋周公延儒“男女居室”搭至“二嫂使治朕栖”文云：“下截叙兄弟事语未及半，自须并入上截。作如此关合，命题近戏，非文偭矩。”此语最足开后学心眼。汪尧峰先生之论顾公起元“子述之”至“武王未受命”题亦然。学者能从此二评隅反，于相题行文之法思过半矣。

上全下偏、上偏下全法门详载于各文篇末，今不复赘。

目次卷之四

必先利其　邦也	友谅友多闻　善柔
友多闻益矣	使子路问津　以告
犹天之不　家者	宜其家人　宜弟
彼为善之　善者	在下位不援　于人

叠句题论

叠句题有开手便当擒定公共字样者，如“以能问不能”二句，必须擒“问”字入为高。“必因丘陵”二句，必须擒“为”字“因”字入是也。有截下而须涵下者，如“无适无莫”“不逆诈不亿不信”二题是也。有截上而须抱上者，如“视而不见”三句，“非所以内交于孺子之父母”题是也。有归重在上句者，如“王曰何以利吾国”二句，“得乎丘民为天子”三句题是也。有归重在下句者，如“然则一羽之不举”六句，“恶莠”至“恐其乱德也”数句题是也。集中不必尽载，然大约用叠句题字句既烦，定须笔笔透醒，方不犯蒙头盖面之讥。然又切忌一直说下，或拆点，或倒点，或借点，或彼此嵌空互点，方为历落有致。

少年笔仗转变者遇此等题，若觑破题窍，只一笔挥去，自能纵横曲折，宛转关生，使观者心目接应不暇。故凡讲机局者，当于此集中求之。

目次卷之五

口气题论

有缓频者，有急口者，嬉者、笑者、怒者、骂者。冷言而刺者，正色而谈者，欲吐还吞者，痴子之或喜、或惊、或呆、或强作解事者。又有目觑着上文冲口即出者，有意藏着下文突如其来者，有言在此而指在彼者。夫口之有气，犹目之有睛。目无睛则弗能转，口无气则弗能活。故曰吹气欲活谓此志也。解事者要须设以身，揣其事，想见当时心目间神情光景，代为曲曲描出，总不走却些子题气方称酷肖。庆历诸公雅擅斯长，而（菖）［葛］万说、王遂东、周季侯为最，后来唯正希先生得其神解，而腕力复惊矫奇宕，遂成独绝。如“康子曰”“夫如是”及“何以报德”“以为贤乎”二句，诸篇可计也。

初学未敢遂望正希，当先求之庆历诸公门户，择其体认之工、临摹之似者细加揣摩，期于乱真而后已。然又须取泽古时，复佐以书卷，方不失之俳。不然，只卖弄些小聪明，竟有流为传奇声口而不觉者。故读庆历诸公文以后，不可不即继以正希小品，使归于正大也。

集中所采录有酷似正希者，有酷似庆历者，而语言正复明白坦易，愿与诸英少共赏之。

目次卷 之六

良人者

人皆可以为　有诸

愿闻其指

今若此

交得见于邹　于门

有则髡必识之

单字题论

题至单字，窘逼已极。熟于隆、万蹉对法门者，遇单句题即从本句数字中巧为借换，便自圆转不穷。至单字题，而此法无所用矣。

更有题字已先见于上文者，如集中“定”“静”“安”“虑”四题是也。此四题乃单字中之覆说题，不容再作笺注，唯有倒摄下意在前腾掷曲折，欲作复扬，庶几展拓得开。然又须兜裹得住，矛头淅米剑头炊，非具偌大神通不能游戏自在也。

其他或用夹翻，或用旁衬，或应抱上，则仍以截上法行之，或应注下，则仍以截下法行之，或一字中自具浅深虚实，则仍以单句题呼应开合之法行之。集中所载仅十篇，世有会心人，自当由一悟十耳。

目次卷之七

类叙题论

叙事之文，贵错综变化。自来善叙记者，首推言《左》，每于铺叙中或添一字，或伏一语，或插一笔，遂觉异样生动。

少时诵《国策》中“城北徐公，齐国之美丽者也”二语，酷爱其闲中有关键，后来惟史公极得力于此。诸如牵叙、补叙、倒叙、借叙、类叙、夹叙之法，无不奇妙。故昔人尝谓马迁之跌宕，虽孟坚不逮焉。

《四书》中叙题亦不一，有实叙者，有借叙者，有对叙者，亦有先叙后断，先断后叙者，大要叙事题总于闲处着笔。闲非松漫之谓，或题前，或题缝，或题之侧面、反面、对面，只闲闲着一二言语，自能使通身筋脉灵活。此非神明于古人不晓。前辈遇此种题，或叙而不议，或忽叙忽议。又或即以议为叙，出奇制变，反覆不穷，唯视题之虚实偏全何如耳。善将兵者多多益善，往往化题之堆垛为文之波澜，如海市蜃楼，怪怪奇奇，骇人心目。否则，不失之冗，则失之直，失之枯淡，甚则失之凌窜，弊有不可胜言者。

集中所撰录，不必尽有古人风力，然诸法门已约略大备，善学者神而明之可也。

目次卷之八

宋人有闵　稿矣	谓其人曰　四字
昔者赵简　一节	大夫之冠　命之
曾子居武　二节	齐人有一妻　希矣
他日由邹　诸子	舜之居深山　几希

文法狐白前集

〔清〕王宾　评选

导读

《文法狐白前集》是一部专讲各种题型的八股文作法之书，是王宾在遍读前人有关八股文作法的各种著作后，“潜心体玩，见其所说犹略，而后人畅言之者；有此人所未及发，而彼特标之者；有两人各持一见，必合之而始全者。因融会诸说，汇成一书，使人读之，不至有不备之题与不全之法，是与集腋以成裘者无以异也。额其名曰《文法狐白》”。该书依题型分类，每类各选标准的八股文名作为例加以评述，每类之前则有一则专门讲述其题型作法之文，并附其所选文章及其作者之名，从而将这种题型的作法全盘展现。因篇幅所限，本书将所选八股文删去，只存留各类题型作法及所删的各文之题与作者之名。

王宾，生卒年不详，从其所写《前集序》的清雍正壬子即雍正十年（1732）的时间推测，他应当生于康熙中期，卒于乾隆前期或中期。字客周，武阳人。生平事迹不详，大概是个有诸生身份的人，八股文写得不错，这从前后《文法狐白集》中所收录的他的作品质量即可明白。对八股文理论亦有较深造诣，这从他为前后《文法狐白集》所作的评语与对各种题型作法的概述即可看出。

《文法狐白前集》是清代流行最广的八股文选本之一，部分原因在前所引序言中即已道明。而更重要的原因在于王宾在融各家所长的基础上，在八股文各类题型的认识与作法中渗入了自己的体悟及写作经验，并准确到位地将其表述出来，使之更加条理化、细部化而具有了一看便知、一知便会用的效果。故其受士人欢迎便是题中应有之义了。

王宾别具心裁地在书的开头设置了《文法狐白前集》要诀部分，即将对题型作法具有普适作用的相题法、对股法、取势法单列出来，抓住要害，予以系统地、集中地阐发，便于记忆，容易掌握。如对股法，王宾先罗列了对股的各种作法，然后选取那些令人难以理解的作法，举例分析，让人一看便知。他对两面对勘法的解析便是一个好例："何谓两面对勘法？如《有朋自远方来》文，前比云：'以朋之各抱一善以相处也。'对比云：'以我之独抱一善以自处也。'一从对面写，一从正面写是也。"寥寥几句，便让人领悟并学到了两面对勘法的要义及作法，真可谓"要诀"。

最后，他又以诗歌的形式，将八股文的基本作法要点讲出来，易懂易记易实践。这首以《通篇总论》命名的八股文作法歌，被大众接受，很快在各地传播。直到晚清，许多八股文手抄本里，都有这首《通篇总论》，可见受欢迎到了何等地步，估计各地私塾先生都会把它作为学习八股文的启蒙歌诀传授给学子们。

在《文法狐白前集》的目次部分，王宾集中了二十六种题的题型，即单题、反揭题、枯窘题、全章长题、长题、截上题、虚字冠首截上题、截下题、虚字冠首截下题、截上下题、虚字冠首截上下题、关动题、顿跌题、虚冒题、过脉题、结上题、偏举题、移步换形题、立案题、记事题、叙事题、原叙题、援引题、托兴题、比喻题、攻辨题。这些题型中除单题、全章长题与长题三种外，其他都属小题。

小题的出现，是为防治猜题剿袭这个自八股文自身缺陷而产生的痼疾。因为《四书》《五经》这个试题库经过全国各地各种名目的考试，可用以出句式和意义都完整之题的内容都枯竭了，猜题容易。加上印刷术的飞速发展，每个题目的优秀之作都刊行天下，作弊者只要猜上一批题，连同其优秀之作一起熟记，到科场若遇上猜中之题，只须将背熟之文誊抄卷上，比在紧张、促迫的气氛中所作之文自然好得多，于是往往取中，这造成了科举选人的不公。为防止这种弊端，在不违背八股文题必须从《四书》《五经》中摘取这个基本原则的条件下，出题者便改变出题方式，或截头，或去尾，或将截头去尾的句子任意搭在下一句，甚至隔一节、隔一章的某个句子上，形成种种句子残缺的题目。这种题目，虽因无规律可循而难猜，但由于句子残缺便造成意义的改变，甚至与原经书上的意义相反。这样一来，程朱传注对原句子的思想界定便失去作用，写出的文章便丧失了传输儒家正统思想的功能，这对借八股文传输孔孟之道以统一思想的统治阶级是极为不利的。为了改变这种状况，但又要维护改变出题方式以防止猜题剿袭的弊端的做法，便要搞出一套使被截割的句子意义归复如初的作法。于是，讲析各种题型作法的书纷纷出笼，其中的佳品便大受士子欢迎。《文法狐白集》前后二集便以其对各种题型作法的精譬阐述而成为佳品之一。

从书中对各种题型的分析之中可以看出，此书能广受欢迎并垂之久远的原因在于：

一、它遵循了由易到难，由简单到复杂，循序渐进的接受心理规律。

该书的排列顺序是：先讲单题，再讲反揭题、枯窘题、全章长题、长题、截上题……这便是一种由易到难、循序渐进的作法排列。在八股文所有文题中，单题——即以单句经文为题的作法是最基本的作法，所有题型的作法都是以此为基础发展起来的，只有学好了单题的作法，才可能把握其他题型的作法。故把它列为第一，便是理所当然的了。单题作法的关键是什么？是所谓的“宽题走窄路”。排在第二、第三、第四、第五的题型作法都与之紧密关联。排第二的反揭题要“如题反说”，即要从反面来阐发题旨，其作法还是单题的作法。排第三的枯窘题作法是“窄题走阔路”。只要掌握了单题的“宽题走窄路”之法，对枯窘题作法的理解便可迎刃而解。排第四、五的长题是由一个个的单题串联起来的，其作法便也是由单题发展起来的，故要“运长题如一句”，即用穿法、牵上搭下法等将其“一线穿成”，再用单题作法使其成文。排第六的截上题是将一个单句截去上半截而成，为使题义恢复到原先状态，便要用“不粘不脱之法”。王宾说：“题有上文，而文竟抹却，则血断脉绝，安得复有神气？故作此等题者，须得不粘不脱之法方妙。自通篇言之，处处从本题说起，中间倒捺上文，后仍收到本题。如此则题界既清，而神气又不致关隔，乃为佳也。”由此可知，截上题要在作文时设法将截去之意找补回来，其作法比前面几种题型都难。按排列顺序来看，由易到难、由简单到复杂的渐进方式便一目了然。而这种先学会最基本的单题作法，再逐渐扩展下去的方法，自然是最符合接受心理的好办法，学的人最易于接受。

二、对每种题型，作者总是先指出其难点、要点所在，再抓住关键部位，指出破解的方法，往往是一语破的，要言不繁。或者是以简驭繁，或者是化繁为简，明白晓畅，容易把握，故很受欢迎。有的还列出多种作法，或是针对该题型中的某一特殊难点，或是供学习者根据自身情况自由选择，这种处处为学习者考虑的做法，更是得到读者的赞赏。

对截下题书中是这么阐述的：“向来作此等题者，只解不侵犯下文便为能事，即评此等题文者，亦以为能作不了语，便是妙文，而其实有不然者。盖题本有下文，而作者仅宅题面，使下文一切消息跳跃不起，岂复有神气乎？愚谓作此等题，须解神行官止之法方妙。侵下犯下，是官不止；不能悚动下意，是神不行。法有反逼下文，如题勒住者；有正透下文，如题勒住者。下文神气，全在本句安根伏线。此处要有议论，有理解。以议论理解探取，便只见议论理解，而不见探取之迹。”短短一段话，将作截下题应注意什么，要害何在，如何作，统统讲得一清二楚。

对过脉题是这么阐述的：“何谓过脉题？如上面此语已实说过，复用承上接下语是也。凡题皆可先反，惟过脉题不可先反。盖一先反，则已占在上文之前，将正写处亦在上文分中矣。作法须小讲下全接一句入题，已占覆语以内。下再宕开作势，横说竖说，亦是这腔子内，上不涉实，下不腾空。若不识此法，便似上句文字，不是本题境界矣。”寥寥十数语，将过脉题的要害何在，要把握什么，注意什么全都讲出，最后讲出作法。简明扼要，以简驭繁，让人一看便晓。

攻辨题则更为简明扼要：“攻辨者，立意要攻破也。辨倒他，如两家折词一般。大抵前半多用敷衍，后半多用翻空。反覆攻击，层层剥入，使他躲无地方妙。亦有代为推原，故意放松，入后步步逼紧者。盖放松也，一步是合紧他一步也。此等秋妙，尤为攻辨胜场。”从揭示攻辨题的要害入手讲述了其作法，十分简要切当。

三、选用了典型的例证并加以简析评说，使学习者直接面对直观的作法教材，强化了易学性。

书中所采用的例证分两种，一为讲作法时看似随手拈来，实则是精心选择的例子。如在比喻题中说：“此等题，其类不一，有暗比，有明比。其暗比者，如‘苗而不秀’题是也，只宜就题说题，不必夹入正意。比意透，即正意有对照矣。……其明比者，如‘有如时雨化之者’是也。此题只讲正意，比喻只一点。

然正讲意须要关会喻意，不然，与此比不相合矣，何取于比乎?”拈出例题，略加剖析，作法立出。另一种例证即是在讲完某种题型作法之后，即选取该题型的典型之作来加以剖析评点，这些文章的题目及作者名都附于每种题型作法后面，因篇幅所限，本书便将文章统统删去。通过这些文章的讲析评点，学习者便如面对名师，听他将各类作法依托文章讲析：为何作这种题要用此法，文中是如何使用此法，好处何在，不足何在。一一分析，一目了然，学习者自然会豁然开朗，心领神会。

以上三点，既是该书特色所在，也是其价值所在，又是使它广受读者欢迎，不胫而走的原因所在。

收入本书的《文法狐白前集》，系依据清雍正刻本校点录入。

（龚　昊）

前集序

制艺一道，以理为主，气以行之。文不切理，虽有惊人奇句，无当圣贤之旨。然理是矣，而无大气举之，读理亦不快意。至于理真气足，根本已得，而文犹不工，何也？无法以运之故也。

法者，题中天然之度，如匠氏之绳尺，乐师之律吕，行军用兵之行伍阵势也。题不一题，法不一法。故有单句题，即有走窄路之法；有枯窘题，即有走阔路之法；有截上题，即有不粘不脱之法；有截下题，即有神行官止之法；有截上下题，即有纳上吸下之法。他如虚冒题、过脉题、结上题，以及记叙、比兴、援引等题，莫不各有一天然之度，为作文之准则。学者规抚摹仿，久之纯熟，无意之中，自中节度，法果可废乎？

虽然，时文之有法始自前明。李九我先生《举业筌蹄》，本朝黄际飞从而表章之，继复撰录《明文摘》《今文摘》两集。嗣后有刘景山之《明文会》、李岱云之《与巧集》、唐翼修之《作文谱》、卢孝征之《家训文资》，莫不各抒其见，以发所得之秘。余悉取而读之，潜心体玩，见其所说犹略，而后人畅言之者；有此人所未及发，而彼特标之者；有两人各持一见，必合之而始全者。因融会诸说，汇成一书，使人读之，不至有不备之题与不全之法，是与集腋以成裘者无以异也。额其名曰《文法狐白》，夫岂诬哉！

岁在壬子孟冬，书成，谨此弁之于首，以质高明。

文法狐白前集要诀

山左臧括斋、武克绳两先生　鉴定

武阳王宾客周氏　评选

相题法

前辈言题有六位：曰顶、曰面、曰心、曰背、曰足、曰影。

顶位者，题前也。题前之意，有在上文者，有在本题者，有远脉，有近脉，有根源，知题有顶位，可以领取神气，则文有来历矣。

面位者，题之正面也。于题之正面，看出层见叠出之义，发挥不尽，则文有实际矣。

心位者，题之所以然也。于题之所以然，勘进一层而搜剔之，则文深入理境矣。

背位者，题之反面也。文不反不灵，先从正面挑剔，逆取其势，则正面愈醒豁矣。

足位者，题之后一层也。知题有后一层，于后幅补之，以完题意，则文有去路矣。

影位者，题之对面与旁面也。影在对面，描写其对面，影在旁面，描写其旁面。知题有影位，则文不枯寂，且有离奇境界矣。

凡题不必六位皆全，而四五位则所必有。能于四五位阐发尽神，何患文字之不佳乎！

对股法

两股属对，其法不一。有以分柱为股法者，有以流水为股法者，有以开合为股法者，有以浅深为股法者，有以两面对勘为股法者，有以翻转变意为股法者。

何谓两面对勘法？如《有朋自远方来》文，前比云：“以朋之各抱一善以相处也。”对比云：“以我之独抱一善以自处也。”一从对面写，一从正面写是也。

何谓翻转变意法？如魏陟庵《如见其肺肝然》二比，前云：“天下事真者难窥，而伪者易见。”后忽变云：“天下事伪者易见，而真者尤易窥。”一翻转遂成两意是也。

其尤易知者，莫过于以一化两之法。盖题情可分两意者少，只一意者多，不知以一化两之法，对股必有合掌之病。故有一意分出两层者，如黄陶庵《敬事而信》题，“推此心以敬国之大事，推此心以敬国之小事”是也。有一意翻出两层者，如魏光国《孰能一之》题，“无论诸侯王，实竞且争，无论诸敌国，实应且憎”，分股作翻之类是也。有一意衬出两层者，如萧士玮《邹人与楚人战》题，后幅“臣见今人之所欲类此，臣见今人之所求似此”，分股衬贴之类是也。学者即此数法神而明之，一题到手，自不患文情窘缩矣。

取势法

唐翼修曰：文章得势有二。有得势在驭题者，如遇一题，他人皆阐发题位，我独着意题前。又题义有轻有重，或于其重者详之，轻者略之，则势得矣。有得势在谋篇者，如一篇机局，扼要全在起手，当于前幅将笔提起，高唱而入。此处若能得势，则后诸比皆有力。

至于一股之意，皆从起句领出，一线相承，无容两岐。首句暌则一股皆暌，首句晦则一股皆晦。故临文时，虽一股之意，已定于心，而起句必须再三选择，所以求得势也。

又以古文言之，通篇之纲领在首一段。首段得势，则通篇皆佳。每段之筋节在首一句，首句得势，则一段皆佳。时文之散行者，亦如此。

通篇总论

破为一篇之主，承接破意而彰。
起处一针见血，犹如擒贼擒王。
虚虚笼起题意，最忌说尽中藏。
领题务清来脉，入手方有主张。
提比贵发议论，题情逼起为良。
虚比流连取致，娇花美女可方。
通篇不宜直露，出题尤贵悠扬。
中比实发题面，字字抽出宜详。
后发题意未尽，掉转顾盼如环。
八比到此结束，前篇照应勿忘。
文成人归翰苑，数峰余韵春江。

文法狐白前集目次

山左臧括斋、武克绳两先生　鉴定

武阳王宾客周氏　评选

单　题

单题无法不备，虽千百言有所难尽。而其最要者，不外际飞先生宽题须走窄路之说。何谓窄路？单题语势完足，一摇笔便可满幅，人云亦云，何能出色？惟寻出题中切义所在，而反击正攻，明推暗挽，多方生发，衬垫而不离其宗，则一切阔义，无处着脚，自尔蚕丛独辟，此则所谓窄路也。

有此窄路，则通篇主脑已得，然后可以议篇法。其法有反正，有宾主，有顺逆，有分合，有浅深与虚实。盖法有定体，而无定用。有用一法到底者，有用此法而兼用彼法者。无论六股、八股，与碎股叠发，必赖此数法以为运用，然后一意相承，血脉流贯，无叠床架屋之病。其最得力处，全在起比或单提，乃文之发源处也。此处得力，以后势如破竹，股股皆有力矣。

此集虽未入大题，单题中已备其类。如“有德者必有言”，是一滚而下者也；“色取仁而行违”，是两截分发者也；“敬事而信”与“送往迎来”，是两扇对做者也；“邦有道危言危行”，是为顺纲；“孝慈则忠”与“刚毅木讷近仁”，是为倒纲；“文行忠信”，段落题也；“静而后能安”，相因题也。各样大题之法，俱详载于各题之尾，学者俱读单题一册，而一切大题，已无不了然于心矣。尚其详认之，勿忽。

敬事而信	一句	于复礼
吾十有五	一句	吴廷桢
六十而耳	一句	吴士玉
孝慈则忠	一句	金德嘉
君子不器	一句	聂　恒
祭如在	一句	王　澍
信而好古	一句	张　虬
文行忠信	一句	邢曰玫
色取仁而	一句	杨　艮
举贤才	一句	沈　迈
刚毅木讷	一句	刘正远
有德者必	一句	高　份
邦有道危	一句	武　龄
惠人也	一句	归　琏
王孙贾治	一句	武　龄
仲尼焉学	一句	张　虬
静而后能	一句	梁永盛
送往迎来	一句	张虞惇
为下不倍	一句	储在文
百世以俟	一句	王思训
教者必以	一句	和氏玺
柳下惠圣	一句	范文熺
达则兼善	一句	孔毓枚
尧舜性之	一句	邹丽中

反揭题

题属反揭，自当以如题反说为是。如通篇皆说正意，不讲反面，或多说正意，一二语收到反面，皆为失题。

此等题有两截，有一滚，有相因。彼数题之法，亦可施于此题，大约不外虚实、浅深、顺逆、分合、宾主等法。

子曰由知　一句　　　　吴观庆

不知礼无　二句　　　　赵之型

枯窘题

枯窘题字甚少，路甚窄，不解作法，必难措乎其要法，不外黄际飞窄题走阔路之说。

何谓阔路？一字中，本有许多境界，许多义意，不可囫囵念过，须细细分出丝缕层次。或于题之前后左右击射，或于题之反正异同陪说，或于题之字义咀味，题之面目析碎，又或写题之情景，描题之神气，觉意思一层、两层、三四层、五六层、无数层，方恐太阔，挥写不尽耳。尚虑其窄乎？

枯窘亦不一类，其中有截上，有截下，有截上下，有虚冒，有移步换形。彼数样题之法，亦可通于此题。如“怪”与“伯达”，用截上不粘不脱之法也。“朝”与“西子”，用截下神行官止之法也。“足”与“其然”，“盖”与“蝇”，用截上下纳上吸下之法也。“互乡”“春秋”，用虚冒暗模下文之法也。“莱朱”二字，用移步换形借上倍讲之法也。有前所说之宽路，而又以数样法通之，无患文字之不工矣。

足　　　一字　　　　魏长公

怪	一字	叶　芝
互乡	二字	吴　钟
朝	一字	武克绳
其然	二字	失　名
伯达	二字	陈　璋
春秋	二字	潘明祚
龙	一字	闰中宽
盖曰	二字	失　名
齐	一字	沈豫朋
医来	二字	郭佩璆
余夫	二字	吴　钟
蝇	一字	张景崧
西子	二字	虞锡晋
汤九尺	三字	张景崧
莱朱	二字	陈文璧

全章长题

单题、枯窘后，急攻长题，使临大敌而不惊也。先辈作长题，于承、破、小讲扼定大主脑，小讲下接入正文，须要一笔挥就，运长题如一句方妙。故穿法于长题最宜。其线索或取之题外，或取之题内，或取之题首，或取之题中、题尾。任他多节，皆可一线穿成。此长题制胜之要诀也。

其次要解牵上搭下法。如题节次极多，处处联络，便嫌繁冗。善作者，讲此节预搭下节，讲下节仍牵上节。得此法，能省无穷针线，而文亦简捷之甚。

至若二三节而以一二语驾过，是剪裁法、包举法。后者先之，是打通法、伏插法。先者后之，是倒补法、回合法。

其尤妙者，莫过于虚者实之，实者虚之之法。但善用之，能使万窍玲珑，一不善用，则前后易位，凌乱亦不少。试观运用之善者，实者虚之，亦必有虚之之一二句。此一二句，即包举许多正面。虽曰虚，而其本实之正位，故在此也。虚者实之，虽有实之之多句，特借以带补上面，缭绕取致，而其本虚之正位，故在此也。试观《孟子之平陆》作，便知其妙。或曰长题有此运化，可免破碎臃肿之病矣。但题面有挂漏，奈何？曰，是有类叙法以佐之，亦谓之打叠法，将题中零星字眼与间细之义，集而打叠于一处，或总叙于前，或连叙于中，或补叙于后，则正面不暇说者，无不说矣。又况文中点次之法，或随文顺点，或补点，或借点，或带点，或暗点，或反点，有此数法以控制之，题面安得有挂漏乎？或曰：闻此言，今而后长题不能难我矣。

先辈小讲作总挈，小讲下即接入正文。从无小讲下又总挈者，今人多于起下总挈处争胜。兹集所载，有小讲下即入正文者，有小讲下作总挈者，当分别观之。

夫子加齐　全章　　叶　佳
彭更问曰　全章　　唐敉庵
邹与鲁哄　全章　　赵　俞
孟子之平　全章　　田曾庚
淳于髡曰　全章　　卞元彤

长　题

章既不全，承、破、小讲不可但挈主脑，恐扣题不住也。小讲下亦须设法割清起止。先辈亦有前不埋伏，后乃回合者。小讲亦必扼定。其中有题首不全，或题尾截去一二句者；或数段截去一段二段，此即题之动处也。地理家云，穴从动处扦。题之窍妙在此，正当从此着眼。故学者舍情取意，不得不用牢笼、把截、剪裁、穿插、回合，虚者实之，实者虚之诸法。此题半与全章长题通，半与割截长题通，学者神明于二者之间，则长题无不善矣。

使子路问　不辍　　韩宪祖

遽伯玉使　者出　　田曾庾

年已七十　之乎　　张秉亮

或曰寇至　不可　　顾三典

截上题

截上题之不可粘上也，夫人而知之矣。然及至说来，又似全无上文者。夫题有上文，而文竟抹却，则血断脉绝，安得复有神气？故作此等题者，须得不粘不脱之法方妙。自通篇言之，处处从本题说起，中间倒捺上文，后仍收到本题。如此则题界既清，而神气又不致关隔，乃为佳也。

处处倒入，股法易复，奈何？曰有变通之法在：或从本位反起，或从本位正起，或从旁面陪起，或从对面衬起，或从浅一层起，或从深一层起，总要从四面八方着想，则重复之患，自可免矣。

倒捺上文之法，忌累赘，要轻便；忌生硬，要融化。或明指，或暗指，至有镕上文使成一字者，皆须以意思运之，以议论达之，不是空空镕上文，遂成能事也。

领处易落俗腔，要知以领作收之法，即起下作领，亦须就势呼动本题神气，或就势跌出题中字面，方为妙手。一二股亦须截发题中实字，此截上题咽喉之地，最宜留心。

不亦说乎　一句　　　李　蟠
禄在其中　一句　　　缪　沅
人以为谄　一句　　　王作朋
可谓仁之　一句　　　邹丽中
焉能为亡　一句　　　武　龄
非其财者　一句　　　蒋拭之

虚字冠首截上题

此与截上题作法同，特要醒出虚字耳。题首虚字，多从上文转来，故虽贵截清上文，而虚字神情又必承领上意，方能夹出，或题前逼取虚字，或中后点化虚字，俱不得脱离上文。

其题首虚字，前半幅中，能于反面、对面、侧面、旁面借势点出最妙。若不能，则竟于后幅点出，未尝不可。

抑与之与　一句　　　张九叙
犹恐失之　一句　　　赵　镕
而非邦也　一句　　　刘　泌
而民兴弟　一句　　　黄　越
如之何其　一句　　　吴　钟

截下题

向来作此等题者，只解不侵犯下文便为能事，即评此等题文者，亦以为能作不了语，便是妙文，而其实有不然者。盖题本有下文，而作者仅宅题面，使下文一切消息跳跃不起，岂复有神气乎？愚谓作此等题，须解神行官止之法方妙。侵下犯下，是官不止；不能悚动下意，是神不行。法有反逼下文，如题勒住者；有正透下文，如题勒住者。下文神气，全在本句安根伏线。此处要有议论，有理解。以议论理解探取，便只见议论理解，而不见探取之迹。若不晓此法，别寻一种吆喝陋腔，可厌之甚。

截下题，有虚截，有实截。虚截谓题中无实义可做者也，如“今由与求”以下是也。实截谓题中有实义可做者也，如“尽信书”以上是也。虽皆要就本题做出下文，而其用法实有不同，学者当分别观之。

为人谋　一句　赵　镕

我不欲人　一句　徐东升

夫子之言　一句　刘有光

举一隅　一句　邹丽中

加我数年　一句　张自超

尽信书　一句　邹丽中

子夏之门　一句　王　宾

君子之过　一句　武　龄

一薛居州　一句　王化行

养生者　一句　王　宾

秦人之弟　一句　王世纶

虚字冠首截下题

题首虚字，与下文针锋相对，篇内必透起下意，方得虚字真神。既得题神，则不必于虚字上求肖题貌也，但以文中之虚字针锋激射之。

此等题，须知急脉缓受之法，方能布局用最。

与其媚于　一句　刘　岩

不有祝鮀　一句　邹丽中

君子未有　一句　　　　王　宾
既曰志至　次焉　　　　刘　岩

截上下题

截上题，神气多在上文；截下题，神气多在下文；截上下题，神气在上下文，上不可粘，下不可犯，近日作者，皆已知之。然吾谓固要不粘，尤要不脱。固要不犯，尤要不离。盖不粘不犯，不过清题之界限，不脱不离，乃能联题之神气。法在将上文顺纳在内，而笔笔拦截得住。将下文逆吸在前，而处处钩勒得定。于篇本题，目注上下，如藕则断而丝则连，则神气方不走作，而看题方为有眼。

纳上吸下，虽是两意，然多是一笔相联。盖以不纳上意，断不能吸动下意。故时吸下，每就倒纳上意处吸之，不必另做一层，观后截文便知。

至于股头变换之法，中间镕上之妙，起来领脉，秘诀与截上题同。其反接逆接，古人经史作衬等法，与截下题同。何谓反接法？如既说明题面，不可用正接，故将题之反面生发是也。何谓逆接法？如既说明题面，不可用顺接，故逆转向题之前路推原，或转借上文之意生发是也。此外或用古人，往或及经史作衬，亦可免侵下之病。此《作文谱》之说也，因附录于此。

未之能行　一句　　　　失　名
如之何者　一句　　　　吴复一
见君子　　一句　　　　邹丽中
子为大夫　一句　　　　张人崧
霜露所坠　一句　　　　王　宾

虚字冠首截上下题

截上题，虚字针锋在上。截下题，虚字针锋在下。截上下题，虚字针锋只在上下。作文若不与上下针锋相对，则题首虚字，终不醒动。故文中摹写虚字，必找上一笔，就此动起下意，上下意动，而题首虚字自飞舞而出矣。观后文自知。

虽违众　一句　汪　雯

而其所薄　一句　田逢吉

虽不中　一句　王　宾

虽有善者　一句　失　名

虽欲无王　一句　宋廷相

然且仁者　一句　王　宾

关动题

关动题，合看方成一意。两句原相关，两意原相印，命题者却单出一句，若呆讲本题，便失相关之神。须照顾生动，击东可应西，呼上可应下，不得下十成死句，此关动不易之法也。

单出上句者，与截下题相似，而实不同于截下。单出下句者，与截上题相似，而实不同于截上。学者宜就其文细细玩之。

一则以喜　一句　左　泉

朋友切切　二句　张　虬

下如授　一句　许　虬

即之也温　二句　曹思义

顿跌题

此等题目意在下，要说正意，先以旁意陪起，故为顿跌。作文若认真本句实讲，便属呆笔。须开口先从下文发脉，笔在题中，神游题外，令人读之觉处处是本题，却处处有下文。其即离隐现之妙，正如鸿门舞剑，精神常在沛公也。观后载文自知。

今也纯俭　从众　　　金　声

长幼之节　二句　　　邢曰玫

所以为牴　善矣　　　顾悦履

虚冒题

全章全节之意，已于本句冒起，盖必有下文之意在先，而后有此句也。作此等题，须要暗摹下文，精神血脉起作，却不可张露明白。如嘉谷初生，先结虚房，虚房中便包含全体生意在内。作者须得此意，文情始不枯寂。

泰伯其可　一句　　　许　集

吾之于人　一句　　　归　琏

君子有九　一句　　　李　溏

舜其大知　一句　　　刘　粲

大哉圣人　一句　　　李沛霖

过脉题

何谓过脉题？如上面此语已实说过，复用承上接下语是也。凡题皆可先反，惟过脉题不可先反。盖一先反，则已占在上文之前，将正写处亦在上文分中矣。作法须小讲下全接一句入题，已占覆语以内。下再宕开作势，横说竖说，亦是这腔子内，上不涉实，下不腾空。若不识此法，便似上句文字，不是本题境界矣。慎之，慎之。

陈法子曰：此等题描写正面处，亦当在现成上说，方与上文有别。

人悦之好　一句　　　　张　统

人悦之好　一句　　　　姜之挂

七十者衣　一句　　　　汪士鋐

结上题

合全章之意，而以一语结束之，通一节之意，而以一语收束之，皆结上题也。其法在镕铸上文全旨入讲，然亦必于小讲下现出结上字面，文义方不走作。不然，则是合上文总作矣。

凡结上题，入题处须要紧接下，又一篙便开，方为得体。此九我先生之说也。留心。

其所以异于截上者，截上题中字义，皆本题所自具，特其根株实在上文。此所以各处皆宜倒入上文也。结上题中字义多上文所已见，特其眼目却在本题，以本题自有以结束字面文义也。且截上题，倒入上文处，多宜用着力语。结上题，镕铸上文处，则惟以现成口吻还之。

故治国在　一句　　　　文　资

此之谓民　一句　　　　武　龄

偏举题

题何以偏举名？谓其数项平重，而或剪其头，或去其尾，或并剪去其首尾者也。平重而剪其头，开讲必从上文落脉，篇末再合上文收煞。平重而去其尾，开讲必冒全项入题，篇末又向下文拖去。至剪去其首尾，开讲必冒全项一二笔，次撇上文一二笔，次急转入本题发挥，篇末再合上文以拖到下文，如此方见上下还有别项，不止是本题几件已也。然正讲处，若不映带回环，若再添一句命题，亦可再足一股而用之矣。故必用蒙上冒下、映带回合之法，方句句是本题文字。此文资之说也，愚谓映带回合之法，亦须相题用之，不可执一。

为之者疾　二句　　　　邢曰玫

夫妇也昆　三句　　　　黄　越

次国地方　二句　　　　范其蔚

移步换形题

移步换形者，谓本题与上文相似，而既移一步，则其形换矣。盖其中固有一二异字也，使此等题到手，但就本题敷衍，多可移入上文，惟处处借上句陪讲，则以联为照，虽处处有上文，却处处是本题。即以上文命题，亦不得抄袭半句去也。

汤有天下　一段　　　　邢曰玫

有所好乐　一句　　　　辛世兴

人十能之　二句　　　　王肯堂

太公辟纣　一段　　　　汪士鋐

立案题

何谓立案题？本题记一段事，后有断语是也。此题须寻出题中与下文关照者在何处，处处拿定，才能使下文不击自露。不然，如何能动得下文起。

子华使于　一节　　　　潘成云
子路问闻　二段　　　　王公绩
孟子居邹　一节　　　　谢　伦
他日由邹　二句　　　　屠程珠

记事题

此题与立案题相似，而实不同。盖彼题下有断语，此题下无断语也。然题亦不同，有直记事者，有为下文先记事者。直记事者，或反或正，或开或合，任意纵横，无所不可。若为下文先记事者，须处处与下文特照，才得上下灵醒，则与立案题又不甚相异。

此等题，短有一二句者，长有一两节者。短则宜对针其神气所在，用董文敏代字诀写之。长则宜紧对其神气所在，用《左》《国》《汉》《史》叙中夹议法写之。

仲弓问子　一句　　　　杨中讷
子路率尔　一句　　　　戴名世
鼓瑟希铿　一句　　　　陈昆胡
子适卫冉　二句　　　　岳子纬

叙事题

叙事何以别于记事？事则此事也，一自有人叙来，便有叙事人心胸情节。如或其事本是也，而辨之以为非；或其事本非也，而原之以为是；或其事本诞也，而述之以为真。事虽一定，而叙者之情不定，则须各视其人以起义，与记事题事之一定者，微有分别法。大约于一句题，用董文敏代字诀写之；题长用《左》《国》《汉》《史》叙中夹议法写之，须要对针其情节所在方妙。

我对曰无　一句　　岳子纬

必请所与　一句　　汪士鋐

臣闻之胡　易之　　杨大鹤

前日于齐　四句　　鞠孙娄

原叙题

叙事题有正叙，又有原叙。正叙者，为此事因叙此事也。原叙者，因彼事而追及此事也。则彼事是主，此事是宾。作原叙题，须口说此事，而意则注射彼事方为得法，不然，一概正叙，是认宾为主矣。

桓公杀公　一句　　刘　岩

宫之奇谏　一句　　张　铎

晋人以垂　一句　　陆景龄

援引题

何谓援引题？止引他词，不露正意是也。此等题，有上文说过正意，而援引他词者。有不曾说正意，而直原引他词者。其说过正意，而援引他词者，前半须从正意说入，如《王赫斯怒》文是也。其不曾说正意，而直援引他词者，前半须含正意，隐隐跃跃令正意不击而自醒，才为妙手，如《衣锦尚絅》文是也。然皆要从援引者口中说出，引词用叙中夹议之法方妙，不然，徒顺古人成语口气，便非援引之体矣。

帝典曰克　二句　　归　琏
其叶蓁蓁　一句　　潘明祚
节彼南山　一句　　刘芳躅
衣锦尚絅　一句　　失　名
诗云王赫　天下　　俎　涛

托兴题

何谓托兴题？本以旁意引起正意，此却未说出正意，止说旁意，如“舍鱼而取熊掌”题是也。此题本是下面一个影子，呆讲本题，便不得神，须看下面，重在何处，将本题与重处影以者，着力拨弄下意，自于题内现出尝譬之影戏。内边人物，即本题是也。外边影象，即下文正意也。只就内里人物拨动，而外面自影肖其实，不必更着力于外边之影也。观后载文，自得其法。

舍鱼而取　一句　　倪焕章
王知夫苗　御之　　单　瑞

比喻题

此等题，其类不一，有暗比，有明比。其暗比者，如“苗而不秀”题是也，只宜就题说题，不必夹入正意。比意透，即正意有对照矣。然其对照正意处，须知不粘不脱之法。以为是说比意，而比意之下，仍无所泄焉，是为之不脱。以为是非说比意，而比意之外，仍无所遗焉，是之谓不粘。其明比者，如“有如时雨化之者”是也。此题只讲正意，比喻只一点。然正讲意须要关会喻意，不然，与此比不相合矣，何取于比乎？若能正喻夹写，合同而化，则更思深力厚矣。观芸轩先生作便知。

苗而不秀　全章　　　　张孝勋

西子蒙不　全章　　　　石曰珍

大匠不为　一句　　　　卫　璠

有如时雨　一句　　　　赵广嗣

攻辨题

攻辨者，立意要攻破也。辨倒他，如两家折词一般。大抵前半多用敷衍，后半多用翻空。反覆攻击，层层剥入，使他躲无地方妙。亦有代为推原，故意放松，入后步步逼紧者。盖放松也，一步是合紧他一步也。此等秋妙，尤为攻辨胜场。

何以报德　一句　　　　田轩来

子欲手援　一句　　　　戴名世

文法狐白后集

〔清〕王宾　评选

导读

《文法狐白后集》也是王宾选评刊印的一本专讲八股文题型作法的书，但讲的是各种截搭题。

截搭题本应属小题之类，但由于其数量多（因它产生的随意性比其他小题更大：只要随意将某个句子截断，取上半截或下半截与其后之某句、某节、某章搭上，甚至与相隔的句、节、章搭上即成为题目，其数量便要多少有多少了），作法难度大（这种随意截搭的结果是将原有经文的意思弄得支离破碎，要想在依题所作之文中根据功令将原有经文意思找补回来，必须绞尽脑汁，运用各种巧法，左寻右补，弯弯绕绕，才能勉强达到），考场却出题多（考秀才的小考，即院试、府试、县试、州试，及岁试、科试、录科等都必出截搭题，有时乡、会试也出，在《后集序》中，王宾即说："文宗校士，命题不拘一等，往往搭题与小题并出"），所以把它从小题分出来，单成一个大类来讲作法。这也是《文法狐白后集》之由来。

与《文法狐白前集》一样，本书的第一部分也有一篇《文法狐白后集要诀》，分"制截相题法"与"分篇作法"，是讲截搭题之普适作法的。前者抓住搭题共有之关键问题，即如何划分题目之首尾界限。它列举了种种题目实例指点划分的方法，使人们懂得了如何依据题目截断的不同来"串入中间作过文"，这就掌握了作截搭题最重要的技巧。

在"分篇作法"部分，根据"巧搭最重首尾，长搭、隔章搭之承、破、小讲，只以首尾为主，题中有紧要处，小讲中略带一笔足矣”的原则，讲了串合首尾的共同方法，即吊、渡、挽三法。

在《文法狐白后集目次》部分，则分讲了截搭题、上全下偏、上偏下全、上尾下首、上下偏中间全、长搭题、隔章长搭、二处相搭、首尾俱截长搭、横担搭题、无情搭题、典制搭题、先问后答先答后问二种、上轻下重搭题、搭题变格文共十五种搭题题型的作法。

与《前集》一样，《后集》对截搭题的作法也作了准确而简要的提示，以其易学易掌握而受到广大士人的欢迎。

一、该书采用了从解释题型名称与内涵的办法来讲作法的方式，使该题型作法变得明晰易懂，让人一看题目即可记起作法。

对上全下偏之截搭题，书中是这么说的：“何谓上全下偏？如上面平列数件，下面只承一件说去，是杂举偏承题。上面统冒数件，下面先说一件，是一纲一目题。上面总结数件全义，下复先说一件，是总结偏承题。此三者，皆可以上全下偏题概之。”三种题型定义清楚，其共同点已凸现，根据特点所揭示的作法自然就清楚了：“作文须于上截全处，即寓侧势方好为落下地，却又不可失却全体。于下截偏处，须现全象，而又不可失本句分位。不然，首尾正发处，俱照平常，但于过渡侧落，则通篇无好势矣。”

又如上尾下首题，书中这么解释：“何谓上尾下首题？如上面平列数件，下又承此数件说去，题却单出上面末一件，与下面首一件是也。”题义既清，作法便出：“作法做首句，须要补上，盖补上即所以窥下也。过下或二比，或单行，须用卷帘法，从首句卷到上句，则下句可直接而毫不费力矣。至后面挽上易至碍下，用笔须要斟酌，或用脱卸法，或用带挽法，相题下笔可也。”只根据题型特点讲作法，牵涉到的八股文基本作法则只举作法名，不加解说，一笔带过，因那已是写作八股文必须熟知之法，人人皆知，故可省去。

二、既征引前人所创作法，又根据时代变化，提出自己的创见加以修补，使作法更趋完整合理。

如在讲叙上下偏中间全这一题型作法时说："此等题，去上句即是上全下偏题，去下句即是上偏下全题，去中间即是上尾下首题。彼三样题之法，亦可通于此题。但彼题犹易，此题较难。黄际飞谓此等题作法，须上窥下，上复渡中，中渡下，下仍挽上，前窥后挽，中间斡旋，而割截之痕一化。"将当时通行的作法提出，又引八股文权威作法研究者黄际飞所创之作法。但王宾认为这些都不完善，便又提出自己的创见做补充："愚观此题文，窥下渡中俱用补笔，补上句即是暗窥末句，且可以为中间总承之地也。至做中间全处，每于平中见侧，用卷帘法，挨次卷到上句，则渡下句，不用另起炉灶矣。若挽上处，多有窒碍，宜用脱卸法，挨次卸到下句，则挽上句亦不用另起炉灶矣。"经过这番补充，这种题型的作法就完备且合于世用了。

除以上两项特点外，《前集》所具有的优长此集均具备。如以例释作法，横担搭题中便有："作此等题，有将中间意思分布于两头发挥者，如《子夏之门人至异乎吾所闻》作与《子欲往至子欲往》作是也。有将中间紧要字句联络两头以为主脑者，如《非其鬼至舞于庭》作与《进吾往也至吾见其进也》作是也。"至于在每种题型作法之后附有该题型之优秀之作，并加以精心解析评点以示作法也与《前集》一样。故《后集》也与《前集》一样广受读者欢迎，传之久远而不衰。

收入本书的《文法狐白后集》，系依据清雍正刻本校点录入。

（乌　媛）

后集序

前集于各样小题，分门注法，不惮烦言，学者亦既知所折衷矣。然而文宗校士，命题不拘一等，往往搭题与小题并出。倘平日专攻小题，而于搭题之法有所未谙，一旦场屋遇了，未免仓皇失措，以至竟日不能成章。搭题之法，可不急讲乎？奈近日操选政者莫不言法，往往于他题俱详，而于搭题独略，概而名之曰割截题，浑而言之曰割截题法。抑知搭题种类各别，而其法亦各异，不逐一分析，焉能令人了然于心乎？余因于后集内专讲搭题之法，按题命名，因名论法，共分十有四种，而附变格文于其后。其间线评总批，各为著明，使读者阅之，知某题搭处如何，法应如何。久而熟之，得心应手，一入场屋，自不至有搔首顿足之苦。虽然，此非余之臆见也，或得之先儒之论，或闻诸师友之言，或于诸选中采其数条，或于众文中摘其一法，荟萃众美，成为一帙，与前集同，为集腋成裘之意，且以济前集之所不及也。

时雍正十年仲冬，山左武阳王宾客周氏题于敬圣书屋。

文法狐白后集要诀

山左臧括斋、武克绳两先生　鉴定
武阳王宾客周氏　评选

制截相题法

黄际飞曰：割截题首尾之界限，尤不与寻常书理相同，必须与为画开。如“仁矣乎至仁矣乎”题，则两“仁矣乎”是首尾，其余皆中间也。“居北海之滨至居东海之滨”题，则“北海滨”“东海滨”是题首尾，其余皆中间也。又如“比及三年”本与“有勇知方”连，为其搭至“比及三年”止，则截上三年句为头，与下三年句之尾相顾。“有勇知方”，一概串入中间作过文，不可以三年“有勇知方”一连作界限也。“及是时”本与“明其政刑”连，为其搭至“及是时”止，则截断上“及是时”为头，与下“及是时”之尾相顾，“明其政刑”一概串入中间作过文，不可以“及是时明其政刑”一连作界限也。

他短搭题至于极割不开者，皆须与为割开画断，不可一连直下也。又如“墨翟之言盈天下，天下之言不归杨”题，“之言盈天下”五字，兼承杨朱，即须画断墨翟为头。“天下之言”四字，兼摄则归墨，即须画断不归杨为尾。中间“之言盈天下，天下之言”九字，一概串入中间作过文，不可以中句夹整，分作两半为界限也。学者试寻此题文验之自见，不能尽说也。

分篇作法

巧搭串合，即当于破题、承内立定主意，则通篇自有把握。巧搭最重首尾，长搭、隔章搭之承、破、小讲，只以首尾为主，题中有紧要处，小讲中略带一笔足矣。若难于粘带，即不照管亦可。

小讲以双起双收为正，但双行易涉矫强，故又有一气滚作之法，亦变通之。

吊法难以执一，不可吊其意者，可吊其字，不可吊其字者，可吊其意。意与字不可顺吊者，可以反吊，不可正吊者，可以借吊也。宜承上文者，于领上文后，即生情吊起下文。至虽有上文，必不宜承者，则须起一论生发，莫如从下句之宾位取之。宾位者，下句之同类，或反面、对面亦是也。提笔必要纽转头来，恰好落在题之首句方佳。

吊下后，发上截以四小比为正。然亦有直用两比者，亦有一气散行者，不必拘也。但发上截必须映带下截方妙。

发上文后，有文之宜找补处，找补一笔，即做过渡。此乃题之斗笋合缝处也，须与无情中写得有情，无景中写得有景。或用整，或用散，或则一帆径渡，或则簇起波澜，总以首尾呼应、上下融洽为主耳。

过渡后，发下截法与上截同，但须由浅入深。若用四小比，则以先发题面，后发题意为正。然尤须映带上截，顾盼有情。

发下截后，用数语缴上，谓之挽合。此处最宜紧密。又有挽上便碍下处，则用笔须宜斟酌。有挽上又须补上处，则宾主尤贵分明。至挽上后，或以二比收缴，或用散行数语结束，要以扣题为主，又以有韵为佳。

唐翼修曰，长搭题有多至数十句者。无论间句不能尽点，即要紧句亦不能正点、顺点。如文做到其地，势不能正点者，便须借意点出其句字，谓之借点。又如文做到其地，势不能正点者，便须用反势点出其句字，谓之反点。又或不能见于本位者，则于后面补出，谓之补点，亦不嫌于倒置也。汪武曹曰：长搭最忌正点，有味乎其言之也。

文法狐白后集目次

山左臧括斋、武克绳两先生　鉴定

武阳王宾客周氏　评选

截搭题

截上题，要找补上意，又要撇清上意。截下题，不可置却下意，又不可犯着下意。若割截上下成搭者，则又不同。其发上截，但重其关合下句，而找补上句在所轻。其发下截，但重在绾合上句，而含蓄下文亦在所轻。至吊、渡、挽之法，人皆知之，不必复赘。

上全下偏

何谓上全下偏？如上面平列数件，下面只承一件说去，是杂举偏承题。上面统冒数件，下面先说一件，是一纲一目题。上面总结数件全义，下复先说一件，是总结偏承题。此三者，皆可以上全下偏题概之。

作文须于上截全处，即寓侧势方好为落下地，却又不可失却全体。于下截偏处，须现全象，而又不可失本句分位。不然，首尾正发处，俱照平常，但于过渡侧落，则通篇无好势矣。

益者三乐　益矣　　　武　龄

切切偲偲　偲偲　　　武　龄

隐恶而扬　两端　　　金　鳌

洋洋乎如　其上　　　张　虬

而时出之　如天　　　王　宾

此天之所　大者　　　王元士

上偏下全

黄际飞曰：上偏下全，必于偏处预补其全，方与下截配。于全处侧注其偏，方与上截配。愚按：此说乃先辈正法，今人用法尤密。做上句偏处，即串入全体，则过接不用周旋；做下截全处，单串上句，则挽合不劳脱卸。盖用补用侧，又不如用串法之较省力也。

何谓串法？如“不为酒困”二句做上截，将“父兄”“公卿”“丧事”俱纳入“酒”字内说过，下“何有”句，自不用分外另补矣。他如“而亲仁　二句”题、“朋友之交至三者”题，俱用是法。此做偏处串入全题之说也。又如“朋友之交至三者”题，讲后面全处，单就朋友一边说，后将五者全处略略总补一笔，便已宾主分明，不必另寻侧注之法矣。此做全处单串上句之说也。

而亲仁行　余力　　　孔衍庆

不为酒困　我哉　　　石曰琮

友多闻益　二句　　　雷先春

卑宫室而　然矣　　　云中官

朋友之交　三者　　　　汪　琬

晏子以其　晏子　　　　武　龄

函人惟恐　亦然　　　　王　宾

上尾下首

何谓上尾下首题？如上面平列数件，下又承此数件说去，题却单出上面末一件，与下面首一件是也。作法做首句，须要补上，盖补上即所以窥下也。过下或二比，或单行，须用卷帘法，从首句卷到上句，则下句可直接而毫不费力矣。至后面挽上易至碍下，用笔须要斟酌，或用脱卸法，或用带挽法，相题下笔可也。

为臣不易　难也　　　　孙之桐

材木不可　鱼鳖　　　　金百朋

齿一德一　如爵　　　　张曰琏

为其贤也　闻也　　　　许　穀

上下偏中间全

此等题，去上句即是上全下偏题，去下句即是上偏下全题，去中间即是上尾下首题。彼三样题之法，亦可通于此题。但彼题犹易，此题较难。黄际飞谓此等题作法，须上窥下，上复渡中，中渡下，下仍挽上，前窥后挽，中间斡旋，而割截之痕一化。愚观此题文，窥下渡中俱用补笔，补上句即是暗窥末句，且可以为中间总承之地也。至做中间全处，每于平中见侧，用卷帘法，挨次卷到上句，则渡下句，不用另起炉灶矣。若挽上处，多有窒碍，宜用脱卸法，挨次卸到下句，则挽上句亦不用另起炉灶矣。观后载文可知。

富而无骄　而乐　　　王际康
伯适仲突　季随　　　李梦昺
今夫地一　天也　　　朱　濡
知天地之　其仁　　　张九叙
今王曰猎　于此　　　王　宾

长搭题

长搭题只重首尾，任中间有许多层折，皆以首尾一线串去。若从题首串入中间，再从中间串到题尾，便不合长搭之法矣。但中间串法不一，有从首句顺串者，有从末句倒串者，从首尾夹串者。神而明之，存乎其人。

凡中间层折虽多，而与首尾不相应者，皆可剪截。独记序搭题，两头固重，中间亦不可忽略，惟消纳一法最妙。将中间消纳于题之首尾，随处关锁，令人读之，但觉首尾之呼应，而不觉叙次之繁冗矣。亦有事体错综，不便频频束锁，用《汉》《史》叙中夹议之法，以照顾首尾，倍觉手法之高，随宜用之可也。

与朋友共　信之　　　刘汉裔
夫子哂之　由也　　　朱　濡
夫颛顼昔　颛顼　　　王　宾
父子也夫　亲也　　　失　名
当是时阳　而言　　　苏　砥
禽兽逼人　禽兽　　　王　宾
过位色勃　其位　　　李梦昺
以杖荷蓧　而芸　　　武克绳
则有馈其　鹅也　　　武克绳
瞽瞍焚廪　父母　　　刘作梅

隔章长搭

隔章命题，必然两义相贯。且既已隔章，则不必复拘口气，而主张在我矣。至三四章搭，其中固有一意串合，与寻常无异者。然亦有但取首尾关合，而中间不相比附者。则下笔虽以首尾为主，亦当预为中间之地，庶过渡不至横决难制矣。细玩《三月不知肉味至饮水》作，自知其法。

义之与比　何有　　　贾　黻
辞子曰母　辞焉　　　卞元彤
而求也为　殖焉　　　谭再生
孔子行齐　风兮　　　刘　浡
三月不知　饮水　　　何倍公

二处相搭

凡长搭题，止重首尾，惟以首尾运化中间而已。此却不然，其命题之意，原以题首、题尾与中间三处相搭，断无单缩首尾而不及中间之理。故他题小讲只擒首尾，此必三处并擒；他题吊下止宜窥题之尾，此窥题尾亦必窥题之中；他题挽上止宜挽题之首，此挽题首亦必挽题之中；他题过渡，从题首直过题尾，此宜从题首渡到中间，复从中间渡到题尾，作两番过渡。此及长搭题之变，不可以常法拘之者也。

入于河播　于海　　　朱景洛
楚书曰楚　誓曰　　　许　焕
不思而得　措也　　　王守烈

首尾俱截长搭

或上截数件，而截去一二件；下截四五层，而截去一二层，而割截成题者，如“慎思之”截去上两句，至“有弗思”而截去下两层，上边宜补，须用揿去意补上，下“明辨笃行”，又不可剪去，须跟首句串下。做下两句，正所以做首句也。至到下截，仍就首句串去，不合题理，不串又不合法，就上截急钩起末句，从末句倒串上两层，则做上两层仍是做末句也。不然，则首尾呼唤不应矣。聊载二作，以资触类。

不思而得　思之　　　王守烈

慎思之明　弗思　　　袁继辂

横担搭题

搭题略中间重两头，自是常法。然又有一等题，以书理言，两头不着紧要，以题面言，两头绝无意味。中间道理大，局面阔，断断不可忽略。作此等题，有将中间意思分布于两头发挥者，如《子夏之门人至异乎吾所闻》作与《子欲往至子欲往》作是也。有将中间紧要字句联络两头以为主脑者，如《非其鬼至舞于庭》作与《进吾往也至吾见其进也》作是也。总之，做两头不脱中间，做中间仍贯入两头，庶两头、中间联成一片矣。

自破题、承题、小讲以至吊下挽上，处处抱定中间，方合横担之法。

非其鬼而　于庭　　　邹丽中

进吾往也　进也　　　失　名

子欲往子　欲往　　　王　宾

子夏之门　所闻　　　宫建章
峻命不易　于常　　　王廷献
振河海而　之多　　　武绍周
亦将有以　吾国　　　朱　濡
邹人与楚　服八　　　王　宾
及是时明　是时　　　王　宾

无情搭题

唐翼修曰：无情搭题，毕竟要寻出一种意思，黏合上下成一道理，不至凿空，乃为佳构。

他题吊、挽俱易，惟此等题吊、挽最难。何也？他题可以正吊顺吊，正挽顺挽，施于此题，每多窒碍，惟用借吊借挽与反吊反挽法，点缀生色，愈觉文彩烂然。如“发乘矢”搭至“西子”题，领题后借小戎之妇人知勇于赴敌，与难由宣善变起南子等语，与下西子暗暗映合，此借吊法也。又如张玉书“有盛馔”搭至“迅雷”题，后将舜之饭糗茹草，周公之饭三吐，点缀盛馔。又将“雷雨弗迷，风雷启藏”点缀迅雷，借作绾合也，此借挽法也。故凡难做题，不可不知借吊借挽一法。至反吊反挽法，文中甚多，不必赘及矣。

有盛馔必　迅雷　　　张玉书
日月星辰　蛟龙　　　管昂发
发乘矢而　西子　　　正延祺

典制搭题

题有为典制搭者，如“管氏而知礼至子语鲁太师乐曰”，作此等题，吊、挽过渡，最难联络。须要语句现成，道理一原者，方可钩连自然，衬托华赡。读张声有作可知矣。

管氏而知　乐曰　　　　张　铮

始可与言　言之　　　　汪　琬

先问后答先答后问二种

先问后答，所重在答。作者当以答者之意为主，问者之意止可在作者口中略略叙明。以后要痛发答意，或问者有病之偏处，叙中亦要暗伏，方见圣人因病下药之意。

先答后问，所重在问，须以作者之意断做，扯上面答意在内作宾，立相形法始佳。

又有一法，轻点首句，于夹缝中着议论，预将所以答意极力透发，至问词略略点明而止。先做后点，为此题另开一法门矣。张幼青每用此法。

求之与抑　得之　　　　张方华

爱人问知　二句　　　　失　名

象喜亦喜　者与　　　　张　虬

上轻下重搭题

割截题上下原不偏重，作文亦要上下匀停。独有一类题，上截不甚着意，特借以引起下截。下截义理正大，局面宏整，有议论可以发挥，断断不可上下平重，须相题下笔，轻处少讲些，重处多讲些，详略适宜，方合体裁。至吊、渡、挽三处，亦与上下截搭相同，不必赘矣。

岂不尔思　思也　　　　谢　陛

犹可逾也　月也　　　　陶元运

搭题变格文

搭题有正格，又有变格者。或截搭或长搭，或上偏下全，拘守常格，恐不能出色。忽变而为两扇，遂于千手雷同中独辟异境，使主司阅之，不觉击节称赏，拍案叫绝，此料敌取胜之一法也。聊载数作，以资触发。

冉子与之　九百　　　　武克绳

大哉尧之　孔子　　　　汪　坛

周之德其　然矣　　　　王　祜

如磨瑟兮　四字　　　　李可杨

高也明也　久也　　　　唐冠贤

近科全题试策法程（选）

〔清〕刘坦之　选评

导读

明、清两代对八股文的看法究竟如何，后世众说纷纭，莫衷一是。其实，最有价值，最能代表主流认识的，当为时人在乡、会试策论中发表的有关八股文的言论。

明、清科举考试的第三场均以策试士。所谓策，有上古虞“敷纳以言”之遗意。至汉，各地察举之士至朝廷应试，则有所谓射策、对策。

朝廷将题写于简策，复置案上，试者投射而取之，谓之射策。这类似于后来的抽签。另一种是当场提出现实政治或理论方面的问题，要求考生作文回答，谓之对策。这类似于后世的统一命题考试。二者的区别在于题目一明一暗，一详一略。对策题目有长达三五百字的，叫做策问，或策秀才文，本身就是一种文体。

宋、元、明、清时的科举均试策和论，合称策论。策即汉之对策，也叫时务策，要求回答现实政治方面的某个问题。论是议论文，当场出题作文，题目有现实的，也有历史的。

作策之法，必须先体认策问，其中疑义纷纶，不使彰显。其要义在于掘题之纲领，审视逐节之节目何在，然后轻重详略，宾主划然。或引据旧闻，指陈剀切，或依题游衍，不参议论，而提缀、接递、收应之法俱备古度。凡相题之枢键，行文之体制矩度都要分清。

明、清科举以策试士，主要是为了培养、考察应试者解决现实政治问题的能力，以弥补八股取士所造成的士子只读圣贤书，于现实漠不关心的弊病。康熙初年和光绪二十八年（1902）废八股取士后，都以试策当作取士的主要文体，看中的便是试策可促使士子广读时务书籍，扩大知识面，学成研究解决现实政治问题的本领。

选入本书的均为乾隆丙子（1756）、己卯（1759）、庚辰（1760）恩科、壬午（1762）科乡试各省有关制艺（八股文）及与八股文有关的试策文。要提请注意的是，为突出重点文章和评叙的方便，所选文章的排列未按以年代分先后的惯例，而是以庚辰恩科试策文置于其余文章之前作适当排列。

庚辰（1760）恩科，山西与浙江两省均出了“制艺”的策问题。山西策问题有四问，即：朝廷屡屡采取措施，八股文“犹不能无瑕瑜之见者”的原因；明代八股文正宗自王鏊、钱福、唐顺之后，“不坠宗风者果安在”；八股文所载之道与践行的关系；如何才能更好地使八股文为国家造士效力。浙江乡试所出策问题则有五问，即：问八股文与宋、元经义、经疑之异同；要求指出明初乡、会试程文与元墨能“争先取胜”的源流；要求指出八股文由明初的“理明”而变为“尚体格”“尚机法”“尚才气”的原因；要求阐明八股文载道的旨归；要求讲明正文体的重要性。

山西何永图以阐发文与德相表里，指明自王鏊、钱福、唐顺之后宗风不变。山西名儒薛瑄既能正学复性，其八股文又可为楷模。又指出八股文“必研穷先儒精理以植其根柢，参之经籍史传以厚其义蕴”，才能“为粹然有道之言”。最后阐析“清真雅正”的含义，指出它是八股文“探本穷源之论”，可以端文品、正人心，是八股文载道本质不变的根本保证。

浙江叶芝则阐明八股文“代圣人立言而必衷于道，而后能载乎道”，不得这个“大旨之所存”，必会“判器识、文艺而二之”。又讲解八股文“必原本于古”，而乡、会试取士，“必先观其命意，次视其布局，又次视其遣言。而争先取胜之故，可以操卷而获焉”。这就将八股文之源流及判文取士之法尽皆指明。而八股文依风会而变，是自然之理，不必有初盛中晚之分的理由也尽显。明初与中叶，名家并起，各有宗趋。天、崇时虽专尚才气，“已渐入于不可挽矣”，而又有陈子龙等起而振之，“运理法于才气之中，先正之遗意，初未尝坠也”。作者以之证明只要文体正，“士诚能原本经术，归于典则，将见有期至于古之立言者”。

庚辰恩科湖北欧阳沂在其《诗文》策文中简述了八股文的演变，在策问题中指明八股文的功用为“体圣贤语言以阐六经义蕴”的基础上，又指出“六经、《语》、《孟》，文之至者也”，自明代“用以取士，规矩既设，一时英奇磊落之才，皆范围于其中”。这便将八股文与经文的关系及八股取士的作用皆点明。欧阳沂还在此策中阐发了八股文与试帖诗“无二理”，载道之文与言志之诗都是“天地间自有之义”的道理。

庚辰恩科福建杨钟岳在《古今文体》策文中阐发了以古文为时文的可能性与必要性，以及经义取士垂二百余年文凡三变的特点。

庚辰恩科陕西江得符在《诗文辨体》策文中揭示了八股文的源流：“宋王安石尚经义矣，其文加详，八股乃其遗法，明因之而不废。”他从“文体与世运为转移”来区分不同的宗风及各自传人，特别对“能以古文为时文”来“羽经翼传”者予以赞赏。

壬午科福建吴斯勃的《选举》策文，从科举考试的角度来谈“明之两闱，尤重制义”的原因。已卯科浙江余廷峨的《文章正宗》策文，则把八股文列入正宗之文体而加阐发，都别具只眼。

从不同科别、不同地域的乡试考官所发有关八股文的策问，不同地域的应试者所作策文来看，他们对八股文的认识基本是一致的。大家公认八股文起源于宋，与古文一样，作为把载道功能发挥至极致的八股文也为正宗的文体。对其与世运而转移的特征，各种宗风特点的认识，也大同小异。凡此种种，证明到清代乾隆时期，无论官方还是民间对八股文的功能、价值都是肯定的，认识趋于一致，而并非像后世有的人把八股文贬斥到无以复加的地步。

入选的其他策文如《学校》《贡举》《圣学》等，都是与八股文有关的。圣学即《四书》《五经》是八股文的本源，八股文所载之道即来源于此。而学校则担负向士子传授圣学和学习八股文写作的任务。贡举则以八股文取士。故将三文均选入本书，以便读者从各相关方面去认识八股文。

选入本书的策文，均取自刘坦之选评，清乾隆丙午年（1786）友益斋所刊刻的《近科全题试策法程》，经校点后录入。

（龚　昊）

清乾隆庚辰恩科乡试策论

山西　何永图

制　艺

问：

言为心声，文章之淳漓，士品心术之见端也。朝廷以科目取士，首重文体。世宗宪皇帝“清真雅正”之训，永为制艺典则。皇上御极初年，即钦定四书文字，颁示学校。近又命廷臣精选近科闱墨以为程式，特申磨勘以励真才。文风固宜蒸蒸日进矣，乃应试之文，犹不能无瑕瑜之见者，岂习尚之异趋欤？抑蕲至雅训者之果不易得欤？

有宋制艺，起于王安石。至明而专习为举子业，说者以礼闱首选之文为元灯。自守溪王氏、鹤滩钱氏、荆川唐氏而后，不坠宗风者果安在？陶石篑揣摩时好，一变而趋于峭刻。石篑之后，尚有能传正始者何人？河津为三晋名儒，大体在正学复性，顾其文亦有可为模楷者欤？

夫士先识器而后文艺，使徒以风云月露、词章才辨为驰骋，则虚车之饰，徒美而不可行矣。古者大司徒以本俗六安万民，以乡三物教万民，所谓六德、六行、六艺者，能备举而知欤？

唐风敦朴，为近古蟋蟀之音，皆以勤俭尽职称。良士诸生生长斯土，陶习宜有素矣。欲使本末兼该，华实并茂，以卓然为国家造士之选者果何道而可也？其各抒所见以对。

庚辰恩科何永图（山西）答：

取士必征乎文，而论文必先辨体。文体之纯疵，人心之淳漓见焉。士之所以自立者以此，士之所为致用者亦以此，其所系不綦重欤？

考《周礼》大司徒以乡三物教万民而宾兴之。先之以智、仁、圣、义、中、和以为德，次之以孝、友、睦、姻、任、恤以为行，终之以礼、乐、射、御、书、数以为艺。文虽艺之类，其实与德性相表里。此其渊源有可推，其流弊有可指者。

制艺起于宋王安石，至明而专习为举子业。说者以礼闱首选之文为元灯，自守溪王氏、鹤滩钱氏、荆川唐氏而后宗风不坠。陶石篑揣摩时好，一变而趋于峭刻，正始尚有能传之者。河津为三晋名儒，大体在正学复性，固不仅以文艺见称，而要其文亦有可为模楷者。

盖士虽先器识而后文艺，而其所以为文艺者，正非无所本，是必研穷先儒精理以植其根柢，参之经籍史传以厚其义蕴，夫然后发为文章，为粹然有道之言，无诞妄不经之论，而有以进乎体之纯美。

世宗宪皇帝之立训，曰“清真雅正”，诚探本穷源之论也。且夫文品之盛衰、习尚之变易、人心之趋向定之，平日不悉心研究，一旦较量优绌，又不能以枵腹见售，于是以求名之心为欺人之念，遁入于离奇怪诞、浮华靡丽为工。又其甚者，矫而胜之，则又辱于寂寞枯槁、揣摩先辈之形貌而无其精义。其名虽殊，其弊则等，安在其可为文也乎？盖清以无所疵累为清，不以浮薄为清。真以无所疑为真，不以穿凿为真。不入于俚而雅可知，不流于诡而正足尚。此文艺之与德行相关，而文体之有大纯而无小疵者也。士子诚以淳朴之风，勤俭之职，本诸身而为德，发乎外而为言，本末兼该，华实并茂，庶可为文行之卓卓者欤！

清乾隆庚辰恩科乡试策论

浙江　叶芝

制　艺

问：

言者心之声也，文章之升降，即心术之淳漓所由见端，未有根柢不深而枝叶茂蔚者。《易》曰："君子以言有物。"传曰："言之无文，行而不远。"然则文之不衷于道者，非真文也。

八股取士，其制定于有明，其与宋、元经义、经疑之式同欤？异欤？

明初乡、会试主司程文及士子元墨，皆有师法。其布局、命意，争先取胜之故，能缕指其源流否？

若夫洪、永、宣、正之文，期于理明而止嗣，是一变而尚体格，再变而尚机法，三变而尚才气。说者比于唐诗，有初、盛、中、晚之分。其风会升降之故，与夫一时宗工大家所得力之处，可一一切指之欤？

夫文章之道，不外乎理法才学。而理不醇则无以运法，学不赡则无以见才。非明理而绩学，则无以为有本之士。而或且判器识、文艺而二之，无乃无喻于文以载道之指欤？

国家振兴文教，设立科目，得人最盛，以时文名家者，代有其人。我皇上申严磨勘之例，训谕学臣、考官以作文之准，务去其疵累而归于大醇。海内士子，诚能根柢于六经、宋五子之书，而选言吐辞，有典有则，以期至于古之立言者，将见王、唐、归、胡不足专美于前，文体正而士习端，其在斯欤？

诸生于制艺一道，童而习之久矣，其详言之。

庚辰恩科叶芝（浙江）答：

从古无不敝之法，而取士独不敝。取士亦无不敝之法，而以制义取士独不敝者，则以代圣人立言而必衷于道，而后能载乎道也。盖风会之升降，人心之醇疵，胥于是乎在。学者童而习之，白首而不得其大旨之所存，何哉？惟徒务乎章采润色之工，而不返求诸理法才学之地，固宜其判器识、文艺而二之矣。

夫时文之必原本于古也久矣。昌黎韩子之言曰：“言，气也。水，浮物也。水大而物之大小必浮，气盛而言之短长与声之高下皆宜。”宗元柳子之言曰：“抑之欲其奥，扬之欲其明，固而存之欲其重。”其论文者详矣，八股之道亦然。

自明初始以之取士，而乡、会两试，凡主司之所以程文，与士子之所以执业，渊源不爽，称极盛焉。一时名公巨人，至有以一意一词预决去取，而其后至不爽毫发者。盖其术必先观其命意，次视其布局，又次视其遣言。而争先取胜之故，可以操卷而获焉，则以其师法为有自也。

且夫一事之理，踵而增之，则日甚焉，自然之势也。一物之饰，积而久之，则必弊焉，又必至之理也。周之文，其必不能如夏、商之质也，此亦风会之所趋则然。而识者顾欲过区其升降，谓有明一代之文，犹夫唐之诗。窃以为唐诗之中晚不能为初盛，犹初盛之不必为中晚也。夫亦视乎一二不为风会移易之士，起而挽其衰耳。

且夫明之初年，宋文献、王忠文齐名。厥后杨文贞士奇最称特达，李文正东阳鼓吹艺林，李梦阳崛起北地，而信阳何景明相与夹辅也。他如王世贞、李攀龙、王守仁、唐顺之、胡友信、归有光，后先分驱，各有宗趋。至天、崇之间，专尚才气，已渐入于不可挽矣。而陈子龙、金子骏、陈大士、章、罗诸人起而振之，纵横而不诡于正，亦复问津王、李，雕绘《史》《汉》。运理法于才气之中，先正之遗意，初未尝坠也。盖风会有转移，而理法才学无转移。旨哉有味乎！

执事之所谓理不醇则无以运法，学不赡则无以见才，而器识为文艺之本，此其所以为行达之文欤？夫文体正而后士习端，我国家振兴文教百有余年，代有作者。士诚能原本经术，归于典则，将见有期至于古之立言者，以仰副圣主黜华崇实之至意焉。

清乾隆庚辰恩科乡试策论

浙江　叶芝

学　校

问：

古者建国君民，教学为先。盖风俗所由成，人才所由出，胥于是乎在。《易》称观民设教，诚文治之急务也。

学校之见于书者，始于五帝，明于夏，备于商，而莫详于周。虞以孝教，夏以射教，商以乐教，周人修而兼用之。凡四代乡学、国学之制，可悉数欤？

汉文始立博士，武帝建太学，置弟子员。光武中兴，又立五经博士员。明帝复加润色，尊养更老，观听桥门，可称盛矣。然博士徒取仪表，岂如周人德行道艺之选乎？太常仅与受业，岂如周人成均司乐之教乎？

唐初设七学以造士，宋元丰间，太学立三舍之法。明初建国子学，至洪武二年，又立府、州、县学，其于养士、教士之道为何如？

国家养育人才百有余年，慎师儒之选，优廪饩之给，洵法良而意美矣。顾士子能文者多而敦行者少，何道而使文行兼优欤？宋程伊川看详学制，置礼贤等斋。胡安定教授苏、湖，置经义等斋，使士子务为有用之学，其法可仿而行之欤？

我皇上广厉学宫，所以导一世之人才于中正仁义之域者，法至善矣。比年以来，人文鼎盛，僻壤荒陬，咸知向学。诸生身受盛朝礼教涵濡之泽，其以素所讲求者为当宁献。

庚辰恩科叶芝（浙江）答：

教化者风俗之盛衰也，风俗者人才之盛衰也。古者建国君民，教学为先。诚以不培风俗，则人才无以操鼓励之具。而不得人才，则风俗亦未极美备之休。故学校之为典至巨焉。

国家休养生息，涵濡于百年之深。其合一世而甄陶之者，固已着为教条，置为学等，至详且悉矣。而执事犹虑夫士之能文章而少实行也，诚求贤之盛心也，敢粗述崖略以对。

考《周礼》，大司徒以乡三物教万民而宾兴之。盖自唐、虞、夏、商以来，其制为加详焉。尝考其法，由闾胥而升诸族，族师而升诸党，党正而升诸州。乡大夫三年大比，则献书于王。所谓使民兴贤兴能也，遂大夫三岁大比亦如之。是以成周时仕进有二道，先之以乡学秀士之升，曰选士，其权在大司徒。后之以国学选士之升，曰进士，其权在大司马。而虞庠瞽宗之制，修而兼用之。盖世子之书，犹班班可考也。

汉制，举士策于天子者，曰贤良方正。察于州郡者，曰孝廉茂才。升于学校者，曰博士弟子。其中分科，则自明经及文学掌故，盖特详焉。而外又有辟召四科，此其取士，兼以德行，犹有成周遗意。故其得人，如贤良之董仲舒，明经之召信臣，辟召如黄琼、孔融，皆表表可见者，至今想桥门圜听之盛，一时润色鸿业，传之史册。盖成周以来，于此为盛矣。

唐制，科目曰秀才、明经、进士、明法、明书、明算也。制举分为三科，曰：极言直谏、博学宏词也。顾其大要有三：由学馆者曰生徒，由州县者为乡贡，而天子自诏曰制科，其得人亦盛。

宋自太初始设三科，至景德三年增制六科，天圣七年又广为十科。上、中、下三舍之法，则创于元丰间。

至明而国子学立于京师，下至州县，皆得立学设官。而党、庠、术、序之内，弦诵之声相闻。虽进士以声韵为学，明经以帖诵为能，人才得失之间，固已远不如古，而学校之法，盖极备矣。

夫风教者人才之本也，而专尚夫文，而或未能兼优，夫行则究非所以号为人才也。是以宋儒有经义治事之条，分年治经之法。而且置礼贤、经义等斋，使士之耳目不迁于异物，而术业各有所专务，如百工之居神以成其事然。诚仿而行之，又岂古制之不宜于今耶？

今士沐圣天子教育之德，宜何如崇尚实行，以共范于中正仁义之域，以共返于观民设教之治，而不徒沾沾于语言之工也哉！

清乾隆庚辰恩科乡试策论

湖北　欧阳沂

诗　文

问：

制艺之设，体圣贤语言以阐六经义蕴。诗以厚人伦，敦教化，移风俗，非徒求工于文辞声韵间也。我皇上圣学渊深，纲维文教，《钦定四书文》颁示天下。近于场屋中，特命增入声诗，以观沐浴咏歌之盛。多士沾被圣人之教，宜皆寝馈于经籍，陶淑其性情矣。顾学者从事于此，必先溯其源流，厘其正变，而后不惑于歧趋。

制义创自宋人，有明始用以取士。自洪、永至于化、治，作者皆遵守传注，规圆矩方，尺寸不失。迨乎正、嘉，始有以古文为时文者。熔经铸史，自抒杼轴，发挥义理，隐显曲畅，称极盛矣。隆、万时讲机法，务为灵变。天、崇诸家，殚思毕精，不留余蕴。三百年中孰为大家，孰为名家，孰为正宗，孰为别派，可悉数欤？

国初英才辈出，刘黄冈、熊钟陵首出冠时。后如京江之张、安溪之李、长洲之韩，无不根柢经史，以起衰式靡为己任。诸生童而习之，能一一述其底蕴欤？

诗以《三百篇》为祖，尚已。汉代五言作于苏、李，七言始于柏梁，魏晋而下迨于齐梁，作者代兴，钟嵘之所品第，果悉当欤？

唐代诗称极盛，初盛中晚，升降何若？论者谓五言不失古法，惟陈子昂、张九龄、李白、韦应物、柳宗元五人。七言以李、杜为极则，昌黎继之，遂与鼎峙。然如王、李、高、岑，天才过人，元、白、温、李，名篇林立，岂可存而不论耶？

宋庐陵一变西昆之习，苏、陆嗣兴，迭为雄长。金则有元好问。元则称虞、杨、范、揭。明初之四家，继以五子、七子，末季乃盛言竟陵，其派别可究论也。

楚中为风雅渊薮，必有探诗文之旨归者，盍悉言之。

庚辰恩科欧阳沂（湖北）答：

盖闻文者所以载道也，而诗者所以言志也。志与道非二物，则文与诗无二理，是皆天地间自有之义，而吾性情中不容已之言，洵如执事所云，学者从事于此，必先溯其源流，厘其正变，而后不惑于歧趋也。生请对以所闻。

六经、《语》《孟》，文之至者也。其后诸子百家，言人人殊。自宋人创为制义，有明因用以取士，规矩既设，一时英奇磊落之才，皆范围于其中。而三百年来之变态，又可得而言矣。

盖自洪、永至化、治，皆恪遵传注，尺寸不失。其以古文为时文，自荆川始，而震川又恢之以闳肆，镕经铸史，自出杼轴，称极盛焉。隆、万作者讲机法，务为灵变。及金、陈、章、黄辈出，殚思毕精，穷形尽相，几探月窟而蹑天根，诚八股中不可不开之洞壑也。

圣朝文运昌隆，名贤蔚起，而刘、熊为首称焉。刘之文朴而健，熊之文雄而浑。其后京江以度胜，而风采愈凝。安溪以质胜，而精光莫掩。长洲以气胜，而韵致极幽。是皆自成一家，以与有明诸公相雄长，而为制义之极轨者也，顾不盛哉！

若夫诗之祖《三百篇》，尚已。五言始于苏、李，七言肇于柏梁，虽去古已远，犹有风雅遗意焉。魏晋而下迄于齐梁，作者代不乏人，钟记室作《诗品》，列百二十人，折衷情文，裁量事代，其词文矣。第所推原，出于何者，恐未尽然。且魏文不列于上，陶潜屈第于中，亦未多遗憾也。

唐兴，以此制科，一时人文蔚起。初、盛、中、晚，论者虽有升降之异，要皆各成一体，而不可偏废者也。不然，五言之不失古法，既以陈子昂、张九龄、李白、韦、柳五人为正宗，而七言之极则，亦以昌黎与李、杜鼎峙矣。彼王、李、高、岑，元、白、温、李，又安可尽付之不论哉？

自唐而后，宋、金、元、明代有作者，然皆分乎唐之体以为体，别乎唐之派以为派者也。

我皇上圣学渊深，益隆作育，凡兹髦士，莫不蒸蒸向化焉。盖不特于帖括之间、征风会之日上，而所以制为诗歌以鸣国家之盛者，抑将无虑古人之不可及矣。

清乾隆庚辰恩科乡试策论

福建　杨钟岳

古今文体

问：

文所以载道也，经传皆圣贤心法之所在，必借文以行远，文之不可以已也。其体之不一，亦如日月星辰之在天，山川草木之在地，光辉发越，条理明畅，各极其自然而不可掩。

秦汉以来，言文者皆本于六经，其体裁所自出，能条析缕陈欤？

汉之班、马、贾、董，晋之三张二陆，以文鸣者，不可枚举，昭明之选，果无挂漏否欤？

唐有《文粹》，宋有《文鉴》，取择颇善，其中可议者何在？

元则虞、揭、黄、柳诸公，卓然名家，而未见选录善本，其优绌略可指欤？

有明长于古文者，如刘青田、宋金华，为开国巨手，其后继声者几人？

至于用经义取士，二百余年，体凡三变，或原或委，愿闻其略。

时文代圣贤语气，其律度视各体较严。闽中如虚斋蔡氏、文安林氏、遵岩王氏，皆以时文著名前代，而未始不长于诗古文，岂时、古文无异道，深于古则时文自工，而亦不尽然耶？

我国朝文运光昌，如熊、刘、王、李，皆以古文为时文，其余名家，难更仆数。复蒙皇上《钦定四书文》颁行海内，以为程式，莫不喁喁向风，为休明鼓吹。乃场屋磨勘，尚多疵纇未除，何道使尽归于清真雅正，有大醇而无小疵欤？

各据所得，以详著于篇。

庚辰恩科杨钟岳（福建）答：

文章代圣贤立言也者，宗乎理，运乎气，取材于经籍之中，则圣人心法之所存，光辉发越，条理明畅，极其自然。宁患为古文者不善于时文，为时文者或不能为古文哉！

秦汉以前，文多见于经，无所为枝叶，并无所为粉饰，敻乎上矣。迨其后，贾之茂，董之醇，班、马之陆离光怪，不可情状，斯亦文之最优者乎？

若夫两晋之间，则有二陆三张辈，其文淹博贯洽，常见华赡。虽骈丽失体，观乎昭明所选，李善长等六臣所注，其间博征远引，犹然数代之奇观也。然有议其挂漏者，则亦就其所未选言之耳。

唐之《文粹》，宋之《文鉴》，其中如燕、许手笔，沈、宋才华，韩、范、欧、苏之巨制，曾、王、蔡、黄之鸿文，岂不照人耳目哉！但二书之中，或置昌黎之《淮西碑》《诤臣论》而不录，或议《醉翁亭记》《岳阳楼记》为非体，其果有当乎？

元之名家如虞集、揭傒斯、黄溍、柳贯，号为“儒林四杰”，诗名噪一时，惜乎未见选录善本也。

至于明代，刘青田、宋金华著于开国，而方正学、王阳明诸公继之，且有前七子、后七子衍声其后，皆为古文之宗匠也。

若夫经义取士垂二百余年矣，其体已三变。化、治以来规模浑朴，正、嘉以后元气发舒。至天、崇之际，纯驳杂出，而总以律度谨严，无伤圣贤语气为上耳。闽之虚斋、文安、遵岩，皆其卓卓者乎！若我朝之熊、刘、王、李，浑厚雄建，讵不津津可诵？

夫文不一体，或以清新而见妙，或以典丽而呈奇。譬如日月星辰经于天者，各流其光采，山川草木附于地者，各见其菁华，则古文、时文何非并行不悖哉！故文章一道，不外理气，理密者言必纯，气盛者言必大，而又润之经籍之中，束之法度之内，何有疵纇之萌耶？恭读《钦定四书文》，选择尽善，永为程式，俾操觚者受范于清真雅正之间，宁患不足以行远哉！

清乾隆庚辰恩科乡试策论

陕西　江得符

诗文辨体

问：

制义代圣贤立言，创于宋，盛于明。厥初琼山、西涯独开宗风，震泽、毗陵递传元脉，文统之在上者也。厥后震川、陶庵砥柱中流，云间、西江驰骋变化，文统之在下者也。有能羽经翼传，以古文为时文，吻合圣贤神理者，究以何人为冠冕，而凡以制义见于史传者，又几辈欤？

诗自齐、梁，已近律体，沈、宋踵而成之。粘调稳顺，尤严声病。自六韵以至百韵，总名长韵律诗。高廷礼之标排律体，无稽也。其自州、府试以至礼部试，总名锁院体。毛西河之标试帖诗，无据也。《文苑英华》所载十卷，惜无绪论。元杨载论唐律起承转结、上下首尾之法最当。而所忌者有四俗，可能知之欤？

我皇上天章彪炳，玉振金声，尤复加意作人，屡垂训饬，厘正文体，而乡、会两科，增试唐律，以收群雅之材。多士涵咏圣涯，已非一日，赓歌扬拜，先觇所学。

庚辰恩科江得符（陕西）答：

文以载道也，而诗亦以言志，诗与文顾不重哉！自古文变为帖括，学者不知务实崇本，而古体之文废。自古诗变为律诗，学者惟期谐声叶调，而古体之诗亦废。知其弊者，虽为帖括，而必根柢圣贤，虽为律诗，而必深求古雅，如是则可与论文体与诗法尔。

考唐《选举志》，杨绾疏陈为进士者，但诵当代之文而荒经史，明经但知帖括而大义未必尽通。宋王安石尚经义矣，其文加详，八股乃其遗法，明因之不废。其间琼山、西涯独开宗风，而传元脉者，则有震泽、毗陵诸公。厥后归震川、黄陶庵，皆以文名世，自成一家。云间、卧子、西江、千子，几、复二社，名噪当时。要之羽经翼传，能以古文为时文，王、唐、归、茅，此其最也。正希、大士、文止、大力，其制义皆能吻合圣贤神理，下此无取焉。有明制义之列于史传者，王、唐以下，不一其人。盖文体与世运为转移，化、治之文浑噩，正、嘉之文高简，隆、万则专工乎法，天、崇则驰骋乎才，犹之唐以诗取士，而不能不分初、盛、中、晚也。

至于诗学建安、黄初，犹为近古。齐、梁间颜、谢、沈、范，已近律体。《唐书·艺文志》传，称沈佺期、宋之问拘忌声病，约句准篇。故世言律诗始沈、宋。考杨慎《五言律祖》一书，所载阴铿诸作，似不以沈、宋为始也。唐人自六韵至百韵，总曰律诗。高棅《唐诗品汇》，乃创立排律之名。谓排律本于元微之李、杜优劣论，铺陈终始，排比声律之语，或亦附会其说，不免强造欤？

唐自州、府试以至礼部试，总名锁院体。文有帖经不中式者，许以诗赎。故《吕温集》有河中赎帖诗，非谓诗即帖也。

西河毛奇龄试帖之刻，殆亦无据而意造者欤？《文苑英华》所载十卷，皆开、宝后王维诸人所作，而作始未工，宜其削而不录也。元杨载论唐律起承转结、上下首尾之法最当，而所忌者有四俗。意语字韵之间，学者可不究心乎！

我皇上厘定文体，乡、会场增试唐律，士之为文为诗者，诚得乎载道言志之要。惟求醇茂，无事浮华，将见诗文骎骎复古，岂第驾汉、唐而上之也哉！

清乾隆壬午科乡试策论

福建　吴斯勃

选　举

问：

古者官人之法，唐虞以来，至周略备。后世科目渐多，收效亦异，其见于诸史者，犹可考而知也。

其在《周礼》，大司徒以乡三物教万民而宾兴之，所谓六德、六行、六艺也。乃师氏教国子，则曰三德、三行。保氏教国子，则曰六艺、六仪。其名目能悉数欤？

乡学掌于乡老，而用之在大司徒。国学掌于大乐正，而用之在大司马。兴贤兴能，判然两途，其考之者何人，书之者何事，辨异而进退之者又何官欤？

汉有贤良方正，有孝廉茂才，有博士弟子，其制始于何年，其得人以何者为盛？魏晋立九品官人之法，刘毅、裴子野递指其失，能略举其说欤？

唐制，孝廉与明经、进士并行，而得人不古若者，岂世之所重，专在文艺欤？抑别有说欤？

尝考西汉始有试士以文之法，若贤良策之载于正史者六人，果孰为醇正，孰为切直，孰为依阿，孰为迂阔而平缓欤？

隋始以诗赋取士，唐代因之。宋初用诗赋，继用经义，后又经义、诗赋并用。其沿革可历稽欤？

三场试士，有明定制，而或谓肇端于元之仁宗，能详举其实欤？

明之两闱，尤重制义，其典试者孰为著称，首选者又孰为卓绝欤？

我朝取士之法，损益前代，粲然大备。皇上复增试律之体，严磨勘之法，所以嘉惠士人者至矣。果何以使学有本原，词无枝叶，经明行修，无负乎一代兴贤之典，多士试敷陈以为当宁献。

壬午科吴斯勃（福建）答：

官人之法，莫备于周。考《周礼》，大司徒以乡三物教万民而宾兴之，所谓六德、六行、六艺者是。六德者，知、仁、圣、义、中、和。六行者，孝、友、姻、睦、任、恤。六艺者，礼、乐、射、御、书、数也。乃教国子之法，师氏则有三德、三行，保氏则有六艺、六仪。古者天子与庶民同学，其此之谓欤？

学有乡有国。乡则掌于乡老，而司徒兴行用之。国则掌于乐正，而司马官材用之。考之者，或从州长，或从里鄰。用之者，或在乡遂，或在朝廷。要皆论定后官，位定后禄。八柄之驭，于是乎在。

汉制，策于天子，曰贤良方正。举于州郡，曰孝廉茂才。升于学校，曰博士弟子。贤良之举，始孝文之十五年。孝廉之举，始孝武之元年。博士增至三千，又见于孝宣帝以后。惟时醇儒辈出，哲士奋兴。晁错以直谏为中大夫，申屠嘉以廉正擢为丞相，匡衡、刘向以经术显，严安、徐乐以言事闻，得人之盛，莫之与京。间尝即其人论之，若江都之醇正，长沙之切直，汲长孺之憨而迂，公孙弘之曲学阿世，姑为平缓以取容，有不可强而同之者焉。

魏晋立九品官人之法，士苦于资格，而难于迁转，刘毅、裴子野历议其非。

隋用诗赋取士，唐因之，而孝廉与明经、进士并行。由学校升曰生徒，由州县举曰乡贡，由天子策曰制举。秀才试策五道，有上上、上中、上下、中上四等。明经先帖文，后口试，经分大义十条，策对时务三道，亦分四等。进士策五道，帖一大经，五策全通为甲第，通四为乙第。而得人终不古若者，盖风会所趋，专在文章，而经明行修之道，缺有间也。

宋初试士用诗赋。胡瑗以通经有器局者，居经义斋。王荆公复改为经义，自是与诗赋并重。

四书八股之制，始于王荆公。南渡以后，试士亦用之。三场之设，始于元仁宗，有明乡、会两科专尚之矣。其时如王、唐、瞿、薛、陶、董、归、胡诸巨公，先为举子，后为考官，名墨法程，卓然林立，盖极制义之大观矣。

我朝文运昌明，士风丕变，制义驾有明而上之者，已百有余年。而皇上复增试律之诗，定磨勘之法，诚文教之大醇，作人之极轨。党庠之士，将争自濯磨，一快其和声鸣盛之志也，岂不休哉？

清乾隆己卯科乡试策论

浙江　余廷峨

文章正宗

问：

文以载道，古今异宜，质文异尚，而扶世立教，其揆一也。

西京之文，尔雅深厚，各自名家。刘歆谓汉廷之儒，贾生而已，其与董仲舒、匡衡、刘向之徒，经术孰优？贤良对策之见于史者，有鼂、董、公孙、杜钦、谷永、杜邺诸人。仲舒而外，所敷陈者何若，其优劣可得而言欤？

后汉三贤，昌黎为之赞，其所著述者何书？在晋中兴，元风独擅，可纪者几家？宋、齐而后，南北竞秀者何人，能举其详而第其品藻欤？

韩昌黎文起八代，唐史所谓宏深奥衍、佐佑六经者何篇？同时韩柳并称，柳与韩果能抗衡耶？

宋欧阳修变五代之体归于雅正，学者宗之。于是眉山苏氏、曾巩、王安石并崇尚经术，发为文章。而刘子澄谓宋无文字，惟《太极图》《西铭》《易传序》《春秋传序》四篇，何也？夫本道为文与因文见道，虽各有浅深，皆足以羽翼经传，垂世不朽，宁可尽非欤？

制义之作，亦传说之一体也。代圣贤以立言，尤非不根无实者所可托，当何所折衷以归至当欤？

前明化、治之文，体尚简质。嘉、隆以后，渐入闳肆。至金、陈辈出，阐发无余，制义之能事尽矣，其风会使然欤？抑赏好异情，故意制不同耶？

我皇上稽古右文，度越前代，钦定《四书文选》，颁行天下，以为程式，犹复时加训饬，俾操觚执简，咸知以“清真雅正”为宗。士生斯时，当有以文章报国者，具列于篇，用觇所尚焉。

己卯科余廷峨（浙江）答：

文章自五经而下，汉儒最为近古，盖得于经术者深也。贾谊传《左氏春秋》，董仲舒以《公羊》显，匡衡通齐诗，刘向述鲁诗，各有渊源。故其文尔雅深醇，动以经对。说者谓仲舒汉代醇儒，观《三策》之言，诚然。然《灾异对》《春秋比事》诸书，亦不得谓有大醇而无小疵也。贤良策之见于《汉书》者，班班可考。自广陵而外，若晁家令夙为文帝所知，至对策则泛述五帝之德，反不如《重农贵粟》之剀切详明也。公孙弘先以贤良为武帝所黜，及重举，而故为媚悦之词。钦、永阿附王氏，惟杜邺讥切丁傅，颇不愧方正之名。此外如诸文学与桑弘羊辨论盐铁利害，实能指斥当时之弊，而史又不立主名，可惜已。

东京名家林立，如牟长、欧阳歙辈，注经动辄万言。其经术可谓湛深矣，而著作反不及前汉。观王充之《论衡》、荀悦之《申鉴》、桓谭之《新论》，则亦瑕瑜错出者也。

魏晋以来，崇尚元风，宋、齐而后，多工声律。王、何、韩、郭难称名教之完人，徐、庾、刘、卢率以刻雕为能事。其能通经术者，则《北史》所载徐遵明，《南史》所载崔灵恩数人而已。

唐初犹工藻绘，至陈子昂出，而稍趋雅淡。迨韩昌黎兴，而独倡宗风，《旧唐书》刺其纰谬，固刘昫之陋。《新唐书》称其宏深，亦非宋祁之特识也。要以周情孔思，发为《原道》诸篇，实与日月争光，柳州犹不能抗，何况樊宗师之好奇，季习之之好涩乎！

宋初踵唐季之习，穆修、柳开创为古体。至欧阳修以硕学鸿才鼓行士林，眉山父子继之，而其体大变。若南丰、半山结体各异，不可谓非崇尚经术者也。太极一图，或以为本出仙书，而宋儒独尊之。张子《西铭》，见道宏深，程子《易传序》《春秋传序》，实能发大义于微言，宜刘子澄以为四大文章矣。然欧、苏诸公，因文以见道，而周、张诸子，本道以为文，皆足以羽翼经传，兼垂不朽，况如欧阳之《毛诗本义》，大苏之《易传》《书传》，小苏之《诗解》《春秋解》，即半山《三经新义》，朱子亦尝称之矣。

制义之作起于熙宁，革诗赋为大义。至元延佑时，始定以经文取士。迨前明而体制更多，法亦屡变。化、治、嘉、隆代有作者，至海阳、临川而阐发无余，要皆异曲同工。他如黄蕴生以经术胜，陈黄门以丰韵胜，章、杨擅胜于西江，徐、谭腾芳于东海，亦足以发明绪言，托圣经以垂永久也。

我皇上稽古右文，钦定《四书文选》，俾操觚者以“清真雅正”为宗。士生其际者，诚以经术为文章，安见制义一体，不可与汉、唐诸家并垂不替也哉？

清乾隆丙子科乡试策论

山西 刘秉恬

贡 举

问：

贡举之得失，士风之升降系焉。我皇上菁莪棫朴，雅化作人。伏读御制诗云："志贤圣志应须立，言孔孟言大是难。"盖洞鉴乎士品所见端，而贡举之法不可不切为讲也。

粤稽周制，大司徒以乡三物教万民而宾兴之。乡大夫受教法于司徒，退颁于群吏。三岁大比，献贤能之书。士生其间，翕然知君臣父子之义，顺相生相养之道。遐哉尚已！

两汉取士之制，有策于天子者，有察于州郡者，有升于学校者，以及郡国、公府、中台之异途，功曹、东西曹、吏曹之异属。其法果于古有合欤？其条目之详悉可得而缕陈欤？

魏晋行九品官人之法，委之州郡中正，亦仿佛成周乡大夫宾兴遗意。乃其弊至于上品无寒门，下品无世族，其失果安在欤？

进士之名始于隋唐，宋因之，与明经诸科并设。而进士科得人为盛。然或谓唐宋科举之法非三代乡举里选之法，故浮薄不根之士亦间出其中。其说有可据欤？

夫言者心之声也。王、杨、卢、骆之文虽高，裴行俭黜其浮躁。刘知几之文虽奇，欧阳修黜其怪僻。意者语言文字之间，固人品心术所由见端，而取士者不可无以厘正之欤？昔之以科目进身而卓然自见者，如唐之狄梁公、裴晋公，宋之文潞公、司马温公，明之薛文清公，皆晋才也。其所谓先资其言以拜献其身者，多士谅相习已熟矣，其各抒所见毋隐。

丙子科刘秉恬（山西）答：

古今气运之隆，关乎人才，而人才之盛，在于贡举。贡举者，所以拔真才而登贤能者也。夫欲知贤能之实，则必视其品行，而欲知品行之著，则必观其文章。然则文章岂小道哉？伏读《制贡院诗》云："志贤圣志应须立，言孔孟言大是难。"盖洞见乎士品所见端，而贡举之法不可不切为讲也。

粤稽周制，大司徒以乡三物教万民而宾兴之，盖六德、六行、六艺为三物也，乡大夫受教法于司徒，退颁于群吏。三岁大比，登贤能之书。士生其间，无不翕然向化矣。

迨至两汉，其取士之制有策于天子者，若董仲舒之天人三策是也。有察于州郡者，若孝廉诸科是也。有升于学校者，是即由乡学、国学而进者也。他如群国、公府、中台之异途，功曹、东西曹、吏曹之殊制，亦差有合于古者矣。

魏晋九品中正之法，仿佛成周乡大夫宾兴遗意，乃其弊至上品无寒门，下品无世族，良由徒循私情而罔存直道也。

进士之名始于隋唐，宋因之，与明经、明法、明算诸科并设。而进士科得人为盛。或谓唐宋之制非乡举里选之旧，不足深取。不思乡举里选固为良法，而进士一科，亦未尝不可得人。当文宗之时，执政者请罢进士科，而文宗谓浮薄醇厚，色色有之，不可遽废，则进士科之宜重明矣。

夫言者心之声也，言孔孟之言，始是征其志贤圣之志。故王、杨、卢、骆之文虽高，而裴行俭黜其浮。刘知几之文虽奇，而欧阳修黜其怪。言语文字之间，不甚关于人品心术乎！

取士者以言征心，自有以厘正之法矣。若三晋当日之以科目进身而卓然自见者，则有狄梁公之反周为唐，取虞渊之旧。裴晋公之力排众议，成淮蔡之功。此外文潞公、司马温公、薛文清公，或为名臣，或为理学，孰非由进士而进之者欤？要之进士之科，实足得人，惟在膺斯选者，果能志贤圣之志，言孔孟之言，庶可文立行著，上承圣天子菁莪棫朴之化矣。

清乾隆丙子科乡试策论

广东　罗清英

圣　学

问：

心法治法相为表里，内圣外王本无二致。我皇上生知天纵，圣德日新，建极绥猷，同原共贯，诚非蠡管所能窥测。

唐虞传心，尚矣。所谓危微者何辨，精一者奚征，执中者安在？禹曰汝止几康，汤曰圣敬日跻，而即继之曰丕应徯志，曰式于九围，其故得明欤？

文王克厥宅心，武王不泄不忘，其道或同或异。文武心源，见诸《诗》《书》者孰切？《洪范》衍畴，发明《大易》者安在？成康以后，历汉、唐、宋迄于元、明，英君谊辟，学术治功，与唐虞三代岂无吻合欤？

宋儒周、程、张、朱言心言性，曰敬曰诚，皆圣学之源也。所以蕴为德行，发为事业者，岂空言无补欤？

可详思熟审，择其兼该内外者条举焉。

丙子科罗清英（广东）答：

自古帝王之治天下，必本于心。心法者，治法之源也。孔子曰："修己以敬，而安人安百姓在焉。"然则敬者，其内圣外王之要乎！

史臣之称尧曰钦明，称舜曰重华。二帝之勖诸臣也，曰钦哉！皆王敬之说也。夫天理人欲同行而异情，故人心曰危，当有以安之，道心曰微，当有以彰之，则夫精以择之，一以守之，舍敬曷以哉？

尧舜曰先执厥中，禹曰汝止几康，汤曰圣敬日跻。

周之文王，虽性反殊途，然《书》曰"克厥宅心"，《诗》曰"小心翼翼"，《书》曰"敬德率循"，《诗》曰"执敬无敬"，夫亦孰与敬乎？

箕子之衍畴，以皇极为九畴之纲。所谓建极者亦不离乎"敬用"五事焉。两仪、四象、八卦，其于四正、四隅之一、九、三、七，二、四、六、八。而五行、五事以及五福、五极配之，以"五"居中，所谓造化之枢，人心之本。故皇极居中不言数，而数悉管摄之也。孰谓《洪范》非明敬以直内之旨哉！

成康之学，《诗》有"敬之小毖"，《书》有周官、康王之诰。莫非本此一敬，以嗣守文、武大训之意也。

若夫三代以下，英君谊辟，事功亦不无可观，求所为圣学心法者，若汉之文帝，谦让未遑，仁心为质。光武通《尚书》，且曰："朕于天下，日慎一日。"亦见其戒惧之心矣。明帝临雍拜老，文治甚光，昭烈之隆，重师师保。

唐之太宗，英年身致平定，《贞观政要》一书，君臣交警，未尝不戒逸欲而惕幾微。

宋之仁宗与明之仁宗，质皆类于汉文，而益以学，亦有敬天勤民之实。

自古帝王虽治功各异，又孰非本主敬以迓天庥欤？

宋儒周、程、张、朱，善言内圣外王之学。其言心言性言诚，诸书亦各异旨。然心以敬而专，性以敬而复，诚以敬而立，蕴之为正心修身之德行，行之为治国平天下之事业。盖性者心之理也，非敬则肆。而不诚所为皆苟矣，又焉往而不殊途同归也。

钦惟皇上生知天纵，圣德日新，建极绥猷，同条共贯，上集二帝三王之大成。生幸际郅隆之世，瞻云日之光华，岂能窥测于万一？而千古帝王传心之道，实本一敬以为贯通，上而《诗》《书》，下而史册，而治法、心法实无二理，夫固有其班班可考者也。

惺斋论文

（选卷一）

〔清〕王元启　撰

导读

《惺斋论文》第一卷，是专讲八股文之读法与作法的，作者为王元启。

王元启（1714—1786），字宋贤，号惺斋，又号祇平居士，浙江嘉兴人。清乾隆十六年中辛未（1751）科二甲五十五名进士，任将乐县知县，旋罢归。尝主福建、山东书院讲席达三十年之久。博学有识，工诗文，精历算，于儒家经典有较深研究，对八股文写作素有心得。学宗程朱，为文宗奉韩愈。晚年抱病补注《周易下经》，书成而逝。另有《祇平居士集》《惺斋论文》《惺斋杂著》《勾股衍》《读韩记疑》《读欧记疑》等。

从行文的语气与内容来分析，所选的《惺斋论文》第一卷应为王元启在书院讲课时为指导学生学习八股文写作而作。从此卷所分的《论读法》（附《示儿帖》）及《论作法》来看，王元启将学习八股文写作的两个必须掌握的问题都作了阐述，力图给学生们写好八股文指出一条正确的路。

与一般人不同，王元启在《论读法》中甚少涉及人人喜谈的读书的重要性，而是在一则则文字中集中笔墨讲授读书的知识和读书的方法，有的甚至将一些很细小，往往不为人们所注意，但确有益于读好书的技术性问题也讲述得详尽到位，还不时举例说明，将深奥的理论问题化为易懂的技巧问题。

王元启所说的读书，指的是读儒家经典、史学著作、古文与时文。他从不同角度反复强调，读经书之法，在于熟读、深思、精审、详析。不仅对全书的每章、每节、每句要熟察细审，连每个字都要深察其尺度分量、性情色貌。要从无疑读到有疑，再从有疑读到无疑，“久而久之，读得字字无疑，乃至字字必不可易”，方才是读书有得，必会愉悦身心。对于读经史，他特别强调“精心析理”以“致知”。对于古文与时文，他特别强调要条分缕析，明辨其作法，如抑扬、开合、宾主之法，细分层次之法，“每篇先看他点次出落之法，于此见古人谋篇制局、层理脉络之妙；其次再看他着意搜剔题义、摹取题神之处”；“读文则专心致志，揣摩先辈，看他层次出落之法，只此一语会心，受益无穷矣。好文字，无一字无层次也”。

《论作法》是专讲八股文作法的，可分为两个部分，一为单篇八股文的作法，一为八股文各类题型的作法。

第一个部分又分为两个方面：一是以与人论八股文的方式来泛论八股文的作法。文章一开头，王元启即提出优秀八股文的标准：“曰清曰深。析理精而不混，则清；命意切而不浮，则深。”又提出八股文宜有所感、有所得即作的观点：“学文之法，在乎勤作。”特别是将“开、合、宾、主、浅、深、虚、实”作为“文字之道”的“接”“转”方法推出，便确定了八股文作法的基础。

二是王元启将其审阅诸生课卷中的评语汇编，是对八股文作法的具体指点，虽琐细但实用，于诸生学习作文很有启发。编时又将评语分为三大块，前面一块讲具体笔法，中间一块专讲题目作法，后面一块则讲八股文文体作法。

在前一块，针对诸生会课中存在的问题，王元启提出了一系列精到的见解，如“文章妙处，全在乎虚”；“文字之妙，只一转字尽之”；“文要句句灵活”；“凡经典成语，纵使与题极其精贴，犹须融化出之”；“文贵意多辞少，否亦须辞意相称”；“文贵一气贯注，首尾呼应灵通”；“作文句法，须促之使短，挺之使劲。节拍转换处，更须炼之使紧”；“大凡落笔处，但提起一句作引，则此下即须黏住此意”；“文贵细意熨贴”；“文贵直达其意”；“文贵有布置”；“文要篇如股，股如句”；“作文首要头绪分明”……总之，针对诸生文中之问题，王元启就八股文的笔法、篇法、股法、句法、字法、转法等在八股文中最常用的法则，以点评的方式出之，显得生动活泼，易懂易学。

中间一块，则专讲题法。题目是八股文的灵魂所在，通篇文章都要围绕阐发题蕴展开、布局。题旨阐发得是否到位，关系到一篇八股文的成败优劣。故讲八股文作法，非讲题法不可。王元启在这一块也发出或引用许多精思妙语。如：“作文首在审题”；“作文须会全章之旨以立言”；“力能制题”；“作文贵审雅俗之分，切题即雅”；“相题之法，在于能拆能倒”；“审题之法，先贵审题之本分，不宜分外求奇”；“避题之面如寇仇，玩题之神如狎客”……总之，将诸生会课中存在的认题不准，审题不清，扣题不牢等写作中经常出现的问题都一一指出，并予以解决。

后一块包括《论出落》《论对法》《论结束》《论下文有宜犯不宜犯》，除最后一篇外，前面三篇均是讲文体作法的。这里所谓的“出落”，包括承上、点题、承上领脉等，文中都简要地指明其作法。《论对法》则讲述八股文分股作法，特别强调要掌握不合掌之四种方法：“立柱也，开合也，浅深也，回互也”，以及对偶声律之法。《论结束》则讲八股文结尾之法。

《论作法》的第二部分则专讲八股文各种题型的作法，计虚窘题、枯寂题、记述题、比喻题、辨论题、排句题、长题、搭题、割截题、连章题十个大类，有的类下还分几种小题型。所讲题型虽不及有的书中多，但王元启对每类题的特点抓得准，故其作法便简明扼要，能切中要害。如讲虚题：“凡作虚题，总以肖题神吻为工，不宜于题后别添议论”；“虚题欲得题神，先须割清题界”；“作虚题，要处处令下文可接，又须逐处审其界分”；“虚题开端处，便须一眼觑定下文”；“作虚题，无论正反面，总须缩退一层，在题前落想，方有曲折赴题之势”。条分缕析，把作虚题的方法都阐发殆尽。又如讲记述题：“记述题，须有天然之波趣，而不露刻凿之痕及讲说中驳难声口，乃佳。行文之法，须削尽空闲无着之语，而枢纽转接间，必使前后针锋相直，乃见灵紧。”寥寥数语，既指出记述题之特征，又揭示其作法。

《惺斋论文》从教学实际出发，对读书之法与八股文之作法的阐发均能对症下药，故可操作性很强，是一部在当时颇受欢迎的八股文学习用书。收入本书之第一卷，据清乾隆四十年所刊之《惺斋讲义》本校点录入。

（龚　昊）

惺斋论文卷一

论读法

前辈读书，必兼看读倍读之功。专事看读，便恐率意任口，不加思索；专事倍读，又恐一味强记，或有错谬。故须看读倍读兼行。看读上口，即用倍读；倍读有误，复加看读。倍读误处，即私作一记认，必使勿复再误后已。此亦所谓“有不善未尝不知，知之未尝复行”，颜子之所以不贰过而能成大贤者，此也。以后日课格簿中，并须注明：看读几遍，倍读几遍，又看读几遍，方有切己体验之益。

书中无疑，要看得有疑，有疑却看到无疑，方是有功。今人不会读书，只是一直看去，并没有疑，及经明白人逐句指驳，便目瞪口呆，茫然不知所以为答。可知他自以为无疑者，其实满腔子都是糊涂，所谓蓄疑贮惑之胸也。

聪明人读书，初读时，字字有疑。不必是疑其不然，但或彼所言者如此，我试稍为变易，亦似理有可通，彼独何以不然，其中必有缘故。如此渐渐思维，便觉彼所言者渐渐有味。解得一字，又去解一字，则所疑者少，而会悟者多矣。久而久之，读得字字无疑，乃至字字必不可易，则其所会悟者，当有不知足之蹈之、手之舞之者矣。

吾尝论读书须用抽添倒换之法：将此句抽出一两字读之，见此句之必不可减；添入一两字读之，见此句之不复可增；又倒其先后之次读之，知其序之必不可乱；又以他字相近之义，换出本字读之，知其辞之必不可易。每句皆须如此研味，方有进益。我读《韩文考异》，知朱子实用此法读书，但未说破耳。

龟山论读书之法，以身体之，以心验之，从容默会于幽闲静一之中，超超然自得于书言象意之表。我谓善读者，无不如此。

读书必记遍数，此朱子苦口教人之语。荀子云："诵数以贯之。"不满足遍数，如何能贯？扬子云："古之学者耕且读，三年而通一经。"惟其每首必足遍数，故一经之熟必俟三年。近人专事剽掠，一日之内，可尽数十卷之书，然徒记其卷目篇第，便侈然自以为博览，于此中是非得失之故，茫乎未有知也。稼书先生见客既退，语其徒曰："某之学，记诵辞章之学也。"记诵之学，止可作辞章驱使，必无有深造自得之益。

吾尝论一字有一字之尺度分量，兼且有一字之性情色貌。尺度分量者，广狭轻重之谓，至其色有枯润，貌有庄谐，与其性情之有刚柔静躁，皆须一一精审而熟察之。譬如：曰奇、曰只、曰单、曰独、曰孑、曰孤，皆一之谓也；曰耦、曰双、曰复、曰俪、曰兼、曰对，皆二之谓也。然当其运用时，各有的确不容假借之势。使彼此皆可相借，则古人制字时，但制一二奇耦等字已足，何用多此纷纷。

董思白谓："《史记·刺客传》叙'荆轲逐秦王，秦王环柱而走'，几于意尽语竭矣，忽用'而秦法'三字转下，又生出多少烟波。"此为后生才思窘薄者言之，非深知《史记》者也。史公特举秦法，乃为上一节逐处弥其渗漏，用笔甚细。如绘指上旋螺，一丝不容紊错。盖当此危迫之际，但言群臣失度而已，则似立视其主之死而莫救，故用"侍殿上者，不得持尺寸之兵"句解释之；朝中设卫甚严，何至无一人持兵？则以“诸郎中执兵皆陈殿下”句解释之；在殿下亦可疾趋而上，又用“非有诏召”句解释之；须诏召，则立时传诏亦可，又用“方急时不及召下兵”句解释之；然后说到“惶急无以击轲”，用“以故”二字接入，如珠走盘中，员转快意。正尔说得无措，又急用手共搏之，侍医以药囊提之，作此闲处着忙之句，使侍殿上者不至竟如土偶。如此，乃为事理曲尽，摹写逼真，而胸中亦无不罄之蕴。仅仅以多添几行文字为言，所见亦浅矣。○《左传》僖十五年《韩之战》，先叙晋侯弃信背德，作四层蓄顿，然后接入“故秦伯伐晋”句，真西山谓：“如具大狱然，真名笔也。”余谓彼处“故”字，落得方严有势，《荆轲传》“故”字，接得员转有情。体各不同，然皆就所以然处着笔，其为批隙导窾之用则同。右《书董思白论文后》。

子曰：“知变化之道者，其知神之所为乎？”文章之妙，全在变化。如昌黎《送杨巨源序》，借二疏引入，两家各有事迹，正相对照。然使彼此平叙，有何情趣？佳在叙杨侯之去，将去后一段光荣截住不说，便说与二疏无异，然后借二疏事，翻说到杨侯，又就杨侯事，翻说到二疏，故能波澜叠涌，足使观者目眩神迷。又如《送石洪序》，其神施鬼设之工，尤难句为梳栉，姑就首一节言之。首节叙衣食二事，衣字暗说，食字明说，冬夏分说，朝夕合说。上下两“一”字亦不同，裘葛异时，饭蔬同设，其句法参错变化如此。此下叙石生与人交接处，分一却一就，一嘿一语，而上三项各为一问一答，末段问处分四项条款，答处叠下五个譬喻，变作三样句法，而其中又暗贴上文四项，针缕最密。如所云“河决下流”，是语道理如此；“轻车熟路”，是辨古今事如此；“烛照数计”，是论人高下如此；“龟卜”，是论事后成败如此。句法字法，无一不工妙奇绝而参差入化，皇甫湜所谓

"精能之至，入神出天"者也。杨序看他用宾主之法，石序看他用排耦之法。近人一讲宾主排耦，便一往死板对去，安得有此变化？〇《龙说》分六节：一首四腹一尾。首尾云龙合说，中四节分说，俱用一开一合，而前二节正说，后二节反说。反说处即以洗剥前二节正说之意，故能深浅相承而不复，文极变化。兹为指抉其踪迹出没之所，以晓观者，使知变化中，其间架精严复如此。再如第三节，龙乘是气，因而茫洋，因而穷极玄间，上薄日月，光景俱为之伏，光景伏而雷电作，雷电作而变化神，以至水及下土，汩及陵谷。凡二十四字，字字相生，真可谓细入无间，粗心人专事馋叉大嚼，乌能识此至味？

《五代史・伶官传论》，淋漓俯仰，说者谓其神似史公《项羽赞》。然此文前后两举盛衰作叹，读者何以不嫌其复？谓前段盛衰字于句尾倒煞，后段却于句首提唱，文势有前逆后顺之异。此亦不过皮毛上事。须知他前段用笔处盛实衰虚，后段却又盛虚衰实。又其体势，前段先耦后奇，后段却又先奇后耦，所以能变化无方。粗心人不知变换，正使明分顺逆，终成复叠，如何得此神韵横流。〇文以意为主，古来唯司马、欧阳二家足当此语。他如班固、王安石辈，文极雕绘之工，然止意尽言中。欧阳得《史记》之深者，故其用意每在言外。如《岘山亭记》，因史君欲借片石留名，故特举名所由致者告之。其言元凯、叔子所为，"皆足以垂不朽，余颇疑其反自汲汲于后世之名"，此文章紧要关键处，一篇眼目所在。中言"兹山待己名著"及"陵谷有变"等云，皆极用意之句，指点甚微。末言二子自待者厚，所思者远，使之于此求之，所以致名者固有在矣。其文用意深厚，而措辞微婉如此，令人感叹。又如《辞范龙图辟命书》，范以书记辟公，其知公者浅矣。公所为起而辞之，其文语语托讽，却无一语矜张。末幅，一虑范公现所辟士，知之尚有不尽之处；一虑自重之士，不轻炫鬻，将终不为范公所知。句句自立身分，却又得忠告善导之方。又如《荆南乐秀才书》，盖与柳子《答杜温夫书》同意，但措辞微婉，不作一伉直语，较为可味。然自欧公死，至今且七百年，评其文者不下数十百家，无一语能窥寻及此，可知文不易读，而欧公之用意深矣。《史记》及韩、欧文，先生各有评本，独此数条，因批讲时艺及之，故附录于此。尚珏识。〇以上论读古书。

学文切勿为外间浮论所惑，当只去揣摩先辈，学先辈有道，只去细分他层次。分层次之法，虚实浅深四字尽之。只两句接连，便须看他不重复之故，必然是上虚下实上浅下深；两股对看，必然是前虚后实，前浅后深。就中对句，各有线脉相承。必不是出股首句，可接对股次句；对股首句，可接出股次句。再就四股相承而看，必然是两虚两实，两浅两深。合八股观之，又是上四股虚而浅，下四股实而深也。若能如此细看，则读文时竟如看西洋景一般，越看越细，心思自然灵妙无方。若只学得几句正面老实话，便如大屁股人一样掇身不转，但觉其重滞而不灵。若能依我读文，则心思蟠际处，可以顷刻而周六宇，笔势纵横，如仙人之乘云驾鹤，自然脱尽鞅绊，不可控驭矣。何苦埋身泥淖中，一步不能自由乎？此下专论时文。

文字中有一窘处、复处、乱处，便不是佳文，能不窘、不复、不乱，佳矣。又须知其所以能如此者何故，处处虚心体验，而能得其所以不窘不复不乱之故，则如得了仙人之指触处，可以点石为金。譬如他有上句，又会得生出下句，此是不窘。然将下句比较上句，却是两层意思，此是不复。虽是两层意思，却又俯仰相顾，而先后惬适，此之谓不乱。从此推求其故，若是接笔，则其中必有虚实浅深远近亲疏之异；若是转笔，则其中必有正反开合宾主之分。推而至于股法，则有出股，又有对股是也。推而至于篇法，则有前两股，又生后两股，有前半篇，又生出下半篇是也。篇法股法，则于大处分其界限；一节一股，则又于小处逐句分其界限。如此逐处研思，则剖析既积，胸中意理自多，兼能逐处安排先后，其为文也，自然不窘不复不乱矣。虚实浅深诸法，人人知之，却不能逐处印证，故其知之甚粗。惟将古人文逐句为之印证，则凿凿然知如此之为虚，如此之为实，如此之为浅，如此之为深，虽以之读《左传》《史记》，皆如面语矣。岂特此也，虽六经之文，皆可以窥之矣。

读文时，勿专向有字句处龈啮。前声已歇，后声未来之时，此中大有文字，大可寻味。于此寻味得出文字来，方可言通。无字句处，如何又有文字？一切虚神照应及语外衬贴之句，皆是也。文无一句无衬贴之语，亦无一句无照应之神，能向此中涵泳，则读先辈文，其取益固深，即读近墨，亦能知所审别。舍短取长，何往非受益之地。如不得其道也，专去掇拾字句，为襞积累凑之计，先辈之与墨卷，皆足为害于人。

诸生问道所由，仆以为善取法者，求诸己而已。金正希奉王季重小题文为则，而论者以为高出山阴数倍。嘉、隆以前，王、李之徒，酷摹《史记》，而震川斥为一字不通。非《史记》之文，反不如季重，取法有善不善而已矣。

读文之法，必须虚而与之委蛇。自心中不横梗一意，硬作主张，是之谓虚。文中反覆曲折，前呼后应，逐处循其自然之节次，一一研味周至，不留半点孔隙，为我意灌注不到之处，是之谓委蛇。虚是廓然而大公，委蛇是物来而顺应；虚是无私，委蛇是当理。譬如官府听讼，虚是不受嘱托，委蛇是曲尽两造之辞。

读文大忌作屠门大嚼之态。欧阳詹幼时，从人问章句，一言契心，移日自得，长吟高啸，不知其止。此方谓之善读书。善读者，一句书要读得出无穷滋味，屡次反覆，不能去口；不善读者，一口气便读得数百千字，其实无一字入其胸中。如食物然，物虽下咽，而其甘酸之味，良久犹留舌本，与我之津唾相浃，屡咽而尚有余香，如此，方可谓之知味。陆放翁诗：“客去茶香留舌本，睡余书味在胸中。”试尝想此意象来。钝根人拥书在案，只会得过屠门而大嚼，毫无一点书味在胸，如何能吐得出氛氲之气？

每篇先看他点次出落之法，于此见古人谋篇制局、层理脉络之妙；其次再看他着意搜剔题义、摹取题神之处。

一切古文，亦须从先后界画上看起，勿便讲求高妙。界画上看得分明，则行文时自然出落有法。读文时，字字要看他消纳之处。或向上文消纳，或向下文消纳，或于实处消纳，或于虚处消纳，总要有个消纳处，方字字还他着落，否即浮漫无归。

读前辈文，要字字细分层次，则意多而文不空滑，且义明笔透而辞不粗重。大概文字不能进益，非空滑，即粗重，只此二病。

读文章，全要在筋摇脉转处，看他得力在于何字。不向筋脉上研求，只记得几句庸滥辞头，必无进益之处。

程子云：“涵养须用敬，进学则在致知。”读文不辍，不过是涵养之功，要精心析理，方是致知。能致知，其学方能日进。

读文则专心致志，揣摩先辈，看他层次出落之法，只此一语会心，受益无穷矣。好文字，无一字无层次也。

读文时，虽一字之异同必加研析，则临文措语，自露精炼之色，与夫切密之味。

读文有二法：合两比对看，左右不可移易；就一比直看，上下一线相承。

附示儿帖

尚珏所得手帖颇多，戊辰一帖，久经录入文集。现在行箧所存，唯近岁四五帖，今并录附于此。

世人动言知易而行难，又云不贵言而贵行，吾意不然。不能精究于言，必不能深知其理。不知其理，不特行之多舛，先无自激发其欲行之志，纵使行之偶合于理，亦适成其为“可使由不可使知”之凡民而已。若圣贤之学，必贵其能知。其能知者，必其能言者也。《中庸》论“诚之”之功，曰：博学、审问、慎思、明辨、笃行。行之功一，而知之功居其四。知之功四，而言之事居其二，问辨是也。思者，言之不发于口，而心之自为问辨者也。舍言无以为思，则思亦言也。故求知之功，先贵于言以求之，言之能顺理而成章，则其心之蒙蔽日以祛，事之脉缕日以析，率而行之，历曲折之途，而皆能如吾意所欲达，不然徒罔罔耳。今试验之于人，其言之格格不能吐者，必其昏浊之甚者也。昏浊之甚者，其于一己之性情，皆茫然不得所主。喜怒哀乐之发，必不能中节，以之待人接物，必不能处之皆得其当。故孟子曰“博学而详说之”，此言以求知之明证也。然孔子又曰：“先行其言，而后从之。”何也？孔子之所谓言，皆教人之言也。教人者，本己之所有余，而推以及人，则必慎之讷之，悉验诸既行之后。若理有未明，而求以明之，此学者为己事也，则当审问之，明辨之，详说之，预求诸未行以前。此孔子、子思、孟子之说，所以并行不悖也。戊辰三月。

成书甚复不易。韩子云：“其为也易，则其传也不远。”非好学深思之士，乌能知此言之有味？我每阅旧文，如靧沐。然每阅一次，即须洗去一次泥垢，泥垢盖累洗不尽也。世人脱稿即刊其文，尚不堪自为覆阅，乌能使天下后世奉为准则？《济宁图记》，虽耗我一载心血，然幸未发刻，故得累肆攻错之功，庶几小臻完粹。《天官书》，抄来又有刊削，盖愈刊削则愈精。虽旧注，亦须刊削也。因思我作文时，几欲削肤到骨，然终恨肤多于骨。文岂可易言佳美乎？如语已达，犹恐愚人不明吾意而再言之，此皆道未足之故。道足者，不患人之不知。昔人著书，岂专为愚下人指示？故曰意达即止，不多一语，乃真天下之至文也。

《大全》《或问》，已修补成帙，今以付汝。我一生学问根柢，全在十五六岁时看透了《学庸大全》《或问》，此后便无不可读之书。此二书不能读，休言万卷缥缃。昔唐荆川读书山中，看了一月《程朱语录》，慨然叹曰："今人见此等书，辄视为腐头巾语，不知此等书不读，虽读破万卷无益也。"后辈学问松，但论时文，亦日流污下，只缘不曾读得此等书耳！故今以付汝，汝欲继我志，须先精诵《大学》《中庸》，先儒所说，一字不容忽过。再求《朱子遗书》中《伊洛渊源录》《上蔡语录》及《论孟精义》，石氏《中庸辑略》，再则陈北溪《字义》，皆我学问之底本也。

吾目不观近代之书。弱岁时，汝谷原伯，得王衡《墓铭举例》一书，郑重见付。曰："子素究心碑版之文，是书不可不阅。"略翻数页，语之曰："此以资不学者之谈柄，则善矣。吾读韩集志铭，其例无所不该。此所举者，吾正嫌其有漏耳。"《书》云："惟学逊志。"《孟子》曰："深造而自得之。"太史公曰："好学深思，心知其意。"吾用朱子注《四书》、《楚辞》、韩文法读古人书，无不可以推见至隐，何用依人墙壁。寄来《日知录》，所论"闰三月"及"正月启蛰"数条，其要义不过数言可尽，而曼衍至如此之多。昔人讥《北魏书》连篇皆州郡官爵名号，吾亦讥明季到今名士著述，连篇皆古人书目，此仅可与吴兴书贾斗富，古人述作之体，似不如此。今将“闰三月”一条，采入《史记·历书》，“正月启蛰一条，采入《汉书·律历志》。然“闰月”一条，几三百言，今取七十余言；“启蛰”一条，几四百言，今存百言。汝试观之，亦可知文章烹炼之方矣。

凡属第一层人所共说之话，冲口即是者，必须禁止。禁之久，即俗语自然不得干我笔端。元遗山云：“文须字字作，亦须字字读。”今人读书，止会囫囵读去，故其见之于文，亦止会囫囵用来，此谓不化之完谷耳。胸中须自具垆鞴，投之即化。其用之于文也，亦字字从胸中熔炼而出，无一字直抄旧人。如此，方能远俗。韩子云：“从古于辞必己出，降而不能乃剽贼。”今徒以剽贼为文，故欲求一言之几乎道，不可得也。胸无卓见，动辄为古人所绷缚，以至抄袭成语，整行不休，此直谓之动掸不得可耳。右四首，皆乙未岁谕帖。

我本从村教书出身，汝看书有疑，只顾来问。古云：“教学相长。”凡我所辛苦而仅有之者，皆由与学生讲论辨难得来。我与学生讲论，虽至愚极陋之子，亦必字字与之剖析一是非之理，使之怡然而有悟。盖触处研穷，不稍存吝教之意，亦不作一降格之谈，所谓狮子搏兔，亦用全力。初不为拙射变其彀率，所以志趣常向绝顶一层，而见解亦复能日进于高明。汝谓替人改文，却可服人，自己却做不出。只要立定志向，不肯放倒架子，久久自能做得出。做出来，自然不同乎人。我尝悟得子贡以教不倦为仁，而《中庸》复以成物为智，两处皆属深切事理之谈，庸人所不晓。不倦，是就他立心处言之，非仁心为质者，不能始终无倦。成物，却就造就人材到有功效处说。凭他智愚贤不肖，人人能因材而造就之，此非智周万物者不能。此说自谓能抉经之心，其他因汝疑问而著为论说者，今一一付汝，并可录入讲义也。丙申三月。

论作法

文章风气之变，视前所偏重为转移。雅淡之文，流为薄弱，则拓之以满畅；满畅之文，流为平漫，则束之以整齐；整齐之文，病于疑滞，则矫之以英锐；英锐之气，激为怪奇，则复归于雅淡。此循环之理，如四时寒暑之相易，不可强者。然此特其体貌耳。要其心精所彻，足以常留于宇宙之间者，初不因体貌而有殊。仆尝以二言概之：曰清曰深。析理精而不混，则清；命意切而不浮，则深。得其清深，则平奇浓淡，虽累易其体貌以从时，而其骨体迥然自异，又何有乎前所云诸弊哉？〇学文之法，在乎勤作。或观书有得，或理旧文有触，即自援笔拟作一首，以达其见。无问早晚，乘间即为之，切不可畏难而止。又师友辨论之功，断不可少。当时与前辈能文者相近，其他同列之士，一与会合，即自罄所欲言，与相辨论，理愈辨则愈明。口舌之功，可以抉心障而发天光，毋徒默默已也。乙丑四月《与朱甥信书》。

尝论士人读书著文，求之古者，贵其能解，出之己者，尤贵予人以可解。昔昌黎称孟东野之诗曰“妥帖”，称樊宗师之文曰“文从字顺”，皇甫持正之称元次山曰“心语相应”，其称昌黎曰“章妥句适”。至宋苏氏父子自言其文，则曰“所向如志”，曰“意之所到，曲折赴之”。从古魁人杰士，能以其言自立于不朽者，不过归于辞达而止，所谓能与人以可解者也。予人以可解者，必先自求其解。孟子云“以意逆志”；史公云“好学深思，心知其意”；杜元凯云“优而柔之，厌而饫之”；而昌黎亦云“沉潜乎义训，反覆乎句读”，皆古人读书之法也。今世以莽卤为学，不复能虚心究味于古人辞旨之所存，但胸中横梗一意，屈古人以从我，以为其言如是云云耳。于是以其所不解者而驱之为文，鱼网或鸿丽，射马乃中獐，金矿错陈，甲乙倒置，横骛别驰，自以为风发而泉涌矣，乃使读之者，茫如罗刹国人之闻华语，莫解其何谓。孙可之有言："破经碎史，观者启齿。"斯不亦今文之通患哉！壬申《萧又骞寿序》节略。

仆尝论作文须如线索上走，虽极意腾挪，往复尽变，总不离此线索之外，乃为神构。又贵触手生波，孙可之所谓"句句欲活"是也。否则便如朱子所谓弄死蛇。然又贵有消纳处，虽波澜汹涌，却无一句澶漫，大抵要在落墨处一句得力得势。如《史记·李广传》，开端云"广家世世受射"，后便处处在射上生波。昌黎《孔戡墓志》，开端云"昭义节度卢从史，有贤佐曰孔君"，后便处处在"贤佐"二字生情。虽其线脉有显有晦，细按之，无一篇不如是，要在熟读而精究之耳。读书之法，第一要字字求解，又贵熟读不厌。求解，方能得其深处，不至获貌而遗神；熟读，则其中神理血脉，自能融洽，不至强探力索，生穿凿之病，而其所不解处，亦自能曲会而旁通。每一文入手，初读茫无头绪，及精心读之，又见其中有千头万绪，至数十百遍之后，则千头万绪总只一线穿成，一切波澜多有消纳处，所谓水由地中行，江淮河汉是也。丙子《与萧聿修书》。

子曰："君子博学于文，约之以礼。"礼者，所以固人肌肤之会，筋骸之束，故王辰玉论文有一字诀曰：紧。然亦有辞紧而义松，与夫义虽切至，而其气不相统摄者。故昌黎《与李翊书》，尤以养气为主，"气盛则言之短长，与声之高下皆宜。"宜则一一皆中其节，一切肤辞闲语，自不能扰其笔端。○扬子云曰："事辞称谓之经。"皇甫湜称元次山之文，谓心语适相应。李翱之论，必取"文理义三者兼并"，其称韩退之文，亦云其辞与其意适。明儒归熙甫发挥此义尤透，以为道形而为文，其言适与道称，虽累千万言，皆非所谓出乎形，而多方骈枝于五脏之情者也。自宋子京为《唐书》列传，始以事增文省为奇，已不免后人之訾议。至王介甫最工造语，欧公犹病其刻斫伤气，谆谆以模拟前人相戒。况今世所模拟者，非复前人矩蒦，徒知减声削字，以就短促，不顾其辞之能达与否，如缺口之兔，断尾之鸡。韩子所谓"体不备，不可以为成人，辞不备，不可以为成文"者，殆为今世之文言之也。其实古无此法，多起于后世语录讲章，昧者至奉为作文裁句之法，大乖古雅之风矣。○金人元遗山诗云："文须字字作，亦须字字读。"操笔时不能使文从字顺，一一皆识其职，由读文时急求古人旨要所存，而于枝节转换处，未能逐字咀涵其味故耳。以上丙戌《与邓骧书》

文字之道，极之千变万化，而蔽以二言，不过曰接曰转而已。一意相承曰接，两意相承曰转。就其中细分之，则转法有开、合、宾、主，而接法亦有浅、深、虚、实。何则？文之大病，曰复曰倒，而尤忌者复，故必使前后相承，触手生变，无一语之或同。开合者，转法之显然不同者也；宾主者，转法之似同而实不同者也。浅深者，接法之显然不同者也；虚实者，接法之似同而实不同者也。于类似相同之中，犹必精求其异，则其心细如发而其利如刀，虽吹毛可断矣。如是为文，必无一语之或同。无一语之或同，则复病既去，序亦行乎其中矣。子曰："物相杂，故曰文。"如币帛，首尾一色，则虽玄黄朱绿，皆不可以言文。不特此也，苏明允曰："今夫玉非不温然美矣，而不可以言文。"何也？谓其未经雕刻也。若为文而义不相杂，则前后一义，言者既苦于无味，听者益厌其繁多耳。故夫开、合、宾、主、浅、深、虚、实，此八者，所以使之相杂而为文也。孟子曰："君子深造之以道。"又曰："梓匠轮舆能与人规矩。"学必有所以，教必有所与，古之为学与教，皆非漫然者。今之世，学者无所以，教者无所与，贸贸然如群瞽拍肩，相将入于泥坑而已矣。兹故标此八法，以授初学之士，而总之以曰接曰转之二言，比诸梓匠轮舆之规矩，操术无多，而足御无穷之变，庶使学者得有据依以加其深造之功。夫学至深造自得之后，居之安，资之深，取之左右逢其原，其乐盖有不可以喻人者。而原何在？即深造所以之道是也。致功之始，守之不变者曰道；得益之后，取之不竭者曰原，其实一而已矣。苟其漫无所以，而妄云深造，妄希自得，此不可以欺三尺之童。若其欲有以也，则学文之道，虑无出于吾言者矣。癸未曹州重华书院《示学者书》。

一身中，五官百骸，无一非实物。然其气血通行，及骨节转运处，全在乎虚，否则东乡所谓官骸具、精气亡矣。孙可之称韩退之《进学解》、元结《浯溪颂》、杨敬之《华山赋》，“莫不拔地倚天，句句欲活”。文字须令“句句欲活”乃奇。此下皆就诸生课卷中评语，先后纂录成帙。

文章妙处，全在乎虚。虚处却仍有往复不穷之致，故曰游刃于虚，又曰虚而与之委蛇，一着实处，便黏滞窒碍，诸病丛生。此须向读文时留心，须知好文字无一处不向虚处游刃、虚处委蛇也。

文字之妙，只一转字尽之。韩慕庐云：“笔笔转，则笔笔灵，笔笔透矣。”大忌堆叠几句转运不动之辞在内。譬如使大刀，亦须转身作势，如大盘头开四门，方能动人喝采，若只拿住在手，定定不动，岂得遂为有力人乎！

文章胜处全在于转，转处须以片语抵人千百，勿过为宽博之势。

凡转处须要拍合入题，而笔头尤取其活跳，勿作跛马登山之势。

文以能转为工，笔以夭矫为贵。须着逐句有分析之义，逐层有转变之方，乃得资人讽咏。若始终只此一义，便所谓弄死蛇。

文要句句灵活。何以能灵活？语语有不尽之意便灵。黏住此义，再无回眸他顾之势便死。其于每股起句，尤为切戒。

作小题，紧黏本位则苦无转身处，故其道莫善于用衬；急入正面，则易于犯实，故其道又莫善于用反。

凡驱用古人成语，必须拆碎用之，颠倒用之，或截半用之，切忌囫囵直用，总期达吾之意而止。其与吾意无关者，概行削去，切忌牵枝带叶缠绕不清。如此立定主意，不肯全用古人一语，则语皆己出，自然触处灵通，不为尘网之所拘缚。

凡运用古典，大忌直抄。总要曲曲想出意义来，令与题旨关会。必须是我去运用古人，勿反为古人所用。若但搬运故实，而与题义无关，便苦臃肿蹊蹩。

凡经典成语，纵使与题极其精贴，犹须融化出之，若整句抄袭，便不免剽贼之讥。又况不切之语，正以摧陷廓清为勇，如何反更囫囵堆砌？但取一字可以假借，便不顾首尾语意云何，是何异佃客抄贴田主堂联，人或讥之，辄自诧为一字不错乎！

子曰："辞达而已矣。"又曰："博学于文，约之以礼。"千古论文，虑无出于此两言者。后生为文，每苦辞不达意，能达矣，又喜纵意所如，不复能约之以礼。此所以全才之难得也。

文贵意多辞少，否亦须辞意相称。若意少辞多，则触手皆成复叠，笔亦运掉不灵。

虽反面作翻，亦须有一番近似之理。不宜作无理翻头，将题句兜头蛮喝。

一字有一字之解，应用此字，必不可株连他字。其功要在读文时辨别得清。

作文第二句，必须紧黏第一句说下，第三句，又黏第二句说下，一路衔接不穷，方令意语醒豁，而转换无方。又对比，必须要讲浅深虚实之法，勿得混混然彼此可以相易。

说话总要咬破汁浆，咬不出汁浆，谓之员壳栗子，又谓之依样葫芦。

柳子论作文之法："疏之欲其通，廉之欲其节，激而发之欲其清，固而存之欲其重。"

文贵一气贯注，而其中曲折万变，读之又琅然有声，如是乃足动人。

说话要有次序，又须深入情理。不入情理而语无次第，便再也说不明白。

作文大忌作猜枚射覆之状，逐处窥探吆呼，此谓俗吻俗派。

读古大家文，虽难达之辞，一两言可了。沉迷近墨者，虽易达之辞，千百言不休。一如骏马注坡，一如蹇驴历块，二者宜何法焉？

韩子云："从古于辞必己出。"从己出者，历劫常新；规模旧调，触眼便生尘气。杜牧之《答庄充书》云："文以意为主。"班、马、韩、欧复起，必无易乎斯言。

扬子云曰："断木为棋，梡革为鞠，梡读作捖。皆有法焉。"文字首要精严，切勿任心疏纵。只须选取先辈佳文一二十篇，熟读精思，句字研摩，自然渐臻粹密。

文字与书法无殊，必须要讲仰覆向背之势，方使意脉清彻，而文澜亦有起伏之观。

文贵一气贯注，首尾呼应灵通，一切宽空混漫之语，洗削无余，乃见超然独胜。又须审于宾主、反正、轻重之宜。宾位反说处轻且短，主位正说处重且长，则自得其当然之序矣。

作文无他谬巧，只辞色新异而发挥明爽便佳。最苦是千手雷同，又敷衍至累行而不得其意之所属耳。

作文之道：或切理餍心，独有以见乎其大；或绨章绘句，不遗乎一字之微，各有所宗。若率意放肆，按其义则不切，捡其辞则多累，不知其宗法者何在也。

作文勿沾沾向字句上求胶黏贴合之法，要使神理浃洽。

美其文者，必曲推其波澜意度之所以然。文无波澜意度，则徒存一空壳而已，曷足动人咨赏？

说话总要抽单来说，勿致满口都是舌头。让左侧右，即抽单之法也，切忌一味重复累赘。让左侧右，古人论书之语。先生拈此四字论文，却属未经人道，然而开发后学不少。尚珏识。

韩子云："凡为文辞，宜略识字。"夫岂谓声韵反切之未知？正谓一字有一字之性情色貌。不能熟察其性情色貌，即所用皆乖，与不识字无异耳。

画家论画树之法，枝枝节节须带曲势，不许下一直笔。作文亦尔，须逐处曲折生波，乃有姿致。若依本直说，有何情趣？

大凡说话，要使语外尚足令人咀味乃佳。勿说煞，亦勿说尽。韩慕庐传授汪武曹文诀云："笔笔留。"此固前贤不传之秘诀也。

作文句法，须促之使短，挺之使劲。节拍转换处，更须炼之使紧。倘一味疏散冗长，观者厌矣。

一字一句，都要分析出意义来，然后宾、主、开、合、虚、实、浅、深诸法，皆能井然出之而不乱。

题字必须从容顿跌出之，不宜突见。说话必稍留余味，不宜罄尽。转折处，必须钩联贯串，勿令散漫。

作文虽刻意组织，总须动合自然，勿露镶嵌之迹。行文之法，又须行乎其所不得不行，止乎其所不得不止。其妙总不外乎自然合节。

作文大忌肤辞衍说，不着筋脉。如辕固入圈刺彘，一中其心，彘即应手倒矣。不善刺彘者，头尾胁肋蹄肘，遇着便刺，虽中至数十百创，终无以制其死命，而所伤则已多矣。今之敷衍成篇者，大抵皆刺其胁肋蹄肘者也。

说话须从头面上说起，切勿向背后说转。和尚语禅子云："公等吃饭，多从背脊上吃下去。"其语深中学人痼疾。每见后生作文，往往从背后说转，便想起释家背上吃饭之语。又如题中堆垛散碎字，不先与提明，一口便说到了总要处，后乃纷纷错出。此等处，我谓之肋下出头。作文得免背上吃饭、肋下出头之病，庶几可云顺理成章。

说话须要留对面地步，否即所谓扶一边倒一边。

昔人有言：一缕游丝，晴空独袅。又云：一缕心思，蟠天际地。古人文字，非无辞采动人，而其心思所注，曲折相承，细抽之，只有一缕，断无庞杂。近文字句虽多，却无一语为其意所深属，则但觉其纷然四轶，望之如败后残兵，辙乱旗靡，一无行次。

大凡落笔处，但提起一句作引，则此下即须黏住此意，曲折生波，方能一线到底。如昌黎《送李正字序》，从汴府相聚开端，即通体就汴府生情。《温处士序》，借冀北空群作引，即通体就空群发论，直至结处，尚不肯放松，故其构局最紧。今人只信口乱说，一二转后，便全不知初意之何存。此如蓝采和讨钱，串根从不打结，故终日无一钱上串也。先辈郑念荥静常，语家君云："一线到底之说，向时亦孰闻之。然如《杨少尹序》，起借二疏作引，结处竟不一回顾，何也？"家君曰："足下眼光，勿竟为二疏笼住。韩公借二疏年老去位发端，乃是引起杨君以年满七十，亦白丞相去归其乡，一乡字耳。结处一段议论，全从乡字生情，便是他回应篇首之处。如《温处士序》，结处致私怨于尽取，亦只回应空群之意，何尝又去回应伯乐？"郑君悚然起拜曰："得所未闻。"尚珏识。

吾言"洗削"二字，不但道理当然，即有意欲趋风气，亦不可以不然。若专事涂附，如坐人于泥淖中，方忧气闷欲死，何能得动其嗟赏？一切命意遣辞，须如徐夫人匕首，血濡缕，人无不立死者；又如涂毒鼓，闻其音便使人立死。如此，乃见制题手段。

文贵细意熨贴，勿但作约略依比之辞。

文贵有刀刀见血之能，不许说一闲话。

文贵直达其意，一切支辞衍说必须刊削令尽。

语必出血，勿作无聊赖语。东莱批古文，动云“说出骨髓”。字必有义，句必有旨，勿为扯淡无聊之语，说来又必与题意相关，使人人点头会意，勿为隔靴挠痒之语。昔人论文，贵深入而显出。其所以扯淡无聊者，不深入之故也；其所以隔靴挠痒，不能使人点头会意者，不显出之故也。

文贵举重若轻，切勿举轻若重。

大凡落想虽远，其眼光必有所注。

作文最忌嫩句。去嫩之法，在于炼意，勿专向字面上作依比帮贴之态。

用字要知有虚实之法，裁句须知有简练之法。

用笔宜轻不宜重，宜脱不宜黏，宜简不宜繁，宜要不宜支。

笔贵超脱不黏，意贵沉切不泛。

辞贵挺括，气贵紧练。

文贵有布置，其布置尤贵因题。

文要篇如股，股如句。后二比之头，要接得前二比之尾方好。

文气或托住上文，或领入下句，转换处，必须令脉络分明。

文要界画分明，又要脉络贯串。散文尤甚。

文要呼唱。不黏题中一字，而题之口气，已于言下欲出，有不可按捺之势，乃为神妙。

文要包蕴。将题义包蕴句中，循之无迹，按之有神。若将题句老实说破，便少余味。此巧拙之辨，即文章灵滞之所分。

作文首要头绪分明。昔人评《史记》谓："事迹错综处，《史记》叙得来如大塘上打纤，千船万船，不相妨碍。"此最为善于形容。何以能然？则惟头绪分明故耳。盖凡纤之上下，视桅竿高下为准。桅竿高下不一，故下者有时忽变为上，上者又有时忽变为下。逐处变换，故能交织往来而不乱。若使有一处舛错，则两船相抵，便至争闹不休矣。又如工人织锦，所以能织出千般花样者，固由纬处错综，尤赖有提经者，能使之一丝不乱耳。所以文字要有提掇，提掇处昔人谓之掇头。震川云："晓得文字掇头，千绪万端文字就可做了。"

语云："多不如少，少不如精。"大凡作文，我所要用字眼，尽用不妨，其所不要用者，何苦垒块充塞。如花园内，苍翠之干，鲜丽之英，尽著排列，至于茅苇荆棘，直须烈火焚之，乃快人意。又如饮食卫生，但取适可而止，必欲贪多务得，尽数充肠，反致停胃伤脾，别生痞闷之疾。又如童幼之年，力足胜十斤之重者，宁使负荷至七八斤止，庶得运旋轻利。妄欲夸强，辄至骤举百斤之重，百斤则终不能举，万一伤其筋骨，致成挛拘蹶躄，为终身不治之痼疾，此尤不可不虑也。佛经云："如来是真语者，是实语者。"昌黎赠友诗亦云："我言至切君勿嗤。"能知我言为真实至切之语，力加洗濯，则餐风饮露，乘云气，御飞龙，无所不可。否，恐不免为负涂之豕已也。

作文首在审题。审题之法，先须别其界分。孰为分内应得之语，孰为凌节越次之语，或去或从，皆有所辨之矣。

一题入手，必究极其理弊如何。当然者为理，必溯其理所从生，而推之以至所终极；不当然者则必有弊，亦必究其弊所从生，而推之以至所终极。

一题入手，要注精在紧要关目处，刻意搜研，勿只用宽混语了事。

作文须会全章之旨以立言，乃得有亲切动人之句，否则总无是处。

要吻合题神，先须将注语体贴。

作文不是顾上，便是顾下，乃见眼光四射，骨节俱灵。

昔人谓方百川作文，每一题入手，但将上下文涵泳数过，便自有一篇绝妙佳文。此最是作文秘诀。每苦后生作文，剁头截脚，似本章中专只有此一句，绝无回眸旁瞩之态，此最是第一等没意智笨汉。

作文首要审题，其次便在修辞。修辞之法，只在贴题，不贴题者，即须吐弃。审题之法，只细读上下文便知。不顾上下文，说来虽是亦非。

作文要深得立言之旨。前人何以说此一句话，其意必有所为。得其意之所为，而题旨、题神皆得矣。

作文要就题之无字句处搜索意思，至于题中实字，只须依本直说，不许更换。若多用帮贴字，化简为繁，凭他说得宏大博衍，其实仍只此一字耳，徒使阅者心神俱懈，曷足动人?

措语必须有着落处。此句是为题中某字发义，此句是为题中某字传神，指画分明，一一有消纳之所，方无泛滥之忧。

作文在题外添说野话，便是心粗。细心认题者，只本题上下文尽彀取之不尽了。

古人云："力能制题。"又云："以我驭题，不为题缚。"曾子固评苏明允文云："大能使之小，微能使之著，远能使之近。"此数语极善形容，吾谓时文亦尔。题繁，则约之使简；题窘，则拓之使宽；题义本联，则截之使断；题义迥别，则合之使融。人详我略，人略我详，总要于恒径中，别出新蹊。韩子云："百物朝夕所习见者，人皆不注视也，及睹其异者，则共观而言之。"

今徒以尘羹土饭饷客，何以使之入口如饴？按先生谓“繁者使简，窘者使宽”，人所共解。独“题义本联，截之使断”，此句颇为学人所疑。愚谓归震川“象至不仁　六句”题，义本一串，却截作二大比，以“封之有鼻”二句为不爱，“在他人”二句为不公，分疏仁字，义精辞湛，的确不移，岂非所谓“联者断之”之法乎？尚珏识。

凡设想布辞，切须向题内生根，尤须向虚处领略其神理所在。作文，但将题中一二实字作敷衍，全不向虚处研求，必无是处。

作文须平心易气，看本题主义所重在于何字？然后别作翻腾，即百变而不离其宗矣。切忌将翻腾别义横梗胸中，生出蹊蹊，使本义反阢杌不安。

文忌单薄。逐层分出在物、处物二义，便不单薄。尤忌呆直，逐处有一波三折之致，便不呆直。

作文贵审雅俗之分，切题即雅。一切肤庸迂泛之辞，与题之节脉神理无关者，即谓之俗。

须专就题中本意发挥，说得精切而透亮，使人人点头会意乃佳。总贵于自达其意，方能有所发明。文章之妙，不过归于能达而止。今之为文者，意中豪无欲白之隐，先有一种派头习气，屈我之意以就其范围。纵不至千篇一律，然如程咬金使板斧，只办得三十六斧，舍此之外，即伎穷而力竭矣，如何能出奇制胜无穷。

有道理自然之节次，有立言先后之节次。先就道理自然之节次上切实发挥，使人共晓，然后合到立言先后上去，即听者点头会意，无不鼓舞称快。此之谓争上流法。若开端先就立言先后落想，而立言先后终不能空讲，于是将自然之道理，逐句倒装硬砌于其中，即此谓之肋下出头。呜呼！知乎此者，其庶几可与言文。

相题之法，在于能拆能倒，大忌囫囵吞枣，画一依样之葫芦。行文之法，在于本色白描，而复能散行单走。多寻帮贴字眼，多砌排耦句调，便臃肿笨滞。如水被壅塞，不能滔滔顺利，有长江大河之观。

如灵石为尘土所埋，必须挑之剔之，然后崖窾呈露，有皱透之观。若但取其形势大略，以为足以自珍，何用更加挑剔，则遂终古成一混沌之容，见者嗤其一窍不通而已。

套语为千手雷同，固须洗尽。又有不必雷同，必须洗去者，闲话是也。非紧要所关，即谓之闲话。至于语关切要，必不可删，而措辞先后，又须审其次序所宜，一加颠错，便又不合人意。盖作文必须在题目上着想，或从实字落想，或从虚字落想，或从上截落想，或从下截落想。从此处落想，又复转至彼处，此中笔踪墨迹，往来穿插之妙，须令阅者了了可寻。杜诗云“裁缝灭尽针线迹”，虽云灭尽，然有识者精求之，其针线往来，固自一一可寻。若寻之而机绪忽舛，决知其非良工所为。

题有二义，中间平分、合串、顺递、倒卷、互翻、借衬，胸中先要排定了许多格式，方不至有窘复之患，而且有间见层出之奇。

大凡本句与下句相承之题，先要审别其界限之所由分。分得清界限，不一语混入下文，乃正是动下之妙诀也。

审题之法，先贵审题之本分，不宜分外求奇。如“公输子之巧”五字题，本分只言作器者必资乎巧，巧犹未至，则亦不敢以自炫。至于公输，巧斯极矣，夫宁有不敢自炫者。只用反笔逼下，不宜有意迫趋规矩，便用正笔驳题。如“口之于味　五句”，只宜照“性”字，“仁之于父子　五句”，只宜照“命”字，不宜急取正意。鄙人论“袗絺绤”题，须激动下文表而出之。“当暑”二字题，只宜激动下文袗字，总取得题本分而止。

“公输子之巧”，只宜引动不以规矩，不宜兼及不能成方员意，所谓照下须顾近脉是也。

须知每下一字，其针锋必有对值之处。读文时，须逐字研思，此字正对何处？旁对何处？反对何处？如此而后，出语乃员。

昔人云：“避题之面如寇仇，玩题之神如狎客。”此二句说得最妙。题中正面有何文字，纵使修饰到极工妙处，不过单圈句子。须要通体摹神，不着一句正面乃佳。

题中公共语，只须首末一点，切忌累见。如金正希“恶紫夺朱”二句，只就所以可恶处着笔，恶字正面，只于结尾见之，是其例也。

论出落

文章出落处，如骨之有骱，肉之有筋，头面之有眉目，所以使气血流行，百骸便利，精神炯突者，全在乎此。若专事实处堆叠，则与抟土削木之偶何异？

承上处，大忌囫囵，尤以整行直写为戒。只拣要紧处说，乃见手眼。

点题是通身筋脉呈露处。要求文字妙，先要从点题处着意起，切勿率尔。

承上领脉处，必须使题意虽不全出，早已隐约欲动，不得向空处吆呼。

大凡题中实义实字，必须开端揭发，大忌在半中间杂出。

题字为上文所未见者，不宜突出，必须千呼万唤出之。

作文须逐层引入，步骤纡徐，见不突之妙。

元人辞曲，开场一出名曰楔子。凡事皆有一个引端发始之处，若突如其来，则观者骇矣。

乙丑在京，与前辈张镠完质论文。张云：“元曲将要发唱处，先说一句云‘听我道来’，此最醒人眼目。”此言虽浅近，然可悟作文提顿出落之法。

作文大忌，开口便将题句全吞。吾观吴伶演《楼会》一出，于叔夜明明立在左旁，鸨儿开门，偏向右旁一觑。只此便是作文方法。总贵曲为布置，不宜径遂直前。如武松打虎，唯其一打不死，再打不死，翻来覆去，做尽身势，故好看。若一下打死，观者意索矣。要说东，先说西，此是老生常谈，然实作文秘诀。

凡承上文及点题处，但合并直出，便是无手段。

文章筋脉，全于单句出落处见之，切须着意。

作文首要讲出落之法，虽以震川文继韩、欧，而其与友论文，亦必以此为重。

领题及点次处，通身眉目所在。此处不合题吻，余无可言矣。

点题有一定之法，实字宜先，虚字宜后。

论对法

文字要全股中无一句一字合掌。其所以不合掌之法有四：立柱也，开合也，浅深也，回互也。人知立柱可免合掌，不知开、合、浅、深回互诸法，尤为变化无穷，而浅深之法尤妙。若细心人读文，无一字无浅深次第。识得浅深次第，则逐处脉络分明，而心思亦灵变无穷矣。

立柱子，须不喊破乃佳。

作文对股，宁可意换字不换。若意不换而辞换，正所谓换汤不换药也。

时文本属对偶、声律之学。对偶、声律二者，断不可以不讲。近人极讲声律，然对耦之法却都搁置不讲，不知陈大士一生自负异人处，全在乎此。切勿轻视，凭他一根头发，亦须分作两丝，如此方见细心。

随举一端，便分得出两层意义。此法陈大士最精。至论对法之变化无方，则古文中只有昌黎一人，时文中只有金正希一人。此两家对法，极为谲幻，读之竟似散笔单行，绝不见有对耦之迹。细按之，不过是长短错综，其中虚对虚、实对实，及方流员折处，仍自彼此匀停，井然不乱。此尤对法之出神入化者。

论结束

末处收纳全篇，须令次序井然不乱。如十个套杯，散列满筵，依次收纳，方得仍归一套。勿只随意乱收。

趋下处，须有从容不迫之致。如演战阵戏，跑马追赶，虽急欲下场，亦必再打几个回旋，不是一直径下。

大忌用“进观”及“合之”等字落下，总要寻出意思，纽到下文乃佳。

题语不了，结处必须趋入下文，庶得语意完备。俗文辄将题语硬煞。题只半句，如何可戛然竟住？此最为恶俗不通之套，直须大加惩创乃得。

论下文有宜犯不宜犯

塾师论文，首禁犯下，见有侵及下文字面者，必加大抹。其稍稍解事者，则曰：犯字何妨，忌在犯意耳。吾谓字意皆可犯，惟犯界，则断断不可。犯字者，如鲁国中杀一姜姓之人，未必是齐之公族也；犯意，则所杀竟属齐之公族矣。然使杀所当杀，则鲁亦未有大罪。唯是扬旗鼓众，直达泰山北境，则虽不杀一人，已为王法所不宥，为其犯齐之界也。作文亦然。题句各有界分，岂容凌躐？如明代《君子有三畏　节》会墨，元作直犯下文“知”字。可知犯字无妨。此谓“唯仁人为能爱人能恶人”，王文恪文将下两节意一并揭起，可知犯意亦无妨。盖“知”字为“畏”字中必有之意；仁人之见贤必举，举必先，而不肯恶人所好，与其见不贤必退，退必远，而不肯好人所恶，亦能爱能恶中必有之意。既属题中必有之意，乃欲避忌下文，别求一种影响疑似之语，糊涂搪塞，曷若明目张胆而直言之之为快乎！尝见名人选刊先正文，于文恪文旁批曰：“直犯下文，今法宜避。”不觉哑然失笑。果属法所当避，先辈亦所不宜。先辈既宜，何以独禁后辈？其语两无折衷，使学者何自得释所疑？吾谓三畏节之知其可畏，第就君子言之，于小人不知天命界分，未尝凌躐也。举先退远，第就仁人得好恶之正者言之，于下文君子未仁及不仁之甚者界分，未尝凌躐也。未尝凌躐，则下节之义仍可重覆提说。若犯及界分，则下文竟可删却，故不可也。

论虚窘题

九曲珠，至难穿也，而蚁能穿之；黄帝之玄珠，离娄所不能察也，而罔象能得之。桃核至小，精于镂刻者，能雕九十九猴。绳之广不能以寸，而娥婺蹙之以走，若坦途焉。今人遇虚窘题，动云难作。独恨无制题能事耳，题则安有难作者哉！

凡作虚题，总以肖题神吻为工，不宜于题后别添议论。近时虚缩题作法之谬，总病于趋下太急。其所以趋下太急者，由于入题太骤，所以落想要在空际，运笔宜在题前。

虚题欲得题神，先须割清题界。割题之界，使下句之义不容混而相入；肖题之神，使下句宛然可接，不至与我相离。

作虚题，要处处令下文可接，又须逐处审其界分。若将别处界分中语，勉为支缀，便闲淡无味。大概须从下句落想，而又适合本句之题前，乃为神理不失。

虚题开端处，便须一眼觑定下文。若至收煞处然后照下，则上半必呆，下半必溢。

作虚题，无论正反面，总须缩退一层，在题前落想，方有曲折赴题之势。若开口便咬住题句，下文岂复有转身地位乎？

半句题，须逆取下意，绕出题前，用题之本位押住。不宜从本位顺说起，致语后无转身之地。

作文之道，无他谬巧，只一先后顺逆间，便可觇人心思眼力，而工拙遂于此分焉，不可以不察也。

虚题截界处，要分寸不逾，摹吻处，要丝毫不隔，此非讲之精而习之素，固非旦夕所易几也。俗手动于反面加翻驳之语，正面作猜度之辞，皆所谓添足而失酒者也。

虚题贵在题顶盘旋，一到正面即住。若向题后作窥探之状、吆呼之吻者，皆为俗法，实亦不免于凌躐矣。

但知题面而不审题意，则呆；然欲急醒题意，反致与题面相反，则又病于取下之过躁。作虚题，总以题前落想为妙，即取下，亦贵于题前隐约见之。

凡照下之法，须于语内含蕴其义，不宜于语外别生枝节。

虚题最宜如分而止，令下文可以接入则已。纵使有意包含下文，语气仍自浑然，只还半句乃得。一用转笔，及窥探吆呼俗状，谓之直犯下文可耳。

自大乙山房创立不禁二字，为蹴动虽字之诀，后之为文者，无不遵而用之。然而巧拙亦各不同。在所以不禁之根源上着想者，必能潜通下脉，吸取正意于未落墨之前，而以不禁二字为收勒，使口气不至溜下，斯题界不溢，而题神已于空中盘舞。若但用不禁意为敷衍之计，则仍是一个空套而已。

凡未经下断之题，必须顺题作案，未经正说之题，必须顺题作反。能用反语作案，则自无俯侵旁溢之辞，否则多添闲话，非俯侵，即旁溢。此梓匠轮舆之规矩也。不遵规矩而能巧者，吾未之闻。

作虚题，如跑解者，应走十步，今值地盘浅窄，走至第六步，便已临边欲堕，则莫若退行二步，然后再往前行。如此，则步骤不失，而仍无失足倾跌之忧。按：如张榜《微管仲》题，中比说尊周室处，连用“师召陵者谁乎”等句，“微”字意已竭尽无余，再往前行，即须蹶下，复用“以其系王室之有无者”一句作接；吴炳《今不取》题，中比上半，业已到题，复用“向惟不取而渐积至今”句作接，皆是缩退后，再往前行之法。尚珏识。

大凡取下最忌其迫，总要先就宾位衬说。一入主位，便如题勒住。

韩慕庐评文云：“为文往往掷一思于十丈以外，而笔从有意无意间曲折取之。”吾谓此法于虚题照下尤宜，一着痕迹，便嫌蠢滞。

凡半句题，未经说破正意者，每苦枯寂无味。善作者，就题点缀，触处生波。虽或隐含下意，而语气仍复浑然不加椎凿，乃为得理得神。大忌自作疑端，别加申说。

题中虚字，只宜贴合其神理，切忌拈弄其字面。俗手往往拈取题字，频呼叠唤，最为恶派。

虚题宜吸动下文，不宜回缴上句。

虚题易蹈空滑，必须令曲折有意。

论枯寂题

文贵有情韵动人，虽极枯窘题，亦须就立言者意中钻研一过，于所以作此一语上落想，方有灵机。至于古人姓名，大忌穿凿。如王思任《仲忽》题文，从再举两丈夫，同胞两贤士上着想说来，的真是第二乳孪生之次子，便尔的确不移。若王宇春《季随》题，系以小子之名，不失丈夫之实。虽借“随”字生情，却只说他是季中之伯，故亦不病其沾滞。若认真在“忽”字、“随”字上穿凿，如所云彼既突如其来，此复忽焉而至，便堕恶道。

论记述题

记述题，须有天然之波趣，而不露刻凿之痕及讲说中驳难声口，乃佳。行文之法，须削尽空闲无着之语，而枢纽转接间，必使前后针锋相直，乃见灵紧。

论比喻题

作比喻题大病，不是蹈虚，便是跖实。入首处，先说此事岂可借彼相形，旋即翻转说，此事亦何妨借彼相形。即此便去了两股文字，此蹈虚之病也。至说到实义处，则虽千层万层，总要一口吞尽，再不会分出浅深变换颠倒之方。于是就一股看，则垒块充塞，运掉无方；就对股看，则只办得一个合掌之法而已。此种痼疾，纵使如来复生，大垂悲悯，开悟觉迷，其如听法者之褎如充耳何？只须就本位喻义发挥，其关合正意处，须于语中埋蕴，不宜于语外吆呼。

虽虚题，亦须在实义上取胜，但不可凌夺下位耳。如“射有似乎君子”，“似”字之意，通体只须一见。凡属比喻题皆如此。只空向“似”字着笔，而又数见不休，过者掩鼻矣。须知《四书》中，凡有如字、犹字、类字、譬字等题，何一不可活套耶？

论辨论题

语言固有次第，然总从道理自然处分先后。作文只须就道理上发挥足矣。必云吾若先说此句，便恐与彼意不合，须先令彼意若何，然后可以吾说进之。此策士刺探之术，非圣贤公正之怀，亦近文恶滥之套，非大方布置所宜也。

论排句题

做一句题，则发挥一句之理；做两句三句题，则发挥两句三句之理。今作排句题，首句动曰不止是此句，兼有下句道理在，但此句之理则可先说耳，究竟下句道理如何，本句道理如何，两无着落，徒作油滑之腔，此何用也。

排句题，须寻独切之法，使前后句不得通用乃佳。此须浑身钻入题中，实实就此句本义研搜，方不为他句所夺。若就总统大意上说，但用几个替身字，硬贴本题，终是公家说话。

论长题

作长题，逐节须得其大意所在。得其意，即反覆说来不错。

作长题，其实亦只等讲书，因恐顾此失彼，及首尾起讫不清，故有左萦右拂，前伏后挽诸法。至于中间节次，及意脉紧要关头，凭他说得参差变幻，仍自井然不乱，乃能惬人之意。非可以甲脊联诸乙胁，尔膊缀于我髃也。

题长则着语须一一中其筋节，乃无支蔓之辞，岂宜逐处饾饤？

题中字句，勿论多少，竟须一气炼就，直如生铁铸成，不复能分作几块，才见熔题手段。若有数语，可作单句题用，或单段题用，便不成文。

题中堆垛字句，汪武曹有反点、借点、补点之法，其论甚精。若循题顺说，即安得有变化之能？

冒下处，只消笼取其意，不宜硬填字面。疏发处，只须择取其要言之，不必逐处照顾，尤贵紧扼两头。

长题固贵融炼，仍不宜有一处抛荒；固贵凌驾，仍不宜有一处倒乱。

论搭题

大凡搭题吊下之法，须在讲下承上文后，未入题位之先，于题前空隙处，纳取下意于隐然不觉之中，及至转合处，恰好顺落本题上截，乃为得法。至于中间过渡处，又有两法。如系不相黏合之题，必须自出主意，格外造一枢纽，以为关笋接缝之计。然其道不难于黏合成片，而难于界限分明。譬如木工造器，其所以能合两为一，泯然无迹可求者，全在分开未合时，两边各自斫削精工，及斗笋时，自然泯合无迹。若专讲斗笋，全无斫削之功，纵使合得上来，终不泯缝。朱子云："分之有以极其精而不乱，然后合之有以尽其大而无余。"是说也，看书作文，无一不然，而于搭题尤甚。故自来论搭题之法，上下两截，患其不合。吾独患其不分，能分自能作合。此愚独得之见，亦不易之理。至若题意本自相联，本无不合，又忌别生枝节。纵使小作波澜，总贵自然合节。要使题之本然节奏，与吾意委宛相赴，乃佳。又有上下本自相联，而语句繁简各异，便须从此一点小异处着力搜求，不得率意混过。如“称其德也”至“以德报怨”题，人但知以“德”字作纽，而不知上截“德”字是得于己者，下截“德”字是施于人者，分之然后可以作合，此我所谓不患不合而患不分是也。又如“力不足也”至“力不足者”之类，则我所谓本无不合之题也。至于意本相联而语句繁简各异，则如“无乃为佞”至“非敢为佞”，下截多一“敢”字是也。至末幅回挽之法，须从题后逆缴上文。此则人所易明。

搭题吊下之法，贵于影取其意，不在躐取其辞。

搭题要在题意不失，而题界仍复分明。

论割截题

东坡论写竹之法，须胸有成竹，一挥而就，大忌枝枝节节而为之。此法于割截题文尤甚。割截题与单句全节之体，迥乎不同。不许有一句传注讲章之说横梗吾意，直须破度坏律为之。盖制器之法，只有方员。今欲制一攲斜不正之器，则一切方圆律度，自然皆用不着。单句全节题，方员之器也。割截题，攲斜不正之器也。作攲斜不正之器，仍用方员律度，则安得有肖物之能？如《大学》“所谓平天下”至“所恶于右”题，一开手便须在“右”字上着想，“右”字安顿得法，即文可一笔挥成。若逐枝逐节装点，岂复成文？总之，制攲斜不正之器，则尽废寻常规矩，正是他合于规矩之处，盖此固攲斜之规矩也。此等题，大方家本不屑为。今不能禁人之无出此题，则亦不可无术以驭之也。

上全下偏题，前路全中取偏，要如灯取影，贵于无意，一着意即滞矣。中间由全入偏，要于前路无意中将偏义预先提破。若不预先提破，只将全义呆演，说到尽时，然后要讲过渡之法，便如方底圆盖，再合不上矣。

作割截题，贵一线穿成。又语语中题窾要，无一无聊支缀之辞，乃见手法。若一处蹈空，便将众义抛荒，一处摭实，又苦垒块充塞，运掉不灵。

凡题中堆垛字，开端即须提出。至于堆垛中，又须差分轻重。用侧注归并之法者，尤须入手疏明，免致转落处手忙脚乱。此法不始时文，自有文字以来，无不如此。《史记·大宛传》，入首借张骞口中，将所历诸国，及传闻诸国一一提明。其中又须差分轻重者，如《西南夷传》，历叙诸国，而曰夜郎、滇等最大是也。总要开端入首处，即与着力分疏。若至临时忙迫之际，别求叠桥布渡之方，便全不见制局能事矣。

搭截题吊、渡、挽三处，虽由作文者率意武断，不拘本旨，然亦须曲赴乎自然之节，读之但觉一气卷舒，无复有襞积斗凑之痕，乃为佳构。

凡吊下挽上处，苟系题字，必须令正身到案，切勿株累无辜。其辨，只在意思之亲切不亲切处分之。

论连章题

大凡两章并出之题，首要划分界限。虽至无分别之题，亦须细心为之分别。其分合处、转落处，尤须踪迹了然，勿令一语模糊。大凡读书穷理，应事接物，皆须如此。朱子所谓“析之极其精而不乱，然后合之尽其大而无余”。世人好言笼统，皆粗心之过也。如“叶公问孔子”二章，不与细分界限，便做成了一头两脚之题，连下章亦多似为子路、叶公发矣。“叶公问孔子”二章，先生别有论说，已纂入《论语讲义》中。尚珏识。

论作文凡例

〔清〕赵银槎　撰

导读

为指导士子们学习八股文写作，清代无数像《儒林外史》中马二先生那样的选家选编了汗牛充栋的墨卷佳作。在这些选本中，一些有眼光有学识的选家往往会抓住关键部分发表切中肯綮的评论或见解，给读者指点作文门径。少数素养更深、水平更高、研究更透的选家，常会借选本刊刻的机会，将自己研究八股文所归纳积累起来的作文或作题方法刊印出来供人学习。

由于他们读得多，钻得深，悟得透，八股文造诣很深，有的甚至是八股文高手，故这些东西往往是独门之秘，有点石成金之功效，无论是对初学写作者还是有待提高者，均有很强的指导意义，故刊有这些写作方法的选本会不胫而走，一时洛阳纸贵。有的甚至几十上百年后仍在不断翻印，广泛流行。赵银槎刊于《初学引机》卷首的《论作文凡例》即为一例。作者以《凡例》为名，行八股文作法讲谈之实，颇有特点。

赵银槎，生卒年代、字号籍贯、生平事迹均无考，只能就《初学引机》一书中的信息推知他大约生活于清乾隆、嘉庆年间，是一位有生员身份的塾师或八股文选评家。

载有赵银槎《论作文凡例》的八股文选本《初学引机》，刊于清乾隆五十年（1785）。

这篇文章虽名为《论作文凡例》，然其结构却颇具匠心。

篇首第一条，作者开宗明义，阐发了学习八股文写作应循序渐进，不能躁进躐等的道理，指明初学者只有在通晓了书理，即熟读了《四书》《五经》，基本理解其意义，心机已开，才能教其作文，才能完篇。若违背了这一规律，则非徒无益，反而有害。这一条实际上在指示八股文写作的根本原则，即必须依据《四书》《五经》。八股文只是学习《四书》《五经》的心得体会，能否成篇，全看你对《四书》《五经》这个根基的熟悉、钻研程度。只有在融贯其内容的基础上，才能开笔作文。

此后，作者便按照八股文文体构成元素，依次以简洁的语言讲述其作法，没有长篇大论，只抓住各个构成部分的特点中易为初学者所理解者作剖析。

例如在破题部分，作者以明白易懂的语言列举了各种破题方法，初学写作者一看便能知晓，因总破、顺破、逆破、浑破、明破这些说法，虽只两个字，却将作法要点尽行剖出。

入脉多称入题，是八股文体中一个重要部分，也很难把握。但因作者洞悉入脉的用处所在，只用"入脉是要紧处，有上文即从上文说入，以起本题，或反起，或正起。无上文则虚虚呼本题一句，或先点出题中一二字以为发端，又或承起讲意，一气说来，相题为之可也"，寥寥几句，即将作入脉的方法揭示出来。

对于初学写作者，作者指出一定要知道分比之法，因学会分比才不会合掌，即相对两股的意思相同。这是大为犯忌的，在科场上如出现合掌即会判为违式而黜。作者讲分比法，只讲述了立柱一法，并举"知行"为例来讲述如何立柱，既简单明了，又具有可操作性，让人一学就会。

作者在讲完八股文的作法后指出："以上数项，是作文最要之法，皆闻诸父师、本之先民者，非敢以为出于我意也。盖初学文，始基不可不立，故追述之，为后学告尔。"这就告诉人们，他的上述作法皆是从前辈父师的心得中学来的，学会这些作法，便可使初学者立起牢固的基础。

在讲完文体作法这一基础之法后，作者又讲叙了单句题的作法。因为初学作文者必从单句题起手。他把凡属单句题之截上、截下题等不同题体的作法，均以抓要点之手段予以剖析，故皆能化繁为简，化难为易，化晦涩为明白，让初学者一学就会。如他说："截上题亦系单句，只教以不连上而已。截下题则半句题之谓，须教以不犯下。若虚冒、记事、接引数项，其中亦有截上、截下，而要之皆单句，不过体裁略别耳，说破固易晓也。"

截上、截下皆割裂经文所出之小题，极为难作，他说多讲题体作法之文，连篇累牍，绕来绕去也讲不清楚，甚至给人以你越讲我越糊涂之叹。而赵银槎只抓住截上题不能连上这一关键点来教初学者，真可收立竿见影的效果。

至于虚冒题、记事题、接引题等因题体不同，作法各异，且虚冒、接引两种题的作法十分复杂，很少有人能讲得明白通晓。而赵银槎却指出它们有着共同的特点，即"其中亦有截上、截下"，都为单句题，只不过体裁略有区别而已。只要使用单句题之作法，其中含有截上、截下成分的则使用截上、截下题之作法，即可将这些种类各异，但题体只略有区别的题目作好。作者这种善于分析，并能抓住矛盾的主要方面来解决有共同点的不同题体作法的本领，令人叹服。

总之，赵银槎是个目光如炬，善于以简驭繁，抓住问题本质的人。无论是讲文体作法还是题体作法，他都能一语中的，将复杂的作法以明白简洁的语言表述出来，极利初学。故《初学引机》和其中的《论作文凡例》能畅行百年，至晚清仍风行于世。

《初学引机》今可见的版本为清乾隆五十年所刻，今据是编将《论作文凡例》校点录入。

（乌　媛）

论作文凡例

一、初学文，宜先学破承，破承分明，而后学起讲。起讲分明，而后学提比以及全篇方有进益。今有等父兄欲速心胜，二《论》尚未通晓，就要他读文、作文。破承尚未清楚，就要他完篇。而塾师亦多欲假此以奉承父兄，不知他书理未明，心机未开，教他如何做去？虽亦勉强成篇，而东涂西抹，全不成话。只以“之”“乎”“也”“者”“已”“焉”“哉”等字凑足一篇字迹而已，非徒无益而又害之。

一、破题有分破者，有总破者，有顺破者，有逆破者，有浑破、明破者，有先破题意而后破题面者，有先破题面而后破题意者。大都不外此数法，在人变通耳。

一、承题看破题如何，顺破则逆承，逆破则顺承，浑破则明承。大约首句反，次句还题，第三句或应回破中首句，或应回破中次句，或虚断一句，不可拘一定，此初学规矩也。若老成人，则又不常如此过执。

一、起讲为通篇之冒，必须笼得题意在内而又不犯实。或借他事引起，或从对面一层说，或高一层说，或从反面说，或从上文说来，或提题中一二字说，总要开门见山，但不可将题说尽。若于起讲即与他讲“起、承、转、合”四字，则是一起讲便是一篇小文矣，后面又如何说？

一、入脉是要紧处，有上文即从上文说入，以起本题，或反起，或正起。无上文则虚虚呼本题一句，或先点出题中一二字以为发端，又或承起讲意，一气说来，相题为之可也。

一、提比最要刚健，若软弱不振，则通幅无势。故或将题中某字提起说，或反笼或正笼，更要看起讲是如何，后面是如何，方好安顿此处。

一、出题往往拘定做完提比，即一直放出，不顾提比如何说来，此大病也。故宜看提比意或出一字二字，以起中比意方好。即有宜全出者，亦当将题分析出之，颠倒出之，断不可硬直点出也。

一、中比是实发处，固不可格格不吐，顺题滚去。盖亦要有浅深虚实，不容颠倒次第说去，题意方醒豁。又做中比，就要打算后比。若将题义不论先后，尽于此说完，而股末便用完全口气煞住了，后比又如何说？从勉强说来，不是重叠，则必节外生枝。故中比用意用笔，贵于善留，不可遽行用尽。

一、后比自宜承中比意一气说下，或紧紧承接，或宕开一笔接，在作者变化。又有题无后一层者，则从中比翻正一层，或引古人事说，或一开一合，总要不重叠，不节外生枝，愈入愈深方佳。

一、后比既完，宜作结股。结股所以收煞通篇，最要简劲，不可拖沓。或一股，或二小比，或用反掉，相通篇机势为之。

一、初学文，自宜从单句题起。单题之诀，总贵拆字。盖将题字拆开，层次说去，则前后不至重叠，通篇方能一气贯注。若板板讲一反一正之法，起讲如是，提比如是，中比、尾比又如是，说了又说，便不成文矣。至于题无字可拆者，又须知拆意之法。盖初学文时则由有待，盖不当出此等题，以窘其思路，促其笔端也。

一、初学文，要知分比之法。分比之法莫善于立柱，有明柱，如论学题以“知”字“行”字分两柱之类。有暗柱，如以知行，意分两柱而不露出“知行”字面之类。又要知既立柱，则一比中自宜照此柱说，不可说开去，不可杂以另外话头，方为清晰。如以知行分柱，则出比中只说知，不得杂以行的话，对比中只说行，不得杂以知的话。学者由此类推之。

以上数项，是作文最要之法，皆闻诸父师、本之先民者，非敢以为出于我意也。盖初学文，始基不可不立，故追述之，为后学告尔，见者谅勿以为饶舌。

一、初学文，自宜从单句起手，故集中单句题为多。至于截上题亦系单句，只教以不连上而已。截下题则半句题之谓，须教以不犯下。若虚冒、记事、接引数项，其中亦有截上、截下，而要之皆单句，不过体裁略别耳，说破固易晓也。此后有两扇题、割截题，单题既能作，学之亦非难事。若夫此外之题体不一，作法甚多，则必行文已有可观，方选好刻文与读，而为之讲究。如此庶有渐次，庶有进益。若作单句题尚未清晰，而曰吾欲读考卷墨卷，不屑读清淡之文，则必致画虎不成之患矣。吾愿学者慎毋蹈此弊，而自贻伊戚。

此本原为初学者而作，故二《论》文多，而上《孟》、中《孟》甚少，从所熟也。下《孟》、《大》、《中》则全无，避所未习也。

一、句读二字，一字一义，读音豆。字书云：凡经书成文，语绝处谓之句；语未绝而分点之，以便诵咏，谓之读。故校书式，凡绝句则点于字之旁，分读则点于字之中间，审是，则读不得为句，而句可以该读。故集中题，有似两句者，实非两句也。是以于题下统以单句名之。

巧搭文法十则

〔清〕蔡仙航　撰

导读

截搭题大约产生于明中期之后，而盛行于清代中后期，在小试即县试、府试、院试考秀才和岁试、科试时使用，有时乡试也出这种题为难考生。

何谓截搭题？截搭题又可简称为搭题，它是将一个完整的句子截去上半截或下半截，再以不同的方式与其后或隔章的句、节相组合，因为截头去尾，割裂了原经文，其内蕴与被程朱传注所规定了微言奥旨的原经文已经不同，甚至还会相反。出这样的题目来试士，既是侮圣，又是难人。因为八股文是在阐发圣贤之言，现在把圣经贤传割得七零八落后再无序地组合在一起，使其蕴意大变，这不是侮圣吗？出这种脱离了原出题方式，让人摸不清头脑的题目来测试考生，这不是刁难人吗？因此反对的人很多。

由于明、清两代多年举办的各种考试，出了几万几十万个题目，《四书》《五经》这个容量有限的试题库中每个可供摘取作试题的句、节、章不知使用了多少遍，因范文到处传，这为猜题抄袭者提供了良机。他们琢磨到出题的规律，猜上几个题，再背熟几篇同题的范文，到考场去应试。若出的是自己猜中的题，那只要将背熟的范文誊写上卷，往往便会取中，因其质量比临时在紧迫的考场中写出的要好。但这样一来，就造成了鼓励作假的严重弊端，破坏了科举考试公平、公正取士的原则。由于截搭题是随意改变经文摘取方式，所出之题，无规律可寻，故出这种题可基本革除猜题抄袭的弊端。因此，禁止出截搭题试士，就是破坏科举考试公平、公正的底线。尽管这种题目有其巨大问题，但比起维系科举考试这一关系国运的重要制度来说，根本算不了什么，所以，出截搭题试士便不能改变。当然，也对此加以了限制，基本只在小试中使用。

使用截搭题的另一个重要原因，是用这种题写作可进行有效的思维训练。在中国古代，没有系统的逻辑学课程和数学课程，思维训练主要是以写作来进行。所以八股文文体的各构成部分都巧妙地包含了思维训练的元素，如破题规定只能用两句话便要将一个字或一句话，或者是一章经文或几章经文之题的精义破解出来，这就会训练出作者高度概括与精准分析的能力。承题则规定要将破题所破解出来的题中要义承接下来加以补充，而承接时要视破题的作法而定，并与之相反，如是正破则要反承，是逆破则要正承，是明破则要暗承，是暗破则要明承等，这就训练了作者的正反思维能力。

为了降低截搭题对经文内蕴及程朱传注的破坏程度，科举考试对截搭题的作法有种种规定，以期使它能对被破坏了的原有经文的完整性有所修补。既然已将取作题目的原有经文截头去尾，随意接搭，便使原有经文的主旨及程朱传注所规定的思想空间全改变了。现在要想尽量恢复其原旨，那就要采用种种勾联闪避的方法，即所谓的吊、渡、挽及其他种种连接术，其复杂的程度非用各种巧思不能解决。所以，作这种题文比其他各类题型的八股文更能锻炼、培养人的思维能力，这也是截搭题虽遭贬斥却能久行于世的重要原因。

因它广泛用于小试甚至乡试之中，直接关系到科举的前途，故受到社会的高度重视，各种讲授、指点截搭题作法的书在明代，特别是清代不断刊刻，汗牛充栋，充斥书肆。广东番禺人蔡仙航所著《巧搭文法十则》是其中较为优秀、流传较广的一种。

蔡仙航，名杰，仙航为其字，生卒年及生平经历不详，只能从他所编的《巧搭十则文钞》中探知他大约生于清乾隆或嘉庆年间，道光庚子年（1840）尚在世，且身体状况良好，所从事的是塾师之类的职业，大约是名诸生或贡生。

《巧搭文法十则》是蔡仙航在依作法编选十类优秀截搭题文选《巧搭十则文钞》时，总结出的截搭题文法，因而具有很强的作文指导性。

他在“搭题总论大略”中，将截搭题的一般文体构成规律及作法做了精确的阐述。作者剖析了截搭题难点之所在，并针对难点指明作法，一目了然，极便于初学者。

其后，作者以“上下联意”“无端截断”“上偏下全”“上全下偏”“截上截下”“上下相构”“明显相照”“词同意异”“轻搭横担”“牵连长搭”为名，将截搭题分为十类，并以如何找补截搭原经文为题所失去的经文及程朱传注原旨而提供作法。由于这些作法系从各种题目所作文章中总结提炼出来的，既适用又便捷，故称巧法。

蔡仙航选编的《巧搭十则文钞》选文精，针对性强，他总结出的十则巧法精到便捷，容易掌握，给写作截搭题文解决了一个大问题，故很受欢迎，在岭南地区广为流传，后也流向全国。

该书有清道光庚子年（1840）广州双门底登云阁刻本，本书即据以校点而成。

（乌　媛）

搭题总论大略

凡作搭题，小讲一起，须先紧擒首尾，接笔收笔，亦宜上下分贴，不宜偏重，使阅者一见便知题从某处出起、某处出止为妙。即上下截长短不一，亦宜整炼出之。

讲后有上文，则承上一笔，即伏起下意。既伏下，即转回题首，随伏随转，尤敏捷。无上文则凌空发议，伏下一笔，乃转回题首。

作上截正面，须映带下截，乃不呆疏。作上截后，承上截意，先虚喝下截一笔，然后作渡下语，尤为握要争奇。

中间过渡，是束上起下语，须从夹缝中用意，乃不突不缓。作下截正面，亦宜回映上截，至挽上处，须从下截起，用意挽到上截，又从上截落到下截，钩勒一笔，然后落题之下句，尤见法密。前辈有作二小比，一比结上截，一比结下截者，是顺递，非倒挽，似不合时宜。

此作搭题之大略也，作两三句短搭题者，当以是为式。至作长搭题，须观牵连长搭一则，及各则中长搭题批注自明。

巧搭文法十则目录

搭题莫易于上下联意一则，盖搭题之有情者，故首列之为正格。

其次，贵于无情处作出有情来，故再列无端截断一则。

其次，须知全中寓偏，偏中补全之法，故再列上偏下全、上全下偏、截上截下三则。

其次，须知反正不相蒙，异同不相混之法，故再列上下相构、明显相照、词同意异三则。

其次，须知轻者还轻，重者还重之法，故再列轻搭横担一则。

其次，须知驭重为轻，截长为短，化板为活之法，故列牵连长搭一则终焉。

牵连长搭，比他法头绪较多，故本集多选十余首为法程。至于一题或可专用一法，或可兼用数法，是在神而明之者。

上下联意

凡题上下割截，而文意相联，法宜拈题之百夫字句为伏挽。上下截正面，亦可用为萦拂穿插至过渡处，从题首落至题尾，一气相承，不待另起炉灶，是搭题之平易者。但须分清上下意思，使眉目一一清晰，不致蒙混则善矣，初学者当先从此问津。

上下联意目录（共八首）

无端截断

此所谓无情搭也。起讫全无意味关照，而忽然截去，则首尾未有一定之意可以把捉。此贵自出己见，使无情处做出有情，于不胶粘处取出胶粘，或意在题首，便当拈题首作主，以贯下截。意在题末，便当拈题末作主，以贯上截，但重处固当紧拈，轻处亦不可忽略。

总之意有专注，体贵平匀。于重者用意思，于轻者用字面，庶几轻重当可，章法不偏。

无端截断目录（共七首）

上偏下全

上截已截去一层，而下截两层系承接上截，谓之上偏下全。其法作上截须将上截作主，而融贯上文之意，斡补在内，务使两层俱到，而仍宾主分明，所谓偏中补全也。

作上截后须于题缝中将上文补在上截，由里说作一串，然后落到下截，亦须用侧补逆补之笔。

作下截自应双顶上两层，但上截已截去一层，须仍以上截为主，侧补逆补上文，所谓全中寓侧也。而必从下截意起，下截意收，题界方不混。间有作上截未补上文，至过渡然后补者，亦可备一格。

至下截全处，断不宜平放，与上全下偏、上截全处，断不宜平放，则法之不可易者也。

上偏下全目录（共七首）

上全下偏

题本两截，而上截有两层意，下截语意系承接上截，却截去一层，谓之上全下偏。做上截处两层不得平衍，宜侧重一边，然后到渡下处语意穿成一线。题缝中束上起下，束上处须用侧笔而必使两层俱见。

至做下截处自应顶接上截，亦必须取侧势或借作映带，或借作开合。随手补旋即随手撇去，使上截两层俱有，却仍轻重分明、主客朗然方妙。但此体有二。有题面正大者，如"间于齐楚事齐乎"篇是也。有题面逼仄者，如"可也未若贫而乐"篇是也。

总之以下句偏处为主，落笔即要全中寓侧，令下截得以偏中抱全，始可通篇一意而无龃龉扞格之患。

上全下偏目录（共三首）

截上截下

此合上偏下全、上全下偏为一体者也。其钓、渡、挽法与众体同，然题界最要清楚。做上截当以撇为联，做下截当以留为带，中间入意。倘有平顶，亦必从题首偏卸，如“厚也至悠也”等题是也。其法但从偏全、全偏两体中会悟而得，大约主于偏撇侧递，断不能舍两头之偏而就中间，又可知矣。

至有上下而无中间，题首来处，题末去处，并无平列句子，只宜从上下钓、挽互换，便得其解，又无中腰斡补之劳。比之前格，工夫较省。

截上截下目录（共十一首）

上下相构

意义两头相反，或词义两头相反，倘能上下呼应，以下截融入上截，又以上截融入下截，如寻常篇法，一反一正，已能完篇。但意思薄而少滋味，笔忌剽而少停蓄，取义忌悭而少发明，布设忌直而少曲折。此又不可不讲也。

上下相构目录（共四首）

明显相照

将两头字句相照为题，意又相类，吊挽之法，宜将本题首末虚字紧贴本题，首末相照，实字于同中见出异来，然后伏挽之法方得分明不混。中间萦拂如之。

又有一种上下字句尽同，如本选“然后归至然后归”一题是也。彼原无虚字别出可为伏挽，就当分析上下意思以为伏挽。倘只拈相照字句为伏挽，而意可相移，则上下俱晦。故明显相照一体，尤须心细法密，能从上下意理分析明白。于此最为紧要。

明显相照目录（共四首）

语同意异

有同一句话，而上句正说，下句覆述者。有不必覆述，而上句一意，下句一意者。如“曰富之”，“曰既富矣”等题是一样，如“亦各言其志也”至“亦各言其志也已矣”等题又是一样。以意论之，二者俱与相构同类。但相构则词意俱异，而此则独意异耳。

二者又与显照同类，但显照则词意俱同，而此则独词同耳。此中正要细细熨贴，能将显照、相构二体而参伍出之，而此体之伏、渡、挽法思过半矣。

词同意异目录（共五首）

轻搭横担

正题有横担，巧搭亦有横担。此首末搭处不着紧要，而中幅题意特重者也。以题位论，巧搭本重两头，以题理论，两头意义殊轻，而实义俱备于中间，势难轻轻点过。但重做两头，又重做中间，则板重不灵。而轻放两头，则又犯中满，为巧搭之所忌。法宜以中间为经，以两头为纬，将中间紧要字眼搭出题首题末。又将两头字眼插入中间，使通篇见首尾，亦通篇见中间意思，注射中间，撮合仍在首尾，则篇法匀称，题面题理两得其平，而不必专重做中间矣。横担之正格如此。观本选“求之与至夫子之求之也”题，便得其解。

然又有中间固重，而堆垛繁碎，如本选“夫颛臾至今夫颛臾”题，意义俱在腹中，两头以“颛臾”字为搭 。若要拈中间紧要处，则拈之不尽，只得将“颛臾”二字为线索，迤逦做去。通篇虽做中腹，而到处有首尾绾合，则首尾仍重。此又将中间搭出两头之变者也。

又如本选“孔子与之坐至使者出”题，实义在“寡过未能”，而联络实因首尾“坐”“出”二字。但此二字与“寡过未能”于理毫无干涉，若于“寡过未能”处点缀“坐”“出”，于“坐”“出”处参入“寡过未能”，勉强关押，不失于稚，便失于俗。不如稍作伏挽，顺题发意，使轻者还轻，重者还重，尤为大雅不群。此又不必以中间搭出两头，两头贯入中间之法。若势所难为，又要执死法勉强求合，以取支离疙瘩生涩之病，则拘泥而不可为训矣。

轻搭横担目录（共四首）

牵连长搭

此体两头必有关照，或一题牵连数节，或一题牵连数章。一题牵连数节，俱在一章之内，意自通贯可循。一题牵连数章，则中央几处未必尽与首尾相类，两格俱当自立主意，紧握线索。线索在手，便如散钱，虽多俱可一串穿起。其线索必取之首尾，处处见首尾则首尾自重，亦不必区区多做首尾也。中间几处，不论书理与首尾毗附不毗附，俱要用首尾下去，但令近情合理，即强题就我，于此等固自不妨。盖题既割裂，自不必尽拘正理，方为活变。其中剪裁法、打叠法、消纳法、包举法、翻过法、顺带法、补点法、拖逗法、牵搭法诸法俱备于长搭之中。

或义有重轻，则用剪裁法，或数节、数章义无重轻，逐节做去，必致连营之败却又不能遗漏，则用打叠法，类聚一处，或类聚两处，不可完了一节方做一节也。或单用一句一段，而题中堆垛俱可缩入其中，一齐卷过，则认真一意，将此堆垛处一一化作云烟，反作我挥霍之助，此又是消纳法。或一句可括数句之义，或一段可该数段之意，则用包举法。或嫌正叙直率无味，则用翻为叙，以后一句正还而题意已解，是翻过法。或可随文点过，免得另起炉灶，则用顺带法。或前面凌驾过去，间有未及紧要字眼，待下面随笔点出，是补点法。或方作此处，意已早注彼处，是拖逗法或牵上段来搭本位，使上下筋节关通，是牵搭法。

要而论之，作长搭者总要驭重为轻，截长为短，化板为活，使题中紧要处一一清醒为得解。是故有线索而无诸法，则线索无所用。有诸法而无线索，则诸法不可行。总在平日讲究明白，到措笔时认真线索，诸法自然奔凑，而心灵手敏矣。

此则原书无范文目录（编者注）。

文法心传

〔清〕曹宫　撰

导读

《文法心传》是一本专门讲述八股文写作方法的书。作者曹宫，生卒年及生平事迹均不可考，只能从清代两百多年两位中过“三元”（即乡试中解元，会试中会元，殿试中状元）者之一的陈继昌为该书所写序言中得知他字紫垣，毗陵（今江苏常州）人。从序中所透露的信息，还可推测他大约生活在清乾隆年间或略早一点，有着贡生甚至举人的名分。因为陈继昌之序写于道光二十四年甲辰（1844）。其时曹宫之孙被延入江苏布政使陈继昌的幕中。一般而言，能入高官之幕“相助为理”的人，年龄至少应在三十岁以上，才有应对各种事件的阅历和识见。照此推算，其祖父曹宫至迟应生活在乾隆年间。他若中过进士，则可入仕。当了官的人，没有几个不把八股文这块敲门砖弃之脑后的，几曾见有何官再去孜孜以求探索八股文作法的？只有那些贡生、举人，走不完科举路，才会去当教官，或掌教书院，或坐馆私塾，不得不打起精神去钻研八股文，以期指导门徒掌握诀窍，捷取功名，以显自家手段。这是他们无缘走通科举路，却又想实现自己梦想抱负的无奈也是最后的途径。由此可推想出曹宫的大致经历。

曹宫的八股文著述有两种，《初学一隅》，大约是他教蒙馆的心得；《文法心传》则是更高层次的专讲八股文各种作法的书。

八股文作法是八股文发展演进到高级阶段才产生的。在八股体式定型前，八股文只追求其传道功能而强调遵经守注，根本不讲求作法。故明代前期的八股文多在解说经文即题目，是经注式的，甚至可直抄程朱传注，略加勾辑便成文。但到成化以后，除遵经守注的严格化外，又加上了必守定型化的八股体式，从而将八股文写作的自由度挤压一空，使得八股文千人一面，呆滞刻板，了无生气。士人们的写作兴趣大减，八股文面临衰亡的危机。为挽救危机，以唐顺元、归有光为代表的古文家们便将古文的理念与作法引入八股文写作，开创了以古文为时文的新局面。因其扩展了写作的空间与自由度，增添了运用技巧的愉悦性，故大大提升了人们的写作兴趣，增强了八股文的生命力。再加上明中叶后，为应对《四书》《五经》这个试题库容量过小而造成的八股文考试猜题容易而引发的剿袭之风，考官们便在实践中创制了割裂经文、掐头去尾、开肠破肚的所谓小题并大量应用于考试中。为防止割裂经文后小题经旨的变异，又总结出种种适应不同题型的作法。为捷取功名，士子们只有拼命地去学习八股文的写作方法与技巧。于是，到清朝，讲授章法、股法、句法、字法及各种题型的书大量涌现，蔚为大观。其中优劣杂陈，冒牌的多，顶用的少。曹宫的《文法心传》以其显著的特色赢得了久售不衰的生命力。

该书分为三个部分：文章八面，文家心诀，反正字义类编。

全文呈现出三个明显的特点。

其一，每种作法都短小简练，便于记忆。如第二部分是讲文章作法的，在许多人的著作中，总是连篇累牍，反复陈词，却还讲不清楚，可曹宫只用了五十个字便将其作法概括出来，真是简练到极致，极便记诵。如用“扼、领、喝、提”论为文之着力点；以“渡、按、推、照、应、补”来讲文章之布局。每个字只用二句话来概括其作法。如“廿五曰照。照者，照映下文，如镜花水月，匣剑帷灯，可望而不可即”。这么短小简练的作法，很易牢记心中，经咀嚼融会，写作时便会浮于脑中，指导作文。陈继昌对此高度评价：“行文以五十字，而笔墨之化工尽矣。”

其二，对作法能一针见血，精准切实地阐述，可操作性强。作者对八股文的领悟力极高，故对每种作法，均能抓住要害，寥寥数语，即将其准确地阐释清楚，让人一看就会运用。如第一部分是讲审题方法的。作者以实求实，用前面、后面、上面、下面、反面、旁面、对面、正面八个方面，将题目的来龙去脉、立意角度等要义精准切实地阐释殆尽，而审题的方法随即跃然而出，人们便能据此加以运用。故陈继昌点赞说：“相题有八面，而一篇之层折无穷矣。”

其三，能针对八股文写作中的难点提供解决的办法。如第三部分依“通用、天地总、天部、地部、时序、质学、性情、人事、人品、礼乐、政治、容体、衣饰、器物、花木”十五类列举了各种反正文字，供八股文写作者熟读记诵。为什么作者不惜在此书中用卷下的篇幅来列举这些东西呢？因为这是八股文写作中必须解决的一个紧要的难点问题。

八股文的破题、承题，特别是分股，都需要使用正反相对的文字。若对此不十分熟悉，写作时便会搜索枯肠，文思艰涩。特别是在考场上，若不是对反正文字烂熟于胸，在那个时间紧迫、气氛紧张的环境中，更会思维卡壳，难以卒篇。作者提供了“反正字义类编”，便可将此难题化解，正如他自己讲的：“字必有对，童年讲贯，入手莫先于此。明此晓彼，易为力也。”

正因为该书有此独到的特点，能解决八股文写作中的难题，故此书在清代广受欢迎，不胫而走，流播久远。

（龚笃清）

经义创于宋，盛于明，至我朝体益纯而法益备。清、真、雅、正，文之体也；反、正、开、合，文之法也。童而习之，耄期弗倦，神明体法而诣至矣。严沧浪之论诗曰："行有未至，可加功力。路头一差，愈骛愈远。"尝谓学者于文亦然。余备员金陵，延毗陵曹恺堂先生相助为理，公暇出乃祖紫垣先生《文法心传》《初学一隅》见视，盥薇三复，深快先得我心。善夫，先生之传薪也。相题有八面，而一篇之层折无穷矣；行文以五十字，而笔墨之化工殆尽矣。使世之为文者师以是教，弟子即以是学，其何至涉歧途，愈趋而愈远也。至《一隅》之举，本以沾丐髫年枵腹，而言皆雅驯，固又甚有裨于清、真、雅、正之体者也，初学云乎哉！

道光甲辰八月，桂林陈继昌敬书。

文法心传卷上

文章八面

前　面

前面者，题之来路也。又曰题脉，如地理之来脉也。又曰题源，如水之来源也。又曰题根，如树之有根也。又曰题母，如子之有母也。又曰题脑，如头之有脑也。又曰题髓，如骨之有髓也。又曰题珠，如龙之有珠也。又曰题线，如绣之引线也。而总之曰：前面。一题到手，必思前面如何说下。来路有远有近，有明有暗，承清入手，则起比得矣。

后　面

后面者，题之去路也。题或顺呼下文，或反击下文。即本题无下文，而本题中自有归宿之处，谓之结穴，谓之收场，谓之引伸，谓之游衍，谓之拓开，谓之推出。而总之曰：后面。知题后面，则后比得矣。

上　面

上面者，比题意高一层也。盖题说贤人，便有圣人在上面；题说中材，便有上智在上面。譬如说银子，便有金子；说水晶玻璃，便有珠玉；说绸，便有缎；说毡片，便有绣罽霞氈；说红木，便有花梨紫檀。凡此类推，总比题意高一层者皆是。

下 面

下面者，比题意低一层也。将上面反转看，便明白矣。若引证之，即如明文中欲寡其过，题文其上无过，乃上一层法也。其次改过，乃下一层法也。先将题之本位、浅深、高下看定，则上面、下面明明摆着，取来比较，从宾入主，交界划清，便是上好文字。

反 面

反面者，将题意反转看也。恶是善之反，弱是强之反，邪是正之反，佞是忠之反，薄是厚之反。推之语默、动静、行止、进退、疏密、久暂、离合、浅深、大小、精粗之类皆是。无反面则正面不醒，无反面则正面不灵。天以阴晴、寒暖为反正，地以高下、断连为反正，龙以升降为反正，虎以伏见为反正，草木以枯荣、开谢为反正。天下之物，无物无反正者，何独于文不然？凡文之开合、纵擒、离接、放收，皆由反而正者也。

旁 面

旁面者，不在上面，不在下面，而在中间，乃与题相似而不同者也，故谓之宾。宾者，主之客也。客与主同类，而其性情形貌各有不同，故借以为衬。如说善，善之中有浅深；说恶，恶之中亦有浅深。本似相同一类，而就中分出不同处，以相映发。如武王有十乱，则舜之五臣，宾也；赐也闻一知二，则回也闻一知十，宾也。譬如绣花用红线则有深红、浅红、桃红、杏红、粉红、殷红，皆是旁面。其他可类推矣。

对　面

对面者，题说吾之于人，便先说人之于吾；题说鸟之于人，便先说人之于鸟；说诵诗便先说诗要人诵。如两人对立，说此先说彼。

正　面

以上七面，俱在题外搜寻，而正面则在题中探讨。文中正面作两股则用两柱，作四股则用四柱，不可合掌，不可重复，总在题意中，细细分别出来。有此一面，然后有上七面。以七面映衬一面，则文如水涌风发，不可遏抑矣。而正面中又有外面、里面，外面所当然也，里面所以然也。如三复白圭，从三复之意透发，然后收到三复之面，总在明者善悟耳。

文家心诀

约举五十字

一曰扼。扼者，于题之章旨、题之眼目处，扼定作主。　二曰顶。顶者，根据上文，使有原委。　三曰领。领者，凡一篇一股大意，以一二语领之。　四曰喝。喝者，喝醒题意，令人豁然。　五曰提。提者，题意紧要处，以一笔提起，所谓高提重坠也。　六曰振。振者，恐文势太平，用一笔振起，以鼓其势。　七曰生。生者，文意已尽而复生之，所谓水穷云起也。　八曰发。发者，题之正面尽情阐发，如三春柳，尽态极妍。　九曰反。反者，于题先反立议，如讲学先讲不学也。　十曰正。正者，就上反意而正言之，有正必有反，有反必有正。　十一曰宾。宾者，借宾形主，陪发正义。与反不同。反与题目紧对，其意逼。宾与题目旁照，其意宽。以反在题中，而宾在题之外也。　十二曰主。主者，题之正位。主重宾轻，篇中步步皆不可离者。　十三曰开。开者，拓开一步，使其宽展有势。　十四曰合。合者，就开处转到本位。　十五曰映。映者，光采掩映也。　十六曰射。射者，意相击射也。　十七曰翻。翻者，与反面不同，将题意翻剥，由一层以至数层。如老吏舞文，虽已成铁案，亦能翻转，故谓之翻。　十八曰跌。跌者，以侧笔作跌，且有反跌、逆跌之不同。　十九曰抑。将欲扬之，先以一笔按倒，故谓之抑。　二十曰扬。抑后以一笔扬起，故谓之扬。　廿一曰起。起者，文之发端。或起一峰，或起一波，最要崚嶒浩瀚，耸人心目。　廿二曰伏。伏者，隐笔也。或于未起之前，或于既起之后，隐伏数笔，便添几倍声势。　廿三曰转。转者，如车轮，如辘轳，一转一境，愈转不穷，乃为占胜。　廿四曰折。折者，一气奔腾，中作一折，所谓千里一曲是也。又有一句一折，或一股数折者，要视文势为之。　廿五曰照。照者，照映下文，如镜花水月，匣剑帷灯，可望而不可即。　廿六曰应。应者，应起处主意，犹人之有呼必有应也。与映不同。　廿七曰呼。呼者，题意未醒，我以高亮语呼之。有首尾相呼者，有连作数呼者。如登高放声，山鸣谷应，所以为妙。　廿八曰吸。吸者，题意在下，我以虚灵语吸之，使其文不犯而神已来，笔尚留而气已摄。　廿九曰顿。顿者，文势欲行，故以一笔顿住。　三十曰宕。宕者，摇宕一笔，欲吐未吐，神脉沈涵。　卅一曰挑。题中字眼，逐笔挑出，谓之挑。　卅二曰斡。题中艰深处，及偏缺处，以侧笔、补笔斡旋，谓之斡。　卅三曰点。点者，点题。有总点、分点，有反点、正点，有顺点、逆点，有借点、带点及补点，须通变用之。　卅四曰缀。缀者，点染姿色，犹画之有丹青，女之有粉黛，布景生情，引人入胜者也。　卅五曰渡。渡者，过也。鹤膝、蜂腰争奇，扼要在此。　卅六曰接。接者，接上起下，最要有力。又有前意未毕，中插一意，后复接前者，谓之遥接。　卅七曰推。推者，用笔推开，以入正意。又推进一层，推远一层，亦谓之推。　卅八曰掉。掉者，掉转一笔，如舟子掉舟，神龙掉尾。转在文中，掉在文末。　卅九曰案。案者，设立公案，后即从此断之。　四十曰断。断者，判断前案，最要紧严练达，如老吏断狱，令人无复活路也。　四一曰省。省者，省笔也。文恐太繁，则用笔省之，有省文、省句、省字之不同。　四二曰补。补者，补笔也。题中所无，又似题中所有，须用补出。又文中极忙处，两意不能并写，则先写一意，再留一意，闲处补之，亦谓之补。　四三曰拖。拖者，文势未终，特以一笔拖去，或有就上拖者，或有另拖一意者，所谓余音袅袅，不绝如缕是也。　四四曰缴。缴者，文气已足，特以一笔缴转，或有缴章旨者，或有缴节旨者，或有缴上句者，或有就本题讲义作缴者。缴与掉不同，缴用实，掉用虚；缴系完题，而掉系弄笔也。　四五曰插。插者，方讲此句而即以彼句文意穿插于内，文家之玲珑活变法也。　四六曰带。带者，本非题之紧要处，不可不写而又不必正写，只以顺笔带过，文章家之息肩法也。　四七曰夹。夹者，以两意夹击正意，犹两军击一军，无不制胜也。　四八曰离。离者，掷笔空中，有举头天外之势。文有离笔，便不粘滞也。　四九曰峭。峭者，字句峭厉也。峭厉便不累坠，是文家巧捷之一诀。　五十曰炼。炼者，如道家炼丹也。文要炼气、炼意、炼局、炼句、炼字，文得炼法，则炉火纯青矣。

文法心传卷下

反正字义类编

字必有对，童年讲贯，入手莫先于此，明此便晓彼，易为力也。

通　用

浅　疏　离　虚　亏　全　偏　中　分　聚　存　得　消　进
深　密　合　实　盈　半　正　旁　并　散　亡　失　长　退

顺　有　多　众　强　刚　繁　轻　隐　微　浮　广　体　法
逆　无　少　寡　弱　柔　简　重　显　著　沉　狭　用　戒

弃　亲　崇　是　争　高　清　厚　增　损　往　去　始　本
取　疏　黜　非　让　卑　浊　薄　减　益　复　来　终　末

同　通　绝　独　主　孤　先　内　表　各　彼　远　上　右
异　塞　续　耦　辅　群　后　外　里　共　此　近　下　左

大　疾　长　文　精　生　休　收　甘　因　扬　新　名　迟
小　徐　幼　质　粗　熟　咎　放　苦　革　抑　故　实　速

成 公 出 整 安 盛 首 倡
败 私 入 乱 危 衰 从 随

天地总

尊 覆 升 清 乾 健 易
卑 载 降 宁 坤 顺 简

天部附日星

阴 晦 阖 舒 寒 温 生 温 造 盈 升 系 经 雨
阳 明 辟 敛 暑 凉 杀 肃 化 亏 恒 陨 纬 旸

地部山水附

刚 流 山 原 远 沃 肥 燥 清 源 平 低 厚
柔 峙 水 隰 近 瘠 硗 湿 浊 流 陂 昂 薄

时 序

古 早 久 迟 宽 渐
今 晚 暂 速 迫 骤

质 学

智 慧 敏 灵 秀 刚 强 纯 圣 清 正 专 浅 浮
愚 鲁 钝 蠢 顽 柔 弱 杂 凡 浊 偏 分 深 沈

精 泛 本 博 全 疑 优 明 良 瑜 巧
粗 切 末 约 半 信 劣 昧 莠 瑕 拙

性 情

喜 哀 爱 好 和 亢 宽 争 慈 宽 隘 洁 躁 谦
怒 乐 憎 恶 乖 卑 严 让 忍 猛 广 污 静 骄

缓 纡 迟 褊 戆 敬 慎 奢 侈 豪 华
急 直 速 宏 谀 肆 忽 俭 啬 悭 吝

人 事

行 作 动 语 吐 趋 迎 向 往 张 舒 敛 难 勤
止 息 静 默 茹 避 拒 背 来 弛 卷 放 易 惰

功 劳 甘 勇 胜 强 安 利 屈 创 常 经 去 成
过 逸 苦 怯 负 弱 危 害 伸 守 变 权 就 败

文 庸
质 奇

人 品

贪 污 贤 邪 乖 躁 庸 通 亢 谦 仁 奢 浇 曲
廉 洁 愚 正 和 静 杰 介 卑 傲 暴 俭 淳 直

诚 华 谲 端 善 淑 妍 忠 吉 信 贵 真
伪 朴 正 邪 恶 慝 媸 奸 凶 欺 贱 妄

礼 乐

质 纲 本 损 详 简 进 和 抑 抗 隆

文 目 末 益 略 盈 反 乖 扬 坠 杀

政 治

治 盛 隆 兴 因 创 举 仁 威 赏 褒 予 荣 利

乱 衰 替 废 革 承 措 暴 爱 罚 贬 夺 辱 弊

宽 德 张 经 竞 操 取 繁 公 刻 成 贪

猛 刑 弛 权 绒 纵 舍 简 私 恕 败 廉

容 体

妍 好 美 肥 荣 纤 俯

媸 丑 恶 瘠 瘁 丽 仰

衣 饰

浓 艳 华 新 长 广 整 雅 古 常 文 贵 素 纯

淡 素 朴 旧 短 狭 乱 俗 今 异 质 贱 绚 杂

奢

俭

器 物

完 成 备 贵 巨 藏 用 举 良 守 利 精

破 毁 缺 贱 细 弃 舍 置 楛 失 钝 粗

花　木

开　荣　盛　润　植　良　薰
谢　落　衰　槁　芰　楛　菰

塾课集益

（选卷一）

〔清〕于光华　编

导读

这是一本指导塾师和父兄们如何教其生徒与子弟学习写作八股文的读物，为于光华所编。

于光华（1726—?），字晴川，江苏金坛人。生平事迹不详，只知他的青少年及壮年都是在清乾隆年间度过的。可能考取过生员，也可能有贡生身份。因为他曾客居粤东多年，多半是坐馆或入幕，如果没有这个身份，是不可能从事这种职业的。且他编撰过不少大部头的书籍，《文选集评》十五卷即是他于乾隆二十八年（1763）在广东始纂，时方三十七岁。若无老秀才饱读诗书的根柢，是无法从事这项工作的。乾隆五十二年(1787)，他又刊刻了《古文分编集评》二十二卷，这进一步说明他学问功力之深，而地位身份之低。他若有生员以上功名，就会有个小官做，他若没有生员级的身份学养，又不可能去搞研究，编纂这些书籍。正因为他只有生员之类的身份，所以家境较为贫困。他在《塾课集益·东君延师教子法》的跋语中说及这种状况："即如我在粤东，家中曾请一本家先生，一年为有力者夺之。余两儿去附学，东家已允，先生不肯，且言语甚刻薄。亡儿域来广，语及此事，便潸然泣下。因奋志读书，三年成疾归，到家二十日而亡。余悲其志，而愧余贫之，亦以见道谊中多势利之徒，可深长太息也。"于光华能文，《续补汇刻书目》中载有他的两种著作：《鸿爪集》《心简斋集录》。

《塾课集益》是一本八股文写作教材，既有指导学生的内容，也有辅导塾师如何教授生徒的文字，是于光华精心编纂的。据王涟在该书《凡例》中说，于光华在编纂时，将那些时人之论，凡“新颖未及远播，兹备录之以广见闻”，“先正论文，不胜采取，兹择其紧要数种，有未经付梓者，有付梓已久而湮没者，悉为罗列，耳目一新。至利试文中各题体说，诸法毕备，不嫌习见而并录之，以便时时寓目，使诸法熟于胸中，一题到手，便有把握矣”，由此可见于光华的编纂宗旨，以及其搜罗之富，用力之勤，非一般编书者可比。这也是该书能流传后世，广受赞誉的一个重要原因。

因为篇幅所限，本书只收录了该书的卷一楼季美先生《发蒙秘要》。名为“发蒙秘要”，实则是在指导塾师及家长如何给生徒发蒙。这种书类似今天的教学参考书，在明、清时期实属罕见，幸亏于光华将此书收入《塾课集益》，才得以保存至今，让我们能了解当时私塾是如何教学生学习八股文写作的。

《发蒙秘要》有如下篇目：初学立志、初学习静、初学熟书神法、初学记书神法、初学讲书易入之法、初学读本选法、初学读文课文法、初学作文易通法、东君延师教子法、破题式、承题式、起讲式。破题式以前的部分是讲授教学方法的，破题式及之后是讲授八股文发蒙最重要的冒子部分即破题、承题、起讲之作法的。

《发蒙秘要》之所以广受赞赏，是因为它有如下几方面的特点。

一、所谓的发蒙秘要，就是强调家长与塾师要依儿童的接受心理启发式地讲授有关知识，引导他们自觉地进行学习，而不要去勉强他们，用填鸭的方式去硬灌，如此便收效甚微。

在“初学熟书神法”一节中，著名八股文评选家楼季美（名沨）说：“余向有一学生，每念书，前熟后生，或后熟前生，自谓天资甚钝、不能念书。余谓读书何难，只须一遍便可熟背。彼骇而不信。当即教生书两句，立刻背来，他才信熟书有法。自此教一行，背一行，教两行，背两行，极有兴会。因一由三行加至二十行，一滚背来，如瓶泻水。他只道我有神法，殊不知分段而念，念一段，即记一段。书少则易记，心专则易入，故不求熟而自熟也。”楼季美教学生“分段而念，念一段，即记一段。书少则易记，心专则易入，故不求熟而自熟也”的“熟书神法”，就是依据儿童的接受心理，对不善记诵者先教一行，背一行，提高了他的兴趣，改变了他自认天资甚钝、不能念书的心理，然后再逐渐加多，都能一滚背来，从而便视之为神法。

理解了的，才能记住，这也是一种接受心理，故在“初学记书神法”中，作者强调指出，“故为父师者，必须字字与之讲明。若其中有难讲之处，须就眼前俗事，譬喻通之……读既有味，自然孜孜不厌。一时牢记，必然永远不忘”。这种“记书神法”，说穿了，也是在依接受心理行事。

二、强调学习八股文要因时因人施教。

这个道理在明、清时期真懂的人不多，大多数塾师及家长只求儿童快速成材，往往采用了揠苗助长的方法，结果适得其反。楼季美是真懂得教育法的，虽然这只是经验积累所致。他特别强调在学习八股文写作过程中，要因时、因人施教。在“初学讲书易入之法”中，他就指出给蒙童讲解《四书》《五经》应采用的正确方法：“初学见识甚浅，深讲不可也。初学见事不多，远讲不可也。初学不能融会贯通，繁讲亦不可也。”他所采用的方法是：“而讲解《四书》，必先就上《论》中，眼前易解之书，浅浅讲说。话不繁多，书已雪亮。然按之讲章中，至精至妙之理，却又隐隐包罗，无所遗漏。如此则小子易懂易记，且又易于复讲。”在“东君延师教子法”中强调：“七岁以下蒙童，多读多讲。七岁以上初学，先讲后读。”在“初学读文课文法”一节中，讲到唐翼修（名彪）有一位“天资高迈”的好友，“其设教也，虽极初幼学，亦以高深之文授之，自以为教法尽善，然诸弟子竟无文艺条达者。语人曰：‘余弟子尽不成才，奈若何？’”唐翼修跑去将教蒙童应依年岁大小施教的道理教给他，对方大悟后“急令弟子改读先辈之文，而诸弟子之文艺顿进”。唐翼修又说：“子弟人人皆有可进之资，苟得其法，一二年文理必能条达。”这就指出，人各不同，学什么，怎么学，都要按不同资质而施教，才能使其成材。

三、揭示了蒙童学习八股文必须循循善诱之常识。

在“初学作文易通法”中，强调“父师要子弟速通，引诱入门”是唯一正确的方法。作者说：“作文以辞能达意为妙。而初学作文，尤须以童子之辞，达童子之意为妙。故欲小子达意，必须以易于达意之题命之。若小子无意可达，又须以题之层次教之。若教之而能依样写来，层次不差，便须浓圈密点，以鼓其兴。即或全无文理，亦当曲为改正，略加圈点，另用好言抚慰。如此，则学生但觉自己文章做得妙，并不知其为先生所指点也。此后作文，必然异样高兴。然虽有高兴，而命题之时，仍当与他讲明篇法，诱他性灵。”

总之，该书给塾师和家长们传授了读经典、背经典、学作八股文及如何将读与写相结合的正确方法。这些方法虽然是作者多年教徒经验的总结，却与现代教育心理学和教学法相符，在几百年前即能有此见地，是值得点赞的。

破题、承题、起讲是八股文文体中最为关键的三个组成部分，它们作得如何，关系到一篇八股文的好坏。所以在乡、会试中，有的考官常常以破题破得准不准、好不好来决定该文可不可以取中。故对初学者进行如何作好破题、承题、起讲的指授，便成为塾师最为重要，也最感困难的工作。《发蒙秘要》对这个问题提供了较好的解决办法与途径。

1. 寓作法于定义之中，作法与定义紧密相关，使作法明白易懂。

如："破题者，说破本题之大意也。"既然破题是说破本题大意，其根本作法便懂了。下面再补充几句："其法不可连上，不可犯下。语带上文，谓之连上，语侵下文，谓之犯下。不可漏题，不可骂题。题中义理未经破全，谓之漏题，题中字眼全然写出，谓之骂题。"以四个"不可"界定要怎样做才是说破了本题大意，破题的作法便跃然纸上，破题之内蕴也出来了。

2. 选取最能说明破题、承题、起讲作法的例子，并以评点的方式在关键处作解说，化解难点，有的加以尾评，阐析其作法的要点及好处，使难以把握的作法变得直观易晓。

有了以上几方面的特点，便产生了使学习者易懂易学的效果，其书自然就广受欢迎，因为这无异于给了学习者一把开启秀才、举人、进士之门的钥匙。

收入本书的《塾课集益》卷一，依据清乾隆刻本校点录入。

（乌　嫒）

塾课集益卷一

金坛于光华晴川氏　编次

维扬王涟名水氏、古歙吴应达颖泉氏　校辑

楼季美先生《发蒙秘要》

初学立志

小子未就傅时，磨练之功，全凭父母巧思笃志。迨入学读书，稍稍明理，渐渐老成，便当竖起骨力，立起志向，日夜用工夫，做一个通人上品，不可悠悠忽忽，虚度光阴也。

初学习静

道理全赖此心收入，文章全赖此心发出。心不静，书且不能读，何以讲究作文。

读性、记性、悟性，俱由习静而进，不习静而委咎天资，误矣。

朱子曰：昔陈烈先生苦无记性，一日读孟子学问之道，“无他，求其放心而已矣”，忽悟曰：“我心不曾收得，如何记得书?”遂闭门静坐，不读书百余日，以收放心，后去读书，遂一览无遗。先贤成人尚且如此，况后生小子乎！

头容直，目容端，声容静，气容肃，手容恭，足容重，玉色、山立、时行，俱是习静工夫。然心不先静，外面容体，亦必不能如是也。

初学熟书神法

凡有生书，先生教过，若随学生自念，他便会左看右看，纷心游戏。今立一法，使其无刻得间，而且令其急忙求熟。余向有一学生，每念书，前熟后生，或后熟前生，自谓天资甚钝，不能念书。余谓读书何难，只须一遍便可熟背。彼骇而不信。当即教生书两句，立刻背来，他才信熟书有法。自此教一行，背一行，教两行，背两行，极有兴会。因一由三行加至二十行，一滚背来，如瓶泻水。他只道我有神法，殊不知分段而念，念一段，即记一段。书少则易记，心专则易入，故不求熟而自熟也。余今开明读法，奉劝天下学生，凡生书，只请先生先教二行，当教时，即自忙记。教完了上位连读五遍，须字字清白，句句分明，不可夹带咿唔唉呀之声。念至五遍，即自己试背。若背不来，可再添一二遍。若背得来，即掩卷自背十五遍。此下再请先生教二行，自读五遍，自背十五遍，一如前法，则后二行又熟矣。及此时将四行自己合背十遍，方送上先生连滚二遍，吃茶一杯。吃罢，又请先生先教二行，后教二行，自读自背，分背总背，一如前法，不可少减。如此用功，则已读之书不忘，新读之书日益，资质高者不过五年，低者不过七年，《四书》《五经》《性理》《周礼》，皆可通熟，而古文鉴史，亦可旁及矣。

初学记书神法

读书能记，皆由能解。若不讲解，读之无味，虽一时背得极熟，久后必至遗忘。故为父师者，必须字字与之讲明。若其中有难讲之处，须就眼前俗事，譬喻通之，然后付他熟读。读一遍，想一遍，读十遍，想十遍。读既有味，自然孜孜不厌。一时牢记，必然永远不忘。

初学讲书易入之法

初学见识甚浅，深讲不可也。初学见事不多，远讲不可也。初学不能融会贯通，繁讲亦不可也。更有一种可虑者，纨绔之子，顽耍游移，祖父恐其随讲随忘，即携讲章一部，托先生与之逐字逐句细讲。因此歧路之中，生出歧路。看讲章反忘集注，看集注反忘白文。目之所见，心不能记，心之所记，口不能言。及祖父面覆，哑口无言，不咎自己立法之不善，反怨先生讲解之不勤，岂不冤哉！是以予教小子，虽心中刻刻望其速成，而讲解《四书》，必先就上《论》中，眼前易解之书，浅浅讲说。话不繁多，书已雪亮。然按之讲章中，至精至妙之理，却又隐隐包罗，无所遗漏。如此则小子易懂易记，且又易于复讲。讲至下半本，若小子心中所见稍阔，即仁义道德、礼乐刑政等项，亦不妨搭带讲去。俟上《论》一本讲完，方将以前粗讲之书，重加细讲，方讲下《论》。下《论》讲完，方讲上《孟》。上《孟》讲完，方讲下《孟》。讲此二书，遇有道理与《学》《庸》相发明者，即将《学》《庸》之理，参互插讲，以后只将《学》《庸》一点，书理自然了了。讲者听者，俱不费力也。

即如"子使漆雕开仕"一章书，若讲得精细，也须半日。余只教之曰，圣门中学生不一，如子路则有治兵之才，冉求则有为宰之才，子游、子夏俱是通今博古，有才有学之人，一概出去做官了。内中有漆雕开者，从游夫子，为学已久，论其学问，亦可以事君治民，故夫子叫他出去做官。此时漆雕开若有干禄之心，必然唯唯从命矣。乃漆雕开则对曰，做官有做官的道理，吾于此理，虽能见其大概，然其中精微奥妙处，尚穷究不到，未能自信，如之何可以骤然出仕也！即此一答，可知其所见者大，不肯自安于小成。其笃志为学之心，有出于夫子之意外者。故夫子闻而说之。如此讲解，小子虽鲁，未有不懂者。讲之既久，心机自活，心花自开。迩来南京光裕堂书坊有《启幼引端上下〈论〉讲章》一书，最为明亮，可买与看。看完此书，方看直解、正解、备旨、备要等书。盖必待《四书》中实字虚字，起落转接，逐一看通，然后可读破、承，读起讲，读《濬灵秘书》文字。是书理固时文之根本，而讲书即学文之先资也。教小子者，书理未明，其可骤读时文哉！

初学读本选法

小子初学为文，心思浅，闻见狭，才情短，所读之文，定以深入浅出，局短气长为主。若夫心思刻划，征引淹博，波澜壮阔，文情蕴藉，笔意平淡之作，文品非不高贵，然躐等而进，读其一种，即能槁其生意，而阻其进机。故但可用之以教成材，不可用以教小子也。

初学求其速通，先须多读起讲，方令开笔作破、承。次须多读全篇，方令开笔作起讲，凡以培其根本也。根本厚，则枝叶茂。此中须用勿忘勿助工夫，若工夫未到，文机未动，切不可强之使作。乃今之教小子者，读破、承即勒他作破、承，读起讲即勒他做起讲，殊不知胸中凉薄，笔下必然萧索，及至勒不出来。东家忠厚者，或谓子侄资性不逮，其刻薄者，反怪先生教法不如。甚则嘱托先生，横加扑责，致令子侄撤底罚誓，以自明其胸中之实无所有。此等教法，真堪令人绝倒。

之、乎、者、也若干虚字，皆文字腔板也。小子胸中，原自有一种天机文字，所以格格不吐者，只因这几个虚字不明耳。为父师者，先将破、承、起讲中虚字指明用法，令他读去，一如自己口中说话，则意之所到，笔自随之矣。用笔既顺，何患文气之不通？文气既通，何患文理之不进？

文气通矣，文理进矣，若还不知立局，又须以分拆题字之法教之。然欲拆题字，须先明题字之虚实。即如“学而时习之”题目，“学”字最实，须先点先发。次出“习”字，次出“时”字，然后将“而”“之”两个极虚字并上数实字总发，以诠题义，以还题位。由此而推，若实字在中，须先从中间抽出先发，若实字在下，须先从底下倒提先发。其余次第，俱按题字虚实，随点随做。大约一篇通，则篇篇可通矣。父师于此，或就所读之文，讲出层次，令他贴题着想。或就所命之题，指明层次，令他靠题发挥，读了做，做了又读。外与内互相触发，何患篇法之不明也。篇法既明，则始而清楚，终而浑化，始而勉强，终而自然，虽先辈可渐几矣，况于时文。

晴川曰：“读了做，做了又读，是已。尚须一篇做，不是重做一篇。做的是，又再换文法做一篇，一题至再至三，前后字句意思俱不得重复，心思自然逼入，篇法亦知变化，何患不通，且何患不大通。”

小小文字，亦须排场正大，气魄浩落，心思曲折，气度娴雅，方可令小子奉为典型。若如迩来坊刻课幼之文，或浮浅，或直率，或短缩不畅，或滞涩不顺，或粗俚不雅，或六橛八橛，不论题之虚实层次，提股下即将题句突出，此最鄙陋不可为训者。若令小子熟读，病入膏肓，不可救药。他日即遇名师，教以先辈，岂能去其痼疾哉！

文章不论今古，只许上文遥起，不许下文突接。何则？上起下，便有生气，画家所谓笔所未到，意已吞，是也。下接上，总是死路，军家所谓千里屯兵，随地另起炉灶是也。若夫六橛八橛之文，就如炉匠铸钟，铸一截难一截；又如乡人捣米，捣一下苦一下；又如乌龟上墈，上一墈怕一墈。读此等文，陋不可言，作此等文，亦复苦不可言矣。即明文有此，教者尚当唾之弃之，烧之毁之，况时文乎！

课幼短篇，正是作文真种子。清真则易于理会，直截则易于贯串，短小则易于照顾。此其所以易读易解而且易学也。先读此种，俟其文理稍通，即以条畅有辞藻者，相间读之，自能化短为长矣。况小子为文，惟恐己意不达，说了又说，未有失之太短者。乃欲速者，或云坛里养孩子，未必养得大，岂其然哉，岂其然哉！

流水之为物也，不盈科不行。小子未经讲究，心里空虚，正如空坎一般。设教者须令多读起讲，俟他心中流出一点文理来，即是通破、承。又令多读全篇，俟他心中流出一点文理来，即是通起讲。故未做破、承时，父兄虽日日望他做破、承，先生且与之解起讲，未做起讲时，父兄虽日日望他做起讲，先生且与之解全篇。盖惟恐此时一松，弄得游游移移，不生不熟，渐渐坍塌下来，即后日倍加功力，亦不能挽其旧习也。是以昼夜不宁，寸心欲裂，千金一刻，度日如年。学生此时，正当如榜人撑上水船，进一步恐退两步，此即并日加功，犹恐不足，若悠悠忽忽，只以油嘴一背塞责，直是辜负先生不浅。

书有必当终身佩服者，有必当穷年讽咏者，有必当时时细阅牢记者。若小子破、承、起讲，及明显文字，不过古文大家之敲门瓦耳。先生细讲，学生细听，谅无不了了者，正不必四五天念一个起讲，七八天念一篇文章也。盖诵读书文，头一回必须分读分背，念得极熟，向先生连滚五遍而去，一时且搁着，俟他时，生方重温，方觉新鲜有味。若四五天念一个起讲，七八天念一篇文章，念熟之后，必然苟安不入。即先生逼之使念，亦不过随口乱滚而已；即先生与之再讲，亦不过随常侍听而已，那里有会心之益。是故生起讲，每日只须念一个，熟起讲，每日理两个。及至念文字，一日半篇，两天一篇，三天总温。每日如此，所读既富，文理自然融通，隔时一温，心思自然易入。此一定不易之法也。

迩来文宗考秀才，偏出小题，意谓秀才不能做小题也。考童生，偏出长题，意谓童生不能做长题也。不知单题似易实难，长题似难实易。故余于单实题外，即继以截上截下，次即继以两扇、三扇、段落，次即继以短搭、长搭，次即继以全章、连章。盖小子读截上截下及搭题文，方知扣题之宜清，读两扇、三扇、段落题文，益知对股之容易，读全章、连章题文，更知作文之可以任意剪裁，随手变化也。

初学读文课文法

唐翼修曰：凡事试验者方真，凭臆断者多无当也。如幼童入手，莫善于成、弘、正、嘉四朝之文。人谓其与时趋太远，童子不宜读者，皆未试验而臆断者之言也。余至亲二人，一学文五年，一学文六年，而文理皆不能明通。代思其故，何以余少时学文，仅一年而即条达，彼何以学五六年而不明通，意必其从近时之文入手也。问之果然。余以宜读先辈之文语二人，并语其师，师与徒皆大笑，以余为妄。余以为此非余一人之臆见也，前辈熊次侯、陆稼书、仇沧柱、陆雯若、何屺瞻诸先生，皆大赞成、弘、正、嘉之文，皆谓童子必宜读，岂尽无稽之言耶？予岂欲害汝辈者哉！何不勉强试之，如果无益，弃去未晚也。又再三劝之。且劝其所作之文，亦如先辈简短样。乃勉强行之，不半年而文理条畅矣。一友天资高迈，其设教也，虽极初幼学，亦以高深之文授之，自以为教法尽善，然诸弟子竟无文艺条达者。语人曰：“余弟子尽不成才，奈若何？”余闻言急趋而语之曰：“君以高深之文，令初学读，是犹责十余岁童子，而令之肩百斤之担，行五十里之途，此岂易能之事乎？即君少时，天资虽敏，能读此解此否也？”于是恍然自失曰：“吾误矣，且忘己之本来面目矣。”于是急令弟子改读先辈之文，而诸弟子之文艺顿进。他日登堂谢曰：“君真余之大恩人也。向微君直言，吾几误杀人子弟矣。”

又曰：子弟人人皆有可进之资，苟得其法，一二年文理必能条达。乃有五六年犹未条达者，皆其父师害之也。夫父师岂欲害子弟哉！缘其无有远大之识，欲子弟速成，谓先辈之文，与时不合，虽读之终当弃去，又当更读时文，多费工夫耳。不知此最陋之见也。盖学问工夫，必非一截可到，若不分层次致功，欲其速成，必反至于迟成，资下者甚且至于终不成。且先辈之文，气体谨严深厚，非浅近不可扩充者，加读时艺以参之，便沛然不可遏抑，如酒力之串水，厚使之薄，少使之多，甚易易也。虽诵读在幼时，而获益在中晚。此其故，岂无识之人所能知耶？

又曰：今人最恶者，成、弘先辈之起讲，谓寥寥数句，与时势大不相符。不知虽与时不符，然简短朴直，短则不须曲折，朴则不须辞采，易学也。近文讲体长，幼童读之，一则不能学其曲折，二者未能多读时文、古文，胸中空乏，无所取资，不能自撰辞华，此幼童所以与之不相宜也。凡幼童读文，但取其易学，易学则易条达。不合时式无害也，由条达而再学时式，岂有终不能之理？乌可因一起讲简短之故，而弃去之，闭塞其直捷之门路也。

晴川曰：幼学作起讲，亦只须一两层，两句三句，晓得反正，连贯得起，无不通虚字。令他渐渐扩充，自易入门上路矣。

又曰：幼童读文，贵分层次。故必读成、弘、正、嘉之文六七十篇，以为入门之路。此四朝文者，制艺之鼻祖，读此方知体格之源流也。此第一层也。过此宜读近时平易之文百篇，多方选择，不可谓平易中无精佳不朽之文也。此第二层也。上二层必宜选有用之文，如学问、政事、伦纪、品行等题为妙。过此须读精细深厚之文六七十篇，亦须雅俗共赏者。若高深过于正则者，不相宜也。此第三层也。已上第三层，皆宜读一二句短题。长题未能领略，骤读无益也。或疑小题读之太多，不知单句题中，如“为政以德”“约之以礼”“修己以敬”之类，已是极大之题，多读于此时即可少读，于后日不相碍，转相通也。过此可以读答题矣。约略其数，不过三十余篇。此第四层也。过此则可以读长题矣。篇数不拘，只看得力。此第五层也。要之童子读文，必宜分其层次，先易后难，方有进益。混乱致功，不分先后，是深害之矣。

又曰：童子开手宜先读有用之文。如学问、政事、伦纪、品行之类，约一百篇，即有文料可以取资。不然，腹空之至，将以何物撰成文艺？读百篇之后，稍有文料，又当知作文巧妙，不尽在于书理。每题各有作法，一类不读数篇，则不能周知题窍。故又贵以作法分类致功，使诸题作法，尽为我知，无有遗漏，如此，则胸中有主。重叠无益之文，自可以不多读矣。

又曰：童子某时读某类题文，即以其类命题，课之最佳法也。

愚按：理学、经学、史学、诗学，皆须于初学时下个种子，虽一时不能多读，也须与以一脔，令尝滋味，庶可为后日扩充之地。

晴川曰：尝读《文忠公集》，共计《五经》及《左氏》《周礼》诸书，字数綦详，日读三百字，四年半可毕，鲁者倍之。他若《中》、若《骚》、若传、若笺、若子、若集，仿朱子分年之法读之，则逐次自可卒业。史虽篇目浩繁，而《史》《汉》八书十志，其《河渠》《兵制》等类，每次但作一意读，更番无不洞澈，学者详之。

初学作文易通法

作文以辞能达意为妙。而初学作文，尤须以童子之辞，达童子之意为妙。故欲小子达意，必须以易于达意之题命之。若小子无意可达，又须以题之层次教之。若教之而能依样写来，层次不差，便须浓圈密点，以鼓其兴。即或全无文理，亦当曲为改正，略加圈点，另用好言抚慰。如此，则学生但觉自己文章做得妙，并不知其为先生所指点也。此后作文，必然异样高兴。然虽有高兴，而命题之时，仍当与他讲明篇法，诱他性灵。若此后文理渐通，意思亦须讲得渐少。此非吝教，恐其性灵闭塞也。从此加功不已，闻见日多，性灵日畅，则虽有难达之意，彼亦自能达之矣。

甘受和，白受采，清真即文字中之甘白也。父师要子弟速通，引诱入门，必须此种。

六橛八橛之文，正如乡间小户人家，终日只此一片篷门，自为开合，有何气象可观，有何意味可玩。若大[illegible]气相生之文，前幅步步拓开，后幅步步收拢，总以通篇为起、承、转、合，气局便非小可。

初学做文，必须寻出篇法，命意措辞，方有靠着。即如“节用而爱人”题，平分两大股，是正格也。股中第一层，须抉出用之所以当节，人之所以当爱意，作原。第二层透发不节不爱之弊，作反。第三层先就人君自己俭朴慈祥意说起，次发节、爱正面，是正。第四层就节非吝啬，爱非姑息意，挖进一层，作推。此一股中原反正推法也。若分作碎股，前幅就将上第一层意原二股，次将第二层意反二股，以下收上一笔。随将人君躬行、节俭、仁慈意，顿四句或六句开出后幅。以下方正诠节、爱二比作正面，挖进一层二比作推论。以下节、爱交互作收，篇法益加完密矣。此等局法，是先辈正法，亦是墨卷当行。即此隅反，不可胜用。至于文体之高下厚薄，则视乎人之天资、学力何如耳。

晴川曰：做起讲晓得反正，晓得起、承、转、合，须教他竟做全篇。父师指点层次，整齐八股，分日做完。数篇后，便知全篇作法，可令其一日做完一篇，讲文亦自有益。俗下对股之说，耽延日子，甚为可惜。

又有引注添题之法。即如“先进于礼乐野人也”，就题而论，亦似无门壁可依。幸有朱注说得极明、极透、极活。即另裁纸一条，将朱注写作题目云：“先进于礼乐，文质得中，今反谓之质朴，而以为野人。”即此为题，细细咀嚼，心思既活，议论自出。故场中欲讨便宜，朱注不可不熟读也，小子念之。

又有依注行文之法。即如“在明明德”题，注云“人之所得乎天”讲德字，“虚灵不昧，以具众理而应万事”讲明德，此注中原法也。作文者即以“虚具众理”，“灵应万事”意分柱作原。“但为气禀所拘，人欲所蔽，则有时而昏”，此注中反法也。作者即以“气拘物蔽”意分柱作反。注又云：“然其本体之明，则有未尝息者。故学者当因其所发而遂明之”。此注中转法也。作者即以此作一段，或作二股，以为通篇转捩，下正发明字，可以五事五常分柱，须暗含知行意，发挥明之之功。以下推论二股，即以“明具众理”“灵应万事”分柱，发明复初之效。似此则朱注数语，即是通篇局法矣。平日若能体认朱注，岂非场中一大快事乎！

又有倚注驭题之法。长章题，朱注自有脉络，可以驾驭，但恐小子习而不察耳。即如《大学》圣经一章，注云“此三者大学之纲领也，此八者大学之条目也”。纲领即条目之纲领，条目即纲领之条目。只此二语，便已贯通前后。三节注云："明德为本，新民为末。知止为始，能得为终。本始所先，末终所后"。此逆卷上文法也。五节注云："修身以上，明明德之事也。齐家以下，新民之事也。物格知至，则知所止矣。意诚以下，则皆得所止之序也。"数语玲珑剔透，从此得解，以前文挈动后幅可也，即以后幅应转前文亦可。长题作法，皆在注中，朱注何可不玩？即如上《孟》齐桓晋文之事一大章，总注云："此章言人君当黜霸功，行王道，而王道之要，不过推其不忍之心，以行不忍之政而已"。交邻章总注云："此言人君能惩小忿，则能恤小事大以交邻国；能养大勇，则能除暴救民以安天下。"鲁平公章总注云："此章言圣贤之出处，关气运之盛衰，乃天命之所为，非人力之可及。"此等语，该括通章，最有力量。小子熟此，再玩长题作法，巧妙之文，唾手可得也。

欧阳永叔曰：为文有三多：读多、作多、商量多。多读所以明其理路也，多作所以熟其思路也，多商量所以挽其差路也。三者缺一，文必不精。

进德之法，见得十分不如行得一分。学文之法，读得十篇不如作得一篇。盖思路纯熟，则他人难做的题，他人难说的话，自我为之，无不头头是道矣。古人云，文到妙来无过熟，真至言也。

眼前情理，即是妙绝文章。昔人贯串经史，故能发挥情理。后人善会情理，亦能包罗经史。初学之士，试用明文善道人情者，深思而熟读之，自然心空胆壮，不惮为文。若自嫌闻见浅狭，必待记诵饱满而后作文，又恐作文无料，必欲多记时文以备套写，则文章一道，愈难而愈远矣。

东君延师教子法

七岁以下蒙童，多读多讲。七岁以上初学，先讲后读。

《四书》大字，就蒙童时一气读熟为妙。若以小字同读，便有先熟后生之弊。

《四书》大字，其本也；朱注，枝也；讲章，叶也。先读大字，而后读朱注，读朱注而后看讲章，此初学一定不易之序。

晴川曰：训蒙读《四书》时，只读白文，随时照注讲解字面大概。大学生讲书亦令在旁听解。至读文时，反复讲明，注已记得大半。紧要处，令其补读，盖解得便易读得。先时若读，徒费工夫，唇舌不知者，以为非笑，听之而已。

欲开笔，必先熟读熟讲，此先一步工夫也。已先无此工夫，东家虽欲开笔，先生必故迟之。非迟之也，盖学生胸中之虚实先生早已知之矣。此时若欲其速成，势必终于无成，万万不可相强。乃今之延师者，子侄才读二《论》，未曾讲得明白，便欲强之开笔。及强作之后，久而不通，反咎教者无功。是何异于风暴欲作，强使开船，及中流欲覆，反怨操舟之无术也。悲夫！

小子稍能动笔，只要他放胆写得出为妙。未成句者能成句，即是进步。已成句者能转折，即是进步。有转折者合篇法，即是进步。此时按之书理，即不能十分亲切透露，不须责备，且当大加赞叹以鼓其兴。兴高则看书读文更有机趣，渐渐加功，不怕他不到细密田地也。乃有一种东家，即将先生所圈之文，抄去与人批阅。彼但知据理推敲，那知教者步步引诱苦心。因此为东家者反疑先生眼力不济，甚且疑先生有意误他。自此先生之有身分有声名者，强勉终局，必然纳履告去。其贫穷系恋者，必有代作文字，欺饰东君之弊矣。然则学生之不成，非先生误之，皆东家自误之也。

一、先生请到，虽其家不愁缺用，亦必暗地使人存问。如此，则先生之父母妻子，必然感激劝勉，以后诲我子侄，自无不尽心竭力矣。

一、先生服食、器用、药饵之需，不但不可假手于奴婢，并不可专诿于妻子。十日之内，必须陡然查点一二次，令家人不敢亵待先生，庶先生心乐身安，知之无不言，言之无不尽也。不然，银钱虽费，而开罪已多矣。《书》曰："狎侮君子，无以尽其心。"教子者，可勿慎乎！

一、先生子侄到馆，非为公粮私债用度不周，必其家中别有疾病事故。东君必须探其来意，给以脩金，资以路费，如此则吾视先生如腹心，先生视我亦如手足矣。不然，吾藐视其子侄，彼亦安能重我子侄乎？

晴川曰：吾乡高头村史姓，延师课儿。先生节后到馆才两日，其子夜来，同寝。先生问曰："尔来何为？"其子曰："公粮催迫，母亲着来与大人商意。"先生曰："我已支脩回家，才来，如何又向东家开口？汝明日回去，另作区画。"明早，东家送脩出来，先生辞已支过，此不消得。东家曰："昨夜令郎来，想必有故。愚夫妇在房旁听至夜半，知来告急，故今送此。"先生心折，教伊十二年，兄弟同科进士，同官巡按。

一、先生教不尽心，须积诚以感动之。人非土木，岂真块然不知者？如先生已十分尽心，不可复曰托先生为我加功也。若如此说，彼不但不能比前加功，而且比前减功矣。余在扬州，见有一位西宾尽心教人子侄。阅时东家到馆，必云托先生再为我加功。因此先生心灰意懒，草草应付，勉强终局。吁！纯阳度世，非不尽心，无奈人心难测，不愿点金，思截指。所以鹤驭云辩，至今寂寂也。

从来先生设教，贫者多而富者少。为东翁者，必能安其家然后能用其身。必能安其身，然后能用其心。身家俱安，则心无二用，虽欲不尽而不能矣。是故不安其身家而欲用其心者，东家之痴也，妄也。身家已安而犹不用其心者，则先生之狂也，愚也。

一、富贵人家请先生，每要慕名，请科第中人。不知早年科第，自恃其才，不复潜心斯道。即或讲究过来，或真名士，亦每依自家资性责备学生，不分下学等级，即教法亦粗枝大叶，安能穷日继晷，委曲周详。东家震惊其名，亦不敢少参一语。此一年功，只抵得半年也。至如老布衣，安于不遇，诸凡摩厉钻研，穷年考究。即教子弟，亦如己之用功法，循序渐进，因人而施，悉心指点，事半功倍，半年可抵一年也。此余阅历世故，语非比等闲。倘科第中人为师者，有鉴予言，加功教读，以予为妄谈，是则子弟之幸，而予所甘心任咎者也。或子弟已成材，请先达指点时趋，此问途于已经，亦良有益。

一、东家要先生改文章，先生亦即以改文讨好。不知改文须就学生所作，随湾逐湾，意不明而我明之，气不足而我足之，词不顺而我顺之。删烦就简，引法归题，学生自对原本，得知去取，自能领会，自有进益。如不可改，令其重做。若先生或做两比，或做四比，或做全篇以示之，此自做程文，非所云改也。先生费尽心力，学生视为固然，不如选一篇现成文章与他读也。改文与作文，孰难孰易，甘苦中人，自能辨之。

以上二条，前已发明大略，此因东君延师，复申言之，以劝延师者，捐去俗见，为子弟做一实在功夫，不可徒务虚名耳。

晴川曰：有一等势利先生，奉承有钱子弟，不管穷苦学生。且穷苦学生，东家肯收，先生反推出者。即如我在粤东，家中曾请一本家先生，一年为有力者夺之。余两儿去附学，东家已允，先生不肯，且言语甚刻薄。亡儿域来广，语及此事，便潸然泣下。因奋志读书，三年成疾归，到家二十日而亡。余悲其志，而愧余贫之，亦以见道谊中多势利之徒，可深长太息也。

破题式

破题者，说破本题之大意也。其法不可连上，不可犯下。语带上文，谓之连上，语侵下文，谓之犯下。不可漏题，不可骂题。题中义理未经破全，谓之漏题，题中字眼全然写出，谓之骂题。

破题只用两句。两句中有明破、暗破。明破者，明明破出。如“孝弟”字明破孝弟，“道德”字明破道德是也。暗破者，将题目字眼暗暗点换。如孝弟类以“伦”字代之，道德类以“理”字代之是也。两句中又有顺破、逆破。顺破者，照题面字眼，自上而下。如“学而时习之”，先破“学”字，次破“时习”是也。逆破者，将题面字眼，自下而上。如“其为人也孝弟”，先破“孝弟”，次破“为人”是也。

破题两句，或上句破题意，下句破题面，则上句即题前也。或上句破题面，下句破题意，则下句即题后也。是故破法不一，有上句领章旨，下句讲本题者。有上句讲本题，下句承章旨者。有上句冒全章，下句切本题者。有上句讲本题，下句或推开，或吸下，或直断，或虚托者。要不出破意、破句、破字三法。三者破意为上，破句次之，破字为下。

文字有破，如面之眉目，堂之门户，贵冠冕，贵流利，贵大雅，贵古健，贵刻画，贵自然。一毫俗气滞气，俱来不得。

破要气概，须如马首高昂，矫矫动人，一见便知是良骑，方能压伏通场。

古今人名破法。孔子破圣人，颜、曾、思、孟破大贤，孟子破亚圣，则须相题用之。闵子亦破大贤。其余孔子弟子，俱破贤者，或破贤人。两贤并称，则破两贤，数人则破群贤，或破诸贤。子路或破勇士，曾皙或破狂士。其余如从者、小子、二三子，俱破门人。孟子弟子亦破门人。尧破唐帝，舜破虞帝，尧、舜并称则破二帝。又破古帝。禹破夏王，汤破商王，文、武破周王。三代并称，则破三王。文、武并称，则破二圣。伊尹、周公破元圣，伯夷、叔齐破古圣。齐桓、晋文破霸主，鲁哀公破鲁君，卫灵公破卫君，齐景公破齐君。战国齐、梁诸君，则破时君。孔文子、公叔文子，俱破卫大夫。子产破郑大夫，其余各依注中某国某大夫破之。三家、阳货、王孙贾等，皆破权臣。仪封人、陈司败、太宰等，凡有官爵者，皆破时官。师冕、师挚、师旷等，破乐官。林放、微生高破鲁人，亦破时人。微生亩、长沮、桀溺、荷蒉丈人等，俱破隐士。楚狂破狂士，原壤、告子、许行、夷之则皆破异端。其余君子小人则仍以君子小人破之。注中称人称民则仍以人民破之，其余一切鸟兽、草木、器用等物，则俱以物字破之。此皆一定之法，不容错乱者，熟玩类推，破题之法备矣。

破题虚字煞法。破题正格，只用两句。两句中上一句不用虚字煞脚，下一句方用虚字。如“也”字、“矣”字、“焉”字、“者也”字、“者焉”字、“者矣”字、“而已”字、“而已矣”字，俱可用。至“乎”“哉”“耶”“与”字，则断不可用矣。

承题式

承题者，承明破题之意也。破题两句，止可包括大意，承题则可承破说明。其格以三句四句为主，至五六句则太长矣。起句用“夫”字、“盖”字、“甚矣”字。“夫”字承上意而指点之辞也，“盖”字承上意而推原之辞也，“甚矣”字承破意而恳切言之也。末用“乎”字、“哉”字、“耶”字、“与”字。“哉”字直截，“乎”字轻扬，“耶”字轻而婉，“与”字疑而未定。大约承题要与破题相关照，正破则反承，反破则正承，顺破则逆承，逆破则顺承，分破则合承，合破则分承。一起一伏，自相呼应，不可使破自破、承自承为妙。

最忌平头，亦忌合脚。凡起句与破题起句相同为平头，末句与破题末句相同为合脚。然平头易避，合脚难防。

题目有上文者，承题第一句必须从本题说起。即有难撇上文者，亦须先承本题，倒入上文，方使题位不乱。切记。

破题于圣贤帝王诸人，须用暗讲，承题则直言之。如尧、舜则直称尧、舜，孔子则直称夫子。其余诸人，皆依题直称，无复避忌矣。

承者，接也。接上生下，以圆转不滞，轻便飘逸为工。

承题须要有开合议论，纡徐委曲。如登羊肠峻坂，令人一步一止，而九叹息方佳。蔡虚斋尝云，若承题一直说去，只是个加字破题耳。

以上破、承格式，皆昔人所已言者。今谨去其繁芜，存其切要，庶令天下好学之士，详而玩之，或可为入门之一助云。

以下题体十种，共选破、承三十二个，诸法略备，个个皆有作意，不拘死法，小子从此入门，指日可成高手。若舍此而他适，则肤浅庸陋，病入膏肓，虽欲速反不达矣。或曰：以下所选起讲，何以如此之多？此处破、承，何以如此其少也？曰：破、承三十二个，不过示以格式，往后当接念起讲。且即此三十二个中，有必当先念者，亦有不妨缓念者。若或不足，何妨以起讲中破、承教之。或曰：读完此数十，可作破、承乎？曰：未也。可先作破题乎？曰：未也。盖小子此时文心未开，文机未动，必不可骤以破、承苦之。若欲免其苦，而予之乐，其必多读起讲，熟读起讲，久读起讲而后可。

学而时习之单题

圣人以学勉天下，“学”字。而先示以无间之功焉。破时习。夫人孰不学，而时习者鲜矣。反二句。诚时习之，正一句。其功不已深乎！收一句。

事父母能竭其力单题

有力而不私，题面。诚于事父母者也。题意。夫人子之力，即父母之力也。如此打通，方见不可不竭。以父母之力，竭之父母，正二句。其心可不谓诚乎！收句。

不耻下问单题

不自恃其位者，题意。虽下问而不耻焉。题面。夫以上而问下，固常情之所耻也。反二句。而文子则不耻焉，正一句。其虚心为何如哉！收不自恃意。

仁者先难而后获单题

仁者以所难为先，而获非所计矣。分破顺破法。夫获未尝不在所难中也，合承逆承。而先于难者，独后获此，正还先难后获。所以为仁者之心。逆找仁者。

约之以礼单题

君子有返约之功，而博文乃非泛骛矣。找上文以醒“之”字。盖礼即文之有序者也，将礼与文打通，“之”字自出。约之以此，所博者何虑其泛乎！又从“约”字找上“博”字。

有德者必有言单题

德可兼言，圣人为有德者信焉。破题虚说。盖理得于心之谓德，承题透发。心发于声之谓言。极分明。有德无言，必不尔矣。极高老。

巧言令色两扇题

心乎外饰者，照下。观其言色而可知矣。暗破巧令扣题。夫言而中理，色而近信，反面照起“仁”字。即不巧令可也，奈何世之务外者，二句正转，先透下，后扣题。必欲以巧令自饰耶！

言思忠事思敬两扇题

君子致思于言事，顺破。可以征主一之学焉。盖一而不贰之谓忠，一而无适之谓敬，说来又极平妥。是固言事之极也，君子能弗思哉！倒煞“思”字。

人不知而不愠两截题

忘乎名之见者，破题意。惟有说乐而已。暗破不愠。盖心而有愠，则说乐忘矣。反承。抑思人不我知，初非有损于学也，而又何愠乎！正转忘名意，醒出不愠。

天下溺援之以道两截题

援天下者，反其所由溺焉而可也。盖天下无道，故溺也。透骨语。援之者不以道，是以溺之者援之，而溺不救矣。必以道援之，故上分透露。

举直错诸枉则民服相因题

举错顺乎民心，一句打通。民自无不服矣。一句完题。夫好直恶枉，民之常情也。说破题意，争踞上流。果能举直而错枉，安有不服之民乎！二句还题。

不亦说乎截上题

学中之趣，破“说”字。惟时习者喻之也。破虚神。夫学而不说，反“说”字截上。必其所学者未熟也。反找时习。然则得心之趣，非时习者孰喻之？还“说”字、“乎”字，还虚神。

士志于道截下题

士而志道，宜其专向于道矣。反击下文。夫人之不志于道者，必非士也。反笔用逆。士志于道，安有不心乎求道者哉！正还用顺。

如用之截下题

礼乐不可漫用也，含下扣题。圣人因时论而转计焉。破出“如”字神理。盖舍己以徇人者，时人之用礼乐也。反照下文。夫子于此，能不为之转计耶！还题。

虽孝子慈孙截下题

恶人不禁其有后，政所以绝之也。“虽”字妙会。盖幽厉所属者，孝子慈孙耳。然既为幽厉，即予之以孝慈，亦更不复有孝慈矣。含下面不侵，“虽”字体贴精绝。

君子易事而难说也虚冒题

以事说者观君子，而有难易之异焉。“难”“易”字止从旁人看出也。夫事之何以独见其易，而悦之何以独见其难乎！正以其为君子耳。着眼君子，照出小人。

是以谓之文也结上题

卫大夫之文，亦节取其学问而已。着眼“是以”“也”三字。夫文虽不易称，而苟能勤学而好问，则亦可以谓之文矣，何必复核其他哉！是以谓之也口吻，全从数虚字传出，此等非老手不能。

女器也口气题

贤者有可用之材，题意。圣人以器许之焉。题面。夫器亦人所难也，承“器”字一笔。夫子以之许子贡，还女器也。非谓其材之可用耶！收题意。

子张学干禄记事题

学而干禄，破题面。贤者之心纷矣。断一句。夫禄所以彰学，学不可以求禄也。题前发论，驳倒子张。干禄如子张，正一句。其心不亦纷乎！收一句。

遇诸涂记事题

圣人之可遇，圣人之不可见也。先有承题，方有此破。妙，妙。夫不遇于家而遇于涂，亦涂之人已耳，货岂能见孔子哉！妙手空空，题句皆化。

按：原选破、承三十二个，今晴川先生止录二十个，足资初学取法。令能解悟，不必过多。倘塾师见少，诚如先生所云，以起讲中破、承教之。即原选起讲一百六十个，今止录七十个。诸法具备，亦不必更多。且所读先辈文起讲，多可揣摩者，仿类求之，取益靡涯矣。凡学者读书读文，不贵多而贵精，由约至博，由博返约。始之终之之功，因其时，量其材，未可概论，惟在塾师善导之耳。

起讲式

起讲者，扼一篇之纲领，而发其大旨者也。盖破、承仅可解题，其精思妙义，首于起讲发之。故文之全篇，犹人之全体，而起讲则人之头目也。头目不端，则全体俱失，欲动人之顾盼，其可得乎？善作文者，必先着意起讲，妙处全在包笼大势，切而不拘，虚而不泛。既能发全题之神，复能养全篇之局，使人阅之，如春云乍吐，晓日初升，景色一新，神气俱爽，斯为得之。

堪舆家有夺龙捉脉之说。圣贤立言之意，自有正龙正脉。起讲是文字入题处，若差一指，如隔万山。须从正龙正脉上说下来，无丝毫走作才妙。

一要说理正，二要命意高，三要遣辞古。

起讲贵有议论。若不作议论，须会题意虚讲，不得一口道尽。

或对起，或散起。对者炼辞，散者运意，此正格也。然炼辞者，必用意警策而后工，否则俳矣。运意者，必措词古健而后胜，否则弱矣。

起讲醒题捷法，莫如一反一击。反处勾折题意，击处攻入题旨。尽有一二语，而全题通身雪亮者，此法不可不知。

破、承皆系断做，自起讲以后，皆须设身处地，体贴口气。如孔子语则顺孔子口气，孟子语则顺孟子口气，其余仿此。又有记人、记事等题，不顺口气，只以我意断作者，皆正格也。又有口气题，亦断作一起，至起讲之后，方顺口气者。又有口气题，竟全篇断者，皆变格也。凡顺口气题文，起语如“意谓”“若曰”等字，皆可通用，惟断做题，只用“今夫”“且夫”等字，其余俱不可用。

此亦前人所言，语皆切要，今并录之。

以下起讲四十八种，计一百六十个。父师因材指授，务令多读、熟读、久读，俟其文兴勃勃，自己愿做破、承，然后与之命题开笔。如此则一做即通，以后节节容易矣。盖读起讲正所以酿破、承，读文章正所以酿起讲，资之深而取之少，自然才力有余。若世之教子弟者，读破、承即强之作破、承，读起讲即强之作起讲，究之越做越苦，越苦越怕，势必至废业而后已。呜乎！天下不乏聪明之子，往往为庸师所误，真可惜也。

小试大考，全以起讲取胜。成人与考者，能将此四十八法朝夕摹拟，必然唾手成名。慎勿以此为引诱初学之方，夷然置之度外也。

臣事君以忠正起法

王　选

圣人明臣道，惟尽其事君之心而已。顺破。盖忠固事君之极也，不以之而臣道宁无愧乎！且自乾坤定位，而以卑承尊之义，夫人而知之矣。三句从臣事君说起。然臣道之所以常存，不恃乎义之能明，而恃乎心之克靖。三句从事君转出以忠。故夫臣之自尽而不容已者，即其分之当然而不容君者也，二句从以忠转入“臣事君”三字。则试言为臣之道。

君子矜而不争群而不党正起法

黄淳耀

圣人欲化争党，特为君子辨焉。盖有争有党，非君子也，君子则矜、群而已，世岂可误观君子耶！且士负当代之望，则身世之交，不可不求其无过矣。三语总起。至高者砥俗之操，非所以矫俗。至大者容人之量，非所以徇人。四句平分。此观君子者，贵得其真也。一语总收。

夫子之道忠恕而已矣正起法　先虚后实

蒋拭之

大贤发圣道之要，暗切忠恕。从其切近者而指之也。切而已矣，虚神。盖忠恕固学者所以体道，两面打通而已矣。而夫子则纯乎此者也。三字自然活见。不知一贯，独不知忠恕乎！曾子若曰以事物之无穷也，自圣人出之，独见其约而易操。暗承一贯。此岂果有异术哉！剔一笔。其心即吾人同具之心，其理即吾人同得之理也。明明是忠恕，明明是而已矣，却又浑含不露。妙，妙。

凡正起，最苦直率无波澜。此文一承一剔，然后到题，作法最妙。

是以君子有絜矩之道也正起法　先分后合

方　苞

君子絜人之心，心即矩也。而以道济天下焉。切平天下。盖天下之人之心，即一国之人之心也。能截上，又能清出来脉。君子絜之而得其道，以平天下易易耳。且国与天下之同然者，理也，而不必尽同者，事也。此是上文之下、本题之上脉理，急急提清，“是以”“有”三字神理方醒。因其同然之理，以致其不同之事，而遂其不言而皆同之心，道行乎其间矣。

顺笔写来，层折俱透，此为大家笔意。

凡学开讲，必须讲究起句。起得好，自然转得好。转得好，自然收得好。然必须胸中先有转笔，方可作起句。不然，则能起而不能转者，往往有之矣。

四十五十正起法　先分后合

名　失

年而既壮，扣题。非复后生矣。对比。夫四十五十，则年已壮矣，尚得自命为后生乎！今夫往而不返者，时也，二句分。忽而不觉者，年也。二句合。以不自觉之年，乘此易往之时，盖久矣销沉于岁月中矣。沉痛语，不堪多读。

一起透发所以至于四十五十之故，所谓少年不努力，老大徒伤悲也。后生读此，不知亦能动心否？

赦小过举贤才正起法　先合后分

江峤孙

慎于赦而公于举，亦宰政之所尚也。夫过曰小过，则无损于政。人曰贤才，更有益于政。赦之举之，政体不已立哉！且天下事，有可忘者，有不可忘者。用《国策》语，飘缈无际。偶误者，苦不自知，适也非故也，此可忘者也。负长者，乐为世用，人也犹己也，此不可忘者也。

耸身云端，俯视尘世，有行文之乐，无扣题之苦。小子学此，一出考便自鸡群鹤立。

人十能之己千之正起法　简炼

王肯堂

君子百倍之功，因人而益进焉。夫学不可有懈心也，便是此题开口。人十己千而功益倍矣，困勉者不当如是耶！夫子告哀公也，盖曰道之无穷者，愈造则愈见其有余，二句是题之所以然。而质之不敏者，愈进则愈见其不足。二句方切题位。困勉者之百倍其功也，岂特人一己百而已哉！

起四句确切而不混，以下急忙领出上文，宾清而主益白矣。

四语炼法，有题前、题位之别。手法与王文恪《有朋自远方来》同。

其行己也恭其事上也敬反起法

江峤孙

君子有恭敬之道，郑大夫得其二矣。夫行己宜恭，事上宜敬，而子产能兼有之，二者不已无愧于君子乎！尝思世之所乏者，非无能挟经世之才，而不济之以小心。不恭不敬。则以才立身，而才既足为身累。不足以行己。则以才佐君，而君亦终不欲用其才。不足以事上。故天下有服物之能，而人不许，有震主之功，而名不终者，无他，未闻道也。

其愚不可及也反起法

陈际泰

圣人难卫大夫之愚，合破。难其任事之心也。字决。夫君父之事，任之以愚而心尽矣。今之任事者，孰能如武子之愚乎！且天下非太平无事之可恃，而祸患之足忧。苏文好看如此。夫当祸患之来，纵笔一挥，无非苏文，气脉爽快无比。平日自矜为智者，则皆愚矣；平日共推为愚者，则皆智矣。何者？以定祸乱，则无一人而不愚；以为身家，则无一人而不智也。

一匡天下反起法

唐顺之

霸佐有辅世之功，圣人所以取之也。甚矣圣人取善之公也，以管仲正天下之功而夫子称之，中有贬意。其亦不没人善之意与？自今观之，春秋之时，何时也？一句掀起。繻葛一战，而天下之人，不知有君臣之分。周室不尊。蔡师一败，而天下之人，不知有夷夏之防。夷狄不攘。天下之不正也甚矣，其孰能起而匡之？引起管仲。

只说春秋之天下不正，而管仲一匡之功自显。其愚一起，以尖利胜，此以庄重胜，亦缘其题有不同耳。

吾斯之未能信先正后反法

王 选

难于言信者，重于言仕者也。夫仕必有仕之理也，开未能信，敢轻言仕哉！且天下之事，何一为吾儒可逊谢之事，又何一为吾儒可轻任之事乎！苟急于乘时，而理有未彻，迨至事与心违，而始叹其研穷之不早也，则愧悔何及矣。

唱叹低徊，深得当时惭谢神理。

子不语先反后正法

记圣人之不语，而圣心可想矣。虚破题意。夫事之当语者，夫子亦何必不语。反顿。夫子之不语也，盖亦以其不可为训耳。实承题意。且吾党从事夫子，固无日不望夫子之教矣。使望之者殷然，而教之者默然，吾党何所恃以为学乎！反不语。虽然，转。理所当言者，夫子固不得不言。二句宾。理所不当言者，夫子又未尝轻言也。二句主。

沽之哉沽之哉先反后正法

王 选

圣人决于沽，总破“沽”字。不觉其辞之再也。醒出重言意。夫欲沽而不决者，惟其玉之不美也。玉既美矣，如之何不决于沽？且天下事，其可以婉转而商者，必商之而不敢决也。即决之，而犹有可商也。四句反起。若夫势有必至，理有固然，则又不必别设一念，以踌蹰于其际矣。

小子旁衬法

周延儒

大贤有意于门人，而呼之使自觉也。夫小子则有小子之身矣，呼之而有不悚然者哉！昔夫子以一贯之统传曾氏也，有所以呼之者曰参乎！旁衬。迨曾子以守身之法语门弟子，而亦有以呼之曰小子。此曾子言下之提撕，正小子当身之指示也。其情迫，其辞切，吾试揣而拟之。

枯题开手，无心思便无意味。作者就曾子身上寻出衬法，便觉思致斐然。

比干谏而死旁衬法

马世奇

商臣死于谏，为商之心尽矣。注“仁”字。夫谏纣必死，干所知也。而宁以死谏，干之心亦苦矣哉！尝稽商周鼎革之际，死节者三人，曰夷、曰齐、曰干。夷、齐死于饿，在戎衣既定之后，则其迹显。而干死于谏，在孟津未会之先，则其心隐。“仁”字已起。

迹之显者，尚有求仁得仁一断。则心之隐者，安可不阐其幽乎！一起全为下文立案，笔意孤矫不群。

叟旁衬法

云中官

见大贤而尊其称，梁王之意有在矣。夫孟子之为叟，与王见孟子而称以叟，均无足异也。然观其一言叟，即知其有属望于叟者矣。战国时游士之见侯王也，列侯王相与敬而称之曰先生。故听其言，以为非先生莫能也；违其言，则曰先生且休矣。独孟子至梁，梁惠王一见而直称之曰叟。夫叟之与先生，或亦有不得而概视者耶？

诸侯多谋伐寡人者对衬法

殷兆魁

谋伐者之多也，齐王有戒心矣。夫诸侯谋伐齐，已足虑矣，而况其多乎！君子谓齐王于是有戒心。想其意曰：寡人抚有青齐，席霸业之余威，一时泗上十二诸侯，其为齐伐者亦多矣。妙从对面跌入，自能照后，天下固畏齐之强。乃不意平日之屡伐乎人者，一旦而人反欲伐乎我焉。正转谋伐。且欲伐乎我者，不一而足也，如今日之诸侯是已。

对衬之法最易学，学之亦最易夺目。学者从此隅反，巧妙不可胜言。

二母彘反衬法

马世奇

圣王广畜之利，即二不为少也。夫彘亦养老所必需也，而取之母，则利已多，谁云二犹不足乎！且人主知玉食之乐，不知藿食之忧。是故奇兽在囿矣，未闻有为民贵用物者。肥肉在庖矣，未闻有为民分余甘者。夫亦思文王养老之政，五母鸡而外，又有二母彘乎！

二母彘虽出自民间，要皆自文王心窝里来也。文以反笔映出此意，正不徒以隽颖见长。

乘桴浮于海夹衬法

叶　采

圣人托为避世之论，照注得解。道穷而心滋戚矣。找上道不行。夫夫子岂真避世之人哉？其曰浮海，盖伤之耳。想其意谓：士君子涉世，不越出处两途，二句总。得志则廊庙而已矣，不得志则山林而已矣。二句分。独至愿与时违，进退维谷，二句承上作转。廊庙既不可居，山林亦不可托，二句夹衬。则不得不以殷然求济之身，二句归题。转而为萧然高寄之身。住笔劲。

舜有臣五人而天下治叠衬法

归有光

且夫天之生斯民也，必有聪明睿智之人。以时乂万邦，而统治于上以为之君。其有是君也，亦必有笃棐厉翼之人，以承辟厥德，而分治于下以为之臣。正笔。有民无君，则智力雄长，固无自胥匡以生。而有君无臣，则元首丛脞，其不能以一人典天下之职明矣。正笔。

有攸不为臣东征叠衬法

姚希孟

周王以义正名，而有不臣之讨焉。夫不臣于周，此其罪未可定也，而遂以不臣之罪征之，所谓名以义起耳。且君臣定位也，而至于亲怒笔怨，亲离众叛之秋，则君臣又非定位矣。此之谓名以义起。故兴王崛起，而顺之者昌，逆之者亡。正笔。顺之者为王佐，亦为帝臣，衬笔。带砺之所必及也。逆之者为贼党，亦为乱臣，正笔。斧钺之所必加也。此之谓以义正名。

“以义正名”“名以义起”八字，是先生读书识大义处。起讲即从此说起，以下便势如破竹矣。

昌明博大之文，必须叠衬，文气方厚。观此二起，可知其概。

饮水连衬法

张学艺

设言所饮，复与疏食同贫矣。夫人未有废饮者，奈何饭疏之外，所饮惟水乎！若谓生人之奉食以养阴，必饮以养阳。跟上“食”字衬起。而吾党之士，一箪之食，亦有一瓢之饮，有如饭而疏也。称此而饮，则何如哉！

从我于陈蔡者皆不及门也补衬法

章　懋

圣人于与难之贤，而深致其思焉。夫陈蔡诸贤，固夫子所不忍忘情者。思而不见，其奈之何哉！意谓师友相依之谊，本不忍一日而忘。补。而人情之所最不忍离者，则常与共患难之人也。

为之者疾用之者舒补衬法

金　声

王者之生财也，有用心于为与用者焉。夫为以生财而用耗之，非道也。以疾以舒，则生财之道备矣。盖闻王者甚爱天下之人力，补。而初非怠缓之也。为疾。王者能尽天下之人力，补。而又非迫竭之也。用舒。开之以勤，节之以俭，生财之道存焉。

夫子欲寡其过而未能也暗擒法

邓以赞

观大夫省愆之心，而贤可知矣。夫人惟不自知过之患也，欲寡过而常若未能，可不谓贤乎！使者若曰：君子之交，所以最相系者，不在离合之迹，而在道义之真。一语擒题。此夫子何为之问所为惓惓也。领上。小人事夫子有日矣，敢对以所知。入夫子神吻宛然。

不作套语，直云寡过未能，正是蘧使特识。开口即擒，下文使乎一赞，早已埋伏于此。

随手领上，以下即自行文，不用再作领笔。此又一领题妙法也。

予一以贯之暗擒法

楼 沨

即少以观多，圣人之所以善用其多也。夫不知一贯，虽多亦复何益耶！子贡闻此，可以知所返矣。子谓子贡曰：天下之理，必当推其所自来。是精切指示。吾人之学，必当究其所终极。不是泛言一贯。予之从事于斯也，盖非一日矣，初未敢为浅见寡闻道也。能多识方可言一贯。

文王视民如伤明擒法　中藏宾主法，然必以单擒为主

许 獬

尚论周王，而得其矜民之心焉。夫以如伤视民，则所以矜之者至矣，君人者不当如是耶！且人主轸念元元，其浅深厚薄，一存所视。直擒“视”字。视以为将安将乐也者，则怠忽必甚矣。宾。视以为可哀可矜也者，则焦劳必甚矣。主。聿稽文王，其视民果何如哉！缓脉急受。

此法易见手眼，且轻松便利，尤与小子相宜。

行人子羽修饰之单擒法

刘必达

郑所用以修辞者，即其以官用之也。夫行人之将命者久矣，讨论之后，寄修饰于子羽，岂无谓哉！且国事惟期共济耳，用其所闻，与用其所见，事不同而功无异焉。一眼注定“行人”两字。此郑之命复以子羽为之乎？

鼻之于臭也双擒法

江峤孙

形有与气通者，虽微亦不可忽也。夫处乎身之至微，而实有关者，鼻之于臭是也。孟子既历叙之，即安得不并及之。今夫形气之属，尽人而皆受矣。顾无形不摄乎气，而更有专司乎气之形。是鼻。凡气皆寓于形，而又有潜接乎形之气。是臭。然后知造物之尝我者多端，而神明之诉合为无尽也。

默而识之双擒侧注法

名　阙

理贵存诸心，圣人深有念于默识焉。盖必有言而后识之，是于心终无得也。默而识之，夫子所为重思之也与？若曰辨天下之理者以言，起“默”字。存天下之理者以心。起“识”字。心不足以存理，而徒沾沾于言，浅矣。不识而不默者固浅。然即沾沾于言，而后存其理于心，亦犹之浅矣。不默而能识者亦浅。谓其言之而后存，不如无言而能存也。二句侧重“默”字上。

疾病相扶持正剔法

薄有德

同井相怜，几于同病矣。夫疾病，一人所独也，而扶持者乃在八家。若非同井，安得此恤邻之义耶！且夫乡人之在同井者，丰凶忧乐，虽共当之，然亦惟为己已耳。乃有时专于为人，而不啻其为己，且若忘乎其为己焉，则其情诚可思也。以为己剔出为人，转说为人不啻为己。妙。

我爱其礼反剔法

顾宪成

圣人之心，惟知有礼而已。夫告朔之礼，至大礼也，圣人之心，于是乎在，而何暇为饩羊惜哉！夫子意谓：礼之重于天下也，尚矣。提“礼”字。其不幸而至于废也，智者无所用其谋，强者无所用其力。此等反剔，倍加紧凑。而一物之微，有足以志之者，诚不幸中之幸也。

此古文倒注法也。“礼”字特提，以下曲曲折折，一气注入“爱”字，精神无比。

虽疏食菜羹瓜祭反剔法

董士宏

祭不计物，想见追始之心焉。夫食与羹，必有其始之者，圣人祭其所自始耳，遑计疏菜哉！且自粒食之风开，万世而下，相与厌饫于中。人徒知饮我者，反剔，烟岚层起。天和食我者，地德鞠我者，父母养我者。一气奔赴直题源头。大君孰知其先有人焉，虑饥渴之害，而道我以饮食之利者，其功尤可念，其德尤可怀也。

一笔数行，袅袅而下，昔贤留此妙文，真后人发墨至宝。

游必有方题前反逼法　逼是逼，与先反后正法不同

邓　旭

游不可以无方，愈知远游之当戒矣。夫子而出游，将如父母何？惟是有方，或者其可游耳。为人子者，奈何而欲远游也哉！且夫人子之事亲，使果能承欢膝下，而无一时之偶离也，二语反逼。岂不甚快，然而不可必也。一句转。故虽迫于势之无可如何，暗切“游”字。亦必有道以处之，暗切有方。庶几离乎亲之身者，收“游”字。或可安乎亲之心耳。收有方。

爱之能勿劳乎宾主相形法

吴　默

观爱于父，而得其所以成之者焉。盖劳固所以成其爱也，爱而不知劳者，其必不爱其子而后可。尝谓子之于亲也，患情之不足。宾。而亲之于子也，患情之有余。主。惟有余，而其究也，亦归于不足矣。

尖新隽颖，虽弦诵至今，尚如新开花样也。

此系宾主相形法，似开合却非开合，似对衬却非对衬，读者参互观之。

作者七人矣宾主相形法

魏允中

圣人叹贤人之多逸，亦以叹世道也。夫世道之盛衰，视乎人也。作者七人，而圣人宁不为衰世叹耶！且君子之出处，惟其时而已矣。时当其盛，则在野者，常聚而升之于朝。宾。时值其衰，则在朝者，常散而归之于野。主。是故见幾而作，醒作字。

达人之节，而非邦家之幸也。

提“时”字作主，即以时盛而出，陪出时衰而处，思路清爽，风调高华。

既富矣又何加焉开合相形法

此法与宾主大不相同，互参自见

金 声

商治庶之政，更有加于富焉者矣。夫富，圣人之所先施，非能尽于富也。富然后可以有加，岂遂无加哉！盖闻王政，有施为之序。是故卑而可急，则不必其务广而贪也，而亦有无已之心。一开。是故周而多防，则不欲其得少而足也。一合。

一开一合，“既”字、“又”字神理，俱已曲曲传出。

君子无入而不自得焉开合相形法

楼 沨

君子无不得之境，以其道之充于内也。夫人之所以不能自得者，道未充耳。君子素其位而行，又何不自得之有。且天下原无累人之境，而人之所以受累于境者，以“人”“心”“理”三字串递为开合。心为之也。一开。天下亦无顺心之境，而心之所以能顺夫境者，理为之也。一合。

王问臣臣不敢不以正对请主作宾法

钱敬忠

大贤发亲臣之义，而明变之为正焉。夫易君之对为正，则易君之事非异矣，人主可无深念乎！且夫易位之事，人臣所不敢行而贵戚行之，非敢行也，乃不敢不行也。“不敢”字自须有此。易位衬事，人臣所不敢言而臣言之，非敢言也，乃不敢不言也。何则？君臣之际，独有一正而已。提“正”字力重如山。

勾践事吴立身题巅法

黄淳耀

越能用奇，征智者之所必及也。夫越非能隶吴者也，降而为事，非勾践之智不及此。且夫人不能忍天下之大辱者，必不能成天下之大事。纵一横论者莫当。千古英雄，往往有大过人之才，而功业无所就于世，则以雄略有余，而深沉之智不足也。

眼照勾践，自出评论，故气象独超题表。

谁能出不由户俯探题旨法

樊大绶

户不可离，当亦人所共知也。下句已起。夫使出而能不由户，吾亦无望于他矣。然试问其能之者谁耶？且夫耳目之前，苟为人而不由者，固无日不望人之由也。暗提“道”字，逆又有法。然使漫然示人以所由，则人之疑其不当由者有之矣。虽然，独不见夫户乎？跌入“户”字。

一题必有一题正旨，如在上文，必须回顾上文，如在下文，即须俯探下文。此题全为人不由道，故举由户为例。如只株守本题，为题愚，即为题缚矣。试看此文，手挥目送，抑何灵敏乃尔。

使弈秋诲二人弈回顾题旨法

以善诲弈者诲人，人有二而诲无二矣。反击俱学弗者。夫弈而恃诲，莫善于弈秋也。使诲二人，岂曰二人也而二诲乎！尝谓朝夕纳诲，以事我一人，人臣之大义也。照顾章旨。诲之有益也明甚。虽然，诲亦未可徒恃也。转笔快。如其徒恃，夫诲即一技之末。彼善诲者，亦何尝有所吝，而亦何尝有所偏也耶？虚字入妙，下文俱学，弗若已自跃跃毫端。

从先生者七十人直擒题旨法

欲知先生者，观从先生者焉。夫去者先生也，而知先生之去者，则从先生者也。沈犹以此知曾子也，曰君子之所决去就者，一己而已，而亦有可概之他人者。即吾人之所从决去就者，一人而已，而亦有可信之人人者。

不说先生而说从先生者，沈犹氏立言原妙。此文直破题旨，眼明手快无比。

题本是宾，若不顾主，即是客喧主位矣。题有当说破者，落笔时即须与之说破。读此可以类推。

万物育焉跟领上文

蒋拭之

物无不遂之生，斯致和之效也。夫万物固无一日不生于天地之间也，而使之各遂其生，则惟赖乎能致和者。《中庸》若谓：天资始，地资生，万物之在两间者，天地育之也。跟领天地，套出万物。然而阴阳出入之机，虽流形于造化，而范围曲成之理，尤待命于人功。有如致中而天地位矣，则其致和也，岂无其效哉！

万物之育，即天地之气也。靠定朱注，发出实理，此等跟领，又与他手勉强拉扯者不同。

莫见乎隐莫显乎微题前脱卸法

此系要紧脉路，与跟领上文者不同

楼　沨

静也而之动，此尤易于离道时也。还他虚步。夫隐微似非见显比矣，然而自知之明，莫过于此。人奈何以隐微而忽之也哉！《中庸》若谓：戒慎恐惧，极之不睹不闻，则一动一静，固已交致其功矣。然道之离也，固在于一动一静之间，而人之易于离道者，尤在于由静而动之际。上下脱卸，划然分明。

此题之上，上文之下，必须有此一补，题目方有着落。然此乃高材捷足之彦所必不肯为者，而余乃安然为之。此亦守拙之征也。

子奚不为政急入法

张　谦

疑圣人之不仕，不知圣人者也。夫夫子不仕，必其时之未可仕也，彼或人乌足以知之。想其意曰：夫人而无意斯世也，吾无论焉耳。一剔。即有意斯世，而时会难逢，吾亦无责焉耳。再剔。吾今者独不能不致疑于吾子。

此急调也，读之可药人松软之病。

及阶，子曰：阶也。及席，子曰：席也。皆坐，子告之曰：某在斯，某在斯急入法

张用遂

圣人之诏师也详，圣之待师也诚矣。夫阶也、席也、坐也，皆非冕之所能见也，夫子历举而告之，冕不且忘乎其为瞽耶！且夫老安少怀之志，皆圣人所不能忘也。而于不成人者，尤必深其怜惜之心。一事之仁，亦从全体流出，看题圆到。何以见之？于待师冕见之。

以补笔作衬笔，入题甚紧，不同缓调。

韫匵而藏诸，求善贾而沽诸缓入法

黄　徵

贤者婉商处玉，欲识圣人之行藏也。盖人之处玉，不于其藏，必于其沽矣。赐两商之，非欲观圣人之行藏也乎？且夫人于世所希觏之物，未有不思择一术以处之者也。一层。况珪璋琬琰之重，尤有无容轻置者。二层。即奈何不于为隐为见之际，而斟酌以共参耶！三层。

缓入之法，多系平调。然题中两“诸”字，非此不合，则平调亦不可废也。

不得其门而入倒入法

秦惟杏

圣有由入，难为门外人道也。夫门可得而入，墙即不可得而圉也。如其不得，不犹然门外人哉！且圣人之所从以入者，提“入”字逆讲不得其门。固尝大启之以待天下之来，而未尝故掩之以阻斯人之进。乃其人而善学圣人也，则循循于其中。宾。其人而不善学圣人也，恒惘惘于其外。主。夫至惘惘于其外，则虽有善诱之圣人，亦听之莫可如何已耳。收笔回应起手三句。

虎豹之鞟引证入题法

殷　震

物而尽去其文，则亦徒知有质而已。夫虎之所以为虎，豹之所以为豹者，以其有文也。若仅存其鞟，尚得名之以虎豹耶？尝观古之大人，照正旨引入题面，警切又极开爽。一则曰虎变，一则曰豹变，则知天下之至文者，莫虎豹若也。乃以至文之物，而竟去其文，则向之变朴而从华者，今且变华而从朴矣，安见其有炳蔚之观耶？

刍荛者往焉引证入题法

韩　荧

有樵于囿者，可首纪其盛焉。夫是文囿也，刍荛者胡为乎来哉！而亦文囿中一盛事矣。尝读《诗》至《汝坟》之章，曰“伐其条枚”，而终无容“父母孔迩”。嗟乎！枚肄之间，乃如见吾父母乎！淡宕有神。然此亦其国中则然耳。缓脉急受。妙。顾不意君王游观之所而相率以往者，乃如在汝坟间也。与民同之意，早已摄起。

坐以待旦翻论入题法　内藏对衬法

张用有

元圣之待旦，急于行也。夫旦亦时所必至也，何必待，何必坐以待哉！然周公既已得之，有欲不待而不能者矣。孟子意谓：昔周公之系《易》也，于乾之九三，则曰终日乾乾，夕惕无咎。是则由日而极之夜者，周公志也，又何事由夜而需夫日哉！对面衬入，雅切之甚。虽然，夜之必至于日者，天之行健也。夜之必需夫日者，人之自强也。则诚于幸而得之之后观之。随手带领。

日月星辰系焉借径入题法

孙鸿基

以所系观天，而天已不测矣。夫日月星辰，匪伊系之也，而若或系之，吾又何从而测之。且吾言至诚而曰高明配天，是天固以高明为体者也。将他借作话柄。虽然，天何体哉！语本儒家，不同杜撰。夫亦即以悬象于天者，著其高明之体而已。试以其无穷者言之。

予然后浩然有归志摹拟题神法

魏光国

大贤之归志，非大贤之所自决也。然后意醒。夫不曰浩然有归志，而曰然后浩然有归志，则归志岂孟子之所自决者哉！想其意曰：予自入齐以来，志未尝须臾不在王也。擒题截上。顾予之志常在王，而王之志不在予。找上文。予始觉今之志，有稍异于昔之志者矣。收到“然后”二字神理。

而耻恶衣恶食者翻跌取势法

水毓骐

耻非所耻，其志分矣。夫人之可耻者，岂在恶衣恶食哉！士而耻之，其所志果安在耶？“而”字醒露。且夫人振起颓靡，莫先于耻，耻亦安可少哉！欲抑先扬。虽然犹是耻也，用之于道中，而耻其不若人，吾甚乐其知耻。用之于道外，而耻其不若人，吾又甚怪其不知耻矣。

一抬高“耻”字跌下，上找志道，下起未足与议，最是得机得势。

日月逝矣岁不我与凭空写意法

朱文龙

且天下难得者遇也，易失者时也。抵掌而谈，旁若无人。机者事之会也，需者事之贼也。时乎时乎不再来，奈之何不一动念哉！

所谓立之斯立，道之斯行，绥之斯来，动之斯和别开生面法

张 标

圣不移时而化，破“立之”四句。智者信其说也。破“所谓”二字。夫作而应，应而速，“之”字、“斯”字俱醒。立道绥动之化，愚者疑焉，而知者信。所谓意醒。其晓子禽若曰：儒者身处衰晚，不知三代。身处三代，不知唐虞。暗藏立道绥动四语。其见日陋，其持论日卑，欲出一语仿佛大圣人之所为，亦卒不可得。反切所谓。嗟乎！不疾而速，化驰若神，于今缺有间矣，未易为浅见寡闻道也。空中将立道绥动四语摇之宕之。虽然，世亦未尝无传语焉。正落所谓。